종묘의궤 1

종묘의궤 1

한국고전번역원 기획 선종순 옮김

1판 1쇄 인쇄_ 2009년 5월 20일
1판 1쇄 발행_ 2009년 5월 30일

발행처_ 김영사
발행인_ 박은주

등록번호_ 제406-2003-036호
등록일자_ 1979. 5. 17.

경기도 파주시 교하읍 문발리 출판단지 515-1 우편번호 413-756
마케팅부 031)955-3100, 편집부 031)955-3250, 팩시밀리 031)955-3111

사진 협조 권태균, 이화여대 박물관, 전주이씨대동종약원 종묘제례보존회

값은 표지에 있습니다.
ISBN 978-89-349-3456-1 94910
978-89-349-3455-4(세트)

독자의견 전화_ 031) 955-3200
홈페이지_ http://www.gimmyoung.com
이메일_ bestbook@gimmyoung.com

좋은 독자가 좋은 책을 만듭니다.
김영사는 독자 여러분의 의견에 항상 귀 기울이고 있습니다.

종묘의궤

宗廟儀軌

1

김영사

일러두기

이 책은 다음과 같은 요령으로 엮었다.

1 이 책의 번역 대본은 서울대학교 규장각 한국학연구원 소장의 《종묘의궤(宗廟儀軌)》(도서번호 : 奎14220)이며, 서명은 《종묘의궤》로 하였다.
2 원문에 차자(借字)로 표기된 물명(物名) 등은 가능한 우리말로 바꾸어 표기하고 별도의 주석은 하지 않았다.
3 연대기술에서 중국 연호는 조선왕의 묘호를 기준으로 통일하였다.
4 내용이 간단한 역주는 간주(間註)로, 긴 역주는 각주(脚註)로 처리하였다.
5 한자는 필요한 경우 이해를 돕기 위하여 넣었으며, 운문(韻文)은 원문을 병기하였다.
6 맞춤법과 띄어쓰기는 한글 맞춤법과 표준어 규정을 따르는 것을 원칙으로 하였다.
7 이 책에서 사용한 부호는 다음과 같다.
( ) : 번역문과 음이 같은 한자를 묶는다.
〔 〕 : 번역문과 뜻은 같으나 음이 다른 한자를 묶는다.
" " : 대화 등의 인용문을 묶는다.
' ' : " " 안의 재인용 또는 강조 부분을 묶는다.
「 」 : ' ' 안의 재인용을 묶는다.
《 》 : 책명 및 각주의 전거(典據)를 묶는다.
〈 〉 : 책의 편명 및 운문 · 산문의 제목을 묶는다.

종묘 전경

종묘宗廟는 조선왕조 역대 왕과 왕비의 신주를 모시고 나라의 제향을 받들던 곳이다.
조선왕조는 한양으로 도읍을 옮기면서 경복궁 동쪽에는 종묘를 건립하고,
서쪽에는 사직단社稷壇을 세워 국사國祀의 제전으로 삼았다.
종묘는 그 부지와 건물을 포함한 전 영역이 사적 제125호로 지정되어 있으며,
1995년 12월에 유네스코 세계문화유산으로 등재되었다.

정전

정전正殿은 국보 제227호로 지정되었으며,
조선 역대 왕의 신주 19위와 왕후의 신주 30위가 봉안되어 있다.
건평 1,270제곱미터로, 단일 목조건물로는 세계에서 가장 큰 규모의 건물이다.

정전의 회랑

둥근 기둥이 열지어 서 있는 정전 회랑은 정제된 고건축미의 극치를 보여준다.
제향 때 전상奠床을 진설하는 곳이다.

영녕전

영녕전永寧殿은 정전正殿 4칸과 동서에 익실翼室 각 6실 및 동·서 월랑으로 이루어져 있다.
정전에는 추존한 4대 왕과 왕비의 신주가 봉안되어 있고,
서쪽 6실과 동쪽 6실에는 정전에서 조천祧遷한 왕과 왕비의 신주가 봉안되어 있다.

영녕전 회랑

앞쪽으로 둥근 기둥들이 늘어서 있고,
그 뒤로 신실神室로 출입하는 판문이 각 칸마다 나 있는 정제된 양식으로,
정전의 회랑과 함께 고건축미가 잘 나타나 있다.

신실을 출입하는 판문

판문板門은 신실을 출입하는 문으로,
좌우 두 짝 사이에 신神이 출입할 수 있도록 일부러 꼭 맞지 않게 공간을 만들어놓은 것이 특징이다.

정전의 신실 내부

정전 내부는 동당이실同堂異室로
외부는 벽체로 하여 전체를 하나의 공간으로 하였고,
각 실 사이에는 발로 감실龕室을 만들었으며,
삼면에는 황색 휘장을 둘렀다.

판위

판위版位는 제향을 봉행할 때 임금의 배위拜位로, 국궁사배鞠躬四拜하는 곳이다.

공신당

공신당功臣堂은 조선조 역대 왕의 공신 83위의 위패가 봉안되어 있는 곳이다.

공신당 내부

종묘제례

종묘제례宗廟祭禮는 조선조 역대 왕에게 지내는 제사를 일컫는 말로,
대제大祭는 봄, 여름, 가을, 겨울 그리고 납일臘日 등 다섯 번을 봉행하는 것으로 되어 있다.
종묘제례는 중요무형문화재 제56호,
종묘제례악은 중요무형문화재 제1호로 지정되어 있다.

종묘제례

종묘제례는 조선시대 임금이 친히 받들던 가장 격이 높은 제향이었다.

제관 행렬

신실로 향하는 제관祭官들

제관 행렬

신실에서 물러나오는 제관들

종묘제례악 등가

종묘제례악은 종묘제향에 연행되는 악樂과 가歌, 무舞를 이르는 것으로,
상월대에 자리한 등가登歌와 하월대에 자리한 헌가軒架에서
의식의 진행절차에 따라 번갈아가며 음악을 연주한다.

일무

일무佾舞는 한 줄에 8명씩 64명이 춤을 추는 팔일무가 행해진다.
일무는 보태평保太平에서는 문무文舞를,
정대업定大業에서는 무무武舞를 춘다.

제기

작점爵坫
술잔인 작과 작을 올려놓는 점이다.

보簠
쌀과 메조를 담아 제상 가운데 올린다.

궤簋
차조와 피 또는 기장을 담는다.

모혈반毛血盤
삼성三牲인 우牛·양羊·시豕의 털과 피를 담는다.

용찬龍瓚
강신주와 울창주를 담는다.

관세기盥洗器
제관이 손을 씻을 때 쓰는 맑은 물을 담는다.

제기

번간로燔肝爐
기름과 서직을 쑥과 함께 태울 때 숯을 담아서 쓴다.

조이鳥彝
봉황이 새겨진 술통으로 봄에는 울창주,
여름에는 명수明水를 담는다.

계이鷄彝
닭이 새겨진 술통으로 봄에는 명수,
여름에는 울창주를 담는다.

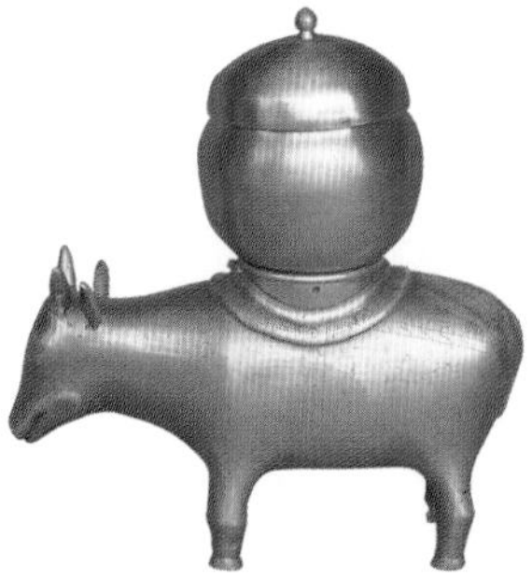

희준犧尊
소 모양의 술통으로 봄과 여름 제사에 한 쌍으로 사용한다.

상준象尊
코끼리 모양의 술통으로
봄과 여름 제사에 한 쌍으로 사용한다.

망료기望燎器와 망료저望燎箸
축폐祝幣를 태울 때 사용한다.

향로香爐와 향합香盒
향을 피우는 데 사용한다.

세뢰洗罍
임금님이 손을 씻을 때 사용하는 맑은 물을 담는다.

우정牛鼎
솥의 일종으로 대갱大羹과 화갱和羹을 끓일 때 사용한다.

목두木豆
물기가 있는 12가지 제수를 담는다.

죽변竹籩
생과실과 물기가 없는 12가지 마른 제수를 담는다.

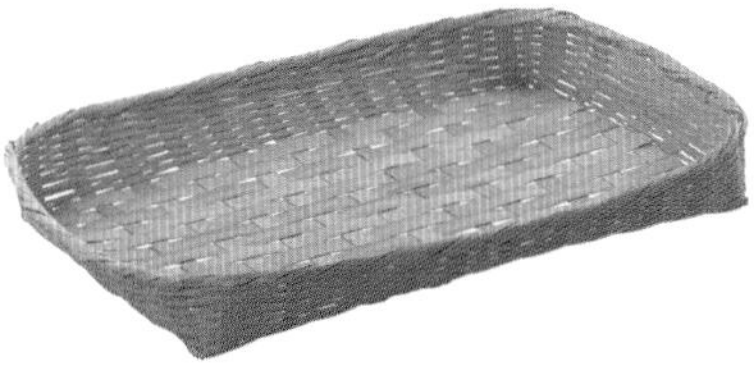

폐비幣篚
흰모시로 만든 폐幣를 담는다.

악기

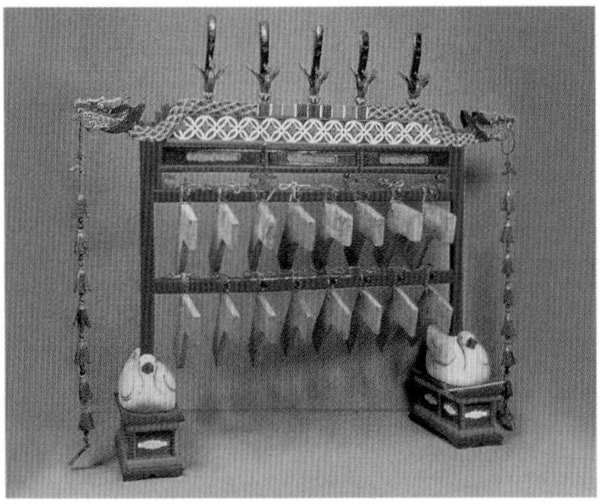

편경編磬

편종編鐘

징鉦

방향方響

장고杖鼓

진고晉鼓

해금奚琴

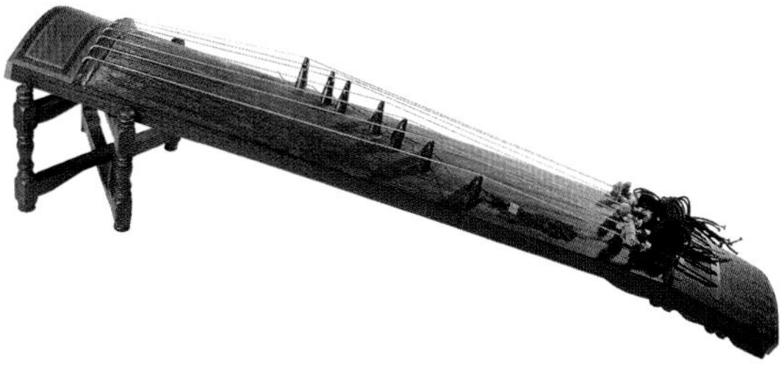
아쟁牙箏

태평소太平簫

당피리

대금大笒

박拍

축柷

어敔

제복

면복冕服
임금이 제향이나 즉위식 등의 예식 때 입는 예복

면류관冕旒冠
대례복에 갖춰 쓰는 관

곤의衮衣 앞면
양 어깨에 일월日月을 수놓은 대례복인 곤의의 앞면

곤의衮衣 뒷면
오성五星과 오악五嶽, 용龍과 화충華蟲을 수놓은 대례복인 곤의의 뒷면

폐슬蔽膝
임금의 대례복인 곤의와 꿇어앉을 때 무릎을 가리는 폐슬

중단中單
고의의 안에 받쳐입는 속옷

후상後裳**과 전상**前裳
곤의의 후상과 전상

후수後綬 **대대**大帶 **패옥**佩玉
치마 위에 두르는 후수(중앙)와 대대 패옥

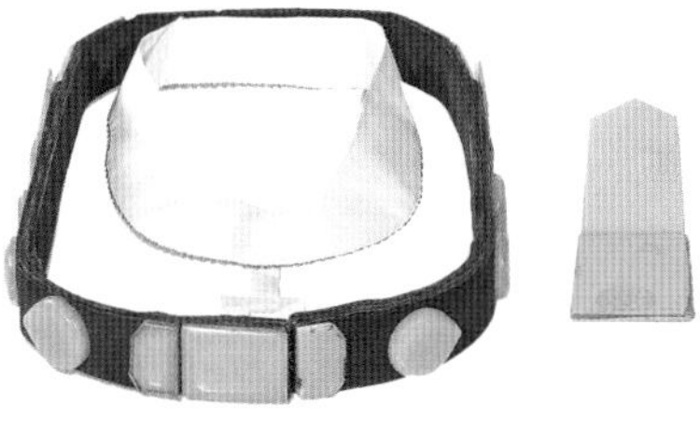

방심곡령方心曲領 **각대**角帶 **규**圭
허리띠인 각대와 곤의의 웃옷 깃에 두르는 방심곡령,
제향 때 손에 드는 백옥으로 만든 규

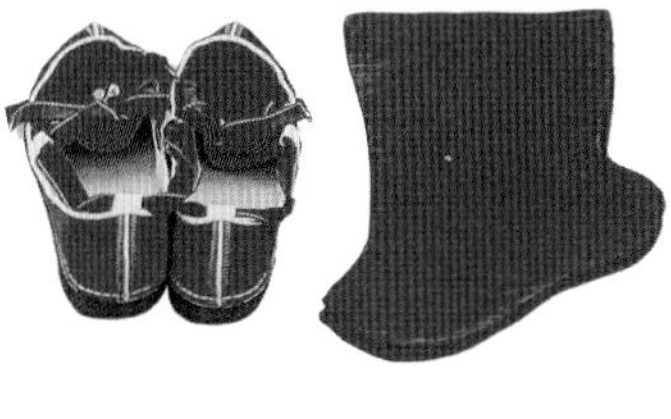

예화禮靴**와 말**襪
제향 때 신는 신발과 버선

제복

제복祭服의 앞면

제복祭服의 뒷면

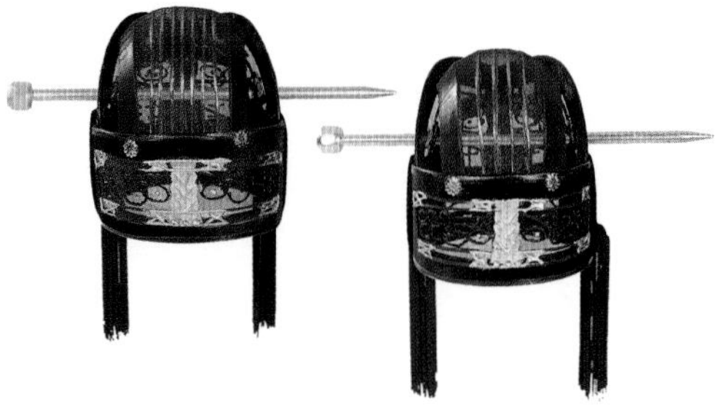

양관梁冠
제향 때 제관들이 쓰는 관. 당상관은 칠량七梁,
당하관은 사량四梁이다.

당상관 당하관의 예화禮靴
당상관이 신는 신발과 당하관이 신는 신발

대한제국 동가도

대한제국 시기 고종의 어가 행렬도를 석지石芝 채용신蔡龍臣(1850~1941)이 그렸다.
이 동가도動駕圖는 종묘제례를 재현하는 중요 고증자료의 하나로서,
전장 14미터에 걸쳐 어가 행렬을 생생하게 묘사하고 있다.
이화여대 박물관 소장.

대한제국 동가도

조선왕실의 영령이 깃든 종묘의 기록문화유산

고영진 광주대학교 교수

1. 종묘의 연혁

종묘는 역대 왕과 왕비, 추존한 왕과 왕비의 신위를 봉안하고 제사 드리는 사당을 지칭하는 것으로 태묘라고도 하였다. 본래 중국 고대에는 조상에게 제사 지내는 곳을 통칭하는 의미로 사용하였으나 한대 이후 왕실에 국한하는 용어로 한정하여 사용하였다.

종묘에 관한 옛 제도는 《주례》와 《예기》를 통해서 살펴볼 수 있다. 《주례》〈춘관종백(春官宗伯)〉에는 '右社稷左宗廟', 〈고공기(考工記)〉에는 '左廟右社'라고 기록되어 있고 《예기》〈왕제(王制)〉에는 "천자는 7묘(廟)로 3소(昭) 3목(穆)에 태조의 묘를 더하여 7이 되며, 제후는 5묘로 2소 2목에 태조의 묘를 더하여 5가 되며, 대부는 3묘로 1소 1목에 태조의 묘를 더하여 3이 되며, 사(士)는 1묘이고, 서인(庶人)은 침(寢)에서 제사 지낸다."라고 규정하고 있다. 이러한 기록들을 통하여 종묘제도의 대체적인 내용을 알 수 있다.

1) 종묘는 궁궐의 좌측에, 사직은 궁궐의 우측에 세웠다.
2) 제사 드리는 자의 신분에 따라 봉사(奉祀)의 대수(代數)에 차별을 두었다.
3) 소목제(昭穆制)를 행하였다. 소목은 신위 및 묘실을 배치하는 순서로 태조의 신위를 중앙에 놓고 2세·4세·6세 등을 왼쪽에 두어 소(昭)라 하고 3세·5세·7세 등을 오른쪽에 두어 목(穆)이라 하였다.

소는 본래 '존경한다', '밝다' 라는 뜻이고 목은 '순종한다', '어둡다' 라는 뜻이다.

4) 동당동실(同堂同室)과 전묘후침(前廟後寢) 제도를 행하였다. 동당동실은 각각의 묘가 독립된 건물을 가지고 있는 것을 지칭하며, 전묘후침은 앞에 신위를 모신 묘를 두고 뒤에는 의관 등을 보관한 침을 둔 것을 말한다.

그러나 이러한 규정은 후한대에 가면 변하여 동당이실(同堂異室)과 서상(西上) 제도가 나타난다. 2대 황제인 명제(明帝)가 자신의 신위를 위해 따로 묘를 세우지 말고 광무제(光武帝)의 묘에 안치하도록 유지를 남겼기 때문이다. 동당이실은 건물은 같이 쓰고 그 안에 실만 따로 하여 여러 신위를 한 지붕 아래 함께 배치한 것이다. 따라서 신위가 각각의 묘에 배치될 때 지켜지던 소목제도 변화하게 되었으니 서상이 바로 그것이다. 서상은 서쪽 끝을 제일 높은 위치로 하고 그 오른쪽으로 차례로 신위의 순서를 정하는 것이다.

또한 송대에 오면 별묘(別廟) 제도가 나타난다. 봉안할 신위가 증가하자 광종(光宗)이 기존의 묘 외에 사조전(四祖殿)을 새로 만들어 추존 4조를 모신 것이다. 이후 중국에서 종묘는 대체로 동당이실과 서상, 별묘의 제도가 일반화되었으며 신위의 배열에서 소목제도가 준용되기도 하였다.

종묘제도는 조선시대 이전에도 존재하였다. 이미 백제에서는 기원전 18년(온조왕 원년)에 동명왕묘를 세우고 기원전 2년에 국모묘(國母廟)를 세웠다는 기록이 보인다. 신라에서는 기원후 6년에 남해차차웅이 시조묘를 세웠으며 이어 25년에 유리이사금이 시조묘에 친히 제사를 드렸다고 한다. 고구려에서도 20년(대무신왕 3)에 시조 동명왕묘를 세웠으며 392년(고국양왕 9)에는 종묘를 수리했다는 기록이 나온다. 이 밖에도 관련 기록이 적지 않게 보인다.

삼국은 건국의 특성상 시조묘와 종묘가 일치하는 것은 아니었다. 그러나 종묘에 관한 기록이 나오는 것으로 보아 종묘제도가 삼국시대부터 시행되었음을 알 수 있다. 통일신라시대에 가면 종묘제도를 둘러싼 논의가 이루어지기도 하는데 대체로 5묘제였던 것으로 보인다.

고려시대에는 919년(태조2) 3대를 추존하였으며 성종대에 와서 종묘제도가 완비되었다. 988년(성종2) 5묘를 마련하였으며 992년 태묘(太廟)를 완성하여 5묘를 합하였다. 태묘는 1011년(현종2) 거란의 침입으로 불타버리고 1027년 다시 중건되었다. 이때의 종묘는 8실로 동당이실과 서상의 제도를 따랐다. 그러나 정종대 신위의 배열 방식을 5묘제로 바꾸었으며 예종대에 9실로 늘리며 의종대에는 별묘를 세우기도 하였다.

1392년 조선이 건국되자 그 해 10월 태묘조성도감(大廟造成都監)을 설치하여 고려의 종묘를 헐고 그 자리에 새 왕조의 종묘를 새로 짓게 하였다. 그러나 1394년 8월 수도를 한양으로 옮기기로 결정하자 9월 신도궁궐조성도감(新都宮闕造成都監)을 설치하고 국왕은 정도전 등을 보내 종묘·사직과 궁궐터 등을 정하게 하였는데 종묘는 궁궐의 동쪽 2리쯤 되는 곳에 감방(坎方)의 산을 주맥으로 하고 임좌병향(壬坐丙向)으로 터를 잡았다. 10월 천도를 하고 그 직후인 11월 공사에 착수하여 이듬해 9월 완성하였다.

이때의 규모는 "대실(大室)은 7칸(間)으로 동당이실로 하였다. 안에 석실(石室) 5칸을 만들고 좌우의 익실(翼室)은 각각 2칸씩이며 공신당(功臣堂)이 5칸, 신문(神門)이 3칸, 동문(東門)이 3칸, 서문(西門)이 1칸이었다. 빙 둘러 담장을 쌓고 신주(神廚)가 7칸, 향관청(享官廳)이 5칸이고 좌우 행랑(左右行廊)이 각각 5칸, 남쪽 행랑이 9칸, 재궁(齋宮)이 5칸이었다."고 한다. 여기에 태조의 4대조인 목조·익조·도조·환조와 각 부인의 신위를 서상으로 봉안하였다. 그리고 침(寢)은 따로 세우지 않았다. 본래 중국의 경우 전묘후침이라 해서 침전(寢殿)을 따로 세우는 것이 일반적이었다.

이렇게 정비된 종묘제도에 변화가 온 것은 세종대였다. 정종이 승하하여 3년상을 치른 뒤 신위를 종묘에 봉안해야[祔廟] 했는데 신실(神室) 5칸은 이미 다 차 있었기 때문에 이동해야 했다. 이때 생각해낸 것이 송대의 별묘제도였다. 그리하여 1421년(세종3) 종묘 정전(正殿) 바로 서쪽에 별묘를 정전 4칸에 협실(夾室 익실(翼室)) 각 2칸의 규모로 세워 조종(祖宗)과 자손이 길이 평안하라는 뜻으로 영녕전(永寧殿)이라 이름붙이고 목조의 신주를 봉안하였으며 이후 익조·도조·환조의 신위가 친진(親盡)이 되면 차례대로 봉안하였다.

이후 종묘에는 승하한 국왕이 차례로 부묘되었으며 4세가 지나면 영녕전으로 옮겨졌으나 태종이나 세종·세조와 같은 국왕은 세실(世室) 논의 끝에 백세불천지주(百世不遷之主)로 그대로 남았으며 덕종처럼 추존된 왕도 봉안되어 신실이 부족하게 되었다. 그리하여 1546년(명종1) 증축을 하여 정전이 좌우 2칸씩 모두 4칸이 늘어나 11칸이 되었다.

그러나 임진왜란으로 인해 이들 건물들은 모두 불타버리고 역대 왕과 왕비의 신위는 선조와 함께 평양으로, 평양이 함락되자 다시 의주로 옮겨갔다. 1593년 10월 환도 후 임시로 월산대군(月山大君)의 옛집을 왕궁으로, 심의겸(沈義謙)의 집을 종묘로 정하였다. 1604년(선조37) 중건 논의가 재개되어 1608년 1월 공사에 착수하여 5개월 뒤 광해군이 즉위한 직후인 5월에 전란 이전의 상태대로 복원하였다. 영녕전도 중건되었는데 그 규모는 정전 4칸에 좌우 협실 각 3칸으로 이전보다 증축되었음을 알 수 있다.

이후에도 종묘는 봉안할 국왕의 신위가 늘어남에 따라 몇 차례의 증축 과정을 거쳤다. 먼저 1667년(현종8) 영녕전의 협실을 좌우 각 1칸씩 증축하고 1726년(영조2) 종묘 정전의 신실을 동쪽으로 4칸 증축하였다. 1778년(정조2)에는 공신당을 증축하였다. 종묘 정전은 1836년(헌종2) 다시 동쪽으로 4칸을 늘려 모두 19칸이 되었으며 이때 영녕전도 같이 증축하여 좌우 협실 각 2칸씩을 늘려 모두 각 6칸이 되었다. 이후에는 증축이 없어 지금의 종묘 모습은 바로 1836년 당시의 모습과 같다고 할 수 있다. 이와 같은 종묘 정전과 영녕전의 증축 과정을 정리하면 〈표 1〉과 같다.

연대	공사내용	종묘 정전의 건물 규모	영녕전의 건물 규모
1395년(태조4)	창건	정전 7칸 좌우 협실 각 2칸	
1421년(세종3)	창건		정전 4칸 좌우 협실 각 2칸
1546년(명종1)	증축	정전 11칸 좌우 협실 각 2칸	
1608년(광해군 즉위)	중건	정전 11칸 좌우 협실 각 2칸	정전 4칸 좌우 협실 각 3칸
1667년(현종8)	증축		정전 4칸 좌우 협실 각 4칸
1726년(영조2)	증축	정전 15칸 좌우 협실 각 2칸	
1836년(헌종2)	증축	정전 19칸 좌우 협실 각 2칸	정전 4칸 좌우 협실 각 6칸

표1 **종묘 정전과 영녕전의 변천**

종묘 정전에는 27명의 조선 왕 가운데 18명의 왕과 추존된 왕 1명, 이렇게 19명의 신위만 봉안되어 있으며 나머지는 영녕전에 있다. 그리고 연산군과 광해군의 신위는 없다. 이는 종묘가 왕실의 정통성을 상징하기 때문이다. 현재 종묘 정전의 각 실에 모신 신위는 〈표 2〉와 같다.

실(室)	신 위
제1실	태조고황제(太祖高皇帝), 신의고황후(神懿高皇后) 한씨(韓氏) 신덕고황후(神德高皇后) 강씨(康氏)
제2실	태종대왕(太宗大王), 원경왕후(元敬王后) 민씨(閔氏)
제3실	세종대왕(世宗大王), 소헌왕후(昭憲王后) 심씨(沈氏)
제4실	세조대왕(世祖大王), 정희왕후(貞熹王后) 윤씨(尹氏)
제5실	성종대왕(成宗大王), 공혜왕후(恭惠王后) 한씨(韓氏) 정현왕후(貞顯王后) 윤씨(尹氏)
제6실	중종대왕(中宗大王), 단경왕후(端敬王后) 신씨(愼氏) 장경왕후(章敬王后) 윤씨(尹氏), 문정왕후(文定王后) 윤씨(尹氏)
제7실	선조대왕(宣祖大王), 의인왕후(懿仁王后) 박씨(朴氏) 인목왕후(仁穆王后) 김씨(金氏)
제8실	인조대왕(仁祖大王), 인렬왕후(仁烈王后) 한씨(韓氏) 장렬왕후(莊烈王后) 조씨(趙氏)
제9실	효종대왕(孝宗大王), 인선왕후(仁宣王后) 장씨(張氏)
제10실	현종대왕(顯宗大王), 명성왕후(明聖王后) 김씨(金氏)
제11실	숙종대왕(肅宗大王), 인경왕후(仁敬王后) 김씨(金氏) 인현왕후(仁顯王后) 민씨(閔氏), 인원왕후(仁元王后) 김씨(金氏)
제12실	영조대왕(英祖大王), 정성왕후(貞聖王后) 서씨(徐氏) 정순왕후(貞純王后) 김씨(金氏)
제13실	정조선황제(正祖宣皇帝), 효의선황후(孝懿宣皇后) 김씨(金氏)
제14실	순조숙황제(純祖肅皇帝), 순원숙황후(純元肅皇后) 김씨(金氏)
제15실	문조익황제(文祖翼皇帝 헌종(憲宗)의 부(父), 추존) 신정익황후(神貞翼皇后) 조씨(趙氏)
제16실	헌종성황제(憲宗成皇帝), 효현성황후(孝顯成皇后) 김씨(金氏) 효정성황후(孝定成皇后) 홍씨(洪氏)
제17실	철종장황제(哲宗章皇帝), 철인장황후(哲仁章皇后) 김씨(金氏)
제18실	고종태황제(高宗太皇帝), 명성태황후(明成太皇后) 민씨(閔氏)
제19실	순종효황제(純宗孝皇帝), 순명효황후(純明孝皇后) 민씨(閔氏) 순정효황후(純貞孝皇后) 윤씨(尹氏)

표2 **종묘 정전의 신위**

또한 영녕전에 모신 신위는 〈표 3〉과 같다.

실		신 위
정전	제1실	목조대왕(穆祖大王 태조(太祖)의 고조(高祖), 추존), 효공왕후(孝恭王后) 이씨(李氏)
	제2실	익조대왕(翼祖大王 태조(太祖)의 증조(曾祖), 추존), 정숙왕후(貞淑王后) 최씨(崔氏)
	제3실	도조대왕(度祖大王 태조(太祖)의 조(祖), 추존), 경순왕후(敬順王后) 박씨(朴氏)
	제4실	환조대왕(桓祖大王 태조(太祖)의 부(父), 추존), 의혜왕후(懿惠王后) 최씨(崔氏)
서협	제5실	정종대왕(定宗大王), 정안왕후(定安王后) 김씨(金氏)
	제6실	문종대왕(文宗大王), 현덕왕후(顯德王后) 권씨(權氏)
	제7실	단종대왕(端宗大王), 정순왕후(定順王后) 송씨(宋氏)
	제8실	덕종대왕(德宗大王 성종(成宗)의 부(父), 추존), 소혜왕후(昭惠王后) 한씨(韓氏)
	제9실	예종대왕(睿宗大王), 장순왕후(章順王后) 한씨(韓氏) 안순왕후(安順王后) 한씨(韓氏)
	제10실	인종대왕(仁宗大王), 인성왕후(仁聖王后) 박씨(朴氏)
동협	제11실	명종대왕(明宗大王), 인순왕후(仁順王后) 심씨(沈氏)
	제12실	원종대왕(元宗大王 인조(仁祖)의 부(父), 추존), 인헌왕후(仁獻王后) 구씨(具氏)
	제13실	경종대왕(景宗大王), 단의왕후(端懿王后) 심씨(沈氏) 선의왕후(宣懿王后) 어씨(魚氏)
	제14실	진종소황제(眞宗昭皇帝 정조(正祖)의 양부(養父), 추존) 효순소황후(孝純昭皇后) 조씨(趙氏)
	제15실	장조의황제(莊祖懿皇帝 정조(正祖)의 생부(生父), 추존) 헌경의황후(獻敬懿皇后) 홍씨(洪氏)
	제16실	의민황태자(懿愍皇太子) 영친왕(英親王)

표3 **영녕전의 신위**

조선시대 오례(五禮)에서 가장 중요시한 것은 길례(吉禮), 즉 천신(天神)·지기(地祇)·인귀(人鬼)에 제사 지내는 예였다. 천신에게 제사 지내는 것을 사(祀), 지기에게 제사 지내는 것을 제(祭), 인귀에게 제사 지내는 것을 향(享), 공자에게 제사 지내는 것을 석전(釋奠)이라 하였다. 또한 길례는 제사 지내는 대상의 격에 따라 대사(大祀)·중사(中祀)·소사(小祀)로 나누기도 하였는데 종묘는 사직과 함께 제일 격이 높은 대사에 속하였다.

2. 《종묘의궤》의 편찬

《종묘의궤》는 종묘제도와 의식절차, 관련 행사와 증축과정 등을 그림과 함께 기록한 책으로 인조대 이후 모두 14차례에 걸쳐 편찬되었다.

첫 번째는 1637년(인조15)에 편찬된 《종묘수리도감의궤(宗廟修理都監儀軌)》로 병자호란으로 훼손된 종묘를 다시 수리하고 만든 의궤이다. 병자호란이 일어나자 예방 승지 한흥일(韓興一)이 종묘의 신주를 강화도로 옮겼으며 강화도가 함락되자 윤방(尹昉)이 신주를 땅 속에 묻었다가 전쟁이 끝난 이후 다시 모셔와 창경궁 시민당(時敏堂)에 임시로 봉안한 후 종묘를 수리한 뒤 봉안하였다. 이 과정에서 명종비 인순왕후의 신위를 잃어버리고 다른 신주들도 파손되고 흠집이 나 서울로 돌아온 뒤 29위의 신위를 모두 개조하여 종묘에 봉안하였다.

두 번째는 1667년(현종8) 편찬된 《영녕전수개도감의궤(永寧殿修改都監儀軌)》로 영녕전을 개축하면서 협실을 좌우 각 1칸씩 늘린 과정을 기록한 의궤이다. 영녕전은 1608년 종묘를 중건하면서 함께 지었는데 이때 와서 건물이 쇠락하고 효종의 부묘로 인해 정전과 익실도 다 차서 증축할 필요성이 있게 되었는데 좌우 협실 1칸을 늘리는 것으로 결정이 나서 증축이 이루어졌다.

세 번째는 1706년(숙종32) 편찬된 《종묘의궤》이다. 종묘서(宗廟署) 도제조 판중추부사 서문중(徐文重), 제조 형조 판서 김우항(金宇杭), 직장(直長) 유박(柳搏)과 제용감(濟用監) 직장 홍구채(洪九采) 등이 참여하여 편찬한 이 책은 편찬 시기에서도 알 수 있듯이 종묘 역사(役事)의 구체적인 과정을 기록한 것이 아니라 효종대 이후 진행된 일련의 종묘 정비와 이정(釐正) 작업을 마무리하면서 《국조오례의》·《조선왕조실록》·《승정원일기》와 각 관청의 등록 및 개인의 문집 등에서 종묘와 관련 있는 내용을 뽑아 분류·정리한 것이다.

네 번째는 1726년(영조2) 편찬된 《종묘개수도감의궤(宗廟改修都監儀軌)》로 종묘를 증축하면서 정전을 4칸 늘린 과정을 기록한 의궤이다. 1725년 경종의 국상을 계기로 도제조 민진원(閔鎭遠)이 정전을 3칸 늘린 것을 아뢰자 영조가 음수(陰數)가 되는 것을 문제 삼아 1칸을 더 늘리도록 하여 총 4칸을 증축하였다.

다섯 번째는 1741년(영조17) 편찬된 《종묘의궤속록(宗廟儀軌續錄)》으로 숙종대 이후 변화된 상황을 반영한 의궤이다. 이 책에는 1726년 증축된 종묘의 모습을 담은 종묘전도(宗廟全圖)가 실려 있으며 숙종과 현종의 세실 논의, 중종의 왕비였던 폐비 신씨의 단경왕후로의 복위 등 《종묘의궤》를 편찬한 이후로 거행된 종묘에서의 일련의 일들을 정리하여 수록하였다.

여섯 번째는 1770년(영조46)에 편찬된 《종묘의궤속록》으로 1741년부터 1770년 사이에 있었던 종묘와 영녕전 관련 내용을 정리한 의궤이다. 악장(樂章), 가상존호(加上尊號), 부묘(祔廟), 세실(世室) 등 모두 25항목으로 이루어져 있으며 1741년 이후 변화가 있거나 새로 정한 내용들은 따로 항목을 만들어 서술하였다.

일곱 번째는 1781년(정조5)에 편찬된 《종묘의궤속록》으로 기존의 《종묘의궤》 내용 중 틀린 것은 바로잡고 새로 보완할 것은 보완한 의궤이다. 대상 시기는 1706년 처음 《종묘의궤》가 편찬된 시기부터 진종(眞宗)을 추숭(追崇)한 정조 초년까지로 숙종대 이후 변화된 상황을, 영조대 편찬된 《종묘의궤속록》과는 다르게 정리하려고 했던 것으로 보인다.

여덟 번째는 1785년(정조9)에 편찬된 《종묘의궤속록》으로 1770년부터 1785년 사이에 거행되었던 종묘 · 영녕전과 관련한 각종 의식을 정리한 의궤이다. 추숭, 조조(朝祖), 부묘, 세실 등 모두 22항목으로 이루어져 있으며 1770년 이후 변화했거나 새로 정한 것들은 역시 별도로 항목을 만들어 서술하였다.

아홉 번째는 1793년(정조17)에 편찬된 《종묘의궤속록》과 《종묘의궤별록(宗廟儀軌別錄)》으로 1785년부터 1793년 사이 종묘·영녕전과 관련한 내용들을 정리한 의궤이다. 《종묘의궤속록》의 경우 전알(展謁), 친제(親祭), 책보봉심(冊寶奉審), 이환안(移還安) 등 모두 19항목에 대해 서술하였으며 《종묘의궤별록》은 《종묘의궤속록》에서 누락한 내용들을 추가로 정리한 것으로 친제, 고유(告由), 정사(停祀), 복색수의(服色收議), 발인과묘의절(發靷過廟儀節) 등 5항목으로 이루어져 있다.

열 번째는 1800년(순조 즉위)에 편찬된 《종묘의궤속록》으로 1794년부터 1800년 사이에 종묘와 영녕전에서 거행되었던 각종 의식을 정리한 의궤이다. 1793년《종묘의궤속록》과《종묘의궤별록》이 만들어진 이후 정조가 승하하기까지 종묘와 관련한 기록들과 순조가 정조의 국상 중에 올린 의례 등을 순조 즉위 직후 정리해 수록하였다.

열한 번째는 1820년(순조20)에 편찬된《종묘의궤》이다. 이 책은 정조와 정순왕후(貞純王后)의 부묘 등 1801년부터 1820년 사이에 일어났던 종묘와 영녕전에 관한 내용들을《종묘의궤》의 체제에 맞추어 서술한 것으로 기존의《종묘의궤》를 보완하는 기능을 하였다.

열두 번째는 1836년(헌종2)에 편찬한《종묘영녕전증수도감의궤(宗廟永寧殿增修都監儀軌)》로 종묘와 영녕전을 증축한 과정을 기록한 의궤이다. 영·정조대 이후 세실이 정례화되면서 종묘 정전의 신실이 부족하게 되자 1835년 심상규(沈象奎)를 종묘증수도감 도제조에 임명하고 이듬해 공사를 시작하여 종묘는 정전 4칸을 늘려 모두 정전 19칸에 좌우 협실 각 2칸이 되었으며, 영녕전은 좌우 협실 각 2칸씩을 늘려 모두 정전 4칸에 좌우 협실이 6칸이 되었다. 의궤 마지막 부분에 이환안반차도(移還安班次圖)가 채색으로 그려져 있다.

열세 번째는 1842년(헌종8)에 편찬한《종묘의궤속록》으로 1820년부터 1842년까지 종묘·영녕전과 관련한 내용을 정리한 의궤이다. 순조대《종묘의궤》와 서술 체제가 비슷하며 그 뒷시기의 내용을 보완한 것으로 전알, 친제, 묘현(廟見), 국휼(國恤) 등 모두 23항목으로 이루어져 있다.

열네 번째는 1907년(순종1)에 편찬한《종묘의궤》로 종묘의 오향대제와 영녕전 춘추대제의 축문을 정리한 의궤이다. 종묘의 오향대제는 태조부터 철종까지 18실의 축문을 수록하였으며 영녕전 춘추대제는 목조부터 진종까지 14실의 축문을 수록하였는데 엄격한 의미의《종묘의궤》로 보기는 어렵다.

이를 보면《종묘의궤》는 크게 두 가지 형태로 편찬되었음을 알 수 있다. 하나는 종묘와 영녕전을 보수하거나 증축하면서 그 과정을 기록한 형태이고, 다른 하나는 종묘제도와 의식절차 등을 역사적으로 정리한 형태이다.《종묘수리도감의궤》,《영녕전수개도감의궤》,《종묘개수도감의궤》,《종묘영녕전증수도감의궤》등이 전자에 해당되고, 각 시대에 편찬된《종묘의궤》와《종묘의궤속록》은 후자에 해당된다고 할 수 있다.

그리고 후자의 경우 숙종대인 1706년《종묘의궤》가 처음 편찬된 이후 지속적으로 종묘제도와 의식절차, 관련 행사들을 역사적으로 정리하는 작업이 이루어져 왔음을 알 수 있다. 특히 두 번째 정리 작업이라고 할 수 있는 1741년의《종묘의궤속록》편찬 이후에는 1842년까지 100년 동안 단 1년도 빠짐없이 종묘와 관련한 사실들을 기록하여 정리하였다.

한국고전번역원의《종묘의궤》번역본이 저본으로 삼고 있는 책은 바로 숙종대에 편찬된《종묘의궤》이다. 이 책의 편찬은 1705년 종묘의 책보를 대대적으로 정비하면서 그 변화한 내용을 기록에 반영하기 위해《종묘대등록(宗廟大謄錄)》을 수정하는 일을 계기로 이루어졌다.

그 과정에서 종묘에 관한 1차 기록이라고 할 수 있는《종묘대등록》과《예조등록(禮曹謄錄)》등이 산실된 것이 많고 남아 있는 것도 내용이 부실하다는 사실이 드러났다. 그러나《종묘대등록》을 수정하는 작업만으로는 이러한 문제점들을 근본적으로 해결할 수 없다고 판단하고 종묘에 관한 정보를 종합적으로 모아놓은 새로운 책의 필요성을 느끼게 되면서《종묘의궤》가 편찬되었던 것이다.

3.《종묘의궤》의 내용

《종묘의궤》는 총 4책으로 구성되어 있으며 1책에는 도설(圖說)을, 2~4책에는 종묘와 관련된 글들을 수록하였다. 권은 설정되어 있지 않다. 책의 첫머리에 범례가 나오는데 모두 12조(條)로 도설과 수록된 글에 대한 편집 원칙을 밝히고 있다. 범례의 내용은 대체로 다음과 같은데 편찬자가 어떤 기준을 가지고 만들었는가를 짐작할 수 있다.

1) 종묘와 영녕전 전도(全圖) 등 도설의 그림들은 주로《국조오례의(國朝五禮儀)》를 따랐으며《국조오례의》에 없는 경우는 자체로 그리거나《악학궤범(樂學軌範)》등을 참고하여 그렸다.
2) 의궤에 수록된 글은 아래 소주(小註)를 달아 출처를 기록하였으며 편차는 연대순에 따랐다.

3) 신하가 올린 장주(章奏) 가운데 한 통의 상소에 여러 사안을 논한 것은 상하의 내용을 잘라 사안별로 모으고 분류하여 각각의 항목에 썼다.
4) 신하들의 문집에서 수집한 경우 당시의 관직을 상세히 알기가 어렵기 때문에 상신(相臣)으로 칭하거나 군함(君銜)을 쓰거나 성명만 기록하였다.
5) 본문에 중국의 연호나 우리 왕조 무슨 왕대 몇 년을 쓴 것은 원문에 기록한 대로 따랐으나 첫 머리에는 모두 우리 왕조의 연대를 썼다.
6) 각 항목 가운데 의주(儀註)가 있는 것은 작은 글씨로 부의주(附儀註)라고 썼으며 본문으로 들어가 항목 하단에 《국조오례의》에 실린 의주라고 따로 썼다. 예조가 새로 만들어 《국조오례의》에 없는 경우는 항목 속에서 이어 썼다.

1책은 종묘영녕전전도(宗廟永寧殿全圖), 종묘일간도(宗廟一間圖), 종묘오향대제설찬도설(宗廟五享大祭設饌圖說), 종묘속절삭망제설찬도설(宗廟俗節朔望祭設饌圖說), 칠사제설찬도설(七祀祭設饌圖說), 종묘시용등가도설(宗廟時用登歌圖說) · 시용헌가도설(時用軒架圖說), 종묘시용보태평지무도설(宗廟時用保太平之舞圖說) · 시용정대업지무도설(時用定大業之舞圖說), 종묘등가도설(宗廟登歌圖說) · 헌가도설(軒架圖說), 종묘문무도설(宗廟文舞圖說) · 종묘무무도설(宗廟武舞圖說), 종묘제기도설(宗廟祭器圖說), 종묘등헌가악기도설(宗廟登軒架樂器圖說), 정대업지무의물도설(定大業之舞儀物圖說), 제복도설(祭服圖說) 등 13개 항목으로 구성되어 있다.

종묘영녕전전도는 종묘 정전과 영녕전의 전경(全景)을 그린 것으로, 범례에서 밝혔듯이 창건 초기의 모습이 아니라 현종대까지 증축된 모습이다. 공신당과 칠사당(七祀堂) 등 주요 부속건물의 구조와 위치 등도 이 그림을 통하여 알 수 있다.

종묘일간도는 종묘 내부의 모습과 친제시 왕과 수행원의 위치 등을 상세히 그린 것으로 《국조오례의》에는 없지만 첨가한 것이다.

종묘오향대제설찬도설은 춘하추동과 납일에 종묘대제를 지낼 때, 종묘속절삭망제설찬도설은 속절(俗節)과 삭망에 제사를 지낼 때 제수를 진찬하는 방식을 그려놓고 설명한 것이다. 칠사제설찬도설에서는 칠사당에서 봄에 사명(司命)과 사호(司戶)에, 여름에는 사조(司竈)와 중류(中霤)에, 가을에는 국문(國門)과 공려(公厲)에, 겨울에는 국행(國行)에 제사를 지낼 때 제수를 진찬하는 방식을 그려놓고 설명하였다. 이 세 제사의 설찬은 모두 《국조오례의》에 의거하였다.

종묘시용등가도설과 시용헌가도설은 당시 실제로 사용하던 악기를 그려놓고 설명한 것인데 《국조오례의》의 십분의 일밖에 남지 않았다.

종묘시용보태평지무도설과 시용정대업지무도설은 당시 실제로 보태평과 정대업 음악에 맞춰 추는 춤에 대해 그림과 설명을 붙인 것이다. 《종묘의궤》를 만들 당시 시행하던 등가·헌가와 문무·무무는 《국조오례의》의 내용과 차이가 많이 났기 때문에 《국조오례의》의 관련 도설도 뒤이어 같이 수록하였다.

종묘등가도설과 헌가도설은 종묘 제사를 드릴 때 연주하는 악기들을 배열하는 위치를 그려놓고 설명한 것이다. 등가 · 헌가는 악기를 배열하는 방식, 즉 악현(樂懸)의 일종으로 등가는 주로 노래를 담당하며 섬돌 위인 상월대(上月臺)에 위치하며 헌가는 주로 연주를 담당하며 섬돌 아래인 하월대(下月臺)에 위치한다.

종묘 제사를 드릴 때 추는 춤을 일무(佾舞)라고 하는데 보태평(保太平) 음악에 맞추어 추는 문무(文舞)와 정대업(定大業) 음악에 맞추어 추는 무무(武舞)가 있다. 종묘문무도설과 종묘무무도설은 바로 이 문무와 무무에 관한 그림과 설명을 실은 것이다.

종묘제기도설은 종묘 제사에 사용하는 제기를 그려놓고 그에 대한 설명을 붙인 것이다. 변개구(籩盖具)·두개구(豆盖具)·보개구(簠盖具)·궤개구(簋盖具) 등 《국조오례의》에 있는 제기는 그대로 옮겨 그렸으며 촉대(燭臺)·향로개구(香爐盖具)·향합개구(香盒盖具)·모혈반(毛血盤) 등 《국조오례의》에 없는 제기는 첨가하여 그려놓고 《국조오례의》에는 없다는 표시를 하였다. 또한 제기와 제복이 손상되어 수선할 수 없는 경우, 그릇인 경우는 묻고 의복인 경우는 불태우고 담당관리가 감시하도록 한다는 《국조오례의》의 내용을 그대로 옮겨실어 이것이 관행이었음을 보여준다.

종묘등헌가악기도설은 종묘제례악을 연주하는 데 사용하는 악기를 그려놓고 각 악기에 대해 설명한 것이다. 편종(編鐘)·편경(編磬)·노도(路

鞀)·절고(節鼓) 등 당시 사용하던 악기뿐만 아니라 특종(特鐘)·특경(特磬)·노고(路鼓) 등 당시에는 사용하지 않았지만 《국조오례의》에 수록되어 있는 악기도 거의 대부분 옮겨싣고 사용 여부를 표시하였다. 제기의 경우는 《국조오례의》에 없는 새로운 것을 많이 사용했던 반면 악기의 경우는 《국조오례의》에 있는 것도 상당수를 사용하지 않았다는 사실을 알 수 있다.

정대업지무의물도설은 종묘 제사를 드릴 때 정대업 음악에 맞춰 무무를 출 때 사용하는 의물(儀物)을 그려놓고 설명한 것이다. 검(劍)과 창(槍), 궁(弓)과 시(矢) 등 당시 사용하던 물건뿐만 아니라 소고(小鼓)와 대각(大角), 백기(白旗)와 황룡대기(黃龍大旗) 등 당시에 사용하지 않은 물건들도 수록하였다.

제복도설에서 전하면복은 종묘에 제사를 드릴 때 왕이 착용하는 제복을, 왕세자면복은 왕세자가 착용하는 제복을, 문무관관복은 문무관이 착용하는 제복을 《국조오례의》에 의거하여 각 부문별로 그려놓고 그에 대한 설명을 단 것이다. 이를 보면 왕의 제복은 중국 황제로부터 하사받은 구류면구장복(九旒冕九章服)이고, 왕세자의 제복 역시 중국 황제로부터 하사받은 팔류면칠장복(八旒冕七章服)임을 알 수 있다. 구류면은 주옥을 꿰어 늘어뜨린 끈이 양쪽에 각각 9개씩 있는 면류관을, 구장복은 장식 문양이 9개가 있는 곤복(袞服)을 의미한다. 공인관복도설은 등가·헌가와 문무·무무에 참여하는 악사와 공인이 착용하는 제복을 각 부문별로 그려놓고 설명한 것이다. 다른 모든 도설들이 《국조오례의》를 참조한 데 반하여 이 도설은 《국조오례의》에 관련 항목이 없는 관계로 《악학궤범》을 참조하였다. 또한 누가 착용하는지, 당시 실제로 사용했는지의 여부도 표시하고 있다.

전체적으로 《종묘의궤》의 도설은 종묘 창건 당시의 모습을 담은 《국조오례의》의 도설을 기본으로 하면서도 동시에 《국조오례의》의 내용과 다른 점을 세세히 표시함으로써 창건 이후 증축과정을 통하여 변화한 제도의 모습을 쉽게 비교 이해할 수 있도록 하였다.

2책은 묘제(廟制), 창건(創建), 중건(重建), 각실위판제식(各室位版題式),

주제(主制), 상시(上諡), 묘호(廟號), 각실위호서차(各室位號序次), 부묘(祔廟), 세실(世室), 조천(祧遷) 등 11개 항목으로 구성되어 있다.

묘제는 첫머리에 《국조오례의》의 도설에서 종묘 각 건물의 위치와 구조를 설명한 부분을 보완하여 싣고 이어 선조대까지 종묘제도에 관해 논의한 것들을 《조선왕조실록》·《승정원일기》· 이항복(李恒福)의 문집인 《백사집(白沙集)》 등에서 뽑아서 수록하였다. 즉 1421년(세종3) 영녕전 창건 논의와 1546년(명종1) 종묘 정전 증축 논의, 선조대 소목제도와 입묘제도에 관한 논의 등이 그것이다. 명종대 증축에 관해서는 종묘 정전을 3칸을 증축해야 한다는 주장을 실었는데 실제로는 4칸을 증축하였다.

선조대 논의의 주된 주제는 부자간이 아니라 형제간에 왕위를 계승한 경우, 같은 소목으로 할 것인가 하는 문제와 한대 동당이실과 서상의 제도에 입각해 만들어진 기존의 종묘제도를 그대로 유지할 것인가 아니면 삼대의 제도인 동당동실과 소목제로 바꿀 것인가 하는 문제였다.

16세기 들어와 사림이 성장하면서 본격화되었던 한당례(漢唐禮)와 고례(古禮)와의 대립, 《국조오례의》와 《주자가례》의 대립이 종묘 논의에서도 그대로 반영되었음을 알 수 있다. 또한 이러한 논의가 임진왜란으로 소실된 종묘를 다시 재건하는 과정에서 사림에 의해 집중적으로 제기되었음을 알려준다.

창건은 《조선왕조실록》과 《동국여지승람》 등에서 종묘 창건 과정에 관한 기록을 뽑아놓은 것으로 다른 항목에 비해 빈약한 편이다. 태조가 직접 행차하여 공사현장을 살피는 기록이 많이 있어 그가 종묘 창건에 많은 관심을 기울였음을 보여준다.

중건은 임진왜란으로 소실된 종묘의 중건 논의와 현종대 영녕전 증축 논의에 관한 기록을 《승정원일기》·《예조등록》· 이단상(李端相)의 문집인 《정관재집(靜觀齋集)》 등에서 찾아 정리한 것이다. 이를 보면 종묘 중건 논의는 1596년경부터 나오지만 흉년 등의 사정으로 미루어지다가 1603년부터 본격화되어 결국 광해군 즉위년에 종묘 정전과 영녕전이 중건되었음을 알 수 있다.

현종대 영녕전 증축과정에서는 예학이 최고로 발전했던 시기에 걸맞게 증축 방법을 둘러싸고 활발한 논의가 벌어졌다. 즉 종묘 정전의 방식처럼 영녕전 정전을 서쪽에서부터 6칸을 짓고 그 서쪽에 익실을 설치하자는 견해와, 그러면 종묘가 둘이 있는 것이 되니 예에 어긋나므로 3칸씩 있는 좌우 익실(협실)을 한 칸씩 더 늘려 4칸으로 만들자는 견해, 익실에 전후퇴간(前後退間)을 설치하자는 견해 등이 제기되어 결국 두 번째 안이 채택되었다. 고례에 따를 것을 주장하는 측의 입장이 반영되었음을 알 수 있다.

각실위판제식은 종묘 정전과 영녕전 각 실에 모셔져 있는 각 왕과 왕비의 신주를 열거하고 이 신주에 왕과 왕비의 명칭, 즉 휘호를 기재하는 의식절차를 수록하였다. 종묘 정전에는 모두 11개실에 태조·태종·세종·세조·성종·중종·선조·원종·인조·효종·현종과 그 왕비들의 신위가 모셔져 있다. 종묘 정전에 있는 왕은 모두 불천지주(不遷之主)이거나 아직 조천되지 않은 경우이다. 추존왕인 원종이 유일하게 포함되어 있는데 아직 조천되지 않았기 때문이다.

영녕전에는 모두 11실에 목왕·익왕·도왕·환왕·정종·문종·단종·덕종·예종·인종·명종과 그 왕비들의 신위가 모셔져 있다. 당시 영녕전은 총 12실이었으므로 1실이 비어 있었음을 알 수 있다. 여기에 모신 왕은 모두 조천지주(祧遷之主)로 목왕·익왕·도왕·환왕·덕종은 추존왕이다. 태조의 선왕들을 '조(祖)'가 아닌 '왕(王)'으로 표시한 것이 이채롭다.

주제는 종묘 신위와 관련한 기록들을《조선왕조실록》·《승정원일기》·《예조등록》·《종묘수리도감등록(宗廟修理都監謄錄)》· 김상헌(金尙憲)의 문집인《청음집(淸陰集)》등에서 뽑아 정리한 것으로 조주(造主)·제주(題主)·개주(改主)·개제(改題)·독제(櫝制) 등에 관한 내용들도 포함하고 있다. 조주는 신주를 만드는 것을, 제주는 신주에 명칭을 기재하는 것을, 개주는 신주를 고치는 것을, 개제는 신주에 기재한 내용을 고치는 것을, 독제는 신주를 넣어두는 독에 관한 제도를 의미한다.

먼저 1637년(인조15) 종묘수리도감을 설치하여 종묘에 봉안 중인 신위를 전체적으로 수리하는 내용을《종묘수리도감등록》에 의거하여 집중적으로 다루고 있으며 이어 1640년 신위에 왕과 왕비의 묘호·시호·존호 등을 기재하는 방식에 대해 논의한 것과 1669년(현종10) 태조의 계비(繼妃)인 신덕왕후(神德王后)를 종묘에 부묘하면서 신주를 세우는 장소에 대해 논의한 것을 실었다. 또한 1681년(숙종7) 그동안 묘호가 없었던 공정대왕(恭靖大王)에게 묘호를 올리면서 있었던 신위의 개제 논의, 1683년 고려의 제도를 따라 '왕태후(王太后)' 로 되어 있는 태조비 신의왕후(神懿王后)와 태종비 원경왕후(元敬王后)의 휘호를 '왕후(王后)' 로 고치면서 있었던 개제 논의 등을 다루었다.

단, 조주식(造主式)은 신주를 제작하는 방식으로 본래 앞의 주제 항목에 포함되어 서술되었어야 하는데 독자적인 항목으로 설정되어 우제(虞祭)를 지낼 때 사용하는 신주인 우주(虞主)를 만드는 내용 하나만을 수록하였다.

상시는 《승정원일기》에서 시호에 관한 글을 모아놓은 것으로 선조와 효종에 관한 것이 약간 있고 나머지는 모두 인조에 관한 내용이다. 선조의 경우는 조정에서 올린 시호와 중국에서 내린 시호 가운데 같은 글자가 있으니 다른 글자로 바꾸겠다는 것이며, 효종의 경우는 시호에 능호와 같은 글자가 있어 개정하겠다는 것이다. 인조의 경우는 청나라에서 내린 시호 2자를 쓰지 않는 상황에서 8자로 되어 있는 시호를 10자로 늘릴 것인가 아니면 그대로 둘 것인가에 대해 논의한 내용을 수록하였다.

이에 의하면 신주에 기재하는 왕의 휘호는 중국에서 내린 시호 2자, 묘호 2자, 조정에서 올린 시호 8자 등 총 12자가 기본이었는데 명나라가 망한 뒤 중국의 시호를 사용하지 않아 총 10자가 기본이었음을 알 수 있다. 참고로 왕비는 존호 4자, 시호 2자 등 총 6자가 기본이다. 또한 왕은 신주 위판(位版)의 경우에는 중국에서 내린 시호를 먼저 기재하고, 축문의 경우에는 묘호를 먼저 기재하며, 왕비는 축문의 경우 마지막에 성씨(姓氏)를 기재하였다.

묘호는 선조와 인조의 묘호에 관한 논의를 《승정원일기》· 윤근수(尹根壽)의 문집인 《월정집(月汀集)》·《백사집》·《열성지장(列聖誌狀)》 등에서 뽑아 소개한 것이다. 묘호는 왕이 죽은 뒤 종묘에 봉안할 때 올리는 휘호의 하나로 그 왕을 대표하는 명칭이라고 할 수 있다. 선조는 묘호를 '선종(宣宗)' 으로 할 것인가 '선조(宣祖)' 로 할 것인가가 논란이 되었으며 인조는 처음에 정한 '열조(烈祖)' 의 '열' 자가 적절하지 않다는 주장이 제기되었다. 이 과정에서 선조의 묘호는 '선종' 으로 결정되었으나 결국 1616년(광해군8)에 '선조' 로 바뀌었으며 인조의 묘호는 '열조' 에서 '인조' 로 바꾸는 것으로 결정났다.

본래 묘호는 창업지군(創業之君)이나 중흥지군(中興之君)에게는 조(祖)를, 계체지군(繼體之君)이나 계통지군(繼統之君)에게는 종(宗)을 붙여 주었으며 또한 공이 있는 왕에게는 조를, 덕이 있는 왕에게는 종을 붙여주는 것이 원칙으로 양자간에 우열이 있는 것은 아니었다. 그런데 후대에 가면 조가 종보다 격이 더 높은 것으로 인식되어 원칙을 벗어나 조를 붙이는 경우가 많이 나타났다. 조선의 경우도 조를 붙인 왕이 태조 외에도 세조·선조·인조·영조·정조·순조 등 여섯 명이나 된다.

각실위호는 종묘 정전과 영녕전 각실의 위호 서차(序次)를 싣고 왕과 왕비가 즉위·승하한 연·월·일, 능호, 능의 좌향과 소재지 등도 첨가하여 적어 넣었다. 또한 관련 기록은 주로 1632년(인조10)과 그 이듬해에 있었던 논의를 《승정원일기》에서 간추려 실었는데 주된 내용은 왕과 왕비의 향실 축문에 기재한 휘호가 신주의 내용과 차이가 있는 경우 어떻게 처리할 것인가 하는 것이었다. 이를 보면 위호는 주로 축문에 기재한 휘호를 지칭했던 것으로 여겨진다.

부묘는 먼저 태조부터 현종까지 역대 왕과 왕비의 부묘 사실을 《조선왕조실록》·《승정원일기》·《예조등록》 등에서 찾아 연대순으로 정리하였는데 1690년(숙종16) 인조의 계비인 장렬왕후(莊烈王后)를 부묘한 것까지 기재하고 있다. 이어 《승정원일기》·이정귀(李廷龜)의 문집인 《월사집(月沙集)》 등에서 뽑은 관련 기록과 의식절차를 상세히 적은 의주(儀註)를 수록하였다. 부묘는 왕과 왕비의 3년상을 마치고 신주를 종묘에 조상과 함께 모시는 것으로 국상의례의 마지막 절차이다. 바로 이 의식을 거쳐 종묘에 들어가야 왕 또는 왕비로서의 정통성을 인정받았던 것이다. 한편 후대에 가면 부묘의례와 종묘제사를 행하는 달이 같은 경우 함께 행하기도 하였다.

세실은 《조선왕조실록》·《승정원일기》·《예조등록》 등에서 불천지위(不遷之位)에 관한 논의를 찾아 정리한 것이다. 불천지위는 공덕이 커 4대가 지나도 종묘 정전에 영원히 모시는 신위이다. 일반적으로 사가(私家)의 경우는 5세가 지난 신주는 사당에서 옮겨 땅에 묻었지만 왕실의 경우는 그렇게 할 수 없어 5세가 지난 왕의 신위는 별묘인 영녕전으로 옮겨 모셨다.

여기서는 1634년(인조12)과 그 이듬해에 있었던 성종에 대한 불천 논의와 1676년(숙종2)에 있었던 선조에 대한 불천 논의, 1683년에 있었던 인조와 효종에 대한 불천 논의 등을 다루었는데, 성종은 나라를 태평하게 하고 제도와 전장(典章)을 집대성하여 빛나게 한 이유로, 선조의 경우는 임진왜란을 극복하고 왕실을 중흥한 이유로, 인조는 어지러움을 다스리고 반정(反正)을 한 이유로, 효종은 공자와 주자의 가르침을 이어받아 인의의 도로 천리를 밝히고 인심을 바르게 했다는 이유로 불천지주가 되었음을 알려준다.

조천은 5세가 지나 영녕전으로 옮겨지는 조천지위(祧遷之位)와 관련한 기록을 《조선왕조실록》·《승정원일기》·《예조등록》 등에서 뽑아놓은 것으로 끝부분에 의식절차를 첨가하여 실었다. 이를 통해 영녕전의 각 실이 어떻게 운영되었는지 부분적으로나마 이해할 수 있다.

3책은 복위(復位), 추숭(追崇), 추부(追祔), 추상존호(追上尊號), 가상존시(加上尊諡), 제향(祭享), 친제(親祭), 묘현(廟見), 삭망속절(朔望俗節), 악장(樂章) 등 10개 항목으로 구성되어 있다.

복위는 《조선왕조실록》·《승정원일기》·《예조등록》 등에 나오는 소릉(昭陵)과 단종(端宗) 복위에 관한 내용을 담고 있다. 즉 소릉 복위에 관해서는 1478년(성종9) 남효온(南孝溫)의 상소와 1495년(연산군1) 김일손(金馹孫)의 상소, 1512년(중종7) 소세양(蘇世讓)의 주장과 이후 그와 관련한 논의들을 싣고 단종 복위에 관해서는 1698년(숙종24) 신규(申奎)의 상소와 그로 인해 이루어진 논의들을 상세히 실었다.

소릉은 단종의 어머니인 현덕왕후(顯德王后)의 능으로 단종이 폐위되면서 같이 폐릉(廢陵)되었으며 단종은 세조의 집권 직후 일어난 사육신(死六臣) 사건으로 인해 노산군(魯山君)으로 강봉(降封)되었다. 결국 이들이 정당한 이유 없이 쫓겨난 것은 성리학적 명분론에 어긋나므로 다시 본래 상태대로 복위시켜야 한다는 것이다. 소릉은 1513년(중종8) 복위되어 문종의 능인 현릉(顯陵)으로 천장되었으며 단종과 정순왕후(定順王后)는 1698년 복위되어 종묘 영녕전에 봉안되었다. 또한 존호는 평일에 올리는 것이며 시호는 국상이 끝난 뒤에 올리는 것이라는 사실도 부수적으로 얻을 수 있다.

추숭은 《조선왕조실록》·《승정원일기》· 김장생(金長生)의 문집인 《사계집(沙溪集)》· 이귀(李貴)의 《경연일기(經筵日記)》 등에서 성종의 생부인 덕종(德宗)과 인조의 생부인 원종(元宗)의 추숭에 관한 논의를 뽑아 정리한 것이다. 특히 덕종의 추숭 관련 기록이 잘 정리되어 있어 본래 의경세자(懿敬世子)로 불렸던 덕종이 처음부터 덕종으로 추존된 것이 아니라 시호는 온문의경왕(溫文懿敬王), 묘호는 의경묘(懿敬廟), 능호는 경릉(敬陵)으로 추존되었다가 중국으로부터 회간(懷簡)이라는 시호를 받은 것을 계기로 선숙공현(宣肅恭顯)이라는 시호가 가상(加上)되고 이어 덕종이라는 묘호로 종묘에 부묘되었다는 사실을 알려준다.

추숭은 입후(入後)하여 왕위를 계승한 왕이 자신의 사친을 사후에 왕 또는 왕비로 추존하여 종묘에 모시는 것으로 성종의 덕종 추숭을 시작으로 이후 선조·광해군·인조·정조·헌종 등 왕통(王統)과 사통(私統)이 일치하지 않는 왕은 대부분 이를 추진하였으며 선조의 생부인 덕흥대원군(德興大院君)처럼 추숭에 실패하는 경우도 있었다. 추숭을 반대하는 주된 이유는 대통을 잇고서 사친을 돌보는 것은 의에 어긋난다는 것이었고 찬성하는 주된 이유는 중국에서도 같은 예가 있다는 것이었다. 결국 왕실의 정통성과 밀접한 연관을 가지고 있었음을 보여준다.

추부는 《예조등록》에 있는 신덕왕후(神德王后) 부묘에 관한 논의를 소개한 것이다. 추부는 종묘에 부묘되었다가 폐출된 뒤에 다시 부묘되는 경우를 가리킨다. 태종에 의해 종묘에서 폐출되고 정릉(貞陵)도 폐릉되었던 태조의 계비 신덕왕후는 1669년(현종10) 송시열 등이 주장하여 다시 복위되어 순원현경(順元顯敬)이라는 휘호를 받고 다시 종묘에 부묘되고 정릉도 다시 복원되었다. 신덕왕후의 경우도 소릉과 단종의 경우와 마찬가지로 성리학적 명분론에 입각해 왕실의 정통성을 바로잡으려는 노력에서 나왔다고 할 수 있다.

추상존호는 정종의 묘호를 올리는 일에 관한 논의과정을 《조선왕조실록》과 《예조등록》에서 찾아 정리한 것이다. 정종은 시호와 능호는 받았지만 묘호는 받지 못하고 공정대왕으로 불리었다. 정통성을 인정받지 못했던 것이다. 예종대에 희종(熙宗)으로 묘호를 정하고 세조와 함께 부묘하려 했으나 성사되지 못하고 200년이 지난 1681년(숙종7)에 예법에 어긋난다는 이유로 다시 문제를 제기하여 묘호를 정종으로 정하고 시호도 더 올렸다.

가상존시는 1683년(숙종9) 태조와 태종의 시호를 추가로 올리는 일에 대해 찬반논의가 벌어졌던 과정을《예조등록》에서 간추려 정리한 것이다. 당시 찬성했던 측의 이유는 태조와 태종의 휘호가 8자이고 세조와 선조의 경우는 이보다 훨씬 많은데 공적을 비교해 봐도 시호를 추가로 올리는 것이 타당하며 또한 8자의 휘호 가운데 4자는 생전에 올린 존호이므로 4자의 시호를 더 올려도 문제가 없다는 것이었다. 본래 사후에 올리는 시호는 8자가 관례였기 때문이다.

반면 반대하는 측의 이유는 휘호 수의 많고 적음이 그 왕에 대한 존숭의 정도와 상관이 없는 것이며 생전에 올린 존호 4자도 사후에 결국 시호로 볼 수 있는 것이니 굳이 더 추가하여 올릴 필요가 없다는 것이다. 휘호제도에 대한 활발한 논의를 통해 태조와 태종에게는 4자의 시호가 추가로 올려졌다.

제향은 종묘 제사에 관한 기록을《조선왕조실록》·《예조등록》 등에서 뽑아놓은 것으로 주로 작헌례(酌獻禮)를 행하는 과정에서 논란이 되었던 점들을 소개하고 있다.

친제는 먼저 왕이 직접 종묘 제사를 거행하는 친제에 관한 내용을《조선왕조실록》과《예조등록》에서 인용하여 간단히 서술하고 이어 사시(四時)와 납일에 행하는 종묘 오향대제의 의식절차를 상세히 기록하여 종묘 제사를 구체적으로 어떻게 행했는가를 이해하는 데 도움을 준다.

묘현은 주로 왕실의 큰 행사 후 종묘에 아뢰는 예에 관한 기록을《조선왕조실록》·《승정원일기》·《예조등록》 등에서 정리해 놓은 것이다. 즉 효종대 왕이 친제하지 못하고 따로 택일해 종묘에 아뢴 사실과 현종대왕 세자 책봉 후 종묘에 처음 아뢴 사실, 숙종대 인원왕후(仁元王后) 혼례 후 묘현례를 행한 사실과 그 시행절목 등을 실었다.

삭망속절은 1625년(인조3) 이괄의 난 직후 중지했던 종묘의 삭망제사를 부활할 것을 청하는 내용을 간단히 다루고 삭망과 속절에 종묘에서 지내는 제사의 의식절차를 덧붙였다.

악장은 먼저 종묘 제례악의 절차와 악장의 가사(歌詞) 등을 자세히 싣고 이어 악장과 악기(樂器)·용악(用樂)에 관한 기록을《조선왕조실록》·《승정원일기》·《예조등록》·《이항복문집》·《장악원등록(掌樂院謄錄)》에서 찾아 정리하였다. 종묘 제례악은 제사드릴 때 연주하는 음악과 노래와 무용을 총칭하는 것으로 근간을 이루는 보태평과 정대업은 세종대에 만들어져 세조대에 정식 채택되었다. 그 절차와 내용은 〈표 4〉와 같다.

절차(節次)	악명(樂名)	악곡명(樂曲名)	일무(佾舞)
영신(迎神)	보태평(保太平)	희문구성(熙文九成)	문무(文舞)
전폐(奠幣)	보태평(保太平)	희문(熙文)	문무(文舞)
진찬(進饌)	풍안지악(豐安之樂)	진찬(進饌)	
초헌(初獻)	보태평(保太平)	희문(熙文) 기명(基明) 귀인(歸仁) 형가(亨嘉) 집녕(輯寧) 융화(隆化) 현미(顯美) 용광(龍光) 정명(貞明) 중광(重光) 대유(大猷) 역성(繹成)	문무(文舞)
아헌(亞獻)	정대업(定大業)	소무(昭武) 독경(篤慶) 탁정(濯征) 선위(宣威) 신정(神定) 분웅(奮雄) 순응(順應) 총수(寵綏) 정세(靖世) 혁정(赫整) 영관(永觀)	무무(武舞)
종헌(終獻)	정대업(定大業)	아헌(亞獻)과 같음	무무(武舞)
철변두(徹籩豆)	옹안지악(雍安之樂)	진찬(進饌)	무무퇴(武舞退)
송신(送神)	흥안지악(興安之樂)	진찬(進饌)	

표4 **종묘 제례악의 절차와 내용**

마지막으로 4책은 이환안(移還安), 섭사의(攝事儀), 기고종묘의(祈告宗廟儀), 축폐(祝幣), 희생찬품(犧牲饌品), 철찬(撤饌), 천신(薦新), 봉심(奉審), 수개(修改), 수보의장(修補儀章), 책보(冊寶), 변례(變禮), 도변(盜變), 칠사(七祀), 배향(配享), 금벌(禁伐), 고사(故事), 관원(官員), 수직(守直), 수복(守僕), 제향시진공각사물목(祭享時進供各司物目) 등 21개 항목으로 구성되어 있다.

이환안은 종묘의 신주를 임시로 다른 곳으로 옮기거나 또는 다른 곳에 모셨던 신주를 다시 종묘로 옮기는 의식과 관련한 사실들을 《조선왕조실록》과 《예조등록》에서 찾아 싣고 의식절차를 첨가하였다. 이러한 의식은 주로 창건·중건·증축 때 행해졌음을 알려준다.

섭사의는 《국조오례의》에 수록되어 있는 사시급납향종묘섭사의(四時及臘享宗廟攝事儀)의 내용을 그대로 옮겨놓은 것으로 종묘대제를 왕이 아닌 다른 사람이 대신 올릴 때 행하는 의식이다.

기고종묘의는 역시 《국조오례의》에 수록되어 있는 기고종묘의의 내용을 그대로 옮겨놓은 것으로 종묘에 와서 빌거나 고할 때 행하는 의식이다.

축폐는 축문과 폐백에 관한 내용으로 먼저 종묘와 영녕전 각 실의 축문 서식을 싣고 이어《조선왕조실록》과《예조등록》에 있는 관련 내용들을 기록하였다. 주로 문제가 되었던 것은 축문 서식의 불일치로, 예를 들면 일반적으로 왕비의 휘호 앞에 '조비(祖妣)'라고 붙였는데 정종·문종·덕종·예종의 왕비는 휘호만 기재하였으므로 다른 왕비와 같이 해야 한다든지 또는 일반적으로 '효증손사왕신(孝曾孫嗣王臣)'이라고 칭하는데 정종·문종·예종은 '사왕신(嗣王臣)'이라고 칭하고 덕종은 '국왕신(國王臣)'이라고 칭하며 인종은 '효증질손사왕(孝曾姪孫嗣王)'이라고 칭하였으므로 모두 바로잡아야 한다는 것이었다. 이 역시 왕실의 정통성을 바로잡으려는 노력의 일환이라고 할 수 있다.

희생찬품은 종묘대제와 삭망제 등을 지낼 때 차려놓는 제수와 불을 밝히는 데 사용하는 등촉(燈燭)과 정료(庭燎) 등에 대해서 상세히 서술하고 그와 관련한 기록들을《예조등록》·이항복의 문집인《백사집》·김상헌의 문집인《청음집》등에서 찾아 정리하였다. 음식은 소·양·돼지 등의 고기와 벼·조·기장 등의 곡식, 청주(淸酒)·현주(玄酒) 등의 술, 그리고 개암·밤·대추 등의 과일과 김치·포·젓갈·국 등을 차렸다. 종묘제례는 국가에서 행하는 제사 가운데 제일 격이 높았기 때문에 제상에 대해 정성을 다하였으며 제일 성대히 차렸다.

철찬은 종묘 제사를 마치고 제수를 치우는 일을 규정대로 하지 않아 예에 어긋나니 바로 행할 것을 청하는 인조대 기사 하나를《예조등록》에서 인용하여 실었다.

천신은 종묘에 바치는 철 따라 새로 나오는 물건들을 월별로 기록하고《조선왕조실록》·《승정원일기》·《예조등록》등에 수록되어 있는 관련 논의를 실었는데 천신의 시기, 새로 바치는 짐승의 수량과 포획 장소, 각 도에서 중앙으로 수송할 때의 문제점, 천신을 마련하는 과정에서 생기는 민폐 등 다양한 내용들을 다루었다. 마지막에는《국조오례의》에 있는 천신종묘의(薦新宗廟儀)의 내용을 그대로 옮겨 실었다.

봉심은 대풍(大風)으로 종묘의 신실에 손상이 간 것을 예조와 종묘서 제조가 살펴 처리하겠으니 허락하여 달라는 숙종대 기사 하나를《예조등록》

에서 인용하여 실었다. 봉심은 왕명을 받들어 종묘나 왕릉 등을 살펴보는 것을 말한다.

수개는《승정원일기》·《예조등록》에서 보이는 종묘 수리에 관한 기록을 모아놓은 것이다. 즉 부서진 담장을 세우고 각 실의 장막을 수선하거나 또는 마당의 나무를 잘라내고 신위의 좌대(座臺)를 보수하는 내용 등을 싣고, 제기 가운데 약간 결함이 있는 경우 보수할 것인가 아니면 교환할 것인가 또는 수리하고 난 뒤 낡은 제복과 악기 등을 어떻게 처리할 것인가 하는 논의 등을 소개하였다.

수보의장은 종묘의 의장문물(儀章文物)에 관한 몇몇 기록을 역시《승정원일기》와《예조등록》에서 찾아 수록하였는데 인조대 이괄의 난으로 인해 소실되고 훼손된 기물들을 일시에 마련하기 위한 경비가 부족하니 시일을 연기하자는 논의와 숙종대 홍초(紅綃)로 만든 종묘 각 실의 장막이 약하여 쉽게 해지니 홍주(紅紬)로 바꾸자는 논의 등이 그것이다.

책보는 어책(御冊)과 어보(御寶)에 관한 기록들을《승정원일기》·《종묘수리도감등록》·《예조등록》 등에서 찾아 정리하고 종묘 정전과 영녕전 각 실에 보존되어 있는 책보를 차례로 수록하였다. 어책은 왕과 왕비에게 올리는 시호나 존호를 옥이나 대나무에 새겨 첩(帖)으로 만든 것으로 옥에 새긴 책은 옥책(玉冊), 대나무에 새긴 책은 죽책(竹冊)이라 하였다. 또한 어보는 왕과 왕비에게 올리는 시호·존호를 용이나 거북 모양의 금·옥에 새긴 도장으로 금에 새긴 도장은 금보(金寶), 옥에 새긴 도장은 옥보(玉寶)라 하였다.

수록된 많은 양의 기록 가운데 관심이 가는 것으로는 광해군대 추숭한 옥책의 처리에 관한 인조대의 논의, 임란으로 소실된 시책(諡冊)의 기재내용의 복원과 종묘 각 실의 보갑(寶匣) 제작에 관한 효종대의 논의, 책보의 전면적인 정비에 관한 숙종대의 논의 등을 들 수 있다.

특히 1694년(숙종20) 제기되어 1705년 집중적으로 이루어지는 책보 정비는 그동안 변화한 상황들을 책보에 반영하려는 측과 그것에 반대하는 측 사이에 격렬한 논의가 벌어졌으며 결국 손상이 간 것은 수리하고《조선왕조실록》·《예조등록》 등의 기록과 대조하여 없는 것만 새로 제작하는 것으로 결정되었다. 아울러 이러한 사실들을 반영하기 위해《종묘대등록》

의 수정작업을 추진하였는데 이 일이 계기가 되어 이듬해인 1706년《종묘의궤》가 편찬된 것이 아닌가 여겨진다.

변례는 전쟁 등 갑작스런 상황의 변화가 종묘에 영향을 미친 경우들을《승정원일기》·《종묘수리도감등록》·《예조등록》 등에서 찾아 기록한 것으로 주로 임진왜란·병자호란과 관련한 것들이 많다. 그 가운데 임진왜란으로 인해 신주가 파괴되거나 종묘 제사를 제대로 지내지 못했다는 내용, 병자호란 때 종묘 신주를 강화도로 옮겼다가 다시 남한산성으로 옮기는 과정에서 종묘 신위 1개와 사직 신위 4개의 받침을 잃어버려 책임자인 윤방(尹昉)이 파직당하고 귀양간 내용, 병자호란이 끝난 뒤 훼손된 종묘를 수리하는 내용, 숙종대 종묘 제사를 지내러 가다가 좌의정이 죽자 제사 절차에 대해 논의하는 내용 등이 관심을 끈다.

도변은 종묘 물건을 도둑맞은 사건을《조선왕조실록》과《예조등록》에서 찾아 정리한 선조대 금은보(金銀寶)를 훔치고 방화한 사건, 인조대 제기를 훔친 사건, 숙종대 장막 등을 빼돌리거나 악기 등을 훔친 사건, 풍물고(風物庫)·제기고(祭器庫) 및 사고(私庫)를 부수고 물건을 훔쳐간 사건 등을 실었다.

칠사는 칠사당에서 제사 지내는 일곱 신과 그 신들이 담당하는 일을 서술하고 축문과 의식절차를 덧붙였다. 의식절차는《국조오례의》에 있는 제중류의(祭中霤儀)의 내용을 그대로 옮겨 놓았으며 칠사는 봄에 지내는 사명(司命)과 사호(司戶), 여름에 지내는 사조(司竈)와 중류(中霤), 가을에 지내는 국문(國門)과 공려(公厲), 겨울에 지내는 국행(國行)을 가리킨다.

배향은 태조·태종·세종·세조·성종·중종·선조·인조·효종·현종의 배향공신을 차례로 열거하고 공신 배향과 관련한 기록과 논의들을《조선왕조실록》과《예조등록》에서 찾아 정리하였다. 배향공신을 모신 공신당은 1395년 창건 때에는 5칸이었으나 정조대에 증축되는 등 늘어나 현재 16칸이며 역대 국왕의 공신 92명이 모셔져 있다. 각 왕대별 배향공신의 이름은 〈표 5〉와 같다.

왕대	공신명(功臣名)
태 조	조준(趙浚), 이화(李和 의안대군(義安大君)), 남재(南在 추배), 이제(李濟 추배) 이지란(李之蘭), 남은(南誾 추배), 조인옥(趙仁沃)
정 종	이방의(李芳毅 익안대군(益安大君))
태 종	하륜(河崙), 조영무(趙英茂), 정탁(鄭擢), 이천우(李天祐), 이래(李來)
세 종	황희(黃喜), 최윤덕(崔潤德), 허조(許稠), 신개(申槩), 이수(李隨), 이제(李禔 양녕대군(讓寧大君) 추배), 이보(李補 효령대군(孝寧大君) 추배)
문 종	하연(河演)
세 조	권람(權擥), 한확(韓確), 한명회(韓明澮 추배)
예 종	박원형(朴元亨)
성 종	신숙주(申叔舟), 정창손(鄭昌孫), 홍응(洪應)
중 종	박원종(朴元宗), 성희안(成希顔), 유순정(柳順汀), 정광필(鄭光弼)
인 종	홍언필(洪彦弼), 김안국(金安國)
명 종	심연원(沈連源), 이언적(李彦迪)
선 조	이준경(李浚慶), 이황(李滉), 이이(李珥 추배)
인 조	이원익(李元翼), 신흠(申欽), 김류(金瑬), 이귀(李貴), 신경진(申景禛), 이서(李曙) 이보(李俌 능원대군(綾原大君) 추배)
효 종	김상헌(金尙憲), 김집(金集), 송시열(宋時烈 추배), 이준(李濬 인평대군(麟平大君) 추배) 민정중(閔鼎重 추배), 민유중(閔維重 추배)
현 종	정태화(鄭太和), 김좌명(金佐明), 김수항(金壽恒), 김만기(金萬基)
숙 종	남구만(南九萬), 박세채(朴世采), 윤지완(尹趾完), 최석정(崔錫鼎), 김석주(金錫胄 추배) 김만중(金萬重 추배)
경 종	이수(李濡), 민진후(閔鎭厚)
영 조	김창집(金昌集), 최규서(崔奎瑞), 민진원(閔鎭遠), 조문명(趙文命), 김재로(金在魯)
장 조	이종성(李宗城), 민백상(閔百祥)
정 조	김종수(金鍾秀), 유언호(兪彦鎬), 김조순(金祖淳 추배)
순 조	이시수(李時秀), 김재찬(金載瓚), 김이교(金履喬), 조득영(趙得永) 이구(李球 남연군(南延君) 추배), 조만영(趙萬永 추배)
문 조	남공철(南公轍), 김로(金鏴), 조병귀(趙秉龜)
헌 종	이상황(李相璜), 조인영(趙寅永)
철 종	이헌구(李憲球), 이희(李曦 익평군(益平君)), 김수근(金洙根)
고 종	박규수(朴珪壽), 신응조(申應朝), 이돈우(李敦宇), 민영환(閔泳煥)

표5 **조선 역대 왕의 배향공신**

단종과 연산군·광해군·순종은 배향공신이 없고 대신 추존왕인 장조와 문조는 배향공신이 있다. 배향공신을 정하는 것도 당시 정치적 상황과 밀접한 관계를 가지고 있어서 국왕의 부묘 당시에는 배향되지 못하다가 뒤에 가서 추가로 배향[追配]되는 경우가 많았다. 즉 송시열은 정조대에 효

종묘에 배향되었으며 이이는 고종대에 가서야 선조묘에 배향되었다. 또한 정도전처럼 공이 많음에도 불구하고 아예 배향되지 못한 경우도 적지 않았으며 조경(趙絅)처럼 배향공신이 되었다가 출향(黜享)되는 경우도 있었다.

금벌은 1667년(현종8) 영녕전을 증축하면서 담장에 기댄 나무들을 베어낸 뒤 왕이 앞으로는 매년 잘 전지(剪枝)하여 담장을 가려 무너뜨리지 않도록 하고 나무는 더 이상 베어내는 일이 없도록 당부하는 기록 하나를 《예조등록》에서 인용하여 수록하였다.

고사는 종묘와 얽힌 일화를 《고사촬요》·《조선왕조실록》·《승정원일기》 등에서 찾아 수록하였다. 즉 1401년(태종1)과 1403년(태종3) 중국으로부터 고명과 금인을 받은 사실, 세종대 창덕궁과 수강궁(壽康宮)의 좌지(座地)가 풍수지리상으로 종묘의 정맥을 끊으니 위치를 옮기자는 논의, 임진왜란 때 종묘에 주둔한 일본군을 매일밤 신병(神兵)이 북을 두드려 공격하여 놀란 일본군이 서로 싸우다 많이 죽어 장소를 다른 곳으로 옮긴 일 등을 서술하고, 아울러 종묘에 관해서 기록한 문적(文籍)이 《종묘대등록》 몇 권을 제외하면 없으니 의궤를 만들 것을 건의하는 내용을 실었는데 이 기록은 《종묘의궤》가 어떤 의도로 만들어졌는가를 이해하는 데 도움을 준다.

관원은 종묘를 담당하는 관원과 그 수를 기록하고 각자의 임무를 규정한 서중규례(署中規例)를 덧붙였다. 이를 보면 종묘 관원은 정1품의 도제조(都提調)를 비롯하여 제조(提調)·영(令)·직장(直長)·봉사(奉事)·부봉사(副奉事)·수문부장(守門部將) 각 1명과 수복(守僕) 30명, 고지기(庫直) 1명, 군사(軍士) 30명으로 이루어졌음을 알 수 있다.

수직은 종묘 숙위(宿衛)에 관한 《승정원일기》 기록 하나를 실었는데 종묘는 매우 중한 곳임에도 불구하고 임진왜란 이후 지키는 군사가 서너 명밖에 안 되니 증원해 달라는 내용이다.

수복은 종묘의 잡일을 담당하는 수복에 관한 내용을 《조선왕조실록》과 《승정원일기》에서 하나씩 찾아 정리한 것이다. 즉 종묘 전복(典僕)을 다른 일로 차출할 수 없다는 선조대 기록과 수복의 신체와 의상이 불결하니 깨끗한 의상을 제공하고 청결하게 하도록 하자는 숙종대 기록을 실었다.

이 책의 마지막 항목인 제향시진공각사물목은 종묘 제사를 지낼 때 각

관사에서 준비하는 물품을 세세히 기록한 것이다. 관련 기관은 장흥고(長興庫) · 선공감(繕工監) · 제용감(濟用監) · 군기시(軍器寺) · 와서(瓦署) · 사도시(司䆃寺) · 의영고(義盈庫) · 예빈시(禮賓寺) · 혜민서(惠民署) · 내섬시(內贍寺) · 공조(工曹) · 내자시(內資寺) · 양창(兩倉) 등이고 기인(其人)이 나무와 숯을 담당하였다.

4. 《종묘의궤》의 역사적 의의

종사(宗社), 곧 종묘와 사직은 전통사회에서 국가 그 자체를 상징하는 말이었다. 종묘는 사직과 함께 조선시대 제사 가운데 가장 격이 높은 대사(大祀)에 속하였으며 국가는 종묘와 관련된 의례를 가장 중시하였다.

《종묘의궤》는 이러한 종묘의 제도와 의식절차, 관련 행사를 그림과 함께 기록한 책이다. 이 책은 인조대 이후 모두 14차례에 걸쳐 편찬되었는데 그 이유는 크게 두 가지였다. 하나는 시대가 내려갈수록 봉안할 국왕의 신위가 늘어남에 따라 몇 차례 증축과 수리과정을 거치면서 그 내용을 기록할 필요성이 생겼기 때문이며 다른 하나는 예학에 대한 이해가 심화됨에 따라 왕실의 상징인 종묘에 대한 정비작업이 이루어지면서 그에 관한 내용들을 역사적으로 정리할 필요성이 대두하였기 때문이다.

따라서 《종묘의궤》 역시 두 가지 형태로 편찬되었는데 하나는 종묘와 영녕전을 보수하거나 증축하면서 그 과정을 기록한 형태이고 다른 하나는 종묘제도와 의식절차 등을 역사적으로 정리한 형태이다.

이 번역서의 저본인 《종묘의궤》는 숙종대인 1706년 편찬된 것으로 종묘제도와 의식절차 등을 역사적으로 정리한 첫 번째 의궤이며 이후의 《종묘의궤》나 《종묘의궤속록》들은 이 책을 기반으로 해서 편찬되었다고 할 수 있다.

《종묘의궤》의 편찬은 당시 시대적 상황과도 밀접한 연관이 있었다. 이 책이 편찬된 시점은 서인과 남인이 두 차례의 예송과 세 차례의 환국을 거치면서 치열한 대립을 하다가 결국 1694년 갑술환국을 계기로 서인이 승리하고 난 뒤 얼마 되지 않았던 때였다.

이 시기 서인은 성리학적 명분론에 입각하여 국가의 모든 예제(禮制)를 정비하려고 노력하였다. 특히 국가 예제의 중심에 위치하고 있었던 종묘 제도를 바로잡음으로써 왕실의 정통성과 자신들이 집권한 정당성을 세우려고 하였다. 신덕왕후와 단종의 복위, 정종의 묘호 추존을 비롯한 역대 왕·왕비의 휘호(徽號)의 정비 등도 여기서 비롯되었다. 《종묘의궤》의 편찬은 이러한 일련의 작업을 집대성하여 문자화한 것이라고 할 수 있다.

그러나 영조와 정조대에 가서는 왕권이 강화되면서 이후의 종묘의 정비과정은 국왕의 주도로 이루어졌다. 영조는 종묘를 증수하는 과정에서 자신의 의견을 적극적으로 반영하였으며 정조도 영조와 마찬가지로 세실 결정을 정례화하고 예제의 정비를 주도하였다.

아울러 영조대인 1741년 《종묘의궤》의 두 번째 정리 작업이 이루어진 이후부터는 1842년 《종묘의궤속록》이 편찬될 때까지 100년 동안 한 해도 빠짐없이 종묘와 관련된 사실들이 기록·정리되었다. 그만큼 국왕과 국가 차원에서 종묘에 대한 관심이 컸다는 것을 나타내며 종묘 정비나 의궤 편찬의 주도권이 서인 사족에서 국왕 중심으로 변화해 갔음을 의미한다고 할 수 있다.

이러한 점은 《종묘의궤》의 체제나 성격에서도 그대로 드러난다. 이 책은 종묘 역사(役事)나 행사(行事)의 구체적인 과정이나 경비 등을 위주로 기록한 것이 아니라 종묘에 관한 그림과 기록들을 종합적으로 모아 체계적으로 정리한 것이다. 말하자면 종묘에 관한 종합적인 정리서인 것이다. 따라서 다루는 분야도 방대하고 수록된 자료도 광범위하여 종묘에 관해 많은 지식들을 제공하고 있다.

또한 이 책에 실려 있는 기록들은 대부분 《국조오례의》·《조선왕조실록》·《승정원일기》·《예조등록》에서 찾아 정리한 것으로 사료로서의 독창성은 떨어지지만 조선시대 전 시기에 걸쳐 정리하고 세부 항목에 들어가서는 중요한 관련 논의들을 집중적으로 수록하는 방식을 취함으로써 보는 사람으로 하여금 종묘의 세세한 부분과 더불어 전체상을 그릴 수 있도록 해준다.

더욱이 이 책에서 다루고 있는 주요 논의들은 대부분 왕실전례논쟁과 관련을 맺고 있다. 이는 이 책의 내용이 단순히 종묘의 제도사적인 서술에 그치는 것이 아니라 국가 예제의 정치사적·사상사적 접근까지도 가능하게 해준다는 사실을 의미한다. 즉 17세기 말부터 집중적으로 이루어지는, 성리학적 명분론에 입각하여 왕실의 정통성을 바로잡으려는 노력이 서인의 지배력 강화라는 정치적 동기와 밀접한 연관을 지니고 있다든지, 왕실전례논쟁 속에서 한당례(漢唐禮)·국조오례의(國朝五禮儀)와 고례(古禮)·주자가례(朱子家禮)의 대립을 큰 축으로 하는 조선시대 예학사상의 전반적인 흐름을 읽어낼 수 있다든지 하는 것들이 그 예라고 할 수 있다.

어쨌든 이 책은 체제나 성격상 하나의 주제에 대해 깊고 완벽한 정보를 제공하고 있지는 못하다. 그러나 종묘 자체에 또는 왕실이나 국가의 예제에 관심을 가지는 사람들에게 일차적으로 다양한 정보를 제공하는 백과사전적인 역할은 충분히 할 수 있다고 여겨진다.

〈참고문헌〉

고영진 《조선중기 예학사상사》, 한길사, 1995

고영진 〈《종묘의궤》 해제〉 《종묘의궤》 (上), 서울대학교 규장각, 1997

김동욱 〈조선시대 종묘 정전 및 영녕전의 건물 규모의 변천〉 《문화재》 21, 문화재관리국, 1988

김동욱 《종묘와 사직》, 대원사(빛깔있는책들 34), 1990

민병하 〈종묘〉《서울육백년사 -문화유적편-》, 서울특별시사편찬위원회, 1987

윤방언 《조선왕조 종묘와 제례》, 문화재청, 2002

이경미 〈종묘건축에 관한 연구〉, 이화여자대학교 석사학위논문, 1989

이상해·송혜진 《종묘》, 삼성문화재단, 1998

이장렬 〈현행 종묘제례의 사적 고찰〉 《역사민속학》 12, 한국역사민속학회, 2001

이재숙 외 《조선조 궁중의례와 음악》, 서울대학교출판부, 1998

이현진 〈조선후기 종묘 정비와 세실론 연구〉, 서울대학교 박사학위논문, 2006

조준하 〈우리나라의 제사문화와 종묘대제〉《한국사상과 문화》 12, 한국사상문화학회, 2001

한형주 《조선초기 국가제례 연구》, 일조각, 2002

황경환 《조선왕조의 제사》, 문화재관리국, 1967

차 례

제2책

宗廟儀軌

宗廟儀軌

종묘의궤

제1책

범례凡例

1 《오례의》 원서명은 《국조오례의(國朝五禮儀)》이다. 세종(世宗) 때 착수하여 1474년(성종5) 신숙주(申叔舟)와 정척(鄭陟) 등에 의해 완성되었다. 국가 의례(儀禮)인 오례, 즉 길례(吉禮), 흉례(凶禮), 군례(軍禮), 빈례(賓禮), 가례(嘉禮)를 규정한 예전(禮典)이다.

○ 종묘(宗廟)와 영녕전(永寧殿)의 전도(全圖)는 일체 《오례의(五禮儀)》[1]의 전도를 따랐다. 그러나 간각(間閣)의 크기는 고금의 차이가 없지 않다. 영녕전의 협실(夾室)은 또한 정미년(1667, 현종8)에 더 보태 지은 건물이기 때문에 지금의 제도로 그렸다. 산맥, 우물과 샘, 도랑과 못, 담장, 외문(外門), 자리 배치에 이르러서는 《오례의》의 전도에 실려 있지 않으나 모두 그렸다.

○ 종묘일간도(宗廟一間圖)는 《오례의》에 없어서 별도로 그림을 그렸다. 전 안팎에 있는 유장(帷帳), 의물(儀物), 장위(仗衛), 상탁(床卓) 및 친제(親祭)로 거행할 때의 배위(陪位)와 향관(享官)의 배치를 하나하나 모두 그렸다.

○ 등가(登歌)와 헌가(軒架), 문무(文舞)와 무무(武舞)는 현재 사용되는 것이 《오례의》와 비교하여 겨우 열에 하나 남아 있을 뿐이다. 그러므로 양쪽을 다 그리고, 각각 그 옆에 주를 달아 표시하였다.

○ 악기(樂器)는 일체 《오례의》대로 그리고, 현재 사용되는 것은 각각 그 옆에 주를 달아 구별하였다.

○ 제기(祭器)는 일체 《오례의》대로 그렸는데, 현재 사용되는 것 가운데 혹 《오례의》에 실려 있지 않은 것이 있으므로 모두 보태서 그렸다.

○ 전하의 면복(冕服), 왕세자의 면복, 문무 관원의 관복(冠服)은 일체 《오례의》대로 그렸는데, 악공(樂工)의 관복에 대한 도설(圖說)은 《오례의》에 실려 있지 않으므로 《악학궤범》을 참고하여 모두 그림을 완성하였다.

○ 대제(大祭), 삭망제(朔望祭), 칠사제(七祀祭)의 제사상 차림은 일체 《오례의》대로 그렸다.

○ 지금 이 의궤에 기록한 글은 출처가 실록(實錄), 혹은 《승정원일기》, 혹은 여러 관부의 등록(謄錄)이며, 혹은 제가(諸家)의 문

집 중에서 수집하기도 하였다. 내용별로 분류하여 모아 기록한 다음 그 아래에 번번이 소주(小註)를 달아 출처를 기록하였다. 편차는 일체 연대의 선후를 따랐다.

○ 신하들이 올린 장주(章奏) 중에는 혹 한 통의 상소에 여러 가지 사안을 함께 논한 것이 있기도 한데, 이런 경우 상하의 내용을 잘라 사안별로 모으고 분류하여 각각의 조목에 썼다.

○ 신하들의 문집 중에서 수집한 경우에는 그 당시의 관직을 자세히 알기가 어렵기 때문에 혹 상신(相臣)으로 칭하기도 하고, 혹 군함(君銜)을 쓰기도 하고, 혹 성명만 기록하기도 하였다.

○ 첫 머리에 중국 왕조의 연호를 쓰기도 하고, 우리 왕조의 아무 대(代) 몇 년을 쓰기도 한 것은 일체 본문에 기록된 대로 따른 것이다. 그러나 병자년(1636, 인조14) 이후는 모두 우리 왕조의 연대로 썼다.

○ 조목 가운데 의주(儀註)가 있는 것은 작은 글자로 '부의주(附儀註)' 라는 3자를 쓰고, 그 조목 하단에 《오례의》에 실린 의주를 따로 썼다. 예조에서 새로 만들어 정하여 《오례의》에 실려 있지 않은 것은 본 조목 안에 이어서 썼다.

종묘 · 영녕전전도 宗廟永寧殿全圖

종묘 안담(內墻)의 둘레는 동서로 70보(步)이고, 남북으로 80보이다. 영녕전 안담의 둘레는 동서로 56보이고, 남북으로 52보이다. 바깥담(外墻)의 둘레는 1,331보이다.

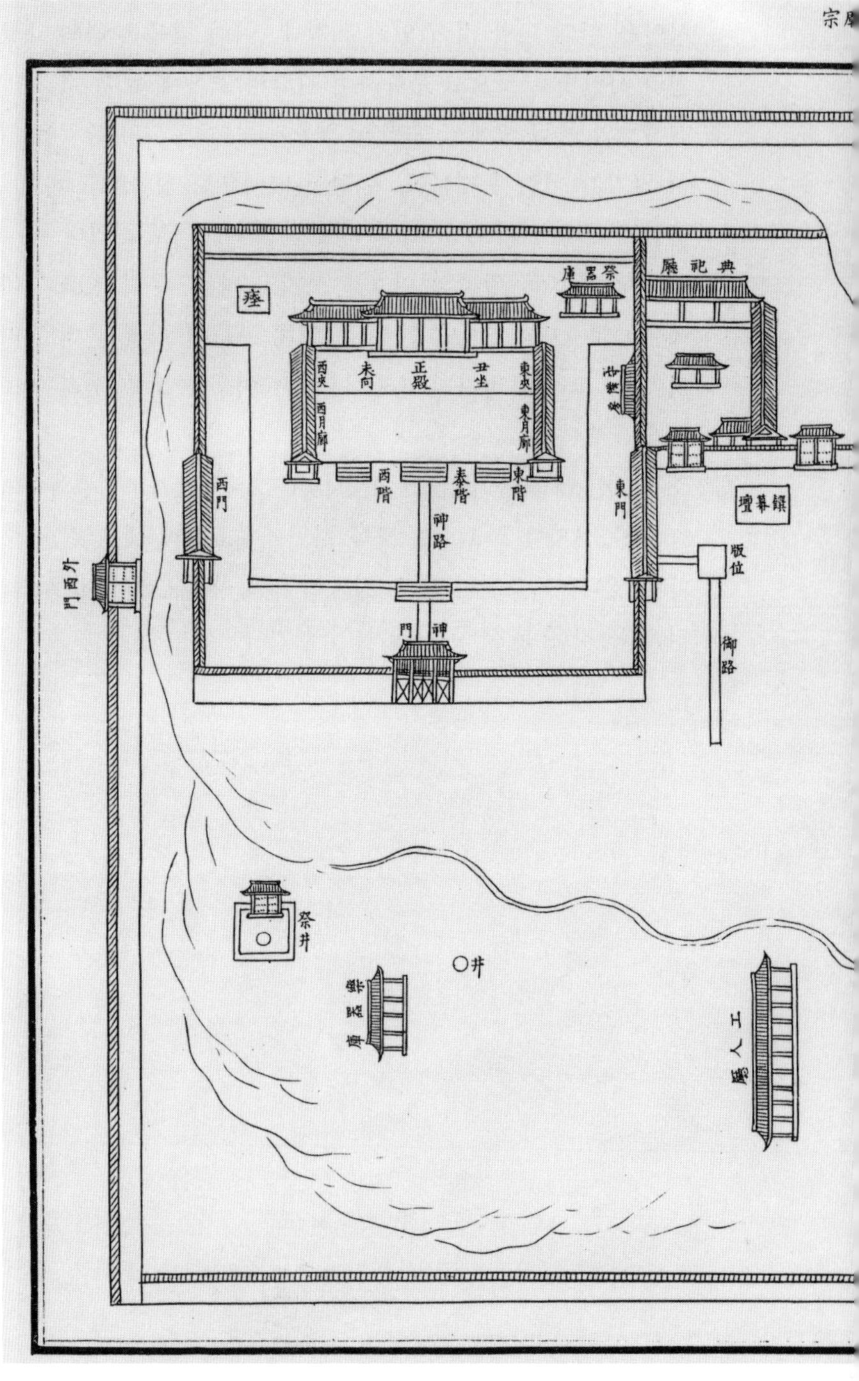

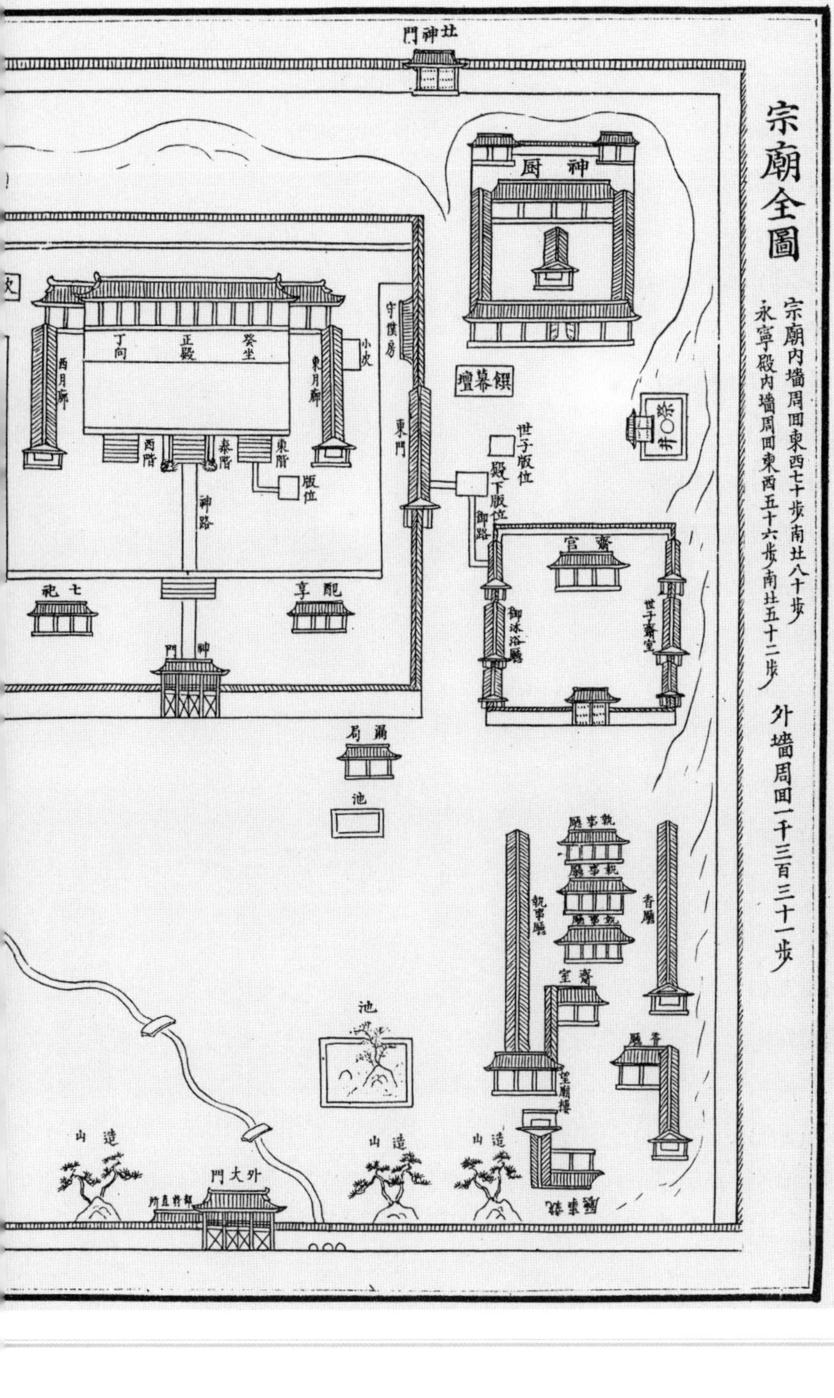
宗廟全圖
宗廟內墻周回東西七十步南北八十步
永寧殿內墻周回東西五十六步南北五十二步
外墻周回一千三百三十一步
北神門
神廚
饌幕壇
守僕房
東門
正殿
丁向
癸坐
西月廊
東月廊
小次
西階
泰階
東階
版位
神路
世子版位
殿下版位
御路
齋宮
御沐浴廳
世子齋室
七祀
配享
神門
漏局
池
執事廳
香廳
齋室
望廟樓
造山
外大門

종묘전도 내부 명칭

외대문(外大門)
부장 직소(部將直所)
조산(造山)
지(池)
집사청(執事廳)
망묘루(望廟樓)
향청(香廳)
재실(齋室)
누국(漏局)
세자 재실(世子齋室)
재궁(齋宮)
어목욕청(御沐浴廳)
어로(御路)
전하 판위(殿下版位)
세자 판위(世子版位)
제정(祭井)
찬막단(饌幕壇)
신주(神廚)
신문(神門)
배향(配享)
칠사(七祀)
신로(神路)
판위(版位)
동계(東階)
태계(泰階)
서계(西階)
동문(東門)
수복방(守僕房)
소차(小次)
동월랑(東月廊)
정전(正殿)
계좌정향(癸坐丁向)[2]
서월랑(西月廊)
감(坎)
서문(西門)
북신문(北神門)

2 **계좌정향** 종묘 정전(正殿)의 좌향(坐向)을 말한 것으로 곧 북좌남향이다. 좌(坐)는 등진 방향을, 향(向)은 정면으로 바라보는 방향을 뜻한다. 북좌남향의 좌향은 세 가지가 있으니, 여기의 계좌정향은 정북에서 약간 동쪽을 등지고 앉아 정남에서 약간 서쪽을 향하는 좌향이고, 이 외에 정북을 등지고 앉아 정남을 향하는 자좌오향(子坐午向)과 북쪽에서 약간 서쪽을 등지고 앉아 남쪽에서 약간 동쪽을 향하는 임좌병향(壬坐丙向)이 있다.

영녕전전도 내부 명칭

공인청(工人廳)

정(井)

악기고(樂器庫)

제정(祭井)

어로(御路)

판위(版位)

찬막단(饌幕壇)

전사청(典祀廳)

동문(東門)

수복방(守僕房)

제기고(祭器庫)

신문(神門)

신로(神路)

동계(東階)

태계(泰階)

서계(西階)

동월랑(東月廊)

동협(東夾)

정전(正殿)

축좌미향(丑坐未向)[3]

서협(西夾)

서월랑(西月廊)

예(瘞)

서문(西門)

외서문(外西門)

3 **축좌미향** 영녕전 정전의 좌향을 말한 것으로, 곧 북동좌남서향이다. 북동좌남서향의 좌향에도 세 가지가 있는데, 여기의 축좌미향은 정북동에서 약간 북쪽을 등지고 앉아 정남서에서 약간 남쪽을 향하는 좌향이고, 이 외에 간좌곤향(艮坐坤向)과 인좌신향(寅坐申向)이 있다.

종묘일간도 宗廟一間圖

영녕전도 같다.

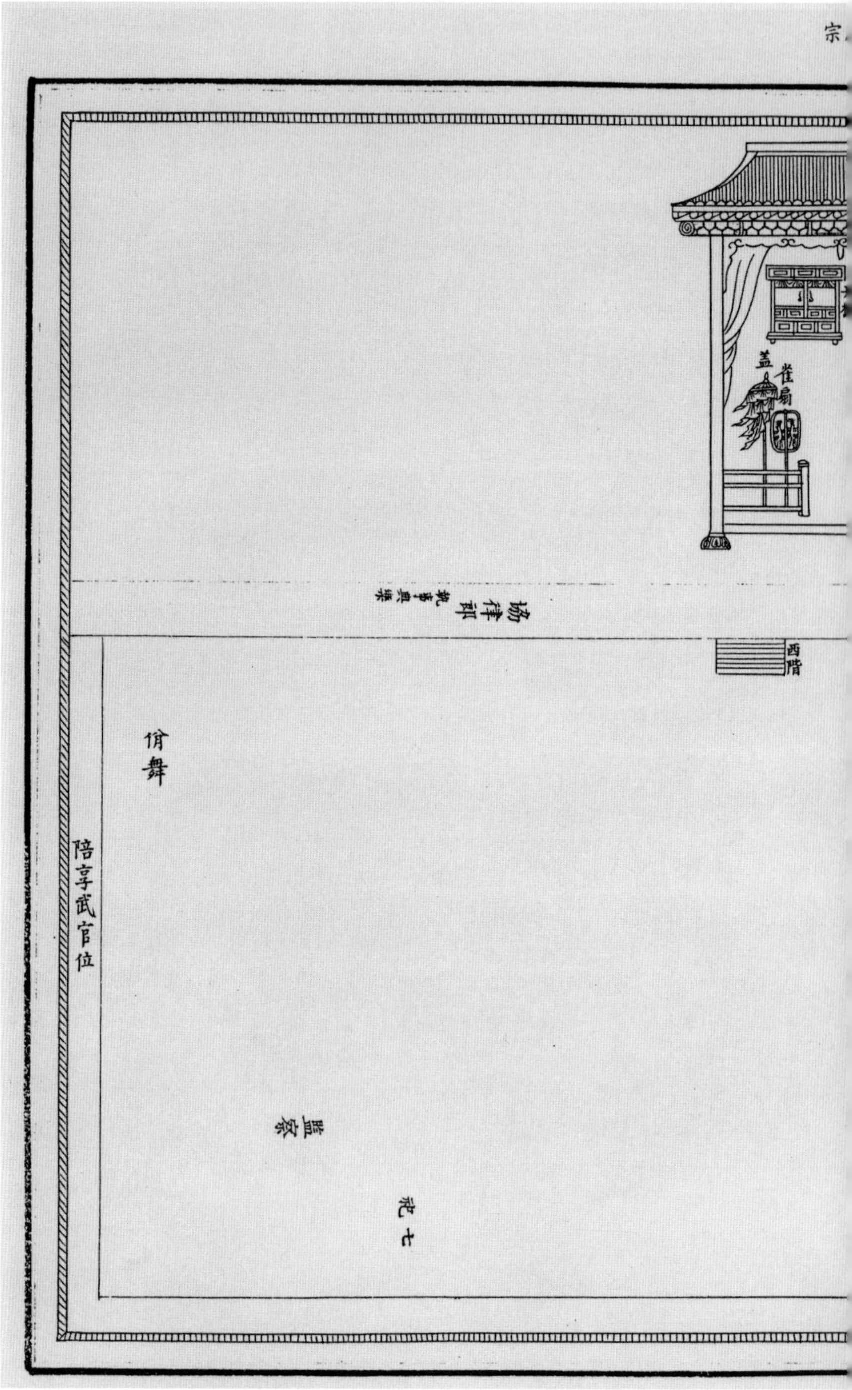

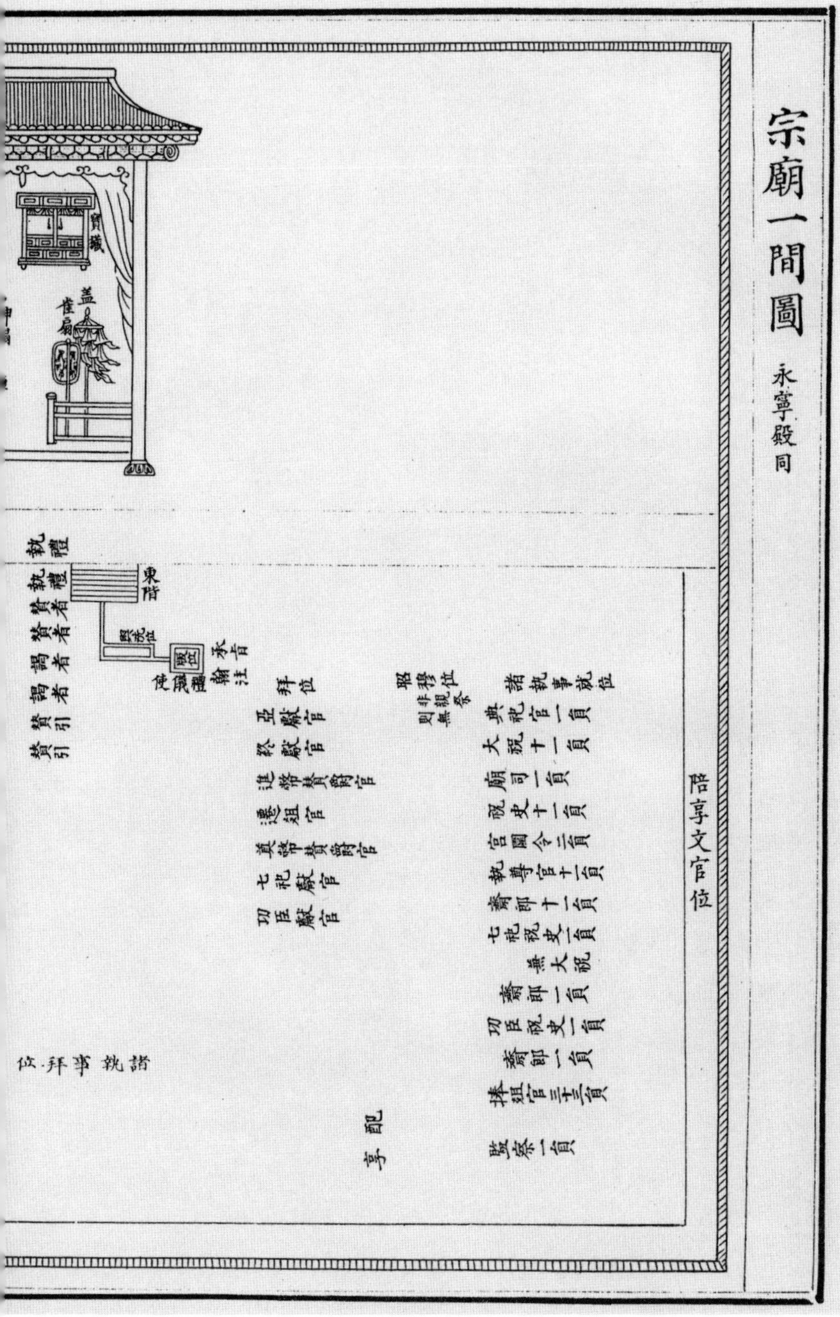
宗廟一間圖
永寧殿同
配享文官位
諸執事拜位
亞獻官
終獻官
配享

종묘일간도 내부 명칭

보장(寶欌)

신주장(神主欌)

책장(冊欌)

개(蓋)

작선(雀扇)

신탑(神榻)

탁(卓)

관지(灌池)[4]

등가(登歌)

동계(東階)

태계(泰階)

서계(西階)

협률랑(協律郎) —집사(執事)·전악(典樂)

신로(神路)

헌가(軒架)

배향문관위(陪享文官位)[5]

제집사취위(諸執事就位)[6]

전사관(典祀官) 1원(員)

대축(大祝) 11원

묘사(廟司) 1원

축사(祝史) 11원

궁위령(宮闈令) 2원

집준관(執尊官) 11원

재랑(齋郎) 11원

칠사축사(七祀祝史) 1원 대축(大祝)을 겸한다.

재랑 1원

공신축사(功臣祝史) 1원

재랑 1원

봉조관(捧俎官) 33원

4 **관지** 땅에 술을 붓는다는 뜻으로, 술을 땅에 부어 신의 강림(降臨)을 구하는 제사 의식의 하나이다. 여기에서는 관지통(灌地筒)을 말한다. '池'는 '地'와 통용이다.

5 **배향문관위** 임금을 모시고 제사 지내는 문관의 자리를 말한다. 무관의 자리는 서쪽에 있다.

6 **제집사취위** 제사의 행사를 관장하는 여러 관원들의 지정된 자리를 말한다.

감찰(監察) 1원

소목위(昭穆位) －친제(親祭)가 아닐 때에는 없다.

배위(拜位)

아헌관(亞獻官)

종헌관(終獻官)

진폐찬작관(進幣贊爵官)

천조관(薦俎官)[7]

전폐찬작관(奠幣贊爵官)

칠사헌관(七祀獻官)

공신헌관(功臣獻官)

승지(承旨)

한주(翰注)

판위(版位)

예의사(禮儀使)

관세위(盥洗位)

집례(執禮)

찬자(贊者)

알자(謁者)

찬인(贊引)

배향(配享)

제집사배위(諸執事拜位)[8]

칠사(七祀)

감찰(監察)

일무(佾舞)

배향무관위(陪享武官位)

7 **천조관** 薦 자가 대본에는 遷 자로 되어 있는데 오자(誤字)로 보아 바로잡아 번역하였다.

8 **제집사배위** 행사를 담당한 관원들이 절하는 자리를 말한다.

종묘 오향대제五享大祭[9]의 설찬設饌 도설圖說

영녕전의 춘향대제와 추향대제도 같다.

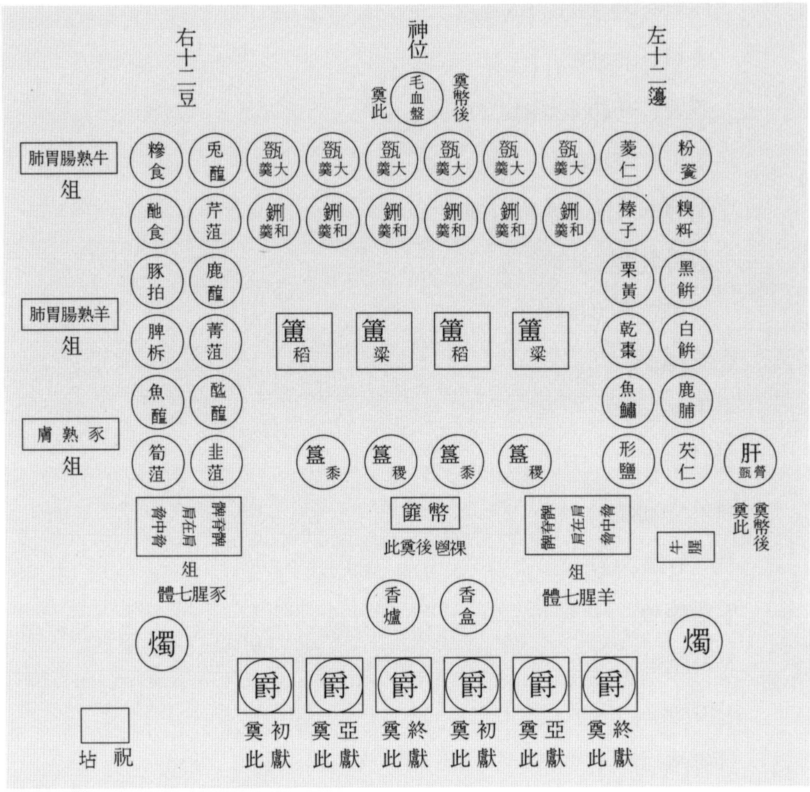

그림 내부의 명칭

신위(神位)

모혈반(毛血盤)[10] —폐백을 올린 뒤에 여기에 올린다.

좌십이변(左十二籩)[11]

형염(形鹽)[12]

어숙(魚鱐 생선포)

건조(乾棗 마른 대추)

율황(栗黃 깐 밤)

진자(榛子 개암)

9 **오향대제** 사계절에 지내는 춘향대제, 하향대제, 추향대제, 동향대제와 납일(臘日)에 지내는 납향대제를 말한다.

10 **모혈반** 희생의 털과 피를 담아 올리는 그릇이다.

11 **좌십이변** 제상 왼쪽에 차리는 12종류의 음식을 말한다. 변(籩)은 제기(祭器)의 하나로 대나무로 만들며, 주로 과일 등 마른 음식을 담는다.

12 **형염** 소금이 뭉쳐서 호랑이처럼 생긴 것이라고도 하고, 염지(鹽地)에서 저절로 형성된 덩어리로 된 소금을 후에 사람들이 호랑이 모양으로 조각한 것이라고도 한다. 《성호사설 권21 제물》

능인(菱仁 마름 열매)

검인(芡仁 가시연밥)

녹포(鹿脯 사슴고기 포)

백병(白餠 흰떡)

흑병(黑餠 검은떡)

구이(糗粣)[13]

분자(粉餈)[14]

대갱(大羹)[15]을 담은 등(甑)

화갱(和羹)[16]을 담은 형(鉶)

양(粱)을 담은 보(簠)

도(稻)를 담은 보

직(稷)을 담은 궤(簋)

서(黍)를 담은 궤

간료등(肝膋甑)[17] –폐백을 올린 뒤 여기에 올린다.

우십이두(右十二豆)[18]

구저(韭菹 부추김치)

담해(醓醢 육장(肉醬))

청저(菁菹 무김치)

녹해(鹿醢 사슴고기 젓갈)

근저(芹菹 미나리김치)

토해(兎醢 토끼고기 젓갈)

순저(筍菹 죽순김치)

어해(魚醢 생선 젓갈)

비탁(脾柝)[19]

돈박(豚拍)[20]

이식(酏食)[21]

삼식(糝食)[22]

익힌 소고기의 장(腸), 위(胃), 폐(肺)를 담은 조(俎)

익힌 양고기의 장, 위, 폐를 담은 조

익힌 돼지고기의 부(膚)를 담은 조

13 **구이** 구이(糗餌)로도 쓴다. 떡의 일종으로, 쌀을 갈아 가루로 만든 다음에 반죽하여 익힌 것을 말한다.《성호사설 권21 제물》

14 **분자** 쌀떡의 일종으로, 쌀을 익힌 다음 찧어 콩가루를 입힌 것을 말한다.《성호사설 권21 제물》

15 **대갱** 간을 하지 않은 고기 국물을 말한다.

16 **화갱** 양념과 간이 들어간 국을 말한다.

17 **간료등** 희생의 간과 기름을 담아 올리는 그릇이다.

18 **우십이두** 제상 오른쪽에 차리는 12종류의 음식을 말한다. 두(豆)는 제기의 하나로 나무로 만들며, 주로 젓갈 등 국물이 있는 음식을 담는다.

19 **비탁** 대본은 '脾折' 인데, 대개의 자료에 '脾折' 로 표기되어 있고 대부분 '비절' 로 읽었으나《성호사설》권21〈제물〉에는 '脾柝' 으로 표기되어 있고 이에 대해 "비탁은 주에 우백엽(牛百葉)이라고 하였으니, 지금 처녑〔千葉〕이라고 하는 것이다. 고기 결에 따라 터지기 때문에 비탁이라고 한다." 하였다. 판본상 折 자와 柝 자는 구분이 안 되는 경우가 많거니와《성호사설》에 의거하면 '脾折' 은 '비탁' 으로 읽어야 옳다고 본다.

20 **돈박** 돼지의 어깨 부위를 말하는데, 《예의도식(禮儀圖式)》에 의하면 가늘게 썰어서 회를 만들어 올리는 것으로 되어 있다.

21 **이식** 대본은 '餌食' 인데, 오자로 보아 '酏食' 으로 바로잡아 번역하였다. 정사농(鄭司農)은 술로 만든 떡으로 지금의 기교병(起膠餅)과 같다고 하였고, 정현(鄭玄)은 낭촉고(狼臅膏)를 잘게 썰어 쌀과 섞어 묽게 끓인 죽이라고 하였다. 《성호사설 권21 제물》

22 **삼식** 소고기, 염소고기, 돼지고기를 쌀과 섞어 떡을 만들어서 지진 것이다. 《성호사설 권21 제물》

23 **축점** 축문을 올려놓는 대(臺)이다.

우성(牛腥 생 소고기)

비(髀), 견(肩), 협(脅)을 2개씩 양쪽 끝에 담고 척(脊)을 중앙에 담은 조 –생 양고기의 7체(體)를 담는다.

폐비(幣篚) –울창주를 부어 강신한 뒤에 여기에 올린다.

비, 견, 협을 2개씩 양쪽 끝에 담고 척을 중앙에 담은 조 –생 돼지고기의 7체(體)를 담는다.

촉(燭)

향합(香盒)

향로(香爐)

작(爵) –종헌을 여기에 올린다.

작 –아헌을 여기에 올린다.

작 –초헌을 여기에 올린다.

작 –종헌을 여기에 올린다.

작 –아헌을 여기에 올린다.

작 –초헌을 여기에 올린다.

축점(祝坫)[23]

○ 실(室)마다 변(籩) 12그릇은 왼쪽에 놓되, 두 줄로 놓고 오른쪽을 상위(上位)로 한다. –제1행은 형염을 앞에 놓고, 어숙, 건조, 율황, 진자, 능인 순으로 놓는다. 제2행은 검인을 앞에 놓고, 녹포, 백병, 흑병, 구이, 분자 순으로 놓는다.

두(豆) 12그릇은 오른쪽에 놓되, 두 줄로 놓고 왼쪽을 상위로 한다. –제1행은 구저를 앞에 놓고, 담해, 청저, 녹해, 근저, 토해 순으로 놓는다. 제2행은 순저를 앞에 놓고, 어해, 비탁, 돈박, 이식, 삼식 순으로 놓는다.

조(俎) 3개 중에 2개는 변 앞에 놓고 1개는 두 앞에 놓는다. –변 앞에 놓는 조 하나에는 생 소고기를 담고, 하나에는 생 양고기의 7체(體)를 담는다. 7체는 양쪽 비(髀), 양쪽 견(肩), 양쪽 협(脅)과 척(脊)인데, 비를 양쪽 끝에 담고 견과 협을 차례로 담으며, 척을 중앙에 담는다. 두 앞에 있는 조에는 생 돼지고기 7체를 담는데, 담기를 양고기와 같게 한다.

두 오른쪽의 조는 3개이다. –하나는 익힌 소고기의 장(腸), 위(胃), 폐(肺)를 담고, 하나는 익힌 양고기의 장, 위, 폐를 담으며, 하나는 익힌 돼지고기의 부(膚)를 담는다. 돼지고기를 앞에 놓고 양고기, 소고기 순으로 놓는다.

보(簠)와 궤(簋)는 각각 4개로, 변과 두 사이에 놓는다. 보를 앞에 놓고 궤를 다음에 놓는다. –보는 도(稻)와 양(粱)을 담고, 궤는 서(黍)와 직(稷)을 담는다.

등(㽅)과 형(鉶)은 각각 6개로, 보와 궤 뒤에 놓되, 형을 앞에 놓고 등을 다음에 놓는다. –등은 대갱(大羹)을 담고, 형은 화갱(和羹)을 담는데, 모활(芼滑)[24]을 첨가한다.

작(爵)은 6개로 보와 궤 앞에 놓는다. –각각 점(坫)이 있다.

춘향春享과 하향夏享

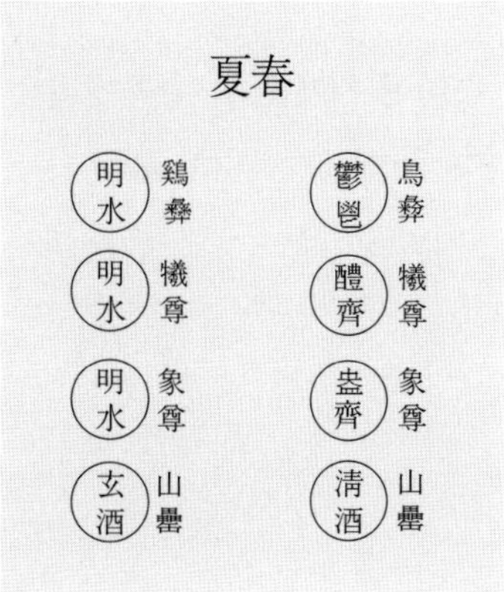

그림 내부의 명칭

명수(明水)를 담은 계이(鷄彝)
울창주(鬱鬯酒)를 담은 조이(鳥彝)
명수를 담은 희준(犧尊)
예제(醴齊)[25]를 담은 희준
명수를 담은 상준(象尊)
앙제(盎齊)를 담은 상준
현주(玄酒)를 담은 산뢰(山罍)
청주(淸酒)를 담은 산뢰

추향秋享과 동향冬享 및 납향臘享

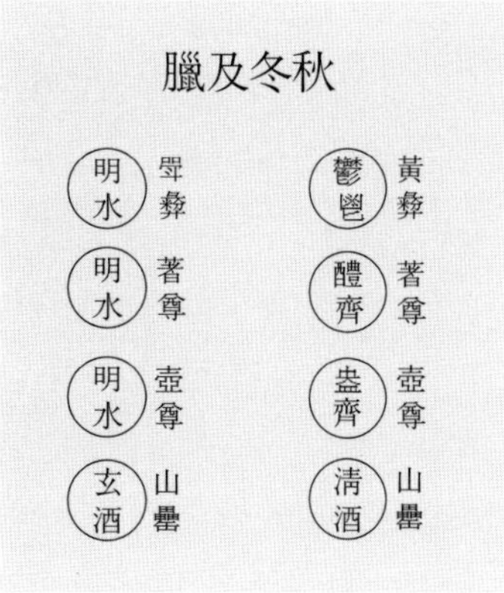

그림 내부의 명칭

명수를 담은 가이(斝彝)
울창주를 담은 황이(黃彝)
명수를 담은 착준(著尊)[26]
예제를 담은 착준
명수를 담은 호준(壺尊)
앙제를 담은 호준
현주를 담은 산뢰
청주를 담은 산뢰

24 **모활** 화갱을 만들 때 맛을 내기 위해 넣는 나물이다.

25 **예제** 제(齊)는 술의 농담(濃淡)의 도수를 뜻한다. 농도에 따라 5종의 술이 있는데, 첫째는 범제(泛齊), 둘째는 예제, 셋째는 앙제(盎齊), 넷째는 제제(緹齊), 다섯째는 침제(沈齊)이다. 《주례(周禮) 천관 주정》

26 **착준** 《국역 성호사설》 제20권 〈경사문(經史門) 상착(象著)〉에 "착(著) 자는 입성(入聲)으로 되어 있고, 《주례》에도 '상(象)과 착(著)은 모두 술잔 이름인데 발이 없는 것을 착이라 한다.' 하였으니, 추측건대 이 상과 착이란 것은 주왕(紂王) 때에 처음 만든 것으로 후인들이 그 제도에 따라 예기(禮器)로 삼은 듯하다." 하였다.

○ 실마다 춘향과 하향에는 계이 1개 –명수를 담는다.– 조이 1개 –울창주를 담는다.– 희준 2개 –하나는 명수를 담고, 하나는 예제(醴齊)를 담는다.– 상준 2개 –하나는 명수를 담고, 하나는 앙제를 담는다.– 산뢰 2개 –하나는 현주를 담고, 하나는 청주를 담는다.–를 네 줄로 놓는다. –제1행은 계이와 조이이고, 제2행은 희준이고, 제3행은 상준이고, 제4행은 산뢰이다.

추향과 동향 및 납향에는 가이 1개 –명수를 담는다.– 황이 1개 –울창주를 담는다.– 착준 2개 –하나는 명수를 담고, 하나는 예제를 담는다.– 호준 2개 –하나는 명수를 담고, 하나는 앙제를 담는다.– 산뢰 2개 –하나는 현주를 담고, 하나는 청주를 담는다.–를 네 줄로 놓는다. –제1행은 가이와 황이이고, 제2행은 착준이고, 제3행은 호준이고, 제4행은 산뢰이다.

모두 작(勺 국자)과 멱(冪 덮는 보자기)을 더하여 지게문 밖 왼쪽에 놓는다. 모두 북쪽을 향하고 서쪽을 상위로 한다.

종묘 속절俗節과 삭망제朔望祭의 설찬 도설

기고(祈告), 보사(報祀), 이안(移安), 환안(還安) 및 영녕전의 선고사유(先告事由), 이안, 환안도 같으나, 다만 폐백이 있다.

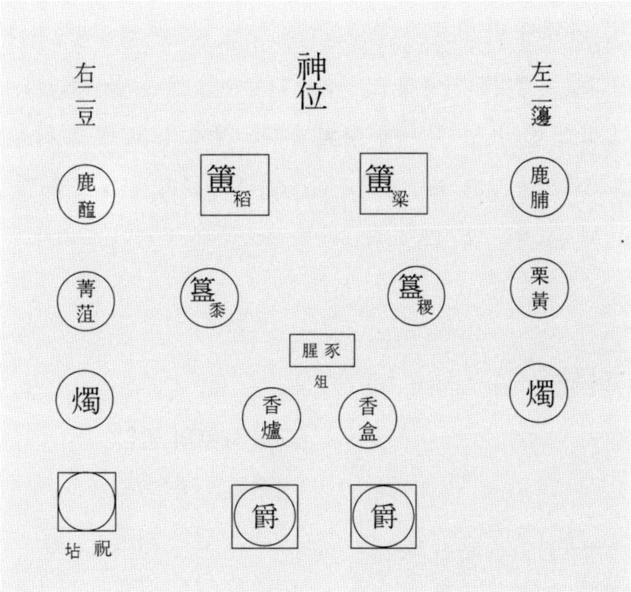

그림 내부의 명칭

신위(神位)

좌이변(左二籩)

  율황(栗黃)

  녹포(鹿脯)

직(稷)을 담은 보(簠)와 서(黍)를 담은 궤(簋)

양(粱)을 담은 보(簠)와 도(稻)를 담은 보

우이두(右二豆)

  청저(菁菹)

  녹해(鹿醢)

촉(燭)

생 돼지고기를 담은 조(俎)

향합(香盒)

향로(香爐)

작(爵)

축점(祝坫)

○ 실마다 왼쪽에 변 2그릇 –율황을 앞에 놓고, 녹포를 다음에 놓는다.– 오른쪽에 두 2그릇 –청저를 앞에 놓고, 녹해를 다음에 놓는다.–을 놓는다. 보와 궤는 각각 2개씩 변과 두 사이에 놓되, 궤를 앞에 놓고 보를 다음에 놓는다. –보는 도와 양을 담고, 궤는 서와 직을 담는다.– 조 1개는 보와 궤 앞에 놓는다. –생 돼지고기를 담는다.– 작 2개는 조 앞에 놓는다. –각각 받침〔坫〕이 있다.

춘향과 하향

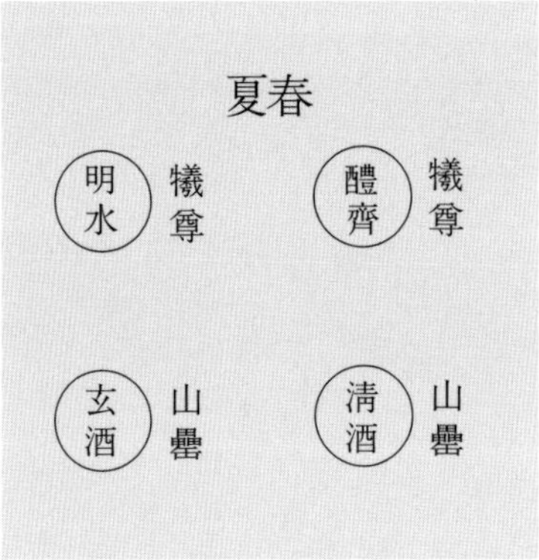

그림 내부의 명칭

명수를 담은 희준

예제를 담은 희준

현주를 담은 산뢰

청주를 담은 산뢰

추향과 동향

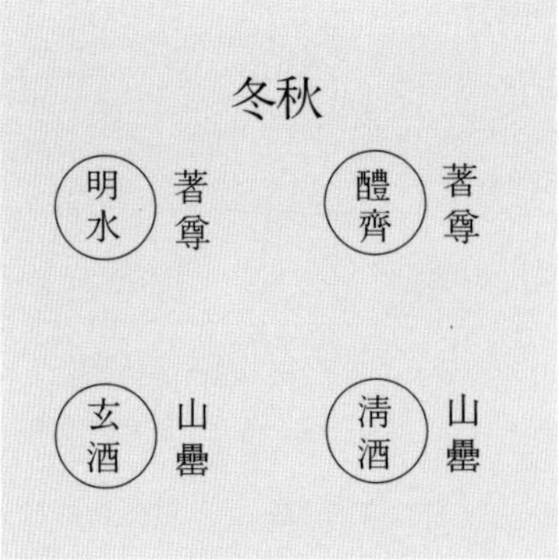

그림 내부의 명칭

명수를 담은 착준

예제를 담은 착준

현주를 담은 산뢰

청주를 담은 산뢰

○ 실마다 춘향과 하향에는 희준 2개 –하나는 명수를 담고, 하나는 예제를 담는다.–와 산뢰 2개 –하나는 현주를 담고, 하나는 청주를 담는다.–를 두 줄로 놓는다. –제1행은 희준이고, 제2행은 산뢰이다.

추향과 동향에는 착준 2개 –하나는 명수를 담고, 하나는 예제를 담는다.–와 산뢰 2개 –하나는 현주를 담고, 하나는 청주를 담는다.–를 두 줄로 놓는다. –제1행은 착준이고, 제2행은 산뢰이다.

모두 작(勺)과 멱(冪)을 더하여 지게문 밖 왼쪽에 둔다. 북쪽을 향하고 서쪽을 상위로 한다.

칠사제七祀祭의 설찬 도설

27 **중류** 칠사(七祀)의 하나이다. 《예기(禮記)》〈제법(祭法)〉에 왕은 군성(群姓)과 자신을 위하여 칠사를 세운다고 하였는데, 칠사는 사명(司命), 중류, 국문(國門), 국행(國行), 태려(泰厲), 호(戶), 조(竈)이다.

배향 공신(配享功臣)도 같으나, 다만 축(祝)이 없다. 별제(別祭)로 지내는 중류(中霤)[27]에 향로를 설치한다.

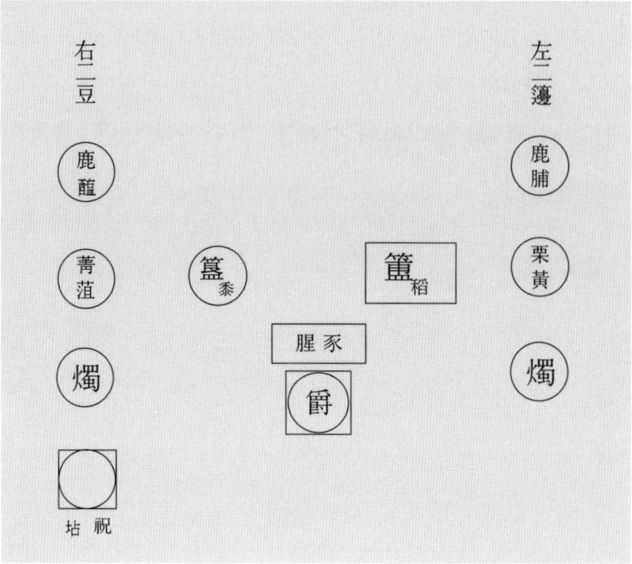

그림 내부의 명칭

좌이변(左二籩)

율황(栗黃)

녹포(鹿脯)

우이두(右二豆)

청저(菁菹)

녹해(鹿醢)

도(稻)를 담은 보(簠)

서(黍)를 담은 궤(簋)

생 돼지고기〔腥豕〕

작(爵)

촉(燭)

축점(祝坫)

○ 위(位)마다 왼쪽에 변 2그릇 –율황을 앞에 놓고, 녹포를 다음에 놓는다.–과 오른쪽에 두 2그릇 –청저를 앞에 놓고, 녹해를 다음에 놓는다.–을 놓는다. 보와 궤를 각각 1개씩 변과 두 사이에 놓되, 보는 왼쪽에 놓고, 궤는 오른쪽에 놓는다. –보는 도를 담고, 궤는 서를 담는다.– 조 1개는 보와 궤 앞에 놓는다. –생 돼지고기를 담는다.– 작 1개는 조 앞에 놓는다. –점이 있다.

○ 지금은 칠사에 모두 향로를 쓴다.

그림 내부의 명칭

현주를 담은 호준

청주를 담은 호준

○ 호준 2개 –하나는 현주를 담고, 하나는 청주를 담는다.–를 놓는다. 모두 작(勺)과 멱(冪)을 더하여 신위 왼쪽에 놓는다.

현재 사용하는 종묘의 등가登歌 도설

영녕전도 같다.

北 | 柷

唐琵琶	方響	伽耶琴	拍	玄琴	牙箏	鄕琵琶
唐笛	大笒	歌		歌	大笒	洞簫
編磬	觱篥	杖鼓		節鼓	杖鼓	編鍾

西 | 東

南

그림 내부의 명칭

축(柷)

향비파(鄕琵琶)

퉁소(洞簫)

편종(編鍾)

아쟁(牙箏)

대금(大笒)

장고(杖鼓)

현금(玄琴)

가(歌)

절고(節鼓)

박(拍)

가야금(伽耶琴)

가(歌)

장고(杖鼓)

방향(方響)

대금(大笒)

필률(觱篥)

당비파(唐琵琶)

당적(唐笛)

편경(編磬)

○ 공인(工人)은 모두 개책관(介幘冠), 홍주의(紅紬衣),[28] 색조대(色絛帶)[29] –항상 띠를 착용한다.– 차림을 하고 박을 든다. 악사(樂師)는 복두(幞頭)와 청삼(靑衫)[30]을 착용한다. 집사(執事)와 전악(典樂)은 관복(冠服)을 갖추고, 협률랑(協律郎) 뒤에 있는다.

28 **홍주의** 홍색 명주로 만든 상의(上衣)이다.

29 **색조대** 색깔이 있는 끈으로 된 띠이다.

30 **청삼** 청색 적삼이다.

현재 사용하는 헌가 軒架 도설

영녕전도 같다.

北

西

照燭	編鍾	大笒	唐笛	拍	路鼗	柷	大笒	編磬
歌 兼小金	塤	觱篥				觱篥	中笒 兼太平簫	歌 兼大金
麾	小笒	杖鼓	晉鼓		杖鼓	唐琵琶	方響	奚琴

東

南

그림 내부의 명칭

편경(編磬)

가(歌) －대금(大金)을 겸한다.

해금(奚琴)

대금(大笒)

중금(中笒) －태평소(太平簫)를 겸한다.

방향(方響)

축(柷)

필률(觱篥)

당비파(唐琵琶)

노도(路鼗)

장고(杖鼓)

박(拍)

당적(唐笛)

진고(晉鼓)

대금(大笒)

필률(觱篥)

장고(杖鼓)

편종(編鍾)

훈(塤)

소금(小笒)

조촉(照燭)

가(歌) –소금(小金)을 겸한다.

지(篪)

○ 공인의 관복(冠服)은 등가와 같다.

현재 사용하는 보태평무保太平舞 도설

영녕전도 같다.

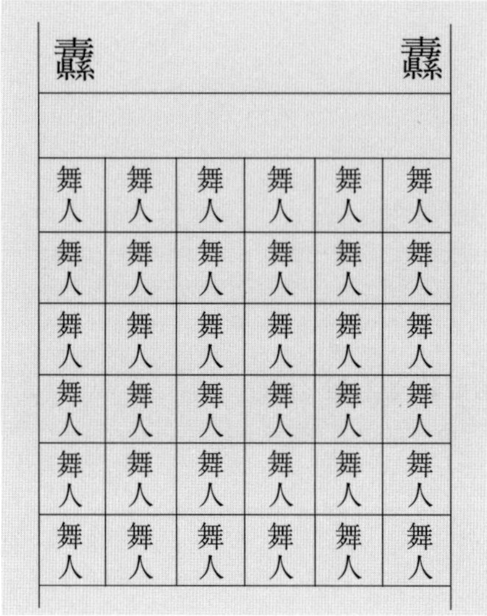

○ 공인은 모두 진현관(進賢冠), 남주의(藍紬衣),[31] 검은색 가선을 두른 적상(赤裳),[32] 적말대(赤抹帶),[33] 백포말(白布襪),[34] 오피리(烏皮履)[35] 차림을 한다. ―왼손에 약(籥)을 들고, 오른손에 적(翟 꿩 깃)을 든다.

31 **남주의** 남색 명주로 만든 상의이다.

32 **적상** 적색 하의(下衣)이다.

33 **적말대** 적색 띠로, 당나라 때에는 혁대(革帶)를 사용했고, 송나라 때에는 말대를 사용했다.

34 **백포말** 흰색 베로 만든 버선이다.

35 **오피리** 흑색 피혁으로 만든 신이다.

현재 사용하는 정대업무 定大業舞 도설

영녕전도 같다.

舞人	舞人	舞人	舞人	舞人	舞人
舞人	舞人	舞人	舞人	舞人	舞人
舞人	舞人	舞人	舞人	舞人	舞人
舞人	舞人	舞人	舞人	舞人	舞人
舞人	舞人	舞人	舞人	舞人	舞人
舞人	舞人	舞人	舞人	舞人	舞人

○ 피변(皮弁)을 착용한다. 복색(服色)은 문무(文舞) 같다. −앞의 두 줄은 검(劍)을 들고, 다음 두 줄은 창(槍)을 들고, 다음 두 줄은 활과 화살을 든다.

종묘의 등가 도설

《오례의》

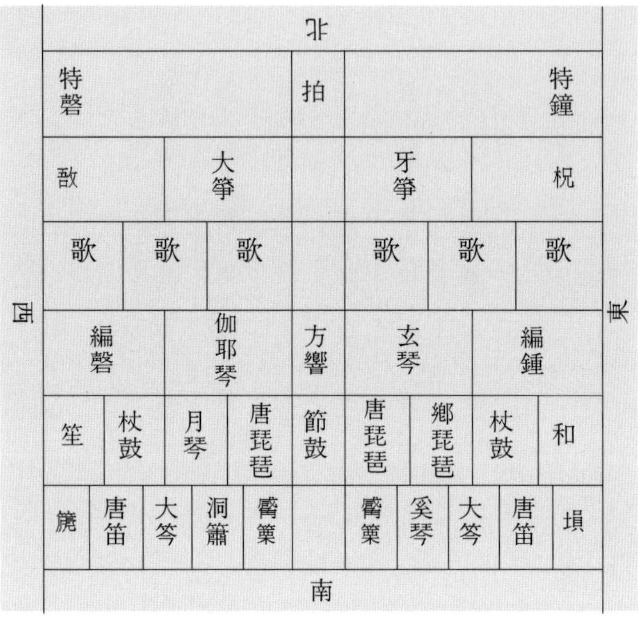

○ 등가는 당(堂) 위에 둔다. 가운데 어도(御道)를 열어 놓고, 특종(特鐘)은 동쪽에, 특경(特磬)은 서쪽에 두며, 박(拍) 하나는 그 남쪽 한가운데에 둔다. 다음으로 축(柷)은 동쪽에, 어(敔)는 서쪽에 두고, 아쟁(牙箏) 하나는 축의 서쪽에, 대쟁(大箏) 하나는 어의 동쪽에 두어 첫 번째 줄이 되게 한다. 다음으로 노래하는 사람 6인을 동쪽과 서쪽으로 나누어 두어 두 번째 줄이 되게 한다. 다음으로 방향(方響)을 중앙에 놓고, 현금(玄琴)과 편종(編鍾)은 동쪽에, 가야금과 편경(編磬)은 서쪽에 두어 세 번째 줄이 되게 한다. 다음으로 절고(節鼓)를 중앙에 놓고, 당비파(唐琵琶), 향비파(鄕琵琶), 장고(杖鼓), 화(和)를 각각 하나씩 동쪽에, 당비파, 월금(月琴), 장고, 생(笙)을 각각 하나씩 서쪽에 두어 네 번째 줄이 되게 한다. 다음으로 필률(觱篥), 해금(奚琴), 대금(大笒), 당적(唐笛), 훈(塤)을 각각 하나씩 동쪽에, 필률, 퉁소(洞簫), 대금, 당적, 지(篪)를 각각 하나씩 서쪽에 두어 다섯 번째 줄이 되게 한다. 모두 북쪽을 향한다. —공인은 모두 개책관, 비난삼(緋鸞衫),[36]

36 **비난삼** 붉은색의 난삼으로, 난삼은 난새 문양이 있는 적삼이다. 세종 때 박연(朴堧)은 당시 사용했던 오승포의(五升布衣), 즉 닷새 베옷이 적삼의 제도가 아니라 하여 난삼으로 바꿀 것을 건의한 바 있다.《세종실록 15년 3월 22일조》

백주중단(白紬中單),[37] 백초대(白綃帶),[38] 백포말, 오피리 차림을 하고, 악사는 복두(幞頭), 녹삼(綠衫),[39] 오정대(烏鞓帶),[40] 흑피화(黑皮靴)[41] 차림을 한다.

36 **비난삼** 붉은색의 난삼으로, 난삼은 난새 문양이 있는 적삼이다. 세종 때 박연(朴堧)은 당시 사용했던 오승포의(五升布衣), 즉 닷새 베옷이 적삼의 제도가 아니라 하여 난삼으로 바꿀 것을 건의한 바 있다.《세종실록 15년 3월 22일조》

37 **백주중단** 흰색 명주로 만든 중단으로, 중단은 조복(朝服)과 제복(祭服) 안에 받쳐 입던 옷이다.

38 **백초대** 흰색 생사로 만든 띠이다.

39 **녹삼** 녹색 적삼이다.

40 **오정대** 검은색 가죽 띠이다.

41 **흑피화** 흑색 가죽으로 만든 신이다.

종묘의 헌가 도설

《오례의》

○ 헌가는 종묘 뜰의 남쪽 가까운 곳에 둔다. 동쪽, 서쪽, 북쪽 세 방향에 각각 편종 1도(堵)와 편경 1도를 설치한다. 노고(路鼓) 2개를 북쪽 헌가의 북쪽에 설치하되, 하나는 서북쪽 모퉁이에, 하나는 동북쪽 모퉁이에 둔다. 노도(路鼗) 2개를 노고 사이에 둔다. 축과 어를 북쪽 헌가 안쪽에 설치하되, 축은 동쪽에, 어는 서쪽에 두고, 노래하는 사람 6인을 축의 동쪽과 어의 서쪽에 나누어 두어 첫 번째 줄이 되게 한다. 다음으로 방향(方響) 1개, 당비파 2개, 현금 1개, 향비파 1개는 동쪽에, 방향 1개, 당비파 2개, 가야금 1개, 월금(月琴) 1개는 서쪽에 두어 두 번째 줄이 되게 한다. 다음으로 장고 2개, 필률 6개, 태평소(太平簫) 2개를 동쪽과 서쪽에 나누어 두어 세 번째 줄이 되게 한다. 다음으로 진고(晉鼓)를 중앙에 놓고, 장고, 관(管), 지(篪), 훈(塤), 해금(奚琴)을 각각 2개씩 동쪽과 서쪽에 나누어 두어 네 번째 줄이 되게 한다. 다음으로 장고, 당적, 퉁소, 우(竽), 생(笙) –서쪽

에는 화(和)이다.-을 각각 2개씩 동쪽과 서쪽에 나누어 두어 다섯 번째 줄이 되게 한다. 다음으로 교방고(敎坊鼓)를 중앙에 놓고, 장고 2개, 대금 4개, 중금(中笒)과 소금(小笒)을 각각 2개씩 동쪽과 서쪽에 나누어 두어 여섯 번째 줄이 되게 한다. 모두 북쪽을 향한다. -공인의 관복(冠服)은 등가와 같다.

종묘의 문무文舞 도설

《오례의》

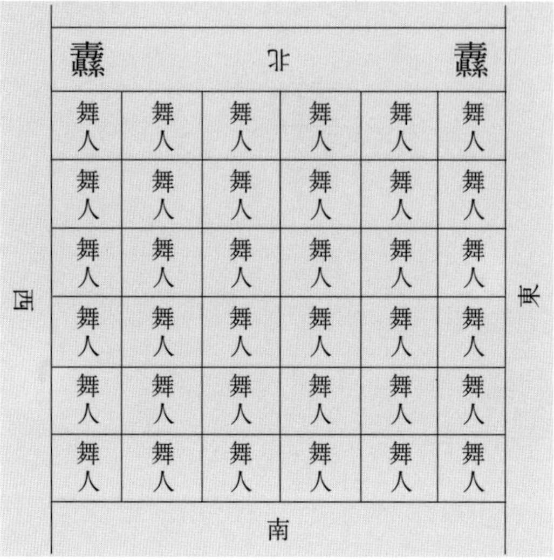

○ 육일(六佾)[42]이다. 헌가의 북쪽에 있다. 일(佾)마다 6인이니, –왼손에 약(籥)을 들고, 오른손에 우(羽)를 든다.– 모두 북쪽을 상위로 한다. 둑(纛) 2개는 육일의 북쪽에 있어 춤을 인도한다. –공인은 모두 진현관, 남의(藍衣),[43] 검은색 가선을 두른 적상, 적말대, 백포말, 오피리 차림을 한다.

42 **육일** 일(佾)은 악무(樂舞)의 줄을 말한다. 한 줄에 6명씩 6줄을 이루는 것이 육일인데, 제후가 사용하는 악무이다. 천자는 팔일(八佾), 대부는 사일(四佾), 사(士)는 이일(二佾)을 사용한다.

43 **남의** 남색의 상의이다.

종묘의 무무武舞 도설

《오례의》

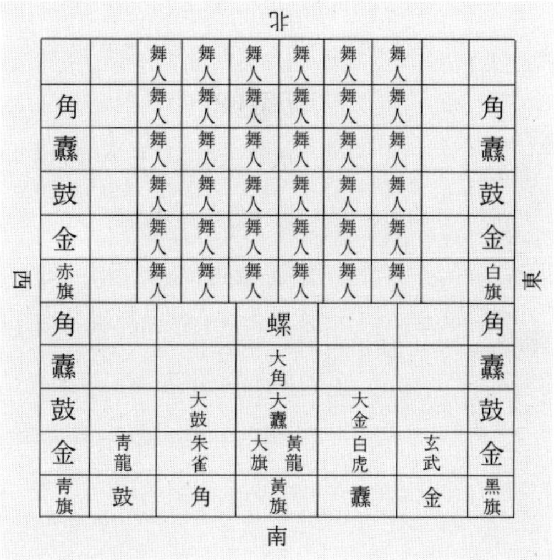

○ 육일이다. 헌가의 북쪽에 있다. 일마다 6인이다. –앞의 두 줄은 검을 들고, 다음 두 줄은 창을 들고, 다음 두 줄은 활과 화살을 든다.– 각(角), 둑(鼗), 북〔鼓〕, 금(金), 백기(白旗) –서쪽은 적기(赤旗)이다.–를 각각 1개씩 무일(舞佾)의 동쪽과 서쪽에 둔다. 모두 북쪽을 상위로 한다. 나각〔螺〕 1개는 무일의 뒤쪽 한가운데에 두고, 다음에 대각(大角), 다음에 대둑(大鼗), 다음에 황룡대기(黃龍大旗), 다음에 황기(黃旗)를 둔다. 또 대금(大金)과 큰북〔大鼓〕을 각각 1개씩 대둑의 동쪽과 서쪽에 –금을 동쪽에, 북을 서쪽에 둔다.– 둔다. 백호기(白虎旗) 1개는 황룡대기 동쪽에, 현무기(玄武旗) 1개는 또 그 동쪽에 두고, 주작기(朱雀旗) 1개는 황룡대기 서쪽에, 청룡기(青龍旗) 1개는 또 그 서쪽에 둔다. 둑 1개는 황기 동쪽에, 금 1개는 또 그 동쪽에 두고, 각 1개는 황기 서쪽에, 북 1개는 또 그 서쪽에 둔다. 각, 둑, 북, 금, 흑기(黑旗)–서쪽은 청기(青旗)이다.–를 각각 1개씩 나각, 대각, 대둑, 황룡대기, 황기의 동쪽과 서쪽에 두되, 백기 –서쪽은 적기이다.–의 뒤쪽에 둔다. 모두 북쪽을 상위로 한다. –공인은 모두 피변, 남의, 검은색 가선을 두른 적상, 적말대, 백포말, 오피리 차림을 한다.

종묘의 제기祭器 도설

44 **주 문공의 《석전의》** 문공(文公)은 송(宋)나라 주희(朱熹)의 시호이다. 사고전서(四庫全書)에 《소희주현석전의도(紹熙州縣釋奠儀圖)》가 있는데, 소흥(紹興) 5년에 완성된 책으로 맨 앞에 관첩(官牒)이 있고 다음에 석전의의 주(注)가 있고 끝으로 예기도(禮器圖)가 있다. 《석전의》는 《소희주현석전의도》를 말하는 듯하다.

《오례의》 주 문공(朱文公)의 《석전의(釋奠儀)》44에 이르기를, "제기와 제복(祭服)이 깨지거나 해져서 수선할 수 없는 것은 다시 바꾼 다음 제기는 땅에 묻고 제복은 불에 태우는데, 위관(委官)이 감시한다." 하였다.

변籩과 뚜껑籩巾

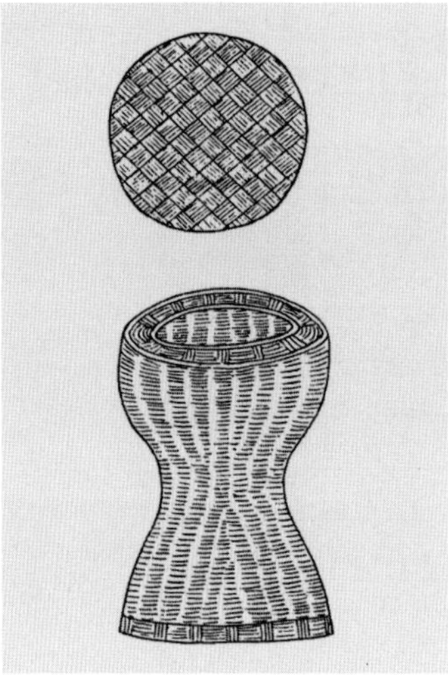

《석전의》

변은 대나무로 만든다. 아가리〔口〕의 지름〔經〕은 4치〔寸〕 9푼〔分〕, 발〔足〕까지 합한 높이〔高〕는 5치 9푼, 깊이〔深〕는 1치 4푼, 발의 지름은 5치 1푼이다. 덮는 건(巾)은 갈포〔綌〕를 쓰는데, 겉은 검붉은 색〔玄〕이고 속은 분홍색〔纁〕이며, 1폭(幅)짜리 원형이다.

두豆와 뚜껑

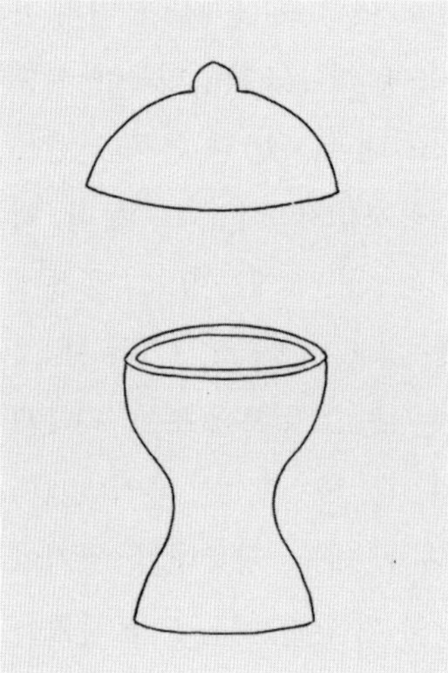

《석전의》

두는 나무로 만든다. 높이, 깊이, 아가리의 지름, 발의 지름은 모두 변의 제도를 따른다.

보簠와 뚜껑

《석전의》

보는 구리〔銅〕로 주조한다. 뚜껑까지 합한 무게〔重〕는 23근(斤) 2냥(兩), 뚜껑까지 합한 높이는 7치, 깊이는 2치, 너비〔闊〕는 8치 1푼이고, 복판〔腹〕의 지름으로 긴 쪽은 1자〔尺〕 1푼이다.-뒤에 무게를 말한 것은 모두 구리 따위이다.

궤簋와 뚜껑

《석전의》

궤는 뚜껑까지 합한 무게는 9근, 뚜껑까지 합한 높이는 6치 7푼, 깊이는 2치 8푼, 너비는 5치, 복판의 지름으로 긴 쪽은 7치 9푼, 너비는 5치 6푼이다.

《주례》의 주

보는 방형이고 궤는 원형이다.

등甑과 뚜껑

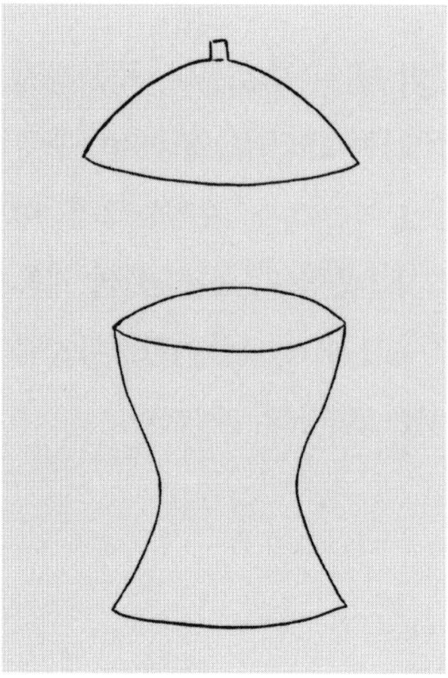

진씨(陳氏)의 《예서(禮書)》[45]

등(登)은 와두(瓦豆)이다. 《의례(儀禮)》에는 '등(甑)'으로 되어 있다. 대갱(大羹)을 담는다.

형鉶과 뚜껑

《예서》

형정(鉶鼎)은 국〔羹〕을 담는 도구이고 형갱(鉶羹)은 오미(五味)로 양념한 국이니, 국으로 말하면 형갱이라고 하고 그릇으로 말하면 형정이라고 한다.

45 **진씨의 《예서》** 진씨는 송나라 때 사람 진상도(陳祥道)를 말한다. 자는 용지(用之)이다. 《예서》는 총 150권으로 사고전서에 수록되어 있다.

조俎

《석전의》

조의 길이는 1자 8치, 너비는 8치, 높이는 8치 5푼이다. 양쪽 가장자리는 붉은 칠을 하고, 가운데는 검은 칠을 한다.

비篚와 뚜껑

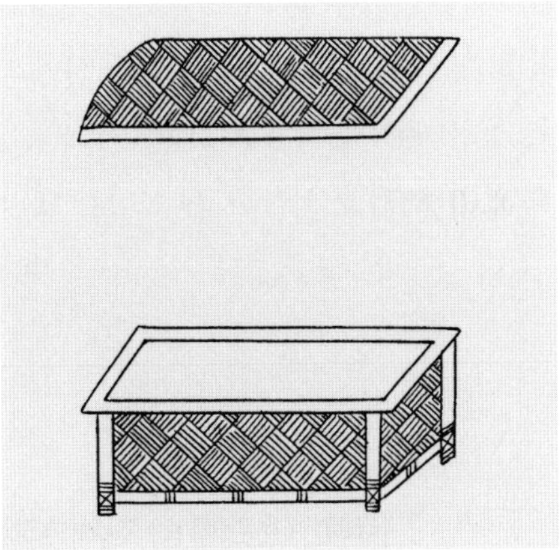

《석전의》

비는 대나무로 만든다. 발까지 합한 높이는 5치, 길이〔長〕는 2자 8푼, 너비는 5치 2푼, 깊이는 4치이다. 뚜껑의 깊이는 2치 8푼이다. 음식물을 올리는 데 사용하는데, 마디가 있는 것이다.

찬瓚

《주례(周禮)》

상공(上公)의 장찬(璋瓚)은 자루〔柄〕와 용머리〔龍首〕를 옥으로 만든다.

《주례》

찬의 자루〔柄〕를 천자는 규(圭)로 만드는데, 길이는 1자 2치, 석(射)[46]은 4치, –석은 위를 깎아서 뾰족하

46 **석** 규장(圭璋)의 상단에 뾰족하게 나온 부분을 말한다. 《주례구해(周禮句解)》에 "그 너비가 4치이다. 석(射)은 음이 석(石)이다." 하였다.

게 한 것이다.– 두께〔厚〕는 1치, 넓이〔博〕는 3치이다. 제후는 장(璋)으로 자루를 만드는데 –규의 반을 장이라고 한다.– 길이는 9치이고, 석은 4치, 두께는 1치, 넓이는 1치 5푼이다.

《주례》

비(鼻)는 1치이다. 주(注)에, "비는 용두(龍頭)를 말하니, 높이가 1치이다." 하였다. –작(勺)보다 1치 더 높다.– "또 《주례》의 주에 수구(水口)가 있어 앞으로 따른다." 하였고, 또 "비는 작의 수구이니, 대체로 수구는 모두 용의 입이 된다." 하였다.

한(漢)나라의 제도에, 작의 지름은 8치이고, 깊이는 2치이다.

《문헌통고(文獻通考)》

지금 태묘(太廟)에 친히 제사를 지낼 때에는 금은을 도금한 찬을 사용하고, 유사(有司)가 제사를 행할 때에는 동찬(銅瓚)을 사용한다.

지금 종묘에 친히 제향을 올릴 때 은찬(銀瓚)을 사용하고, 신하가 대리로 행할 때 동찬을 사용하는 것과 같다. –찬반(瓚盤)도 같다. 자〔尺〕는 주척(周尺)을 사용한다.

찬반 瓚盤

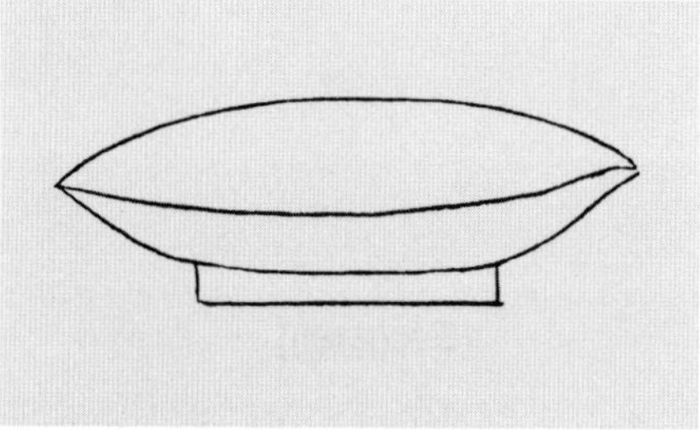

《주례》〈춘관(春官) 전서(典瑞)의 주〉

찬 아래에 반이 있는데, 아가리의 지름은 1자이다.

섭숭의(聶崇義)[47]는 "마땅히 깊이는 1치이다.[48] 발의 지름은 8치, 높이는 2치이다." 하였다.

47 섭숭의 송나라 사람으로 예학(禮學)에 통달하였고, 예기박사(禮記博士)를 지냈다. 저서로 《삼례도집주(三禮圖集注)》가 있다. 《송사 권431 유림열전(儒林列傳)》

48 마땅히 깊이는 1치이다 섭숭의는 《삼례도집주》의 찬반에 대한 설명에서 "규찬(圭瓚)이 이미 깊이가 2치이니, 이 반(盤)은 마땅히 깊이가 1치이다." 하였다.

작爵

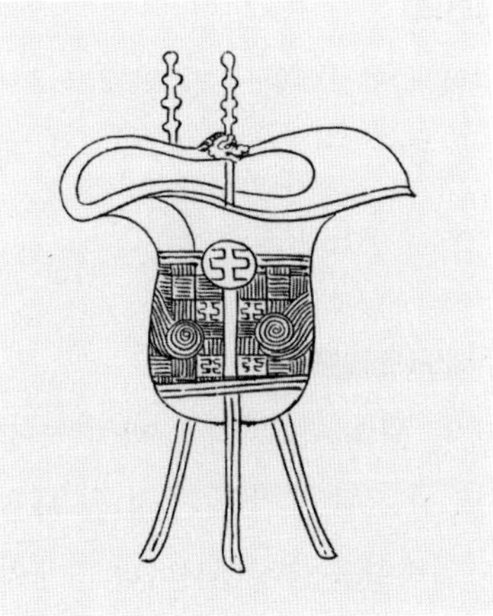

《석전의》

작의 무게는 1근 8냥이다. 기둥〔柱〕까지 합한 높이는 8치 2푼, 깊이는 3치 3푼이다. 아가리의 지름은 긴 쪽이 6치 2푼, 너비는 2치 9푼이다. 기둥이 둘, 발이 셋이며, 수구〔流〕가 있고 반금(扳金)이 있다.

《시경(詩經)》〈예기도설(禮器圖說)〉[49]

마시는 그릇으로, 용량은 1되〔升〕이다. 윗부분에 있는 양쪽의 기둥은 마시기를 다하지 않는 뜻을 취한 것이니, 지나침을 경계한 것이다."

점坫

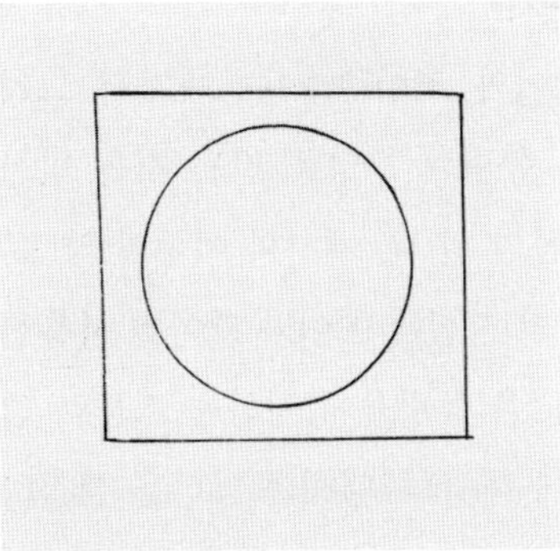

《석전의》

축판(祝版)의 점의 무게는 2근 9냥이다. 세로의 폭은 9치 2푼이다. 《삼례도(三禮圖)》[50]에, "점은 작을 올리는 데에 쓰고, 또 준(尊)을 받는 데에 쓴다."하였는데, 지금 축사(祝詞)를 기재한 판(版)과 작헌(酌獻)을 준비한 작을 반드시 둘 곳을 살펴서 놓는 것은 제사를 공경히 하고 삼가는 뜻을 보인 것이다. 점유(占有)의 뜻이 있기 때문에 점이라고 한다. 지금은 도금을 하여 만든다. 몸체가 정방형이어서 바닥에 놓으면 평평하고 바르다. 작의 점도 같다.

49 **《시경》〈예기도설〉** 원(元)나라 때 사람 주공천(朱公遷)이 지은 《시경소의회통(詩經疏義會通)》은 모두 20권으로 이루어져 있는데, 앞부분에 〈강령(綱領)〉과 〈도설(圖說)〉이 있다. 〈예기도설〉은 《시경소의회통》의 〈도설〉을 말하는 듯하다.

50 **《삼례도》** 송나라 때 사람 섭숭의가 지은 책으로 사고전서에 《삼례도집주》가 수록되어 있다.

멱 羃

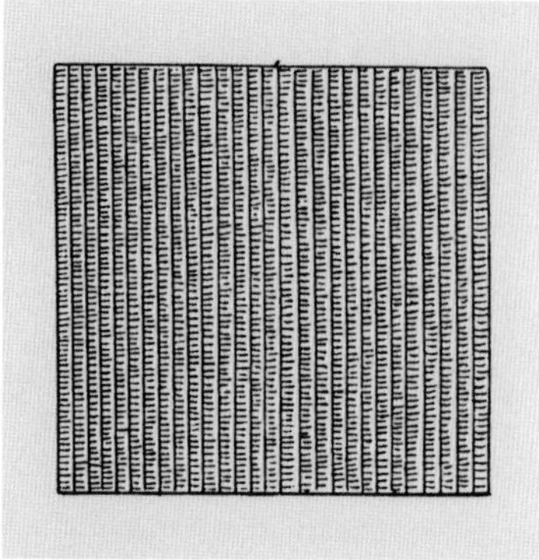

《석전의》

《삼례도》에 "베의 폭(幅)은 2자 2치이고 원형이다." 하였는데, 지금은 베 1폭으로 방형을 취하여 만든다.

《주례도(周禮圖)》[51]

8개의 준(尊)은 천지에 바치는 것이므로 성근 베로 만든 건(巾)을 사용하니, 질박함을 숭상해서이다. 6개의 이(彝)는 종묘에 강신하는 것이므로 베로 만든 건 중에 고운 것을 사용한다. 구름을 그려 무늬를 만들고, 특생(特牲)에 사용하는 멱과 더불어 모두 갈포를 쓴다.

51 **《주례도》** 작자는 미상이다. 명(明)나라 때 사람 왕응전(王應電)이 지은 《주례도설(周禮圖說)》 서문에 옛날부터 《주례도》가 있었다고 되어 있다.

계이 鷄彝

《예서》

계이와 조이(鳥彝)는 새겨서 그려 닭과 봉황의 모양을 만든 것을 말한다. 봄의 사(祠) 제사와 여름의 약(禴) 제사의 강신에 계이와 조이를 사용한다. 닭은 동방을 상징하는 조물로 인(仁)에 해당되고, 새는 남방을 상징하는 조물로 예(禮)에 해당된다. 이것이 선왕(先王)이 계이와 조이를 봄의 사 제사와 여름의 약 제사에 사용하는 까닭이다. 봄의 사 제사에는 계이에 명수(明水)를 담고 조이에 울창주를 담으며, 여름의 약 제사에는 조이에 명수를 담고 계이에 울창주를 담는다. 가이와 황이가 상대적으로 사용되는 것도 이와 같다.

조이鳥彝

해설은 계이에 대한 해설에 보인다.

가이斝彝

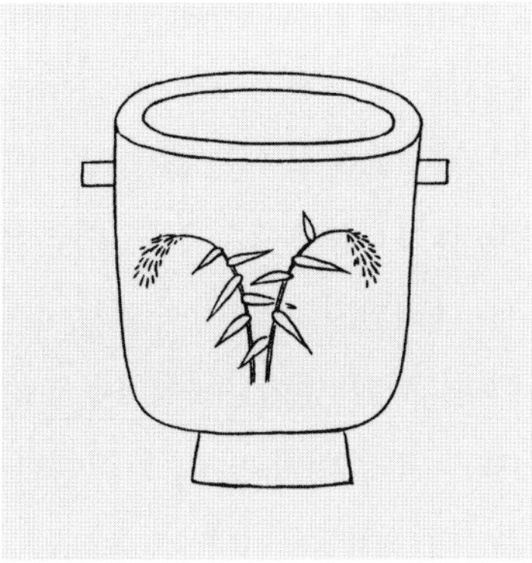

《예서》

가(斝)는 가(稼)로 읽는다. 가이(斝彝)는 벼 이삭을 그린 것이다. 황이(黃彝)는 황목준(黃目尊)이다. 황목이란 황금(黃金)으로 눈 모양을 만든 것이니, 울창주를 담는 최상급의 준(尊)이다. 황은 가운데를 상징하고, 눈은 기(氣) 가운데 청명(淸明)한 것이니, 그 안에 술을 따랐을 때 밖으로 맑고 투명하게 보이는 것을 말한 것이다. 가을의 상(嘗) 제사와 겨울의 증(烝) 제사의 강신에 가이와 황이를 사용한다. 상(商)나라에서는 가이를 사용했고, 주(周)나라에서는 황목을 사용했으니, 주나라의 이(彝)가 황색이면 상나라의 이는 백색이다. 백색은 음(陰)의 본질을 상징하는 것으로 의(義)에 해당되고, 황색은 음의 아름다움을 상징하는 것으로 신(信)에 해당되니, 이것이 선왕이 가을의 상 제사와 겨울의 증 제사에 가이와 황이를 사용했던 까닭이다.

황이 黃彝

해설은 가이에 대한 해설에 보인다.

희준 犧尊

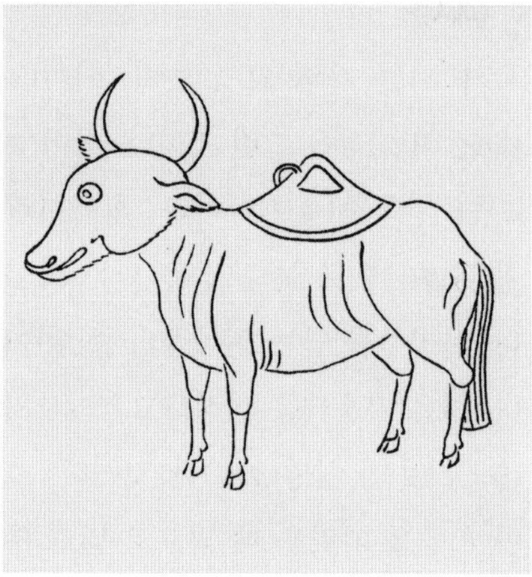

《석전의》

희준의 무게는 9근 10냥이다. 발까지 합한 높이는 6치 1푼, 아가리의 지름은 2치 4푼, 머리에서 다리까지의 높이는 8치 2푼이다. 귀의 높이는 2치 1푼 5리(釐), 귀의 너비는 8푼 5리이다. 깊이는 3치 7푼이다.

《예서》

희준과 상준(象尊)은 주나라의 준이다. 소는 큰 희생(犧牲)이고 소기름 향내는 봄에 알맞으며, 코끼리는 큰 짐승이고 남월(南越)에서 생산되니, 이것이 선왕이 봄의 사 제사와 여름의 약 제사에 사용했던 까닭이다.

상준象尊

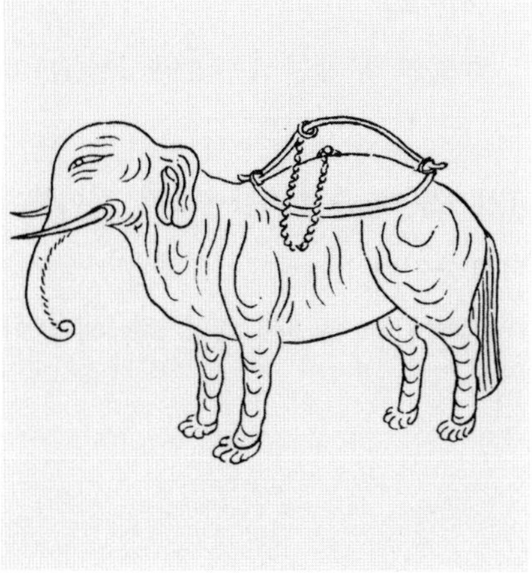

《석전의》

상준의 무게는 10근이다. 발까지 합한 높이는 6치 8푼, 아가리의 지름은 1치 8푼이다. 귀의 너비는 1치 2푼, 귀의 길이는 1치 9푼이다. 깊이는 4치 9푼이다. 나머지는 희준에 대한 해설에 보인다.

착준著尊

《석전의》

착준의 무게는 4근 7냥이다. 높이는 8치 4푼 5리, 아가리의 지름은 4치 3푼, 복판의 지름은 6치 2푼, 깊이는 8치 3푼이다.

《예서》

착으로는 양(陽)이 내려와 땅에 붙는 것을 형상하고, 호(壺)로는 음(陰)이 주위를 둘러싸 만물을 간직하는 것을 형상하니, 이것이 선왕이 가을의 상 제사와 겨울의 증 제사에 사용했던 까닭이다.

호준壺尊

《석전의》

호준의 무게는 4근 1냥 2전(錢)이다. 높이는 8치 4푼, 아가리의 지름은 4치 5푼, 복판의 지름은 6치, 깊이는 7치 1푼이다.

나머지는 작준에 대한 해설에 보인다.

대준大尊

《석전의》

대준의 발까지 합한 높이는 8치 1푼, 아가리의 지름은 5치 7푼, 복판의 지름은 6치 1푼, 발의 지름은 3치 8푼, 깊이는 6치 5푼이다.

《주례도》

추향(追享), 조향(朝享), 조천(朝踐)[52]에 두 개의 대준을 쓰니, 태고(太古) 시절의 준이다. 하나는 현주(玄酒)를 담고, 하나는 예제(醴齊)를 담는다.

《예기(禮記)》

태준(泰尊)은 유우씨(有虞氏 순(舜) 임금)의 준이다.

52 **추향, 조향, 조천** 추향과 조향은 사시(四時)의 사이에 지내는 제사로, 추향은 체제(禘祭)이고, 조향은 협제(祫祭)이다. 《주례정의(周禮正義)》에 "소자출(所自出)을 추모하기 때문에 추향이라 하고, 태묘에 합하여 제사 지내는 것이 마치 대대적으로 조회하는 것과 같기 때문에 조향이라 한다." 하였다. 조천은 제례의 의절 가운데 하나로 혈성(血腥)과 작례(酌醴)를 천신하고 나서 비로소 제사를 거행하는 것을 말한다. 《주례 춘관 사전이》

산뢰山罍

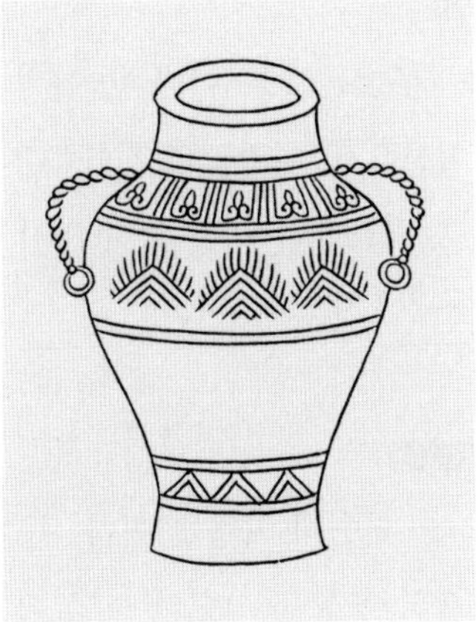

《예서》

산뢰는 산준(山尊)이다. 새겨서 그려 산과 구름의 형상을 만든 것이다. 뇌(罍)라고 한 것은, 구름과 우레가 널리 베풀어지는 것이 임금의 덕이 여러 신하들에게 미치는 것과 같음을 취하여 상징한 것이다. 산뢰는 하후씨(夏后氏 우(禹) 임금)의 준이다.

《주례도》

산과 구름의 형상을 그린 것이다. 하나는 현주를 담고, 하나는 앙제(盎齊)를 담는다.

용작龍勺

《석전의》

용작의 무게는 1근이다. 국자 아가리의 지름은 너비가 2치 1푼, 긴 쪽이 2치 8푼이며, 깊이는 1치 1푼이다. 자루의 길이는 1자 2치 9푼이다. 작헌(酌獻)할 때와 관세(盥洗)할 때에 모두 국자로 뜬다.

세뢰洗罍

《석전의》

세뢰의 무게는 12근이다. 발까지 합한 높이는 1자, 아가리의 지름은 8치 4푼, 깊이는 7치 1푼, 발의 아가리의 지름은 7치 9푼이다.

《운회(韻會)》[53]

뇌(罍)는 세숫대야[盥器]이다. 구름과 우레의 형상을 그렸다. 뇌성벽력의 위엄을 취하여 공경을 일으켰다.

53 **《운회》** 원나라 때 사람 웅충(熊忠)이 지은 《고금운회거요(古今韻會擧要)》라는 책으로 《예부운략(禮部韻略)》을 저본으로 하여 수정 보완한 것이다.

세洗

《석전의》

세의 무게는 8근 8냥이다. 발까지 합한 높이는 5치 7푼, 아가리의 지름은 1자 3치 6푼, 깊이는 2치 9푼, 발의 아가리의 지름은 8치 9푼이다.

우정 牛鼎

《성송반악도(聖宋頒樂圖)》[54]

우정의 아가리 지름과 밑바닥 지름은 모두 1자 3치이고, 깊이는 1자 2치 2푼이다. 용량〔容〕은 1곡(斛)이다. ─주에 3두(斗)는 대두(大斗) 1두가 된다고 하였다.

《삼례도》

우정의 용량은 1곡이다. 천자는 황금으로 장식하고, 제후는 백금으로 장식한다. 양정(羊鼎)의 용량은 5두이고, 또한 구리로 만든다. 시정(豕鼎)의 용량은 3두이다. 우정은 세 발이 소발과 같고, 발마다 위에 소머리로 장식하였다. 양정과 시정도 역시 이와 같게 하였다. 이른바 "주(周)나라의 예제에 그릇 장식을 각각 그 부류로 한다."는 뜻이다.

정(鼎)의 경(扃 빗장) ─우정의 경의 길이는 3자이고, 양정의 경의 길이는 2자 5치이고, 시정의 경의 길이는 2자이다. 양쪽 끝을 옥(玉)으로 장식하는데, 각각 3치이다.

정의 멱(鼏 덮개) ─《의례》에 "멱은 묶기도 하고 엮기도 한다." 하였는데, 주에 "모든 정의 멱은 띠〔茅〕로 만든다. 긴 것은 뿌리를 묶고 짧은 것은 중간을 엮는데, 대개 촘촘하게 하여 기가 새나가지 않게 하기 위해서이다." 하였다.

정의 필(畢)[55] ─《삼례도》에 "잎사귀의 넓이[56]는 3치이니, 가운데를 파서 1치를 제거한다. 자루의 길이는 2자 4치이니, 자루 끝과 양 잎사귀는 모두 주색(朱色)을 칠하고, 가시나무〔棘木〕로 만든다." 하였다.

54 **《성송반악도》** 송나라에서 반포한 악도(樂圖)인데, 이에 대한 기록이 《태종실록》 12년 4월 3일조에 보인다. 송나라 때 사람 진양(陳暘)이 지은 《악서(樂書)》에 "신종(神宗) 원풍(元豊) 연간에 고려에서 중국의 악공(樂工)을 구하여 익혔다." 하였는데, 《성송반악도》가 바로 이때에 구한 것인 듯하다고 하였으며, 충주사고(忠州史庫) 제7궤(樻)에 4벌〔道〕이 보관되어 있다고 하였다.

55 **필** 고기를 드는 데 사용하는 목차(木叉)로, 《의례(儀禮)》 〈특생궤식례(特牲饋食禮)〉에서 정현(鄭玄)은 "모양이 차(叉)와 같으니, 대개 필성(畢星)과 비슷하여 이름을 취한 것이다." 하였다.

56 **잎사귀의 넓이** 대본은 '葉傳'인데, 사고전서 《삼례도집주(三禮圖集注)》 권13에 의거하여 '葉博'으로 바로잡아 번역하였다.

양정羊鼎

《성송반악도》

양정의 아가리 지름과 밑바닥 지름은 모두 1자이고, 깊이는 1자 3푼이다. 용량은 5두이다.

시정豕鼎

《성송반악도》

시정의 아가리 지름과 밑바닥 지름은 모두 9치이고, 깊이는 7치 6푼이다. 용량은 3두이다.

부釜

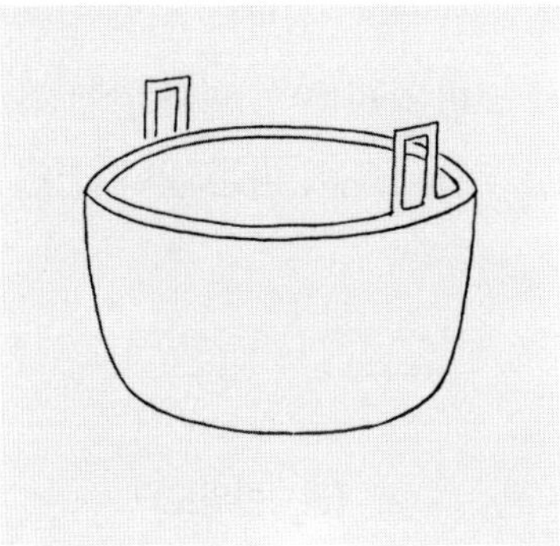

《사림광기(事林廣記)》[57]

발이 없는 솥을 부라 하고, 발이 있는 솥을 기(錡)라 한다. 빈(蘋)과 조(藻)[58]를 끓여 제사에 음식을 올리는 데에 사용할 수 있다.

57 **《사림광기》** 조선 초기에 많이 활용했던 유서(類書)인 듯한데, 《세시광기(歲時廣記)》의 저자인 송나라 때 사람 진원정(陳元靚)이 지었다는 설이 유력하다. 국립중앙도서관에 《신편군서류요사림광기(新編群書類要事林廣記)》가 소장되어 있다.

58 **빈과 조** 둘 다 수초(水草) 이름으로 옛날부터 제사에 올리는 음식으로 사용되던 것이다.

확鑊

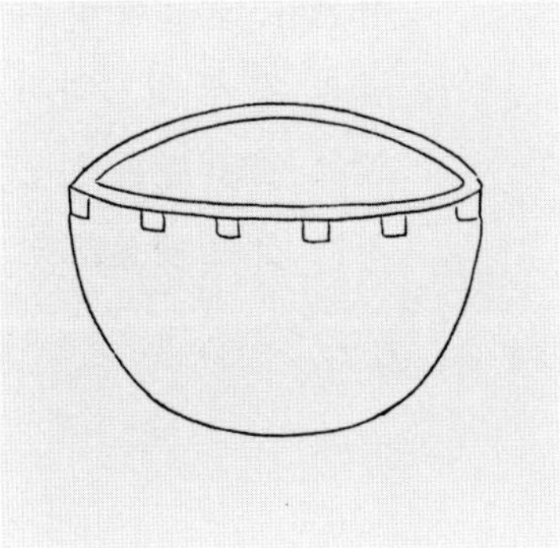

《사림광기》

확은 《주례》에 "팽인(烹人)이 정(鼎)과 확[59]을 모두 맡아 물의 양과 불의 세기를 알맞게 공급한다." 하였고, "제사에 대갱(大羹)과 형갱(鉶羹)을 제공한다." 하였는데, 주에는 "확은 고기와 어포(魚脯)를 삶는 그릇이다." 하였다.

59 **확** 대본에는 없는데, 《주례》 〈천관 팽인〉에 의거하여 보충하여 번역하였다.

비匕

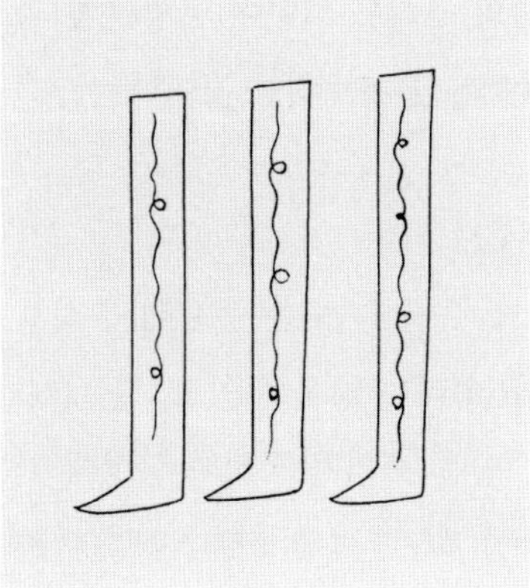

《예서》

비의 길이는 3자, 혹은 5자이다. 서직(黍稷)에 사용하는 비가 있고, 생체(牲體)에 사용하는 비가 있으며, 소비(疏匕)가 있다. 세 가지 비는 가시나무를 사용하여 만든다. 늠인(廩人)이 쓰는 평미레〔概〕가 서직에 사용하는 비이고, 옹인(雍人)이 쓰는 평미레는 생체에 사용하는 비이다. 생체에 사용하는 비는 요비(桃匕)이다. 그 제도는, 서직에 사용하는 비는 요비보다 작고, 요비는 소비보다 작다. 〈유사철(有司徹)〉[60]에 "사마(司馬)가 양손으로 요비의 자루를 잡고 고기 국물을 떠서 소비에 따른다. 이와 같이 하기를 세 번 한다." 하였다. 요비로 국물을 뜬 뒤에 소비에 따른 것이 세 번이니, 소비가 크다.

60 **〈유사철〉**《의례》의 편명인데, 내용은 대부(大夫)가 제사를 마치고 나서 시(尸)를 당(堂)에서 대접하는 예에 관한 것이다.

난도鸞刀

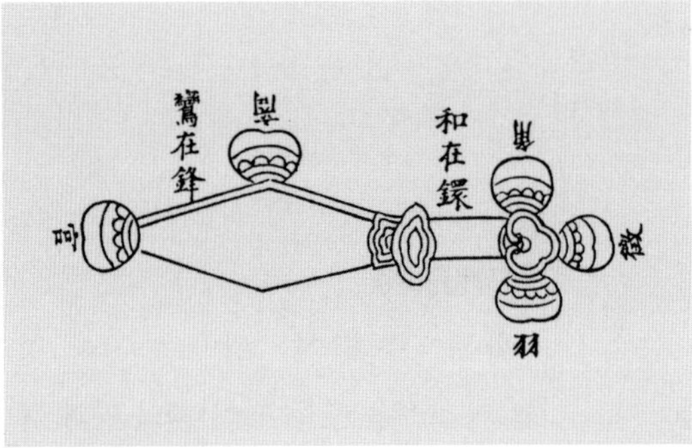

《성송반악도》

《예기》에서는 난도를 옛날 칼이라고 하였으니, 종묘에서 사용한다. 종묘에서 지금의 칼을 사용하지 않고 옛날 칼을 사용하는 것은 옛것을 닦기 위한 까닭이다.

《시경》〈신남산(信南山)〉

난도를 들어 희생의 털을 헤쳐 보이네.

《예기절해(禮記節解)》

반드시 난도를 사용하는 것은 난령(鸞鈴)의 소리를 취하여 궁성(宮聲)과 상성(商聲)이 조화(調和)를 이룬 뒤에 희생(犧牲)을 자르려는 것이다.

《춘추공양전(春秋公羊傳)》 선공(宣公) 12년조

정백(鄭伯)이 오른손에 난도를 들었다. 그 주에 "난도는 종묘에서 희생을 자를 때 사용하는 칼이다. 고리〔鐶〕에 화(和)라는 방울이 있고, 칼끝〔鋒〕에 난(鸞)이라는 방울이 있다. 칼끝에 있는 난은 소리가 궁성과 상성에 알맞고, 고리에 있는 세 개의 화는 소리가 각성(角聲), 치성(徵聲), 우성(羽聲)에 알맞다." 하였다.

궤几

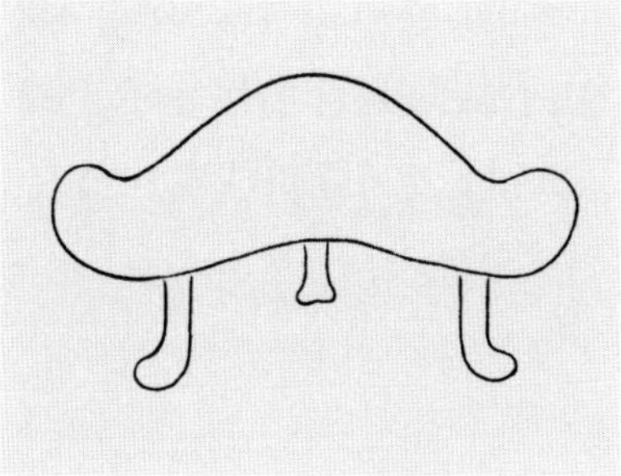

당(唐)나라 때 〈원릉 부묘의(元陵祔廟儀)〉에서는 대축(大祝)이 신주(神主)를 받들어 곡궤(曲几) 뒤에 둔다고 하였는데, 지금은 검붉은 칠을 한 곡궤 앞에 신주를 진설한다.

상床

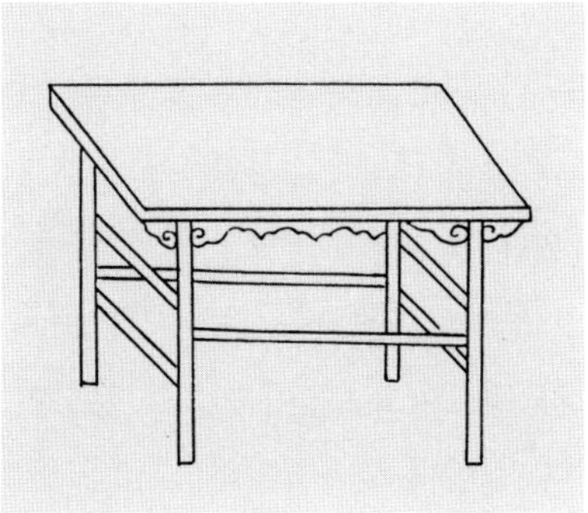

나무로 만든다. 가장자리는 흙색 칠을 하고, 가운데는 붉은색 칠을 한다. 길이는 4자 5치 7푼, 폭은 2자 9치, 높이는 3자 1치이다. 실(室)마다 5개씩이니, 실 안에 4개, 준소(尊所)에 1개이다.

촉대燭臺 《오례의》에는 실려 있지 않다.

놋쇠로 만든다. 높이는 1자 2절(節)이다. 각 실 안의 탁자에 한 쌍씩, 준소에 하나씩이다.

향로香爐와 뚜껑 《오례의》에는 실려 있지 않다.

놋쇠로 만든다. 원의 지름은 4치 정도이고, 발까지 합한 높이는 5치 정도이다. 실마다 하나씩이다.

향합香盒과 뚜껑 《오례의》에는 실려 있지 않다.

놋쇠로 만든다. 원의 지름은 4치 정도이고, 높이는 2치 정도이다. 실마다 하나씩이다.

모혈반毛血盤 《오례의》에는 실려 있지 않다.

해설은 제사 의식에 보인다. 놋쇠로 만든다. 원의 지름은 1자 1치, 깊이는 1치 3푼이다. 발의 지름은 7치 8푼이다. 다리까지 합한 높이는 2치 2푼이다. 실마다 하나씩이다.

등잔燈盞 《오례의》에는 실려 있지 않다.

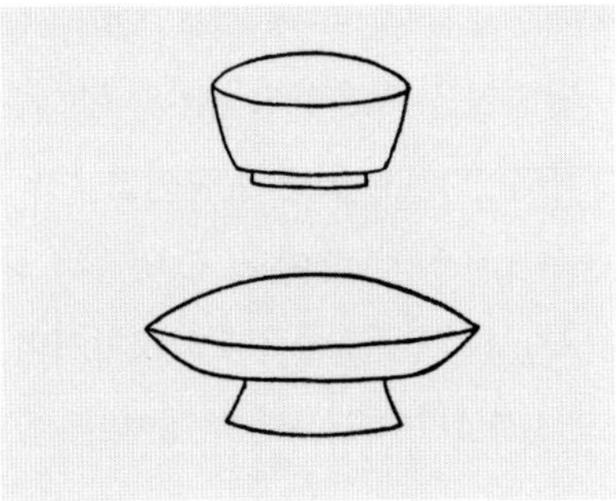

놋쇠로 만든다. 원의 지름은 2치 2푼, 깊이는 1치, 높이는 1치 2푼이다. 대(臺)의 높이는 1치 5푼이다. 실마다 하나씩이다.

대생갑大牲匣과 뚜껑 《오례의》에는 실려 있지 않다.

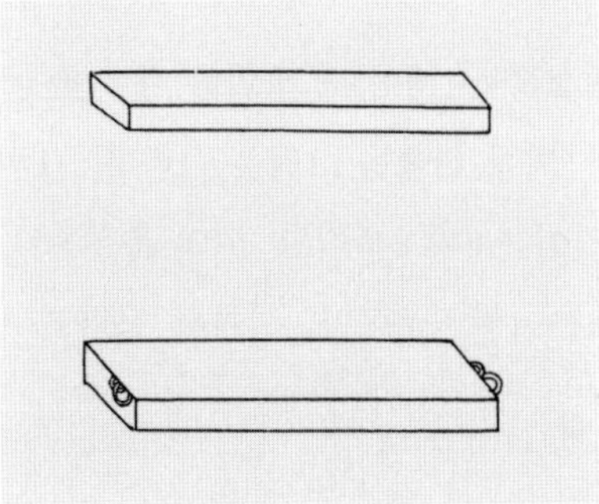

해설은 제사 의식에 보인다. 나무로 만들고, 흑색 칠을 한다. 장식은 납염철(鑞染鐵)을 사용한다. 길이는 2자 5치, 폭은 1자 4치, 높이는 3치 5푼이다. 실마다 3개씩이다.

소생갑小牲匣과 뚜껑 《오례의》에는 실려 있지 않다.

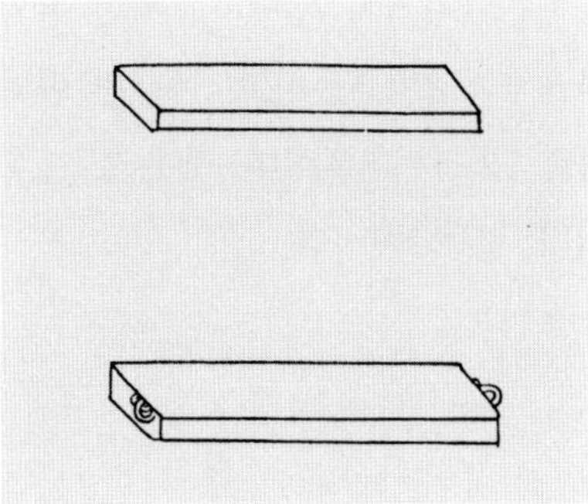

해설은 위에 보인다. 길이는 1자 3치, 폭은 9치 6푼, 높이는 2치 7푼이다.

식함食函 《오례의》에는 실려 있지 않다.

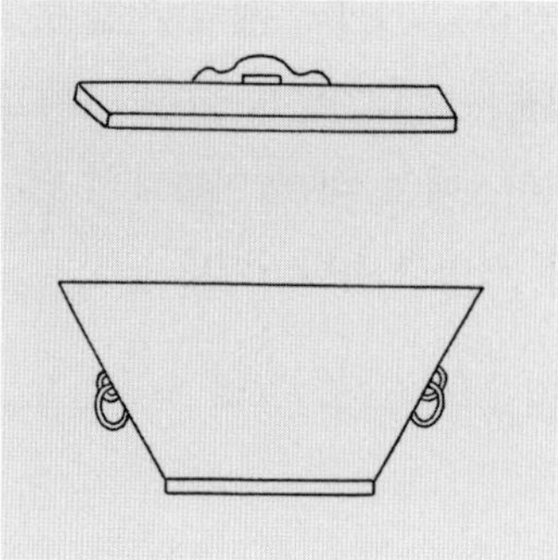

나무로 만들고, 흑색 칠을 한다. 장식은 납염철을 사용한다. 밑바닥은 좁고 아가리는 넓다. 윗면의 길이는 2자 5치, 폭은 1자 5치 5푼이고, 아랫면의 길이는 2자 1치 6푼, 폭은 1자 2치이며, 높이는 1자 3치이다. 모두 8개이다.

서직비黍稷匕 《오례의》에는 실려 있지 않다.

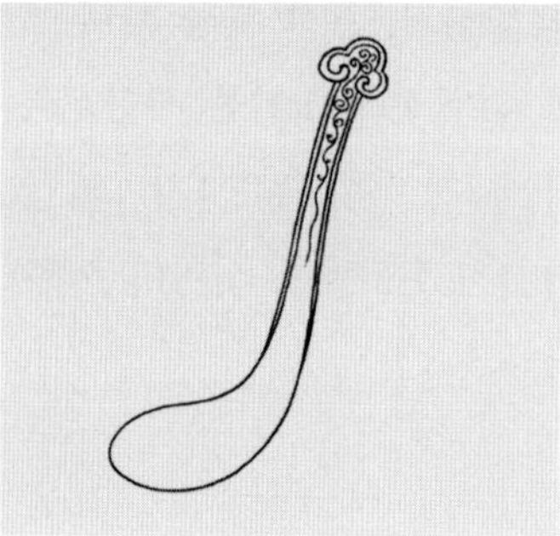

해설은 《오례의》에 보인다. 놋쇠로 만든다. 자루 위에는 그림을 그린다. 자루의 길이는 6치 8푼이고, 비의 폭은 5치, 길이는 4치 5푼이다. 실마다 하나씩이다. −크기와 모양이 《오례의》와 같지 않다.

유증鍮甑 《오례의》에는 실려 있지 않다.

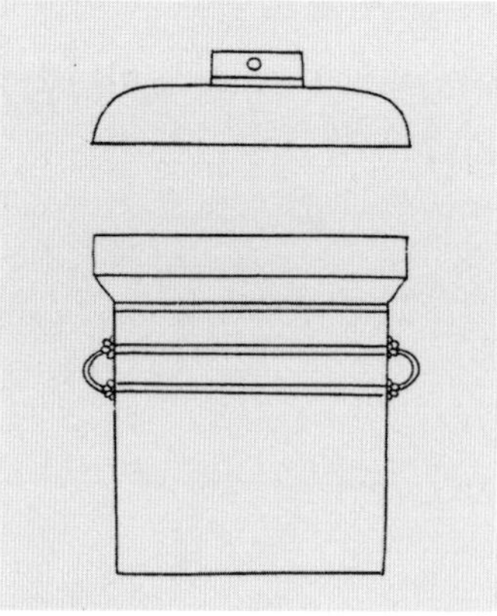

높이는 1자 5치 7푼이다. 윗면 원의 지름은 1자 8치 5푼이고, 아랫면 원의 지름은 1자 4치 5푼이다. 밥을 짓는 도구이다. 모두 2개이다.

번간로燔肝爐 《오례의》에는 실려 있지 않다.

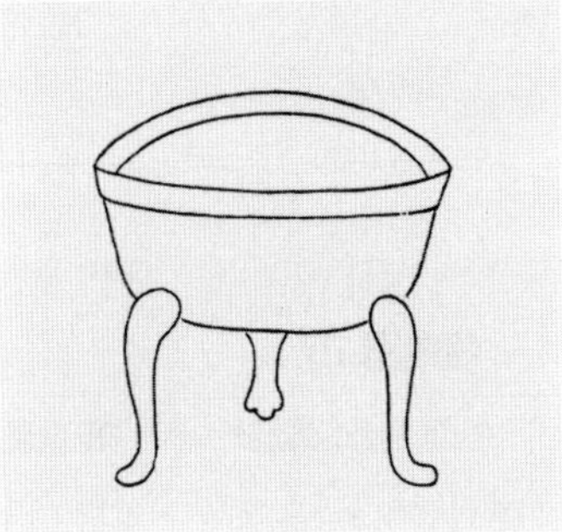

해설은 제사 의식에 보인다. 놋쇠로 만든다. 원의 지름은 7치, 발까지 합한 높이는 6치 3푼이다. 실마다 하나씩이다.

종묘의 등가와 헌가 악기 도설

《오례의》

편종編鍾 현재 사용한다.

《문헌통고》

〈소서(小胥)〉[61]에 "대체로 종과 경(磬)을 다는 것은, 반(半)을 도(堵)라고 하고 전부를 사(肆)라고 한다." 하였는데, 주에 "종과 경을 엮어서 달 때, 두 층에 각각 8매(枚)씩 16매를 한 틀〔簴〕에 단 것을 도라고 하고, 종 1도와 경 1도를 사라고 한다." 하였다. 지금의 대성악(大晟樂)[62]이 전대의 제도를 근본으로 하여 역시 16매를 쓰는데, 12매는 정성(正聲)의 종이고, 4매는 청성(淸聲)의 종이다.

《주례도》

《예서》에, "종을 다는 틀의 세로로 세운 것을 거(簴)라고 하고, 가로로 댄 것을 순(簨)이라고 한다. 순 위에 숭아(崇牙)[63]를 두고, 거 위에 업(業)을 설치한다. 업 위에 깃〔羽〕을 꽂고, 양쪽 끝에 벽삽(璧翣)을 둔다.[64] 종을 다는 틀은 맹수〔臝〕 따위[65]로 장식하니, 두꺼운 입술에 꽉 다문 입, 튀어나온 눈에 짧은 귀, 큰 가슴에 화려한 꽁무니, 큰 몸체에 짧은 목[66]과 같은 모습이다. 그 소리가 크고 웅장하니, 종에 알맞다."라고 한 것이 이것이다.

61 **〈소서〉** 《주례》 〈춘관(春官)〉에 속한 관명으로, 학사(學士)의 징령(徵令)을 관장한다.

62 **대성악** 송 휘종(宋徽宗) 숭녕(崇寧) 3년(1104)에 설치한, 음악을 관장하는 기관인 대성부(大晟府)에서 제정한 신악(新樂)의 이름이다. 《송사 권128 악지 4》 우리나라의 경우는 고려 예종 9년(1114)에 송 휘종이 신악인 대성악을 하사하여, 11년에 태묘(太廟)에서 사용하였다고 한다. 《국역 성호사설 권13 인사문 대성악》

63 **숭아** 순 위에 설치하여 종이나 경을 다는 장치이다. 《예기(禮記)》 〈명당위(明堂位)〉에 '은나라의 숭아〔殷之崇牙〕'라고 하고, 주에 "순 위에 나무를 깎고 그림을 그려 숭아 형태를 만들어서 종과 경을 거는 것을 말한다." 하였다.

64 **양쪽……둔다** 벽삽은 업의 양쪽 끝에 매단 장식을 말한다. 《예기》 〈명당위〉에 '주나라의 벽삽〔周之璧翣〕'이라고 하고, 주에 "비단에 그림을 그려 삽(翣)을 만들고 구슬〔璧〕을 인 다음 오색 깃을 아래로 드리워 순의 모서리 위에 세워 놓은 것이다." 하였다. 대본은 '有端有璧翣' 인데, 《악서(樂書)》에 "숭아 위에 업이 있고, 업의 양쪽 끝에 또 벽삽이 있다.〔崇牙之上有業 業之兩端 又有璧翣〕"라고 한 것에 의거하여 대본의 '有端'을 '兩端'으로 바로잡아 번역하였다.

편경編磬 현재 사용한다.

해설은 위에 보인다.

《주례도》

"경을 다는 틀은 날짐승〔羽〕 따위로 장식하니, 날카로운 부리에 갈라진 입술, 작고 가는 눈에 긴 목, 작은 몸체에 납작한 배와 같은 모습이다. 그 소리가 맑고 높아 멀리까지 들리니, 경에 알맞다."[67]라고 한 것이 이것이다.

특종特鐘 지금은 사용하지 않는다.

해설은 위에 보인다. - 지금 특종은 등가(登歌)에 사용하고, 그 가종(歌鐘)[68]으로는 편종을 사용한다.

65 **맹수 따위** 대본은 '羸屬'인데, 《주례》〈동관(冬官) 재인(宰人)〉에 의거하여 '羸'로 바로잡아 번역하였다. 《주례》〈동관 재인〉에 "천하의 큰 짐승이 다섯이니, 지자(脂者), 고자(膏者), 나자(羸者), 우자(羽者), 인자(鱗者)이다." 하였는데, 주에 "지자는 소와 양 따위이고, 고자는 돼지 따위이고, 나자는 호랑이, 표범, 비휴, 교룡 같은 털 짧은 짐승 따위이고, 우자는 날짐승 따위이고, 인자는 용사(龍蛇) 따위이다." 하였다.

66 **목** 대본은 '肘'인데, 《주례》〈동관〉'재인'에 의거하여 '脰'로 바로잡아 번역하였다.

67 **경에……알맞다** 이 역시 앞 편종의 도설과 마찬가지로 《예서》에 나오는 내용이다.

68 **가종** 노래의 반주로 쓰이는 종을 말한다.

특경特磬 지금은 사용하지 않는다.

해설은 위에 보인다. -지금 특경은 등가에 사용하고, 그 가경(歌磬)으로는 편경을 사용한다.

노고路鼓 지금은 사용하지 않는다.

《진씨(陳氏)의 악서》

〈고인(鼓人)〉[69]을 보면 뇌고(雷鼓)는 천신(天神)의 제사인 신사(神祀)에 치고, 영고(靈鼓)는 사직의 제사인 사제(社祭)에 치며, 노고는 종묘의 제사인 귀향(鬼享)에 친다. 뇌(雷)는 하늘의 소리이고, 영(靈)은 땅의 덕이며, 노(路)는 사람의 도이다. 천신(天神)의 음악은 여섯 번 변하여 뇌고와 뇌도(雷鼗)가 6면(面)이고, 지기(地祇)의 음악은 여덟 번 변하여 영고와 영도(靈鼗)가 8면이다. 인귀(人鬼)의 음악은 아홉 번 변하는데 노고와 노도(路鼗)는 4면이다. 금(金)이라는 물체는 화(化)하기는 해도 변하지는 못하는 것으로 귀신도 이와 같은데, 금은 토(土)가 아니면 생성되지 않으므로 토를 상징하는 숫자 5로 금을 상징하는 숫자 4에 더한다. 이것이 아홉 번 변하는 까닭인가 보다.

69 **〈고인〉** 《주례》 〈지관(地官)〉에 소속된 관명으로, 육고(六鼓)와 사금(四金)의 음성을 교육하는 일을 관장한다.

주에는 "뇌고는 말가죽을 사용하니, 건(乾)의 덕은 말이 되기 때문이고, 영고는 소가죽을 사용하니, 곤(坤)의 덕은 소가 되기 때문이다." 하였다.

노도路鼗 현재 사용한다.

《주례》〈태사악(太司樂)〉

뇌고에는 곧 뇌도가 있고, 영고에는 곧 영도가 있으며, 노고에는 곧 노도가 있다.

《악서》

고(鼓)로 음악을 절주(節奏)하고 도(鼗)로 음악을 시작하니, 음악을 연주하는 도이다. 도(鼗)는 연주를 시작하기 위하여 치는 것이다. –도(鞉)는 도(鼗)와 같다.

《문헌통고》

도는 작은 북이다. 나무로 꿰었으며, 두 귀가 있어 돌리면 저절로 쳐진다. 뇌도는 북이 3개이고, 영도는 북이 4개이며, 노도는 북이 2개이다.

절고節鼓 현재 사용한다.

《문헌통고》

강좌(江左)의 청악(淸樂)[70]에 절고가 있는데, 모양은 바둑판 같고, 붉은 칠을 한 다음 그 위에 그림을 그렸다. 받침대 가운데에 둥근 구멍을 터서 북을 넣기에 적당하게 하였다. 이 북을 쳐서 음악을 조절한다. 당나라 이후로 아악(雅樂)의 성가(聲歌)에 사용하였으니, 등가의 음악을 시작하고 그치게 하는 역할을 한다.

진고晉鼓 현재 사용한다.

《문헌통고》

진고는 그 제도가 크면서 짧으니, 대개 금주(金奏)를 연주하기 위한 것이다.[71] 종사(鐘師)는 종과 북으로 구하(九夏)를 연주하고,[72] 박사(鎛師)는 금주의 북을 관장하니,[73] 아마도 진고일 것이다.

주에 "나무 기둥으로 북을 꿰고, 아래에는 받침〔趺〕을 만들며, 위에는 가로로 댄 순(筍)을 만든다." 하였다.

70 **청악** 청상악(淸商樂)으로, 남조(南朝)의 구악(舊樂)이다. 후위(後魏) 효문제(孝文帝)가 회(淮)와 한(漢)을 정벌하고 얻은 남음(南音)을 수집하여 청상악이라고 하였는데, 수(隋)나라의 평진(平陳)이 청상서(淸商署)를 설치하고 총괄하여 청악이라고 하였다. 《구당서 권29 청악》

71 **금주를……것이다** 금주는 종(鐘)과 박(鎛)의 연주를 말한다. 《악서》 권50 〈주례훈의(周禮訓義) 춘관(春官) 종사(鐘師)〉에 "북을 먼저 연주하고 뒤이어 종을 연주한다.〔鼓先而鍾從之〕"라고 하였으니, 진고를 먼저 친 다음에 편종을 친다는 말이다.

72 **종사는……연주하고** 종사는 《주례》 〈춘관〉에 속한 관직이다. 《주례》에는 "종사는 금주를 관장하니, 무릇 음악의 일은 종과 북으로 구하인 왕하(王夏), 사하(肆夏), 소하(昭夏), 납하(納夏), 장하(章夏), 제하(齊夏), 족하(族夏), 개하(祴夏), 오하(驁夏)를 연주한다."라고 되어 있는데, 금주를 관장한다는 말은 주에, 종과 박을 쳐서 음악을 연주하는 절주로 삼는 것이라고 하였다.

73 **박사는……관장하니** 박사는 《주례》 〈춘관〉에 속한 관직이다. 《주례》 주에 "진고를 쳐서 종과 박을 연주한다는 말이다." 하였다.

축柷과 지止 현재 사용한다.

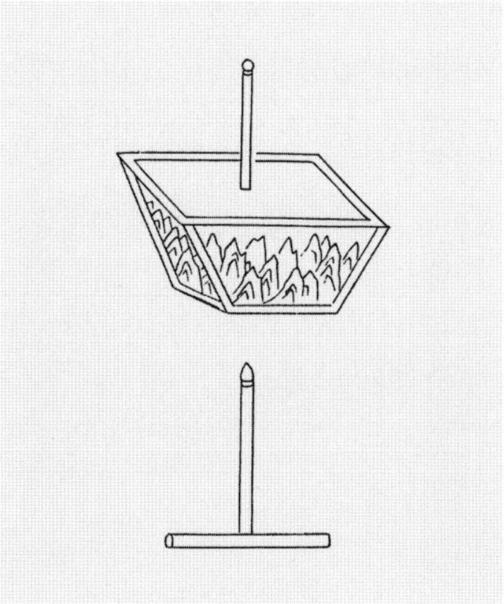

《악서》

축이라는 악기는 사방 2자 4치이고 깊이는 1자 8치인데, 한가운데에 바닥에 연결된 '몽치 자루〔椎柄〕'[74]가 있어 그것을 두드려서 좌우를 치게 한다. 음(陰)은 2와 4에서 시작하여 8과 10에서 마치니, 음의 수는 4와 8인데 양의 수 1로 주관한다. 그렇기 때문에 음악을 연주하게 되면 모든 악기 중에서 가장 먼저 연주할 따름이고 음악을 완성하는 것은 아니다. 그래서 형(兄)의 도리가 있다. 이것이 축이 궁현(宮縣)[75]의 동쪽에 위치하여 봄이 만물의 처음을 이루는 것을 상징하는 까닭이다.

《이아(爾雅)》

축을 치는 도구를 '지(止)'라고 한다. 축으로써 음악을 합주하여 시작한다. 반드시 연주를 지로 하는 것은 처음에 경계하려는 것이다.

어敔와 진籈 현재 사용한다.

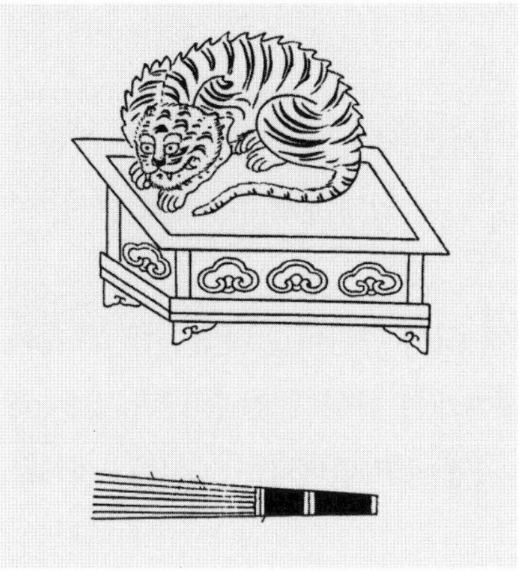

《악서》

어라는 악기는 형상이 엎드린 호랑이 모습과 같으니, 호랑이는 서방(西方)의 음(陰)을 상징하는 동물이다. 모두 27개의 톱니〔鉏鋙〕가 있으니 3과 9를 곱한 수이고, 채〔櫟〕의 길이는 1자이니 10의 수이다. 양(陽)은 3에서 이루어지고 9에서 변하여 음의 수 10

74 **바닥에 연결된 몽치 자루** 옆의 그림 중 아래 그림인 지(止)가 'ㅗ' 모양으로 연결된 것을 말하는 듯하다.

75 **궁현** 종(鍾)과 경(磬) 등 악기를 틀에 거는 제도의 하나이다. 《주례》〈춘관 소서(小胥)〉에 "왕은 궁현, 제후는 헌현(軒縣), 경과 대부는 판현(判縣), 사는 특현(特縣)이다." 하였는데, 주에 "궁현은 4면에 거는 것인데, 4면은 궁실의 4면이 담장으로 둘러싸인 것을 형상하므로 궁현이라고 한 것이다." 하였다.

으로 이긴다. 그렇기 때문에 음악을 그치게 되면 능히 처음으로 돌아오는 것을 아름다움으로 여기니, 단지 흘러가 버려 자기를 잃어버리는 데에 이르지 않게 할 뿐만 아니라 또한 족히 지나침을 금함이 있다. 이것이 어가 궁현의 서쪽에 위치하여 가을이 만물의 이루어 마침을 상징하는 까닭이다.

《이아》

어를 치는 도구를 진이라고 한다. 어로써 음악을 조절하여 그친다. 반드시 연주를 진으로 하는 것은 뒤를 깨끗이 하려는 것이다.

생笙 지금은 사용하지 않는다.

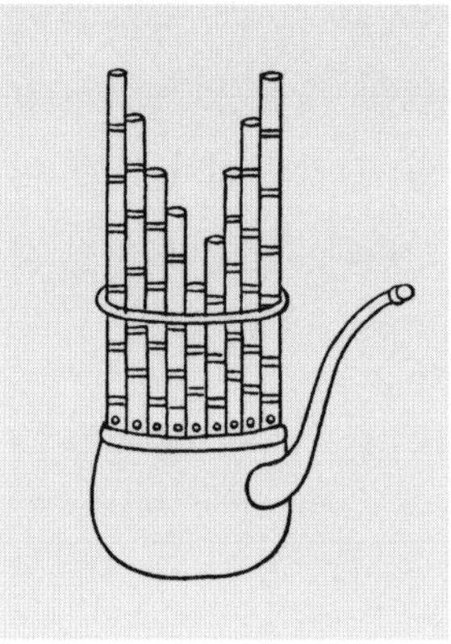

《예서》

생은 죽관〔管〕을 박통〔匏〕 안에 열 지어 세우고 죽관 끝에 황(簧)을 설치한다. 큰 것은 황이 19개이고 작은 것은 황이 13개이다. 우(竽)는 황이 36개이다. 생의 길이는 4자이고, 우의 길이는 4자 2치이다. 황은 쇳조각〔金鐷〕으로 만든다. 대개 많은 죽관이 박통 안에 들어 있어 '새 둥지〔巢〕'와 같은 형상이 있기 때문에 대생(大笙)을 소(巢)라고 하며, 큰 것이 선창(先唱)하면 작은 것이 화답하기 때문에 소생(小笙)을 화(和)라고 한다.

《문헌통고》

송나라 왕조의 대성악에서 전해지는 생은 모두 황이 17개이다. 옛날에는 17개의 죽관 외에 2개의 죽관을 설치하여 일정하게 두지 않았으니, 이것을 의관(義管)[76]이라고 한다.

《대성악보(大晟樂譜)》에 생은 대나무를 모아 만든다고 하였는데, 17개의 죽관을 사용하되, 앞에 8개의 황, 뒤에 9개의 황이다. 높고 낮은 것은 차서가 있는 것이다. 죽관이 긴 것은 9치 5푼이고 밑바닥의 높이는 2치 5푼이니, 전체의 높이는 1자 5치이다.

76 **의관** 박통 안에 있는 죽관 이외에 별도로 있는 2개의 죽관을 말한다. 《문헌통고》에 의하면 '균을 변하고 조를 바꿀 때〔變均易調〕' 썼다고 한다. 즉 '일정하게 두지 않았다'는 말은 궁(宮)이 변할 때마다 바꾸어 끼웠다는 말이다. 다음 그림은 《악서》 권150 〈팔음(八音)〉에 실린 의관생(義管笙)의 모습이다.

관管 지금은 사용하지 않는다.

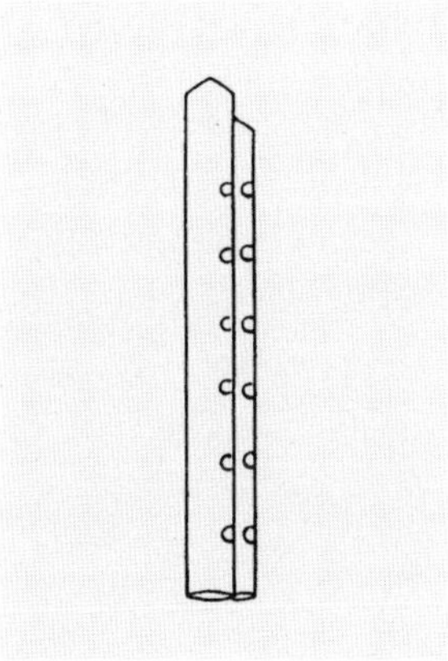

《주례도》

6개의 구멍은 12개월의 음(音)이니, 관 두 개를 나란히 합하여 분다.

《악서》

선왕이 관을 만든 것은 음양의 소리를 통달하기 위해서이다. 그러나 양은 홀수이면서 혼자이고 음은 짝수이면서 무리를 이루며, 양은 크면서 적고 음은 작으면서 많으며, 양은 드러나서 밝고 음은 그윽하여 어둡다. 고죽(孤竹)으로 만든 고죽관은 천신(天神)을 강신하게 하니, 양의 홀수이면서 혼자인 점을 취한 것이고, 손죽(孫竹)으로 만든 손죽관은 지기(地祇)를 나오게 하니, 음의 작으면서 많은 점을 취한 것이며, 음죽(陰竹)으로 만든 음죽관은 인귀(人鬼)에게 예를 올리는 것이니, 음의 그윽하여 어두운 점을 취한 것이다. 《역(易)》에 "향방은 부류로써 모이고, 사물은 무리로써 나뉜다."라고 한 것을 여기에서 볼 수 있다.

우竽 지금은 사용하지 않는다.

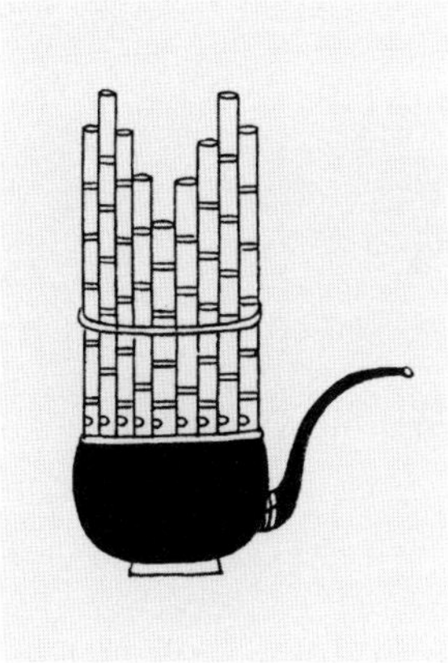

해설은 위에 보인다.

화和 지금은 사용하지 않는다.

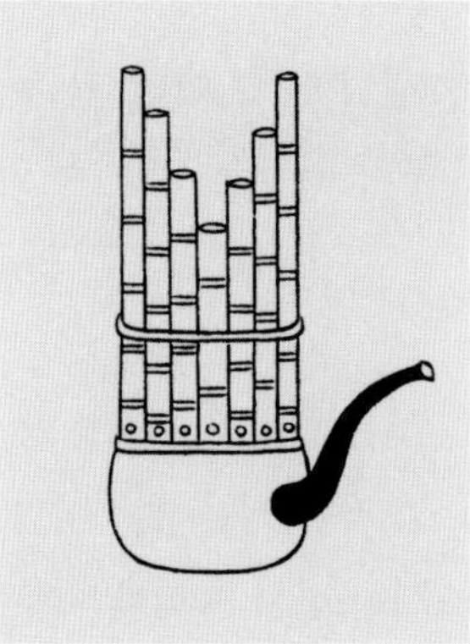

해설은 위에 보인다.

지篪 현재 사용한다.

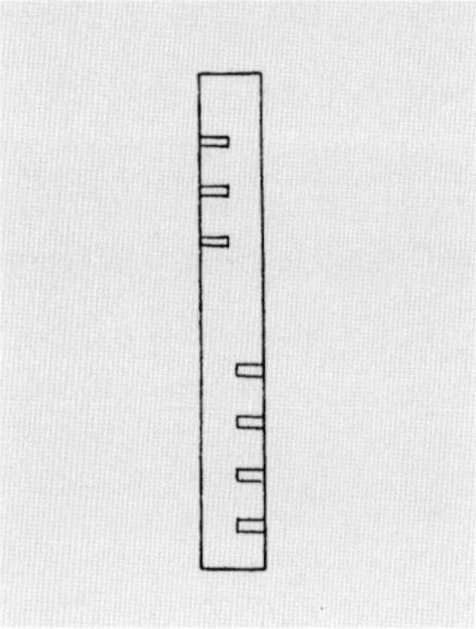

《주례도》

《대성악서(大晟樂書)》[77]에 "훈(塤)과 지는 모두 구멍이 6개인데, 다섯 구멍으로 소리를 낸다." 하였는데, 이 두 악기는 구멍을 모두 막으면 황종(黃鐘)이 되고, 구멍을 모두 열면 응종(應鐘)이 된다. 이것이 훈과 지가 서로 화응하는 까닭이다. 나머지 악기도 모두 그렇다.[78]

훈塤 현재 사용한다.

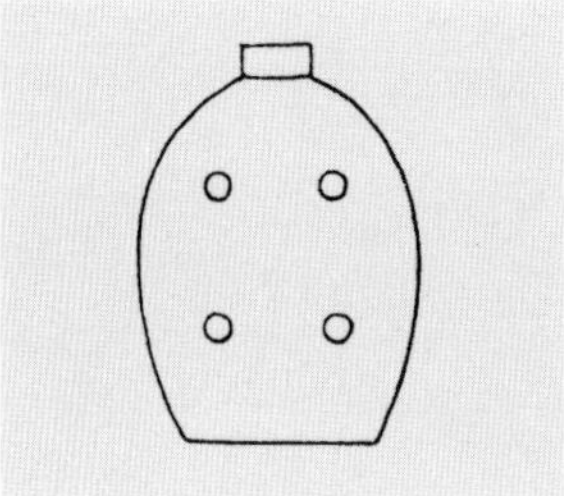

《주례도》

훈의 모양은 저울추와 같고, 흙으로 만든다.

《시경》에는 '훈(壎)'으로 되어 있다.

《악서》

훈이라는 악기는 입추(立秋)의 음[79]이다. 바닥이 평평하고 구멍이 6개이니 물의 수이고, 속은 비고 위는 뾰족하니 불의 형상이다. 훈은 물과 불이 서로 합한 뒤에 악기가 완성되니, 또한 물과 불이 서로 어울린 이후에 소

77 **《대성악서》** 저자는 유병(劉昺)이고, 20권으로 이루어져 있다. 《송사 권202 예문지》 대성은 송나라 휘종(徽宗) 숭녕(崇寧) 연간에 창립된 음악을 관장하는 관서 이름이다.

78 **나머지……그렇다** 대본은 '餘樂皆然' 인데, 《고악서(古樂書)》 하권 〈금음제도(金音制度)〉에 "나머지 악기는 그렇지 않다. 그러므로 오직 훈과 지만이 응화(應和)의 뜻이 있는 것이다."라고 한 것을 보면 대본의 '皆然' 은 '不然' 의 오류인 듯하다.

79 **입추의 음** 팔음(八音) 가운데 토음을 말한다. 금(金), 석(石), 사(絲), 죽(竹), 포(匏), 토(土), 혁(革), 목(木) 팔음을 추분, 입동, 하지, 춘분, 입춘, 입추, 동지, 입하 여덟 절후에 해당시킨 것인데, 토는 입추의 음으로 악기는 훈(壎)과 부(缶)가 이에 속한다. 금은 추분의 음으로 악기는 종(鐘)이고, 석은 입동의 음으로 악기는 경(磬)이며, 사는 하지의 음으로 악기는 금(琴)과 슬(瑟)이고, 죽은 춘분의 음으로 악기는 관(管)과 약(籥)이며, 포는 입춘의 음으로 악기는 생(笙)과 우(竽)이고, 혁은 동지의 음으로 악기는 도(鼗)와 북이며, 목은 입하의 음으로 악기는 축(柷)과 어(敔)이다. 《악학궤범 권1 팔음도설》

리를 이룬다. 그러므로 큰 것은 소리가 황종과 대려(大呂)에 맞고, 작은 것은 소리가 태주(太簇)와 협종(夾鐘)에 맞으니, 요컨대 중성(中聲)의 조화에 있을 따름이다.

주에는 "훈의 여섯 구멍은 위에 하나, 앞에 셋, 뒤에 둘이다." 하였다.

독纛 현재 사용한다.

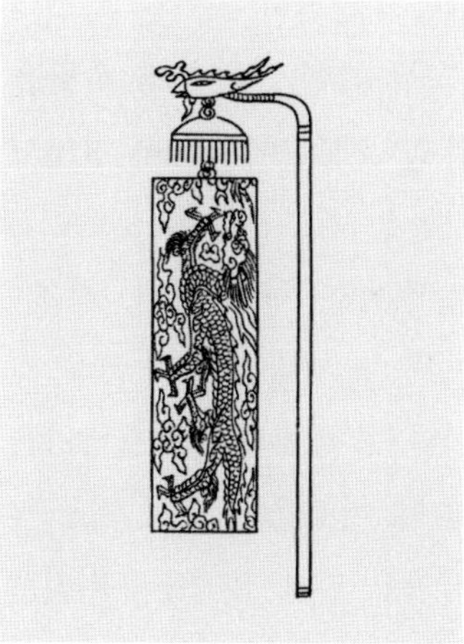

《악서》

〈군자양양(君子陽陽)〉[80]에 이르기를, "왼손에 깃일산을 잡고〔左執翿〕"라고 하였고, 〈완구(宛丘)〉[81] 시에 "백로 깃을 꽂고 있도다.〔値其鷺翿〕"라고 하였는데, 《이아》에 이르기를, "도(翿)는 독이다." 하였고, 곽박(郭璞)은 말하기를, "지금의 우보당(羽葆幢)이다." 하였으니, 대개 춤추는 자가 세워 두어 의용(儀容)으로 삼는 것이지 손에 들고 추는 물건이 아니다.

성조(聖朝 송나라)의 태악(太樂)에서 쓰는 것은, 높이가 7자이고, 깃대 머리에 나무 봉황을 앉혔으며, 드리운 깃대 장식은 한 겹이고 승천하는 용을 그린 훈백(纁帛)을 매달았다. 두 명의 공인이 이것을 들고 좌우로 나뉘어 서서 문무(文舞)를 인도하니, 또한 옛날부터 전해 오는 제도를 얻은 것이다.

80 **군자양양** 《시경》〈국풍(國風) 왕풍(王風)〉의 편명이다.

81 **완구(宛丘)** 《시경》〈국풍 진풍(陳風)〉의 편명이다.

휘 麾 현재 사용한다.

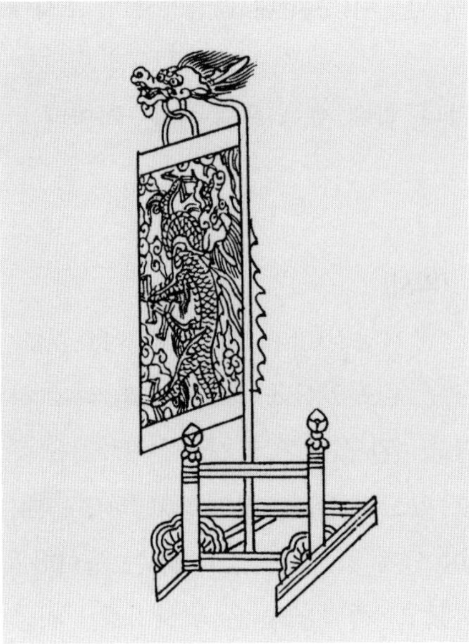

《악서》

주관(周官)의 건거(巾車)[82]는 목로(木路)[83]를 관장하는데, 목로에 대휘(大麾)를 세워 사냥을 하고 번국(藩國)을 봉하는 데에 사용한다.

《서경》에, "왼손에 황월을 쥐고, 오른손에 백모를 잡고서 깃발을 휘두른다.〔左仗黃鉞 右秉白旄以麾〕" 하였으니, 휘(麾)는 주(周)나라 사람이 세운 것이다. 후세에서는 협률랑(協律郎)이 이것을 잡고서 악공(樂工)을 호령하였다. 대개 그 제도는 높이가 7자이고, 깃대 장식은 용머리로 하였으며, 훈백을 매달고 그 위에 승천하는 용을 그렸다. 음악이 시작될 때 이것을 들고 음악이 그치면 이것을 누인다. 당 위에서는 서계(西階)에 세우고, 당 아래에서는 악현(樂懸)의 앞쪽에서 조금 서쪽에 세운다. 《당악록(唐樂錄)》에서 '훈간(暈干)'이라고 한 것이 이것이다.

《대성악보》

기폭〔幡〕은 위에 매단 검붉은 색이 5치이고, 가운데의 비견(緋絹)이 3자 6치이며, 아래의 황색이 5치이다. 받침이 있다.

82 **건거** 《주례》〈춘관〉에 속한 관직으로, 공거(公車)의 정령(政令)을 관장한다. 《주례 춘관 건거》

83 **목로** 제왕이 타는 다섯 종류의 수레 가운데 하나로 칠만 하고 가죽으로 덮지 않으며, 금이나 옥, 상아 따위의 수식이 없는 것이다. 목로(木輅)라고도 한다. 《주례 춘관 건거》

우羽와 약籥 현재 사용한다.

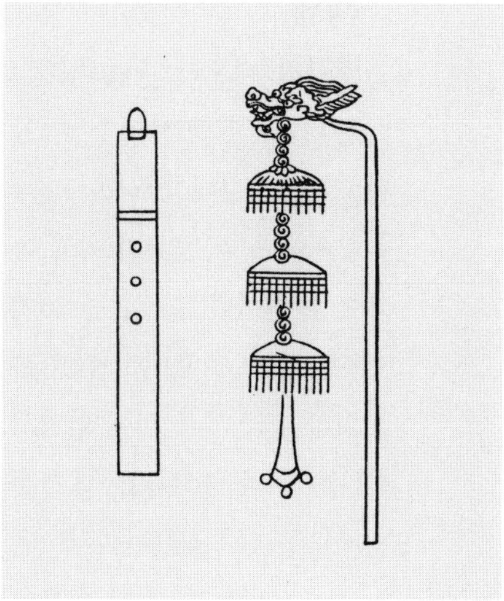

《문헌통고》

약사(籥師)[84]는 제사 때에 고동시켜 우와 약을 들고 추는 춤을 추게 한다.

《시경》

왼손에 약을 잡고 오른손에 적[85]을 들었네.〔左手執籥 右手秉翟〕

대개 약은 소리를 위한 것이고, 적은 의용(儀容)을 위한 것이다.

84 **'약사'** 《주례》〈춘관〉에 속한 관직으로, 문무(文舞)를 관장하여 국자(國子)에게 꿩 깃을 들고 추는 춤과 피리 부는 것을 가르친다. 《주례 춘관 약사》

85 **적(翟)** 치우(雉羽), 즉 꿩의 깃이다.

조촉照燭 현재 사용한다.

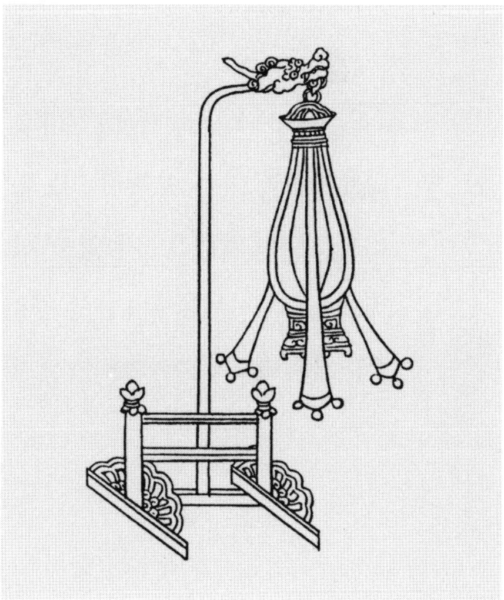

《시경》

조촉의 제도는 장대로 그 끝에 강라(絳羅)로 만든 등롱을 달고, 그 가운데에 촛불을 켠다. 밤에 어둡고 휘가 멀어 분변하기 어려우므로 이것을 들어서 음악을 시작하고 뉘어서 음악을 그친다.

방향方響 현재 사용한다.

《악서》

방향의 제도는 대개 양(梁) 나라의 동경(銅磬)에서 나왔다. 모양은 길이가 9치이고 폭이 2치이며, 위는 원형이고 아래는 방형이다. 그 수는 16개로 두 줄로 엮으며, 업(業)은 설치하지 않고 틀 위에 의지하여 종(鐘)과 경(磬)을 대신한다. 모두 16성(聲)이니, 12율에 배열하고 나머지 4성은 청성(淸聲)뿐이다. 후세에서는 혹 철로 만들기도 하였다. 교방(敎坊)의 연악(燕樂)에 사용하고, 지금 민간에서 사용되는 것은 겨우 3, 4치일 뿐이다.

교방고敎坊鼓 지금은 사용하지 않는다.

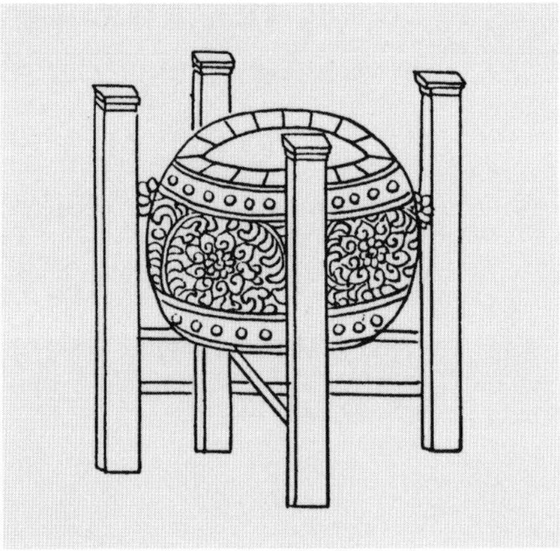

《문헌통고》

제도는 큰북과 같다. 반룡(蟠龍)의 무늬가 북통에 빙 둘러 있으며, 횃대[架]가 있고 받침이 있다. ―지금 교방에서 사용하는 북의 제도가 이와 같다.

장고杖鼓 현재 사용한다.

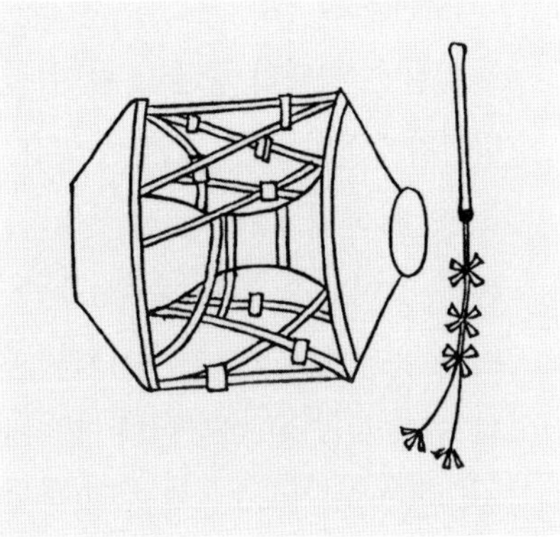

《문헌통고》

갈고(羯鼓), 장고, 요고(腰鼓)는 한(漢)나라와 위(魏)나라에서 사용하였다. 큰 것은 질〔瓦〕로 만들고, 작은 것은 나무로 만든다. 이런 부류는 모두 머리 부분이 넓고 배 부분이 가느니, 송나라 사람 소사(蕭史)가 말한 세요고(細腰鼓)가 이것이다.[86] 오른쪽은 채로 치고 왼쪽은 손으로 두드린다. 후세에서는 그것을 장고라고 하였다. 그 소리는 조화롭고 웅장하여 절도가 있다.

박拍 현재 사용한다.

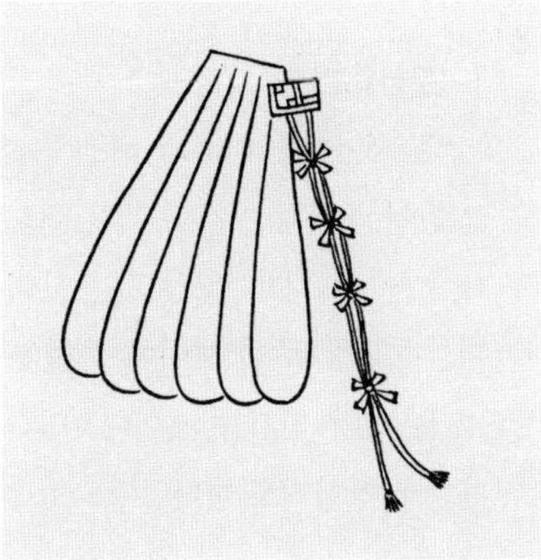

《문헌통고》

박판(拍板)의 길이와 너비는 손을 겹친 것과 같다. 큰 것은 판이 9개이고 작은 것은 판이 6개인데, 가죽 끈으로 엮는다. 호부(胡部)[87]에서 음악의 박자로 삼았으니, 대개 손뼉〔抃〕을 대신한 것이다. 당(唐)나라 사람들은 간혹 이것을 써서 악곡의 일정한 박자를 만들었다. 송나라 왕조의 교방에서 사용한 것은 판이 6개이고 길이는 1치이며, 위는 뾰족하고 얇으며 아래는 둥글고 두껍다. 박달나무〔檀〕나 뽕나무〔桑〕로 만들었으니, 축(柷)과 어(敔)의 변형인 듯하다.

86 **송나라……이것이다** 소사는 소사화(蕭思話)를 말한다. 《송서(宋書)》 권78 〈소사화열전(蕭思話列傳)〉에 "사화는 나이 10여 세 때 책은 알지 못하고 노름과 노니는 것을 일삼아 옥진을 타고 세요고 치는 것을 좋아하였다.〔思話年十許歲 未知書 以博誕遊遨爲事 好騎屋棟 打細腰鼓.〕" 하였다.

87 **호부** 당나라 때 호악(胡樂)을 관장하던 기구인데, 호악을 지칭하기도 한다. 호악은 서량(西涼) 일대에서 유입된 것으로 당시에 호부신성(胡部新聲)이라고 일컬어졌다.

월금月琴 지금은 사용하지 않는다.

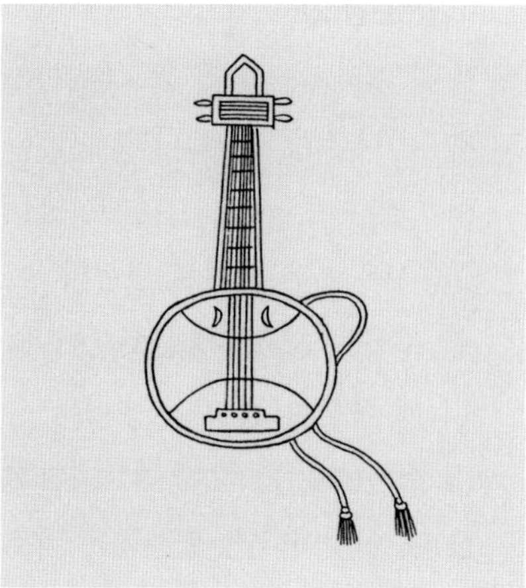

《문헌통고》

월금은 형태가 둥글고 목이 길다. 위에 4현(絃)과 13품주(品柱)를 안배하였으니, 금휘(琴徽)를 본뜬 것이다.[88] 현의 축(軸)을 돌려서 율을 맞춘다. 진(晉)나라 사람 완함(阮咸)이 만들었다. 당 태종(唐太宗)이 다시 1현을 더하여 그 현에 금, 목, 수, 화, 토라고 이름 붙였고, 개원(開元) 연간부터 아악(雅樂)에 편입하여 사용하였으니, 아마 순 임금의 유제(遺制)[89]를 얻은 것인 듯하다.

해금奚琴 현재 사용한다.

《문헌통고》

해금은 호중(胡中)의 해부족(奚部族)이 좋아하는 음악으로, 현도(絃鼗)에서 나와 모양도 유사하다. 제도는 두 현 사이에 죽편(竹片)을 넣어 퉁기는 것이다. 민간에서 사용하기도 한다.

88 **금휘를 본뜬 것이다** 금휘는 거문고의 현을 매는 줄로 음의 위치를 표시하며, 13개의 휘가 있다. 대본은 '豪琴之徽'인데, 《황조예기도식(皇朝禮器圖式)》에서 《문헌통고》의 이 내용을 인용하면서 '豪' 자를 '象' 자로 썼으므로, 이에 의거하여 번역하였다.

89 **순 임금의 유제** 순 임금이 켰다는 오현금(五絃琴)을 말한다.

현금玄琴 현재 사용한다.

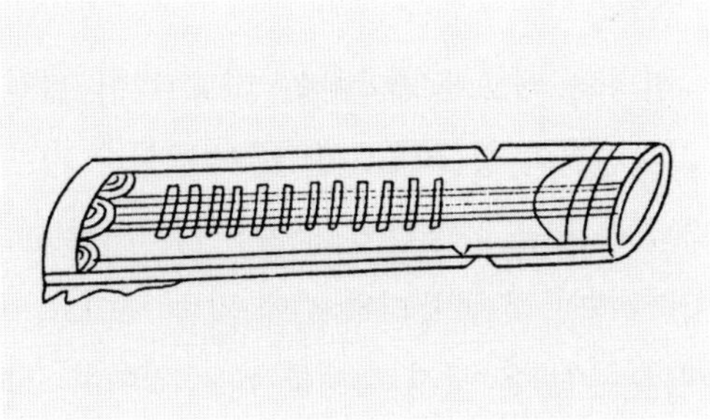

《삼국사기(三國史記)》

현금은 중국 악부(樂部)의 금(琴)을 본떠 만들었다.

《신라고기(新羅古記)》

처음에 진(晉)나라에서 칠현금(七絃琴)을 고구려에 보내왔다. 당시에 제2상(第二相)인 왕산악(王山岳)이 그 법제를 고쳐 제작하고, 겸하여 악곡을 지어 연주하였는데, 이에 현학(玄鶴)이 날아와 춤을 추었다. 그리하여 마침내 이름을 현학금(玄鶴琴)이라고 하였는데, 후에는 다만 현금이라고 하였다.

가야금伽倻琴 현재 사용한다.

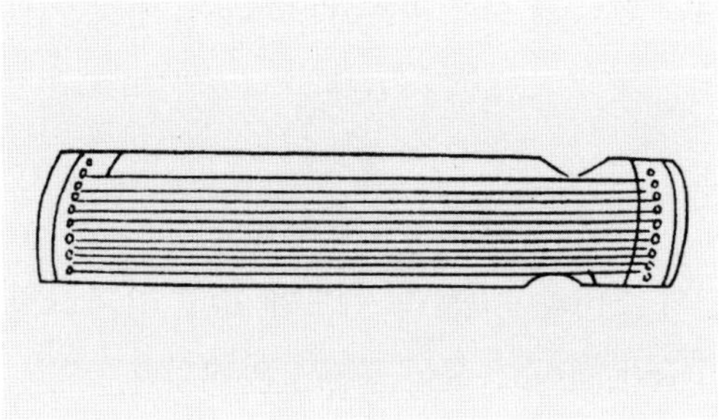

《삼국사기》

가야금은 쟁(箏)의 제도와 조금 다르지만 대개는 비슷하다.

《신라고기》

가야국(伽倻國)의 가실왕(嘉實王)이 당나라의 악기를 보고 제작하였다.

당비파唐琵琶 현재 사용한다.

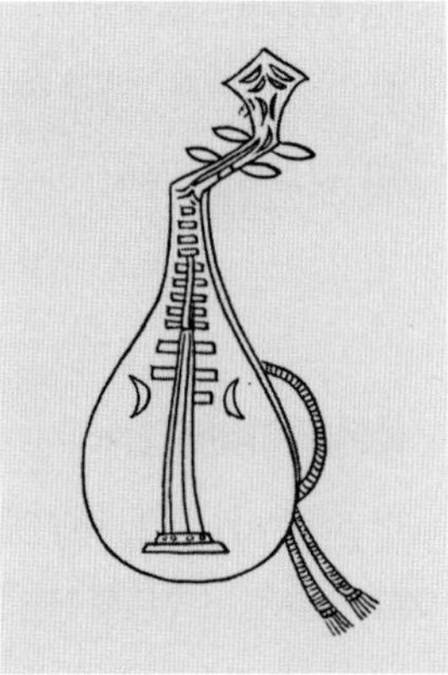

《악서》

비파의 제도가 가운데는 비고 겉이 실한 것은 천지의 형상이고, 반(盤)이 둥글고 자루가 곧은 것은 음양의 순서이다. 기러기발〔柱〕이 12개인 것은 율려(律呂)에 맞춘 것이고, 4개의 현(絃)은 사시(四時)를 본뜬 것이며, 길이가 3자 5치인 것은 삼재(三才)와 오행(五行)을 본뜬 것이다. 진(秦)나라 말에 백성들이 장성(長城)을 쌓는 부역에 시달리다 못해 이 악기를 만들어 근심을 풀었다.

《석명(釋名)》

비파는 본래 호중에서 말 위에서 타던 악기이다. 손을 밀어 전진하는 것을 비(琵)라고 하고 손을 당겨 물리는 것을 파(琶)라고 하니, 이것을 인하여 악기의 이름으로 삼았다.

《문헌통고》

당악(唐樂)에 대비파(大琵琶)와 소비파(小琵琶)의 제도가 있다. 지금 교방에서 사용하는 것은 바로 목이 굽은 것이고, 목이 곧은 것은 아니다.

향비파鄕琵琶 현재 사용한다.

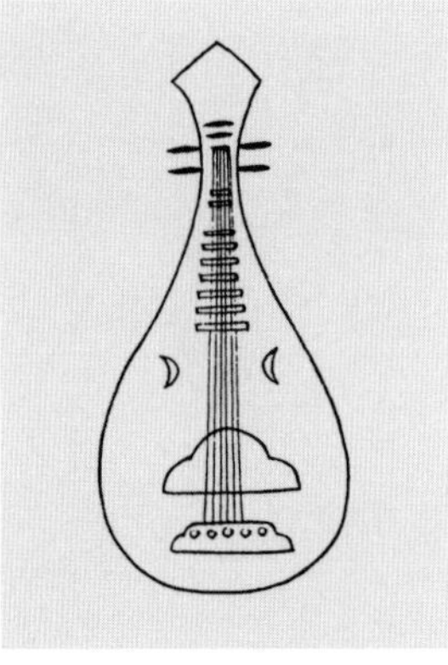

《삼국사기》

향비파는 당나라의 제도와 대동소이하니, 역시 신라에서 시작되었다. 다만 어떤 사람이 제작했는지는 알지 못한다.

대쟁大箏 **지금은 사용하지 않는다.**

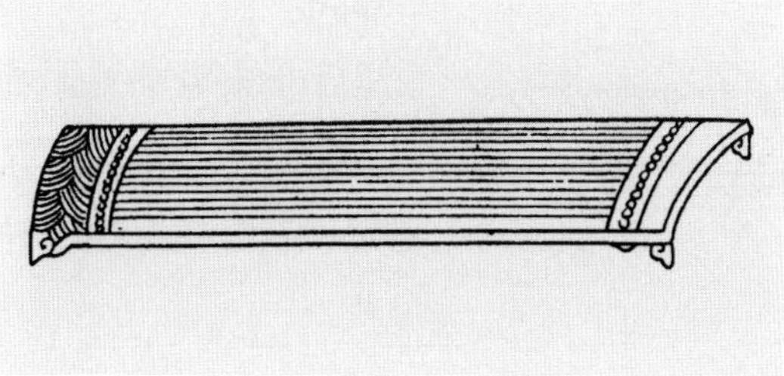

《문헌통고》

쟁은 진(秦)나라 지역의 음악이다. 부현(傅玄)[90]의 〈쟁부서(箏賦序)〉에 "위가 높은 것은 하늘과 같고 아래가 평평한 것은 땅과 같다. 가운데가 빈 것은 육합(六合)에 준하였고, 현주(絃柱)는 열두 달에 비겼다. 설치하면 사상(四象)이 있고, 연주하면 오음(五音)이 발하니, 이야말로 인(仁)과 지(智)의 악기이다." 하였다.

《석명》

"쟁은 현을 타면 높아서 소리가 쟁쟁(箏箏)하다." 하였으니, 병주(幷州)와 양주(梁州)의 쟁은 모양이 슬(瑟)과 같다.

《풍속통(風俗通)》

쟁은 본래 5현이었으나 지금은 13현이다. 누가 만들었는지 알지 못한다.

《수서(隋書)》〈음악지(音樂志)〉

쟁은 13현이고, 몽염(蒙恬)이 만들었다.

90 **부현** 진 무제(晉武帝) 때 사람으로 자는 휴혁(休奕)이다. 박학다식하고 특히 음률에 밝았다. 저서에 《악부가장(樂府歌章)》이 있다.《진서 권47 부현열전》

아쟁牙箏 현재 사용한다.

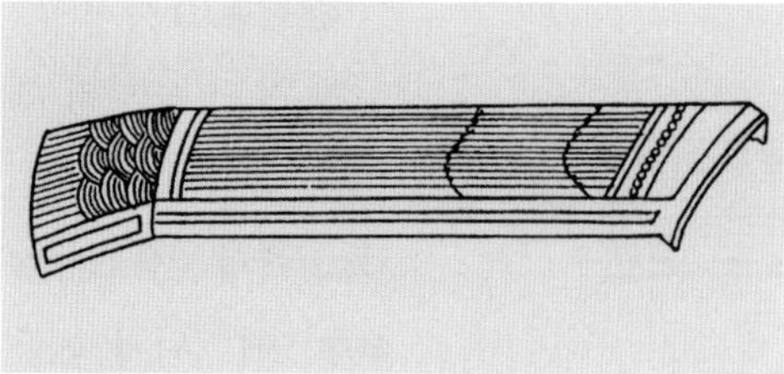

《악서》

당나라에 알쟁(軋箏)이 있으니, 편죽(片竹)으로 그 현을 매끄럽게 하여 퉁긴다.[91]

91 **편죽으로……퉁긴다** 《악서》 권146 〈알쟁〉과 《구당서(舊唐書)》 권29 〈음악지(音樂志)〉에는 '그 현을 매끄럽게 하여〔潤其絃〕'가 '그 끝을 매끄럽게 하여〔潤其端〕'로 되어 있는데, 《구당서》의 주에 "장종태본(張宗泰本)에 '潤'이 '攔'으로 되어 있는데, 문의(文義)에 따라 개정하였다."라고 되어 있다. 이로 보아 여기의 '絃'은 '端'의 오류인 듯하다. 그러나 만일 '絃'이 맞다면 '潤'은 '攔'의 오류로 '그 현을 문질러서〔攔其絃〕'로 해야 문의에 맞을 듯하다.

당적唐笛 현재 사용한다.

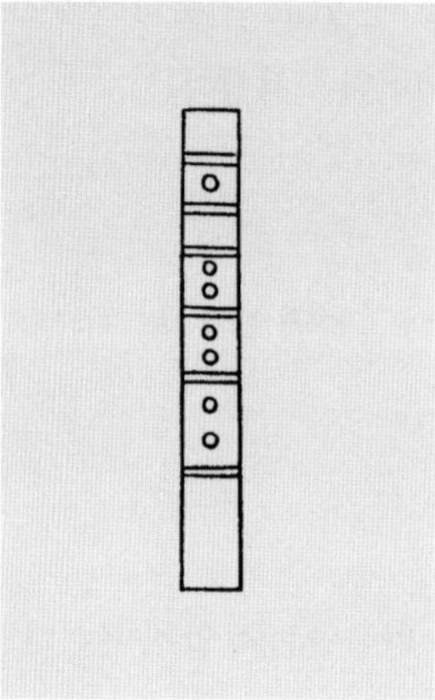

《문헌통고》

《풍속통》에 이르기를, "적(笛)은 씻어낸다〔滌〕는 의미이니, 사악하고 더러운 기운을 씻어내고 고상하고 바른 기운을 들이는 것이다. 길이는 1자 4치이고, 7개의 구멍이 있다." 하였다.

《악서》

적이 씻어낸다는 것은 사악한 기운을 씻어 없애고 바른 소리를 내어 드날린다는 것이다.

대금大笒 중금(中笒), 소금(小笒)의 제도도 같다. 현재 사용한다.

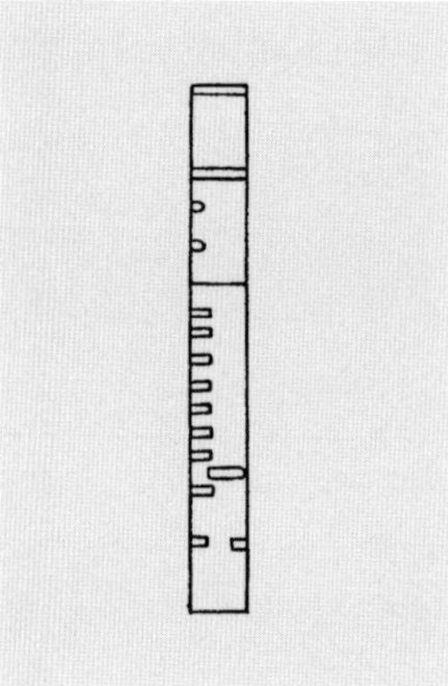

《삼국사기》

삼죽(三竹)이란 첫째는 대금, 둘째는 중금, 셋째는 소금이니, 역시 당적을 모방하여 만든 것이다. 이 역시 신라에서 시작되었는데, 어떤 사람이 만들었는지는 알지 못한다.

퉁소洞簫 현재 사용한다.

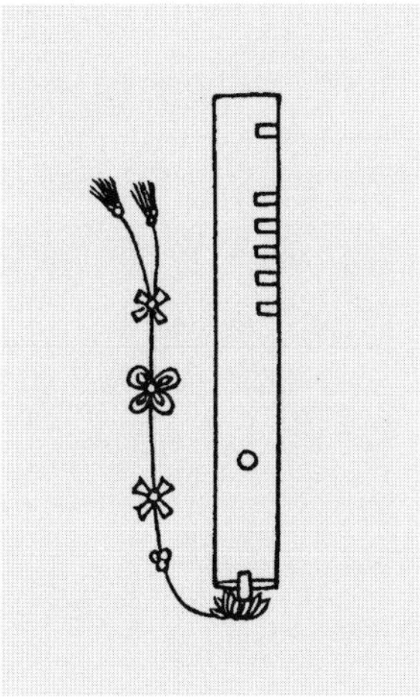

《석명》

퉁소는 밑이 없는 소(簫)이다.

왕자연(王子淵)[92]의 〈퉁소부(洞簫賦)〉

통(洞)은 통(通)이니, 밑이 없음을 말한다. 위와 아래가 서로 통하므로 퉁소라 한다.

《고려사(高麗史)》〈악지(樂志)〉

퉁소의 구멍은 8개이다.

필률觱篥 현재 사용한다.

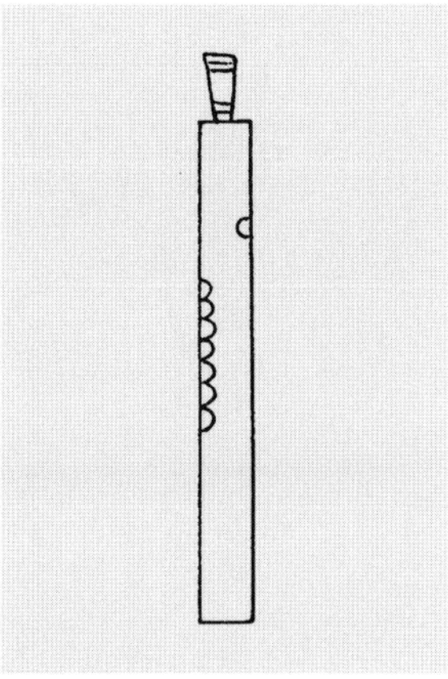

《악서》

필률은 일명 비율(悲篥)이라고도 하고, 일명 가관(笳管)이라고도 하니, 강호(羌胡) 구자(龜茲)[93] 지역의 음악이다. 대나무로 관(管)을 만들고, 갈대로 머리〔首〕를 만든다. 모양은 호가(胡笳)와 유사하고, 9개의 구멍이 있다. –당필률(唐觱篥)은 9개의 구멍이 있고, 향필률(鄕觱篥)은 8개의 구멍이 있다.

92 **왕자연** 자연은 한(漢)나라 때의 문인 왕포(王褒)의 자이다.

93 **구자** 《국역 오주연문장전산고》〈경사편1 소학 자서〉에 "음은 구자(丘玆)인데 나라 이름이다." 하였다. 한나라 효선제(孝宣帝) 때 정길(鄭吉)이 오루성(烏壘城)의 도호(都護)가 된 이후에 한나라에 예속되었다. 왕도(王都)는 연성(延城)이다.

태평소太平簫 현재 사용한다.

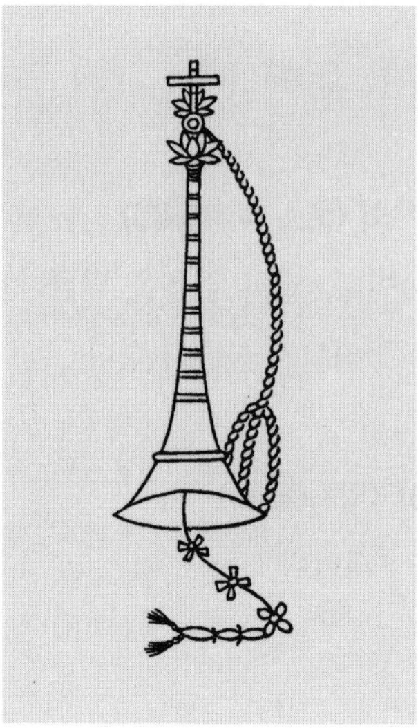

정대업무定大業舞의 의물儀物에 대한 도설

검劍 현재 사용한다.

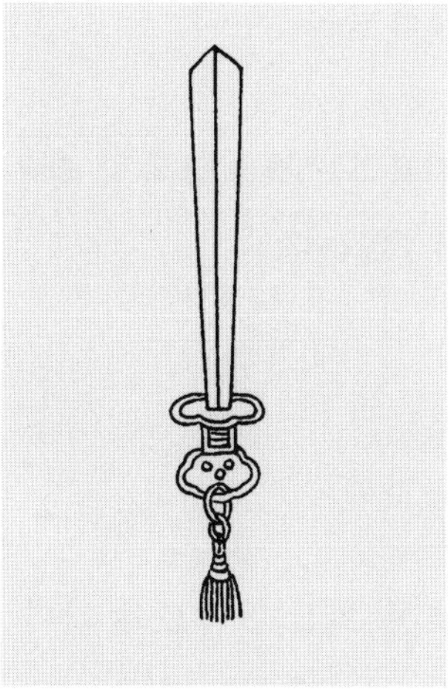

검은 나무로 만든다. 칼날에 은(銀)을 붙이고, 칼자루는 어피(魚皮)로 싼다. 날밑〔陽亇〕[94]과 칼자루 끝의 운두(雲頭)에 금을 붙이고, 끈〔纓子〕은 홍색의 띠〔絛兒〕와 녹색의 술〔垂兒〕을 사용한다.

제향 때 사용하는 것은 금은과 아울러 채색한 것을 사용하지 않는다.

94 **날밑** 칼날과 칼자루 사이를 막는 것으로 칼자루를 쥐는 한계를 삼아 손을 보호한다.

창槍 현재 사용한다.

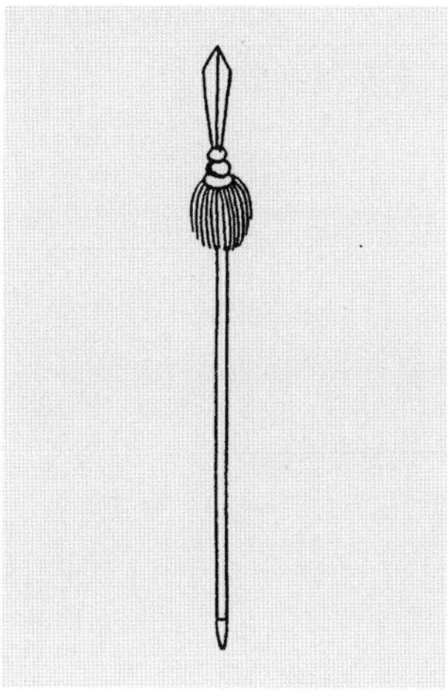

창은 나무로 만든다. 붉은 자루의 하단은 녹각(鹿角)으로 장식한다. 창날에 은을 붙이고, 창날 아래에 작은 둑(纛) 같은 홍색 상모(象毛)[95]를 드리운다.

제향 때 사용하는 것은 은을 붙이지 않고 분칠(粉漆)한 것을 사용하며, 자루 끝은 철로 장식한다.

95 **상모** 삭모(槊毛)에서 변형된 말로, 깃대나 마래기 같은 모자 끝에 이삭처럼 만들어 꽂는 것을 말한다. 《성호사설》 권5 〈만물문(萬物門)〉의 삭모〔毦〕에 대한 설명에서 "이(毦)라는 것은 말안장의 장식이다. 지금 깃털에 여러 가지 빛깔로 물을 들여서 전립(戰笠) 위에 달기도 하고 말의 재갈을 꾸미기도 하는 것이 바로 이것인데, 속칭 상모(象毛)라고 한다." 하였다.

활弓 현재 사용한다.

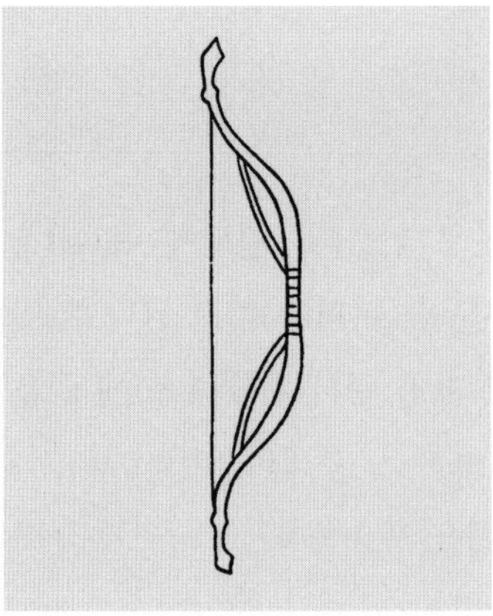

활은 보통 활의 제도와 같다. 다만 뿔〔角〕을 쓰지 않고 화피(樺皮)를 입힌 죽삭(竹槊)을 쓴다. 활고자〔高佐〕는 붉은 칠을 하고 금색 줄을 감는다.

제향 때 사용하는 것은 금색 줄 감은 것을 사용하지 않는다.

화살矢 현재 사용한다.

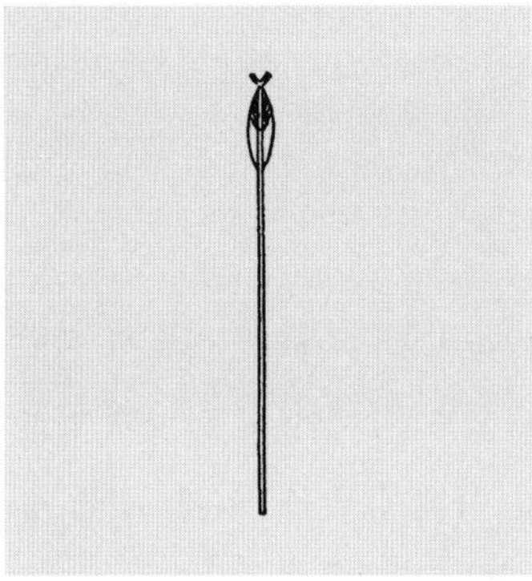

화살은 보통 화살의 제도와 같다. '꿩 깃〔雉羽〕' 사이에 붉은 칠을 한다. 화살촉은 나무로 만들고 은을 붙인다.

제향 때 사용하는 것은 은을 붙이지 않고 분칠한 것을 사용한다.

소고小鼓 지금은 사용하지 않는다.

해설은 위에 보인다.

대금大金 현재 사용한다.

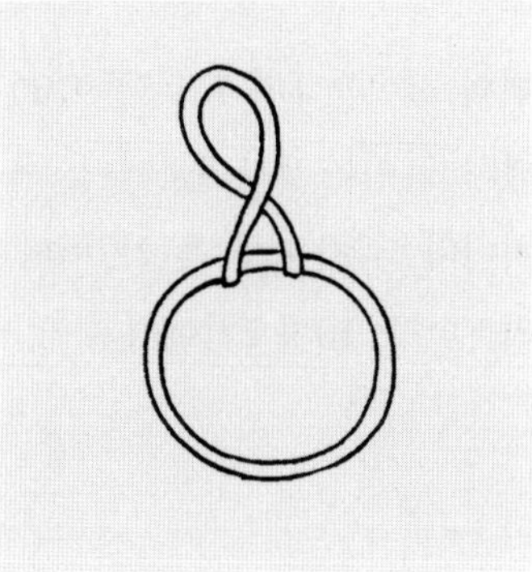

대금은 놋쇠〔鍮鐵〕로 만든다. 끈은 홍사(紅絲)를 사용하고, 퇴(槌)는 녹비(鹿皮)를 말아서 만든다.

소금(小金)은 별도로 채색을 한 용머리와 붉은 칠을 한 자루를 사용한다. 퇴는 나무로 만든다.

제향 때 사용하는 것도 같다.

소금小金 현재 사용한다.

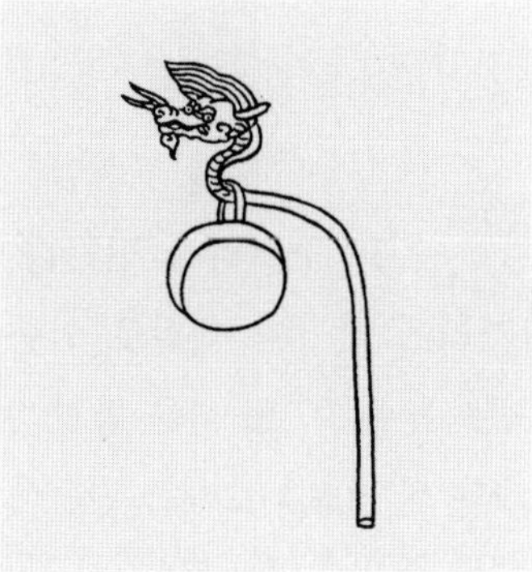

해설은 위에 보인다.

백기白旗 청기(靑旗), 황기(黃旗), 적기(赤旗), 흑기(黑旗)의 제도도 같다. 지금은 사용하지 않는다.

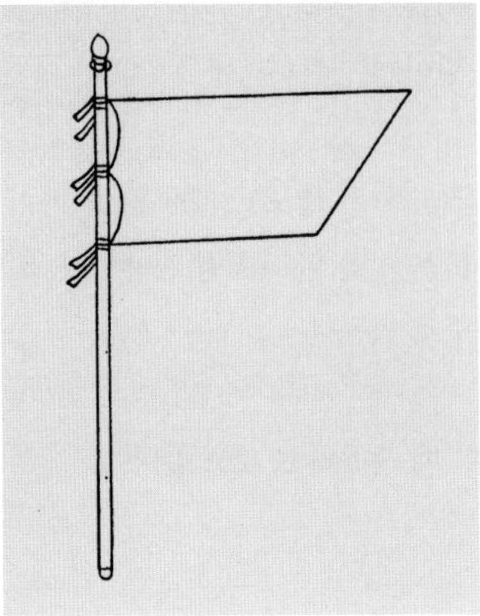

윗변의 길이는 1자 7치 5푼이고, 아랫변의 길이는 9치 5푼이며, 폭은 9치이다. 금갑(襟甲)은 2치이다. 깃대의 길이는 10자 2치이다.

대각大角 지금은 사용하지 않는다.

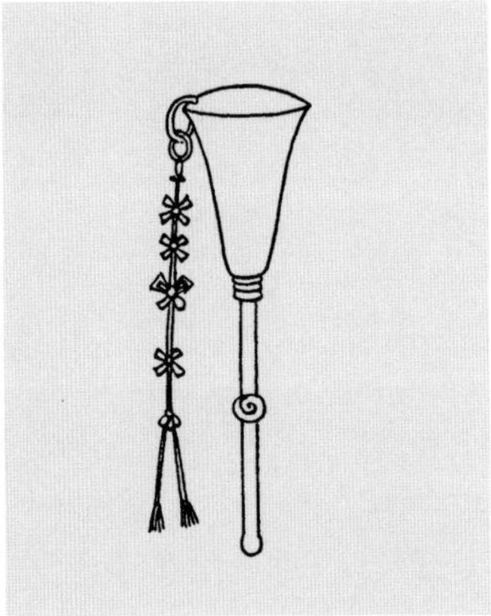

대각은 은을 두드려서 만든다. 큰 아가리에 각각의 색실로 만든 매듭〔結子〕을 달고, 또 작은 방경(方鏡) 1개와 원경(圓鏡) 2개를 만들어 모두 매듭 중간에 넣어 둔다.

제향 때 사용하는 것은 나무로 만들고 붉은 칠을 한다.

홍색 대둑大纛 지금은 사용하지 않는다.

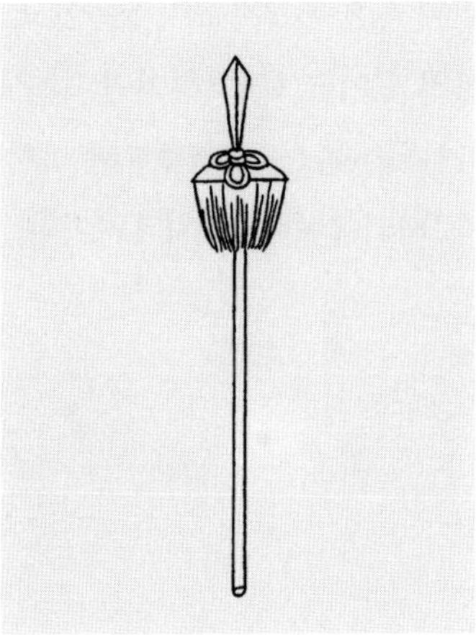

둑은 홍색 상모(象毛)를 사용한다. 나무 자루는 붉은 칠을 하고, 하단은 철로 장식한다. 상모 위에는 금을 입힌 구리 규화(葵花) 뚜껑〔蓋兒〕을 씌우고, 날에는 은을 붙인다. 흑색 둑은 흑색 상모를 사용한다.

제향 때 사용하는 것은 금을 입히지 않고 은을 붙이지 않으며, 분칠한 것을 사용한다.

나각螺 지금은 사용하지 않는다.

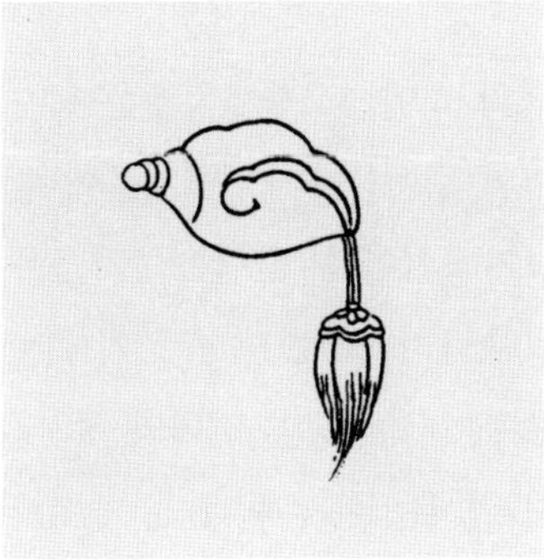

나각은 진짜 소라를 사용한다. 아래로 술〔垂兒〕 달린 홍색 상모를 매단다.

제향 때 사용하는 것도 같다.

큰북大鼓 지금은 사용하지 않는다.

북은 소가죽〔牛皮〕을 사용한다. 나무로 통을 만들고 칠포(漆布)로 싼 다음에 붉은 칠로 모란을 그린다. 대갈못〔頭釘〕과 '둥근 고리〔圓環〕'는 모두 도금한다. 붉은 명주실〔眞絲〕로 된 끈을 단다.

제향 때 사용하는 것은 도금한 것을 사용하지 않는다.

황룡대기黃龍大旗 지금은 사용하지 않는다.

윗변의 길이는 2자 7치 5푼이고, 아랫변의 길이는 1자 8치이며, 폭은 1자 3치 5푼이다. 금갑(襟甲)은 2치이다. 깃대의 길이는 10자 5치이다.

청룡대기靑龍大旗 지금은 사용하지 않는다.

윗변의 길이는 2자 3치 5푼이고, 아랫변의 길이는 1자 5치 4푼이며, 폭은 1자 2치이다. 금갑은 1치 5푼이다. 주작기(朱雀旗), 백호기(白虎旗), 현무기(玄武旗)의 길이와 폭 및 깃대의 길이는 이것과 같다. 깃대의 길이는 10자 3치이다.

주작기朱雀旗 지금은 사용하지 않는다.

해설은 청룡대기 해설 부문에 보인다.

백호기白虎旗 지금은 사용하지 않는다.

해설은 청룡대기 해설 부문에 보인다.

현무기玄武旗 지금은 사용하지 않는다.

기의 깃대는 나무로 만든다. 상단에 둥근 머리를 얹고 칠포로 싼 다음 붉은 칠을 한다. 하단은 철로 장식한다. 황룡대기 및 청룡기, 백호기, 주작기, 현무기는 모두 해당하는 방위의 색을 따라 황색, 청색, 적색, 백색, 흑색의 생초(生綃)를 사용하여 만든다. 화염(火焰)과 금(襟)과 끈도 같다. 황룡, 청룡, 백호, 주작, 귀사(龜蛇)를 그린다. 금(襟)은 두 겹의 생초를 꿰매어 만든다. 오색의 소기(小旗)도 오색의 생초로 만든다.

제향 때 사용하는 것은 깃대를 대나무로 쓰고 주토(朱土)로 칠을 한다.

제복祭服 도설

전하(殿下)의 면복(冕服)

구장복(九章服)이다. 영락(永樂) 원년[96]에 삼가 하사받은 제도이다.

규圭

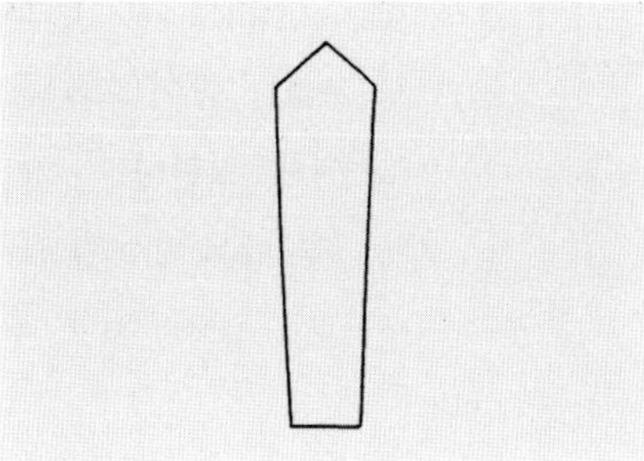

규는 청옥(青玉)으로 만든다. 길이는 9치이다.

면冕

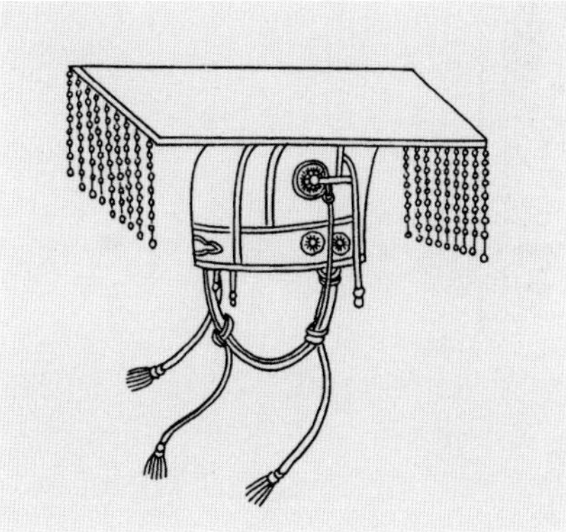

면의 판(版)은 폭이 8치, 길이가 1자 6치이다. 앞은 둥글고 뒤는 모나며, 검붉은 색으로 덮고 분홍색으로 속을 댔다. 증(繒)으로 만든다. 앞은 높이가 8치 5푼이고, 뒤는 높이가 9치 5푼이다. 금으로 수식한다. 유(旒)는 9줄이고, 유마다 9개의 옥을 꿰며, 채색은 다섯 가지로 먼저 붉은색, 다음은 백색, 다음은 푸른색, 다음은 황색, 다음은 흑색 순으로 한다. 유의 길이는 9치이다. 앞뒤로 18줄의 유에 금잠(金簪)이다. 면의 옆에 검은 비단 실〔紞〕을 붙이고 옥진(玉瑱)을 늘어뜨려 충이(充耳)로 쓴다. 자주색 끈 두 가닥을 양쪽 옆에 붙여서 턱 아래에서 매고 나머지는 늘어뜨린다. 또 붉은색 끈 한 가닥을 왼쪽 비녀에 매어 턱 아래로 돌려서 오른쪽에서 위로 올려 비녀에 붙인 다음 구부려서 매고, 나머지는 늘어뜨려 장식으로 삼는다.

96 **영락 원년** 영락은 명나라 성조(成祖)의 연호로, 원년은 1403년(태종3)이다. 1402년(태종2) 2월에 친왕(親王)의 구장복(九章服)을 내린다는 명나라 성조의 칙서가 왔고, 1403년 10월에 명나라 사신이 면복(冕服), 태상왕(太上王)의 표리(表裏), 중궁(中宮)의 관복(冠服), 원자(元子)의 서책(書冊)을 가지고 왔다는 기록이 《태종실록》에 보인다.

상의衣의 앞면

상의는 증으로 만든다. 검붉은 색〔玄〕이다. –청흑색이면서 약간 적색이 도는 것을 현(玄)이라고 한다.– 오장(五章)인 용(龍), 산(山), 화(火), 화충(華蟲), 종이(宗彝)를 그 위에 그린다. –그리는 것은 양(陽)에 해당하는 일이므로 상의에 하고, 수를 놓는 것은 음(陰)에 해당하는 일이므로 하의〔裳〕에 한다.

상의의 뒷면

해설은 위에 보인다.

하의裳

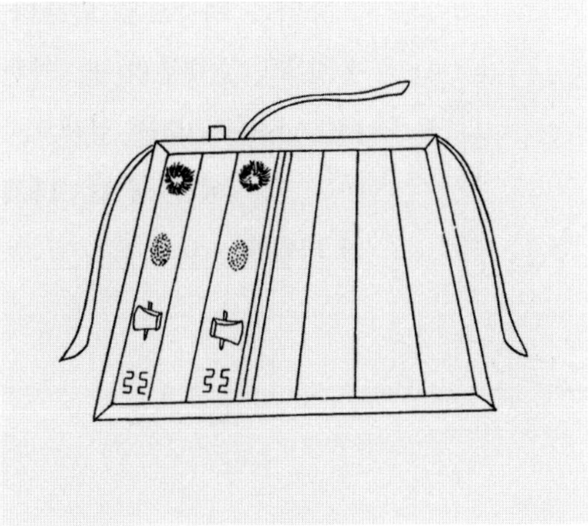

하의는 증으로 만든다. 분홍색〔纁〕이다. –세 번 진홍색〔絳色〕을 들여서 분홍색이 된다.– 7폭으로 만드는데, 앞뒤가 달라 앞은 3폭이고 뒤는 4폭이다. 폭마다 양옆을 각각 1치씩 꿰매니, 이것을 삭폭(削幅)이라고 한다. 허리 사이에는 벽적(辟積)을 무수히 넣는다. –벽적은 주름〔襵〕을 말한다.– 하의의 옆에 댄 가선〔純〕을 벽(辟)이라고 하고, 하의의 아래에 댄 가선을 석(緆)이라고 한다. 벽과 석의 폭은 각각 1치 반이니, 겉과 속을 합하여 3치가 된다. 사장(四章)인 조(藻), 분미(粉米), 보(黼), 불(黻)을 그 위에 수놓는다.

대대大帶

대대는 비(緋)와 백증(白繒)을 합하여 꿰맨다.

중단中單의 앞면

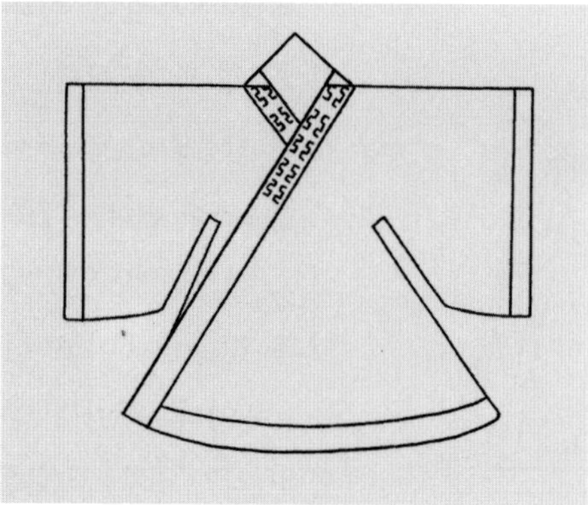

중단은 백증으로 만든다. 옷깃〔領〕, 소맷부리〔褾〕, 가선〔襈〕, 옷자락〔裾〕을 청색으로 하고, 옷깃에는 불(黻) 11개를 그린다.

중단의 뒷면

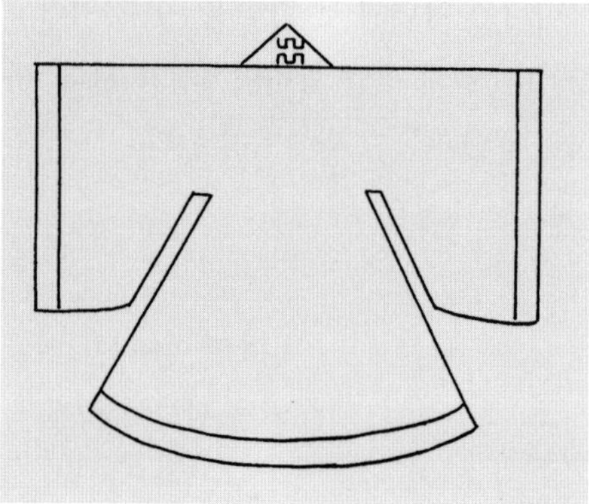

해설은 위에 보인다.

패佩

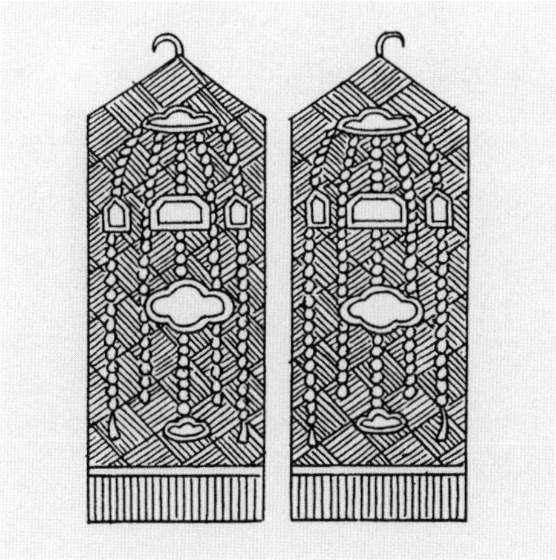

패는 2개이다. 위에 쇠갈고리〔金鉤〕로 형(衡)을 설치하고, 다음에 중형(重衡)을, 중간에 거(琚)와 우(瑀)를 설치한다. 아래에 한 쌍의 황(璜)이 있고, 형아(衡牙)는 한 쌍의 황 사이에 있으며, 또 한 쌍의 적자(滴子)를 형아와 두 개의 황 사이에 설치하여 약옥주(藥玉珠)로 꿰뚫는다. 형, 우, 거, 한 쌍의 황, 형아, 적자는 모두 민옥(珉玉)으로 한다.

수綬

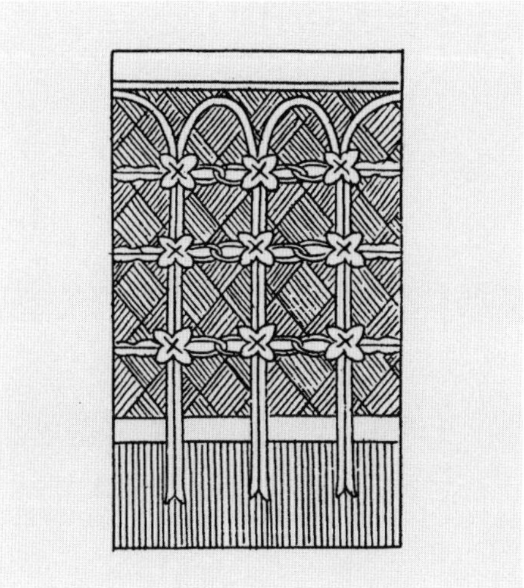

수는 홍화금(紅花錦)으로 만들고, 한 쌍의 금고리〔金環〕를 단다.

방심곡령方心曲領

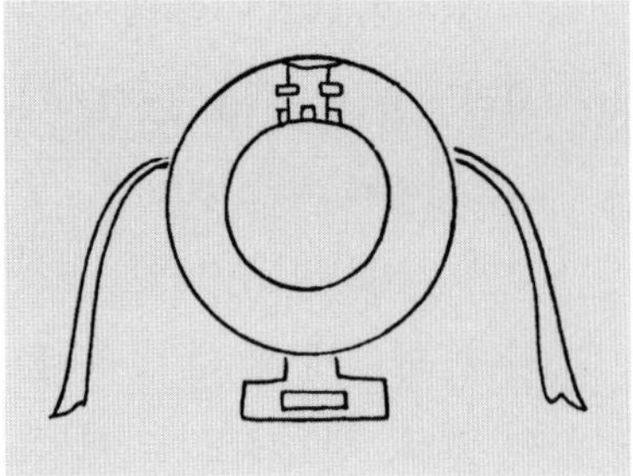

방심곡령은 백라(白羅)로 만든다. 옆에 두 개의 끈이 있다. −왼쪽은 녹색이고 오른쪽은 홍색이다.

폐슬蔽膝

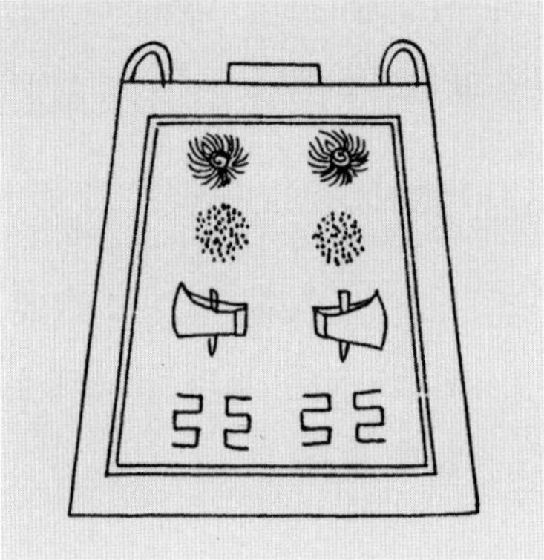

폐슬은 증(繒)으로 만든다. 분홍색〔纁〕이다. 위에 가선〔紕〕을 대고 아래에 가선〔純〕을 댄다. 위에서 5치 띄워 조(藻), 분미(粉米), 보(黼), 불(黻)을 수놓는다.

버선襪

버선은 비단(緋段)으로 겉을 만들고, 비초(緋綃)로 속을 만든다.

신舃

신은 비단으로 겉을 만들고, 백증(白繒)으로 속을 만든다.

왕세자의 면복

칠장복(七章服)이다. 경태(景泰) 원년[97]에 삼가 하사받은 제도이다.

규

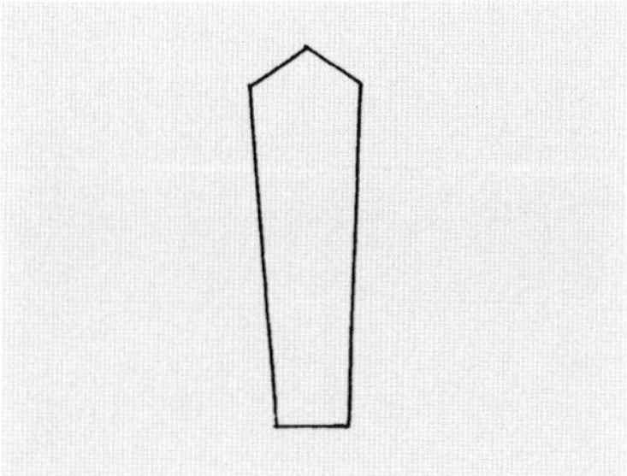

제도는 구장복과 같다.

면

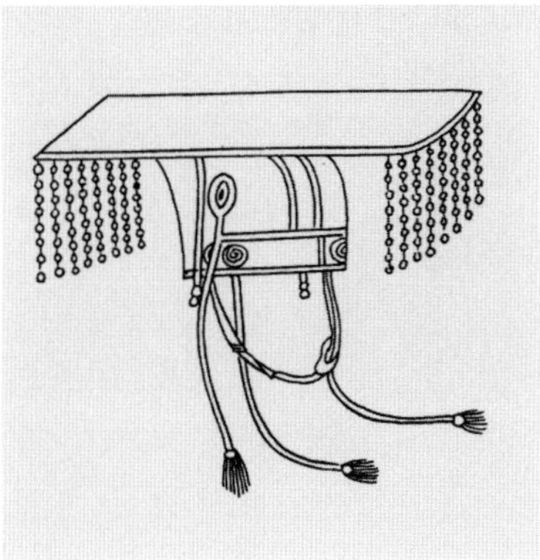

제도는 구장복과 같다. 다만 유(旒)가 8줄이고, 유마다 8개의 옥을 꿰며, 채색은 세 가지로 먼저 붉은색, 다음은 백색, 다음은 푸른색 순으로 한다.

97 **경태 원년** 경태는 명나라 경제(景帝)의 연호로, 원년은 1450년(세종32)이다. 《세종실록》 32년 윤1월조에 세자의 칠장 면복(七章冕服)을 청하는 표문이 실려 있다.

상의의 앞면

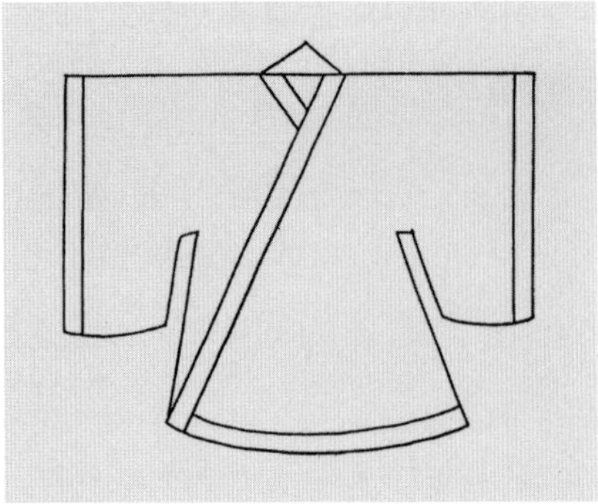

제도는 구장복과 같다. 다만 삼장(三章)인 화(火), 화충(華蟲), 종이(宗彝)를 그 위에 그린다.

상의의 뒷면

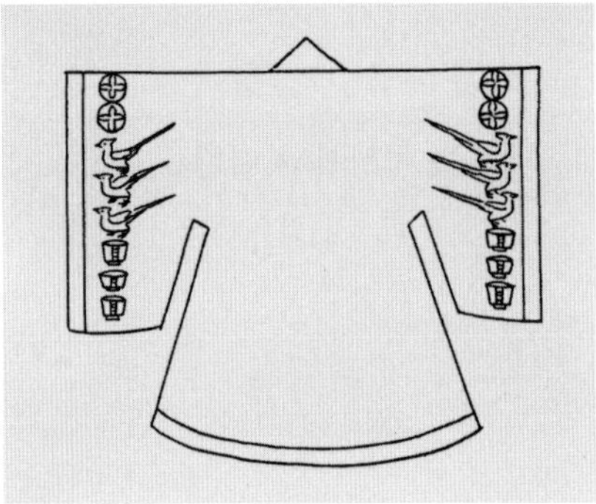

해설은 위에 보인다.

하의

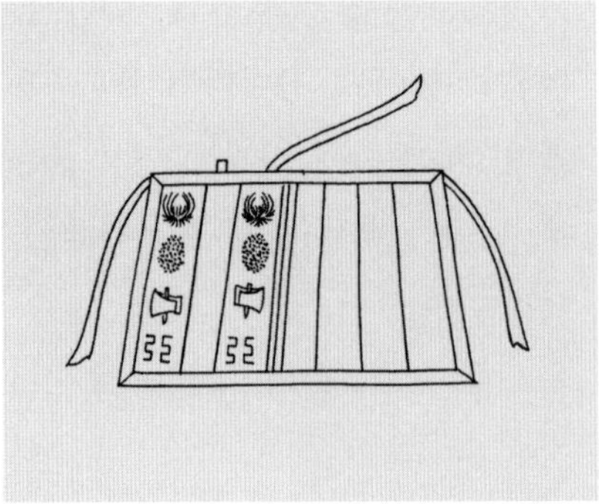

제도는 구장복과 같다.

대대

제도는 구장복과 같다.

중단의 앞면

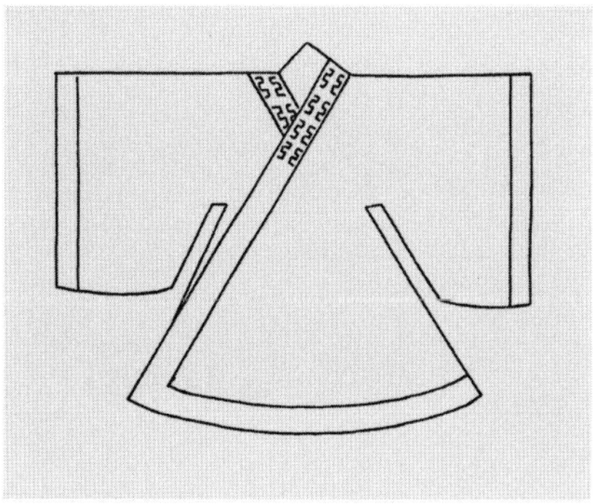

제도는 구장복과 같다.

중단의 뒷면

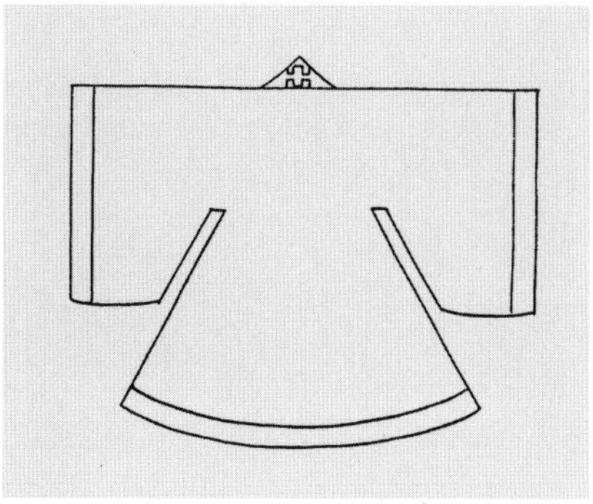

해설은 위에 보인다.

패

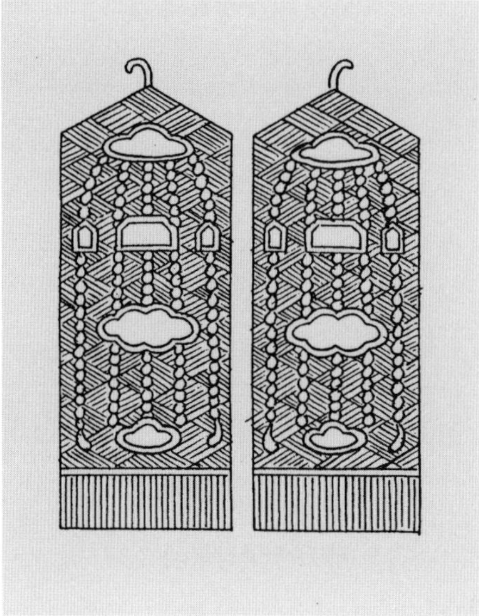

제도는 구장복과 같다.

수

제도는 구장복과 같다.

방심곡령

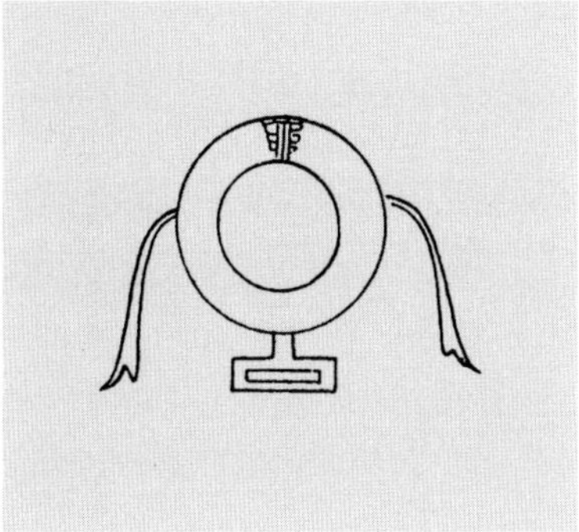

제도는 구장복과 같다.

폐슬

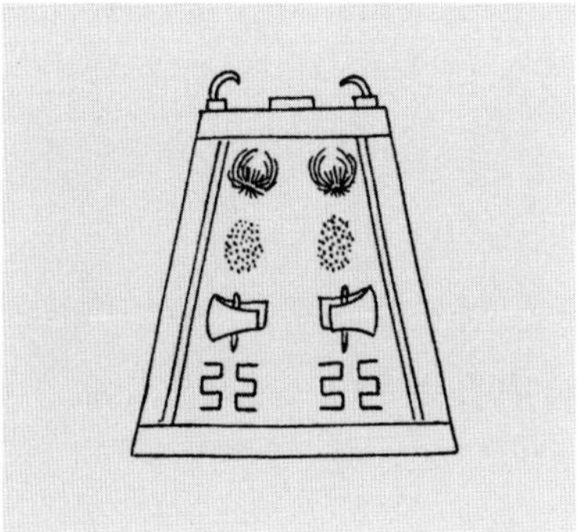

제도는 구장복과 같다.

버선

제도는 구장복과 같다.

신

제도는 구장복과 같다.

문무 관원의 관복(冠服)

홀笏

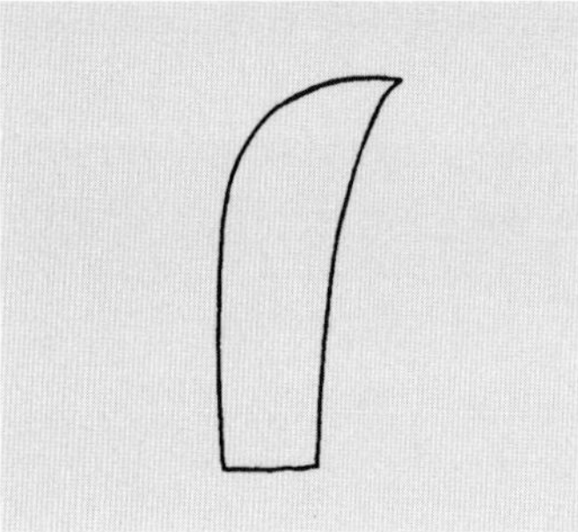

홀은, 4품 이상은 상아(象牙)를 사용하고, 5품 이하는 나무를 사용하여 만든다.

지금은 품계의 고하를 막론하고 오로지 나무 홀을 쓴다.

관冠

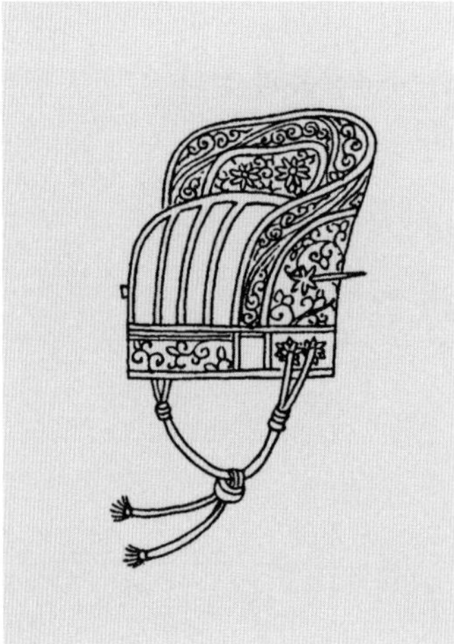

관은, 1품은 5량(梁), 2품은 4량, 3품은 3량, 4품에서 6품까지는 2량, 7품 이하는 1량으로, 모두 각잠(角簪)을 쓴다.

지금 제집사(諸執事)가 착용하는 것은, 제도가 양관(梁冠)과 같은데, 흑초(黑綃)로 싸고 자황(雌黃)으로 그림을 그리며, 양의 전후 상하에도 자황으로 그림을 그린다. 나무로 잠(簪)을 만들고 잠의 머리에 그림을 그린다.

상의의 앞면

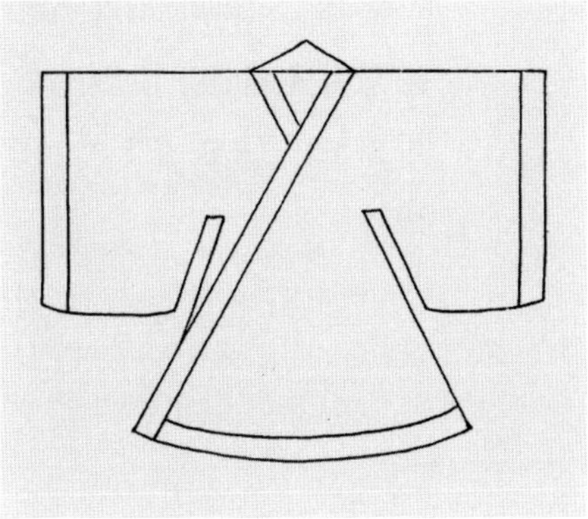

상의는 청라(靑羅)로 만든다.

지금은 흑주(黑紬)를 쓴다.

상의의 뒷면

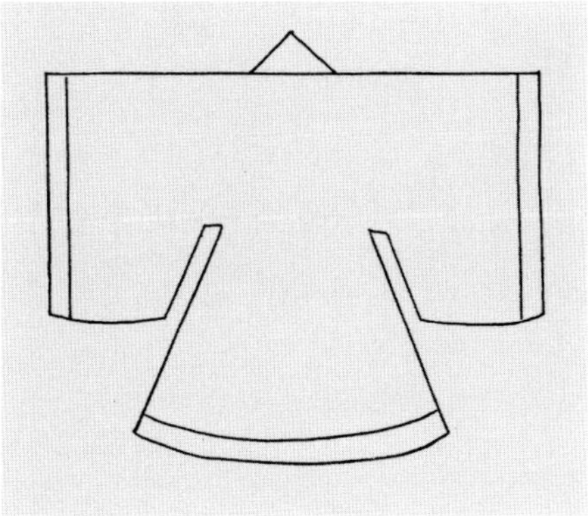

해설은 위에 보인다.

하의

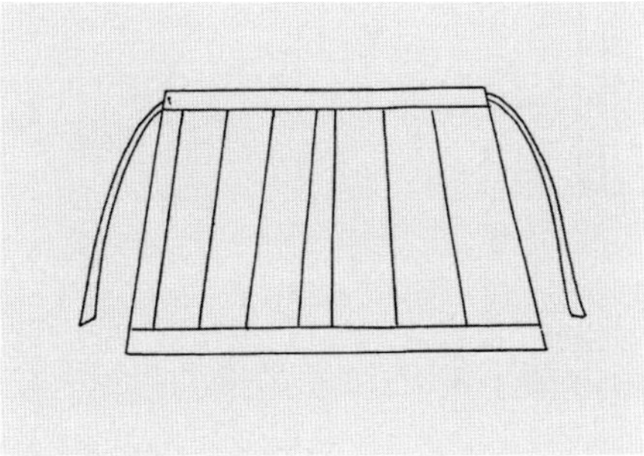

하의는 적라(赤羅)로 만든다.

지금은 홍주(紅紬)를 쓴다.

대대

대대는 적라와 백라(白羅)를 합쳐서 꿰맨다. –양관(梁冠)과 패옥을 착용한 자가 이 띠를 찬다.

중단의 앞면

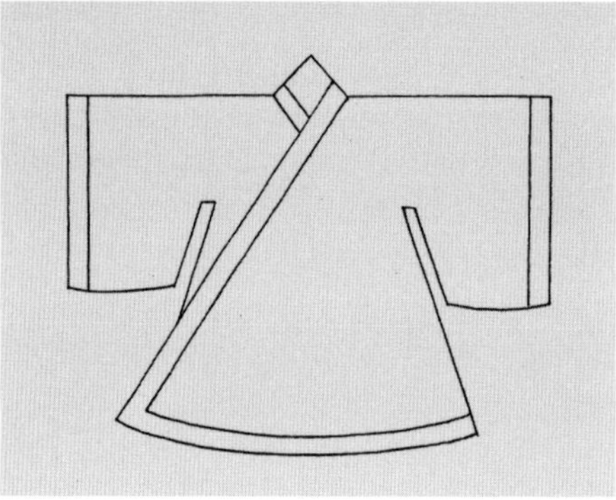

중단은 백사(白紗)로 만들고, 옷깃과 가선을 검은색으로 한다.

지금은 백주(白紬)를 쓴다.

중단의 뒷면

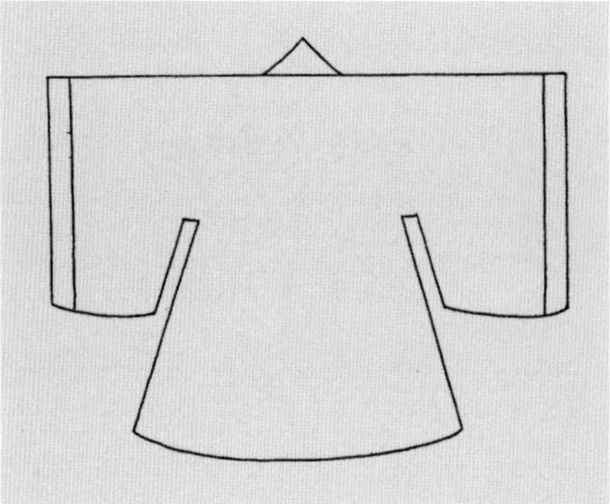

해설은 위에 보인다.

패

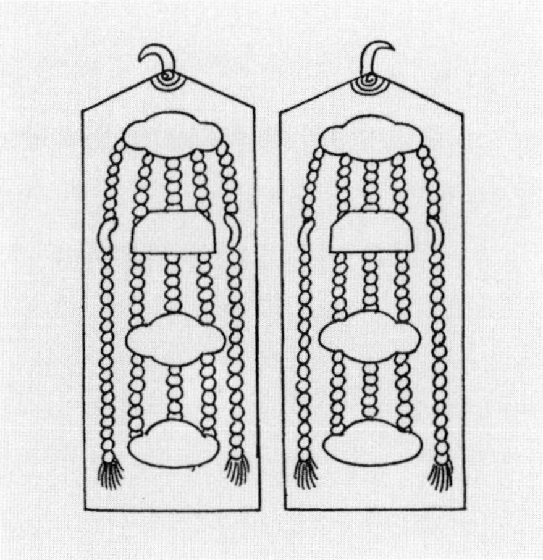

패는 2개이다. 위에 구리 갈고리〔銅鉤〕로 형(衡)을 설치하고, 다음에 중형(重衡)을, 중간에 거(琚)와 우(瑀)를 설치한다. 아래에 충아(衝牙)가 있고, 한 쌍의 황(璜)이 중형의 양쪽 옆에 있으며, 또 한 쌍의 동(同)이 충아의 양쪽 옆에 있어 약옥주(藥玉珠)로 꿰뚫는다. 형, 거, 우, 한 쌍의 황, 충아, 적자(適子)는 모두 민옥(珉玉)으로 한다.

지금은 정1품 헌관(獻官)과 천조관(薦俎官)은 해사(該司)에 준비된 것을 갖추어 차고 다른 집사는 없다.

수

수는, 2품 이상은 황, 녹, 적, 자 4색의 실로 -3품은 같고, 4품에서 6품까지는 황, 녹, 적 3색의 실이고, 7품 이하는 황, 녹 2색의 실이다.- 운학(雲鶴) 무늬 -3품은 반조(盤鵰) 무늬, 4품에서 6품까지는 연작(練鵲) 무늬, 7품 이하는 계칙(鸂鶒) 무늬이다.- 의 화금(花錦)을 짜서 이루고, 아래에 청사(靑絲)로 된 망(網)을 연결하여 붙인 다음 한 쌍의 금고리를 단다. -3품에서 4품까지는 은고리〔銀環〕를 사용하고, 5품 이하는 동고리〔銅環〕를 사용한다.

지금은 정1품 헌관과 천조관을 제외한 다른 나머지 헌관과 제집사가 착용하는 것은 홍주(紅紬)를 사용하고 품계에 따라 그림으로 그린다.

방심곡령

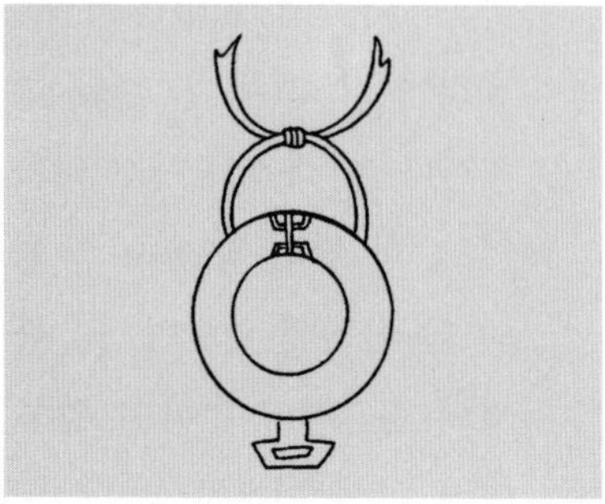

방심곡령은 백초(白綃)로 만든다.

지금은 백주(白紬)를 사용한다.

폐슬

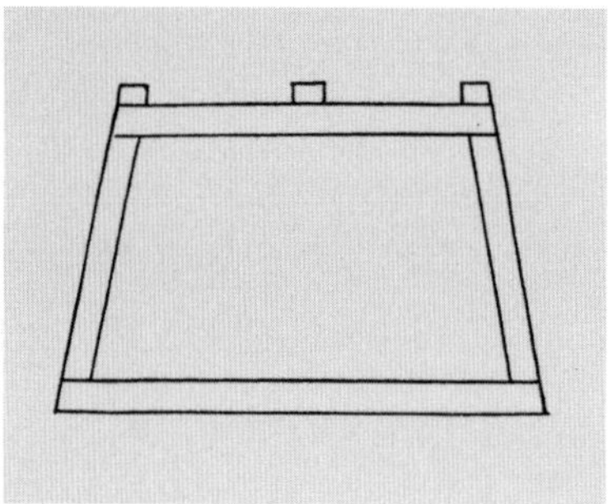

폐슬은 적라(赤羅)로 만든다.

지금은 홍주(紅紬)를 사용한다.

혁대革帶

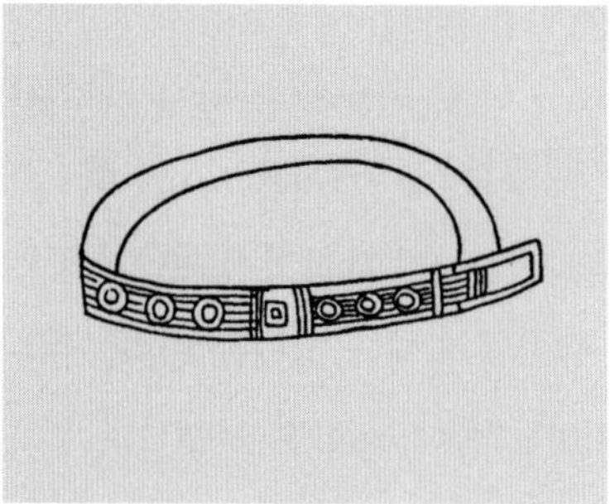

혁대는, 2품 이상은 금을 사용하고, 3품에서 4품까지는 은을 사용하고, 5품 이하는 동을 사용한다.

버선

버선은 백포(白布)로 만든다.

신履

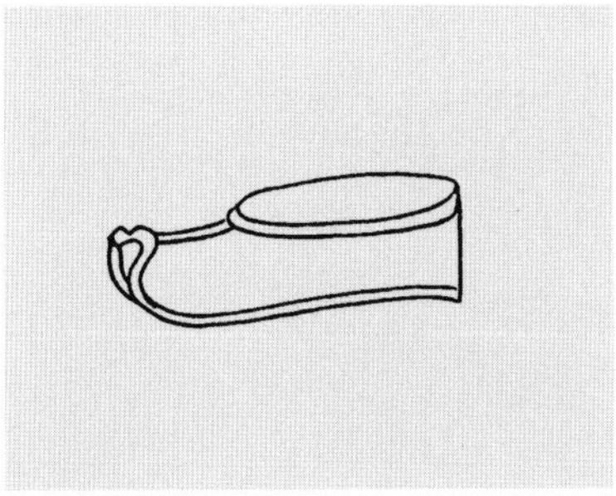

신은 흑피(黑皮)로 만든다.

공인(工人)의 관복 도설

《악학궤범》

복두幞頭 악사(樂師)가 착용하는 것이다. 현재 사용한다.

복두는 종이를 배접하여 만든다. 안은 가는 베를 바르고 흑색 칠을 한다. 뿔이 있다. 악공(樂工)이 착용하는 것은 앞뒤와 양쪽 모서리에 채색 꽃을 그린다.

개책介幘 헌가(軒架)의 공인이 착용하는 것이다. 현재 사용한다.

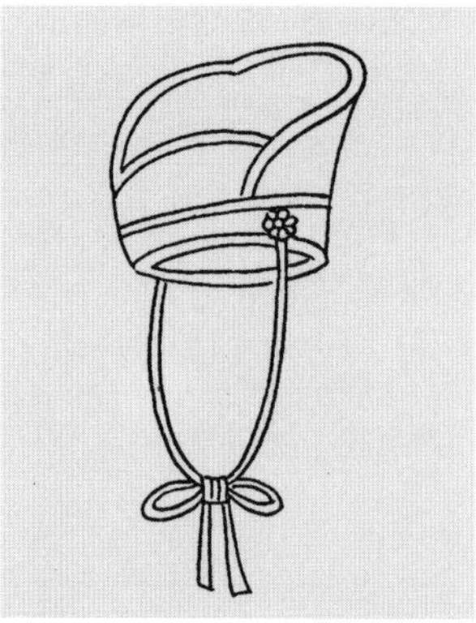

개책은, 송나라의 제도에서는 가죽〔皮〕으로 만들고, 장식에 흑색 칠을 하였다. 지금의 제도는 종이를 배접하여 만들고, 변두리〔邊兒〕는 철사(鐵絲)를 사용한다. 안은 가는 베를 바르고 흑색 칠을 한 다음 자황(雌黃)으로 가늘게 그림을 그리고 청주(靑紬)로 만든 갓끈을 단다.

진현관進賢冠 문무(文舞) 공인이 착용하는 것이다. 현재 사용한다.

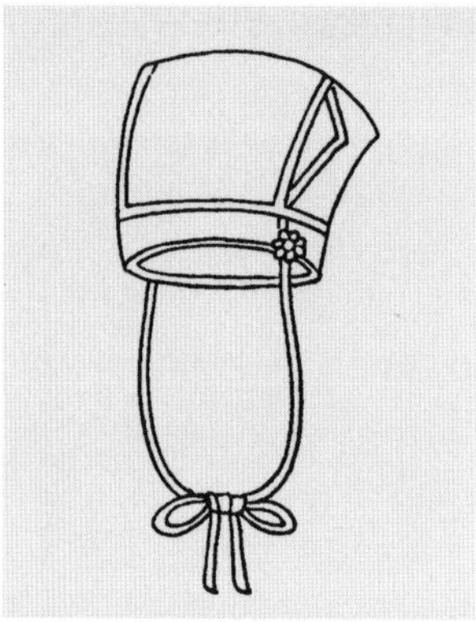

진현관을 만드는 방식은 개책관과 같으나 다만 체제(體制)가 다를 뿐이다.

피변皮弁 무무(武舞) 공인이 착용하는 것이다. 현재 사용한다.

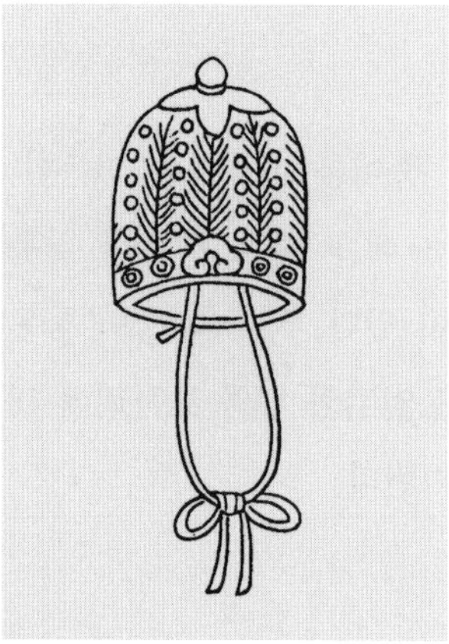

피변은, 옛날 제도에서는 옻칠한 베로 껍데기를 만들었는데, 지금의 제도에서는 종이를 배접하여 만든다. 안은 가는 베를 바르고 흑색 칠을 하며, 겉에는 모피(毛皮) 형상을 그려 얼룩무늬가 있는 노루 가죽과 같게 한다. 좌우에 구리로 만든 운월아(雲月兒)를 붙이고, 청주로 만든 갓끈을 단다.

녹초삼綠綃衫 등가(登歌)의 악사가 입는 것이다. 현재 사용한다.

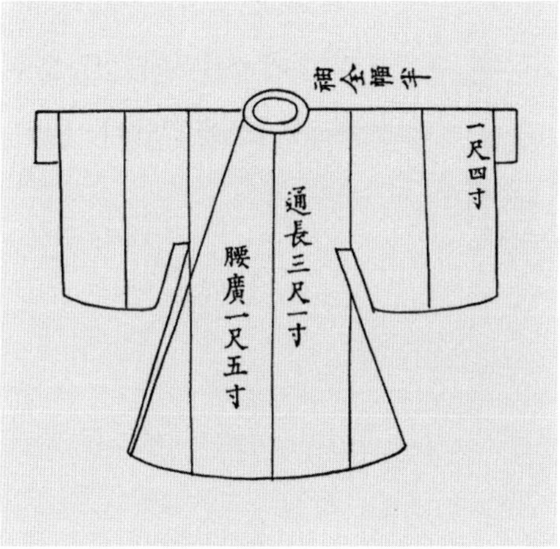

적삼[衫]은 녹초로 꿰매서 만든다. -홍초 적삼의 제도도 같다. 홍초 적삼은 바로 진홍색 공복(公服)이다.

그림 내부의 내용

소매는 전폭(全幅) 반이다.

1자 4치이다.

전체의 길이는 3자 1치이다.

허리의 폭은 1자 5치이다.

비난삼緋鸞衫 헌가의 공인이 입는 것이다. 지금은 사용하지 않는다.

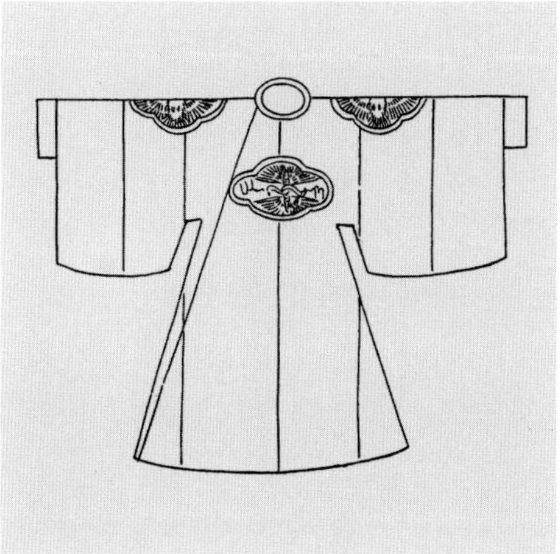

난삼은 홍주로 꿰매서 만든다. 난봉(鸞鳳)을 앞뒤와 좌우의 어깨에 그려 흉배(胸背)의 형태와 같게 한다.

백주중단白紬中單 헌가의 공인이 입는 것이다. 지금은 사용하지 않는다.

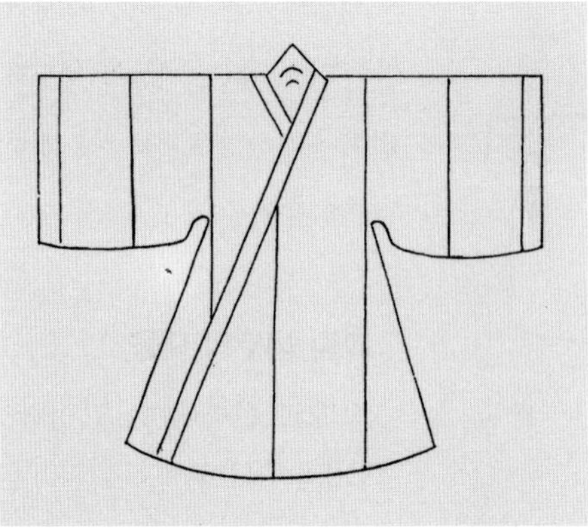

중단은 다듬이질〔擣鍊〕을 한 백주로 꿰매서 만들고, 흑주(黑紬)로 가선을 만든다.

남주의藍紬衣 홍주의(紅紬衣)의 제도도 같다. 문무와 무무의 공인이 입는 것이다. 현재 사용한다.

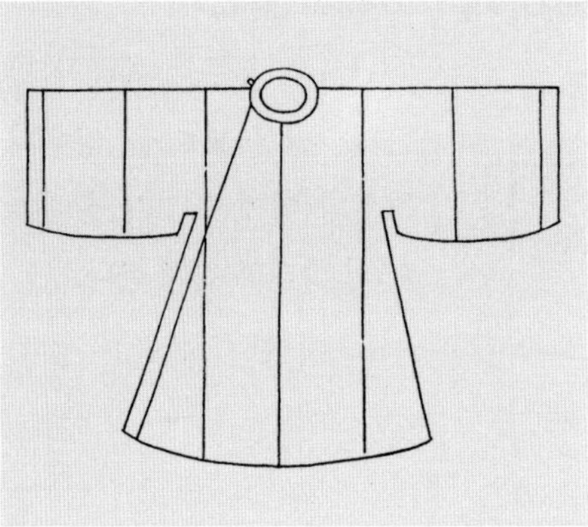

상의는 남주(藍紬)로 꿰매서 만든다.

적상赤裳 문무와 무무의 공인이 입는 것이다. 현재 사용한다.

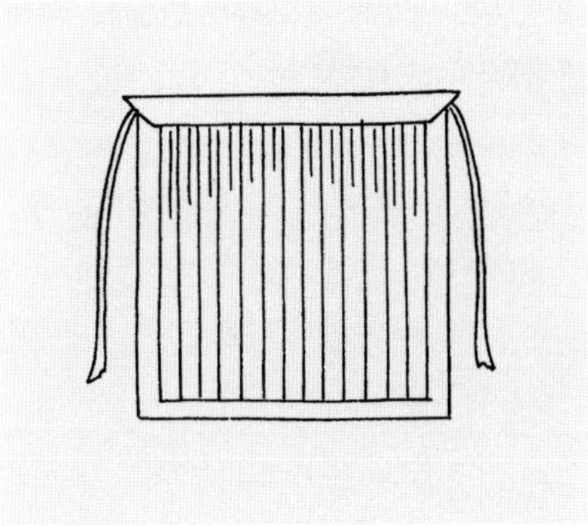

하의는 홍주(紅紬)로 꿰매서 만들고, 조주(皂紬)로 가선을 만든다.

적말대赤抹帶 백초대(白綃帶)의 제도도 같다. 문무와 무무의 공인이 착용하는 것이다. 현재 사용한다.

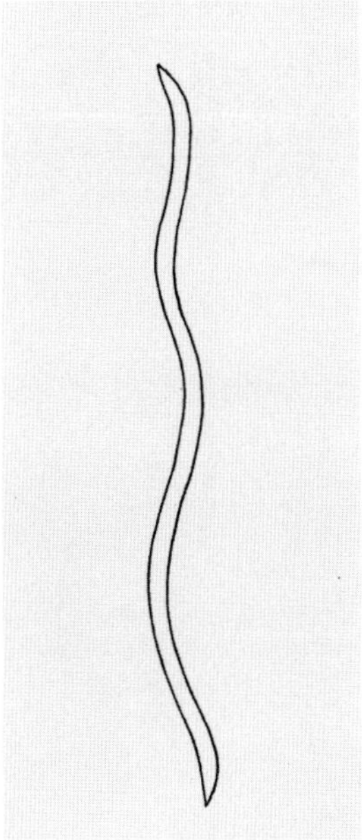

말대는 다듬이질한 홍주로 꿰매서 만든다.

오정대烏鞓帶 악사가 착용하는 것이다. 현재 사용한다.

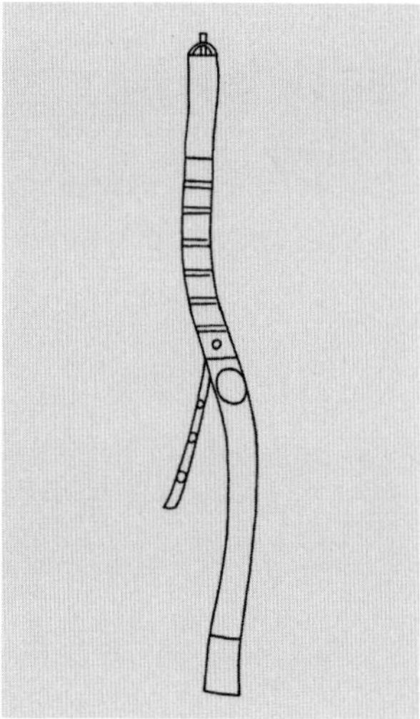

오정대는 나무로 갈고리를 만들고, 흑색 칠을 한다.

백포白布 **버선** 등가와 헌가의 문무와 무무 공인이 신는 것이다. 현재 사용한다.

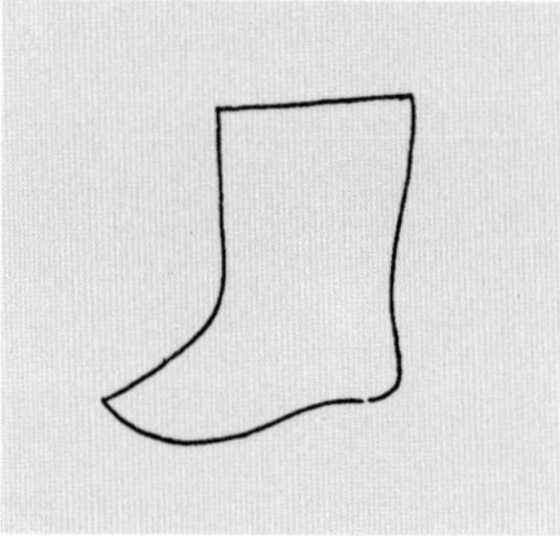

버선은 백포로 꿰매서 만들고, 안은 생포(生布)를 사용한다.

흑피화黑皮靴 악사가 신는 것이다. 현재 사용한다.

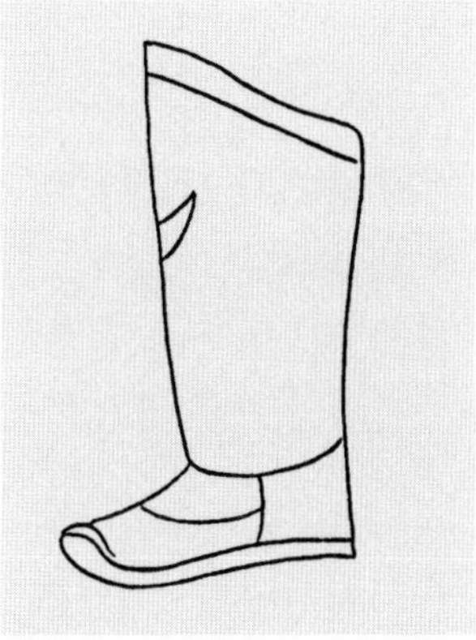

신〔靴〕은 흑색 가죽으로 만든다.

오피리烏皮履 등가와 헌가의 문무와 무무 공인이 신는 것이다. 현재 사용한다.

신〔履〕은 흑색 가죽으로 만든다. 끈이 있다.

宗廟儀軌

종묘의궤

제2책

종묘제도廟制

○ 《오례의(五禮儀)》〈도설(圖說)〉[1]에,

"종묘는 도성 안 동쪽에 있다. -지금 살펴보건대,[2] 창덕궁(昌德宮) 궁성(宮城) 남쪽에 있으니, 즉 동부(東部) 연화방(蓮花坊) 지역이다.- 태실(太室)은 중앙에 위치하고 남향이며 모두 7칸(間)이다. -동당이실(同堂異室)[3]이다. 신실(神室)마다 오른쪽 벽에 함실(陷室)[4]을 만들어 모두 동향하고, 오른쪽이 상위이다.[5] 지금 살펴보건대, 각 신실의 북쪽 벽에 감실(龕室)을 설치하여 남향하고,[6] 오른쪽이 상위이다. 《오례의》는 성화(成化) 10년[7]에 완성되었으니, 곧 우리나라 성종조(成宗朝)이다. 지금 살펴보건대, 종묘의 태실은 모두 11칸이니, 이후 중건할 때에 더 지은 것이다.[8]- 앞에 세 개의 계단[9]이 있고, 동쪽과 서쪽에 각각 협실(夾室) 2칸이 있으며, 협실의 남쪽에 각각 월랑(月廊)[10]이 있다. -지금 살펴보건대, 좌우의 월랑은 각각 5칸씩이다.- 묘정(廟庭) 동쪽과 서쪽에 또 각각 사당 3칸이 있는데, 서쪽 사당에는 칠사(七祀)[11]의 신주(神主)를 모셨고, 동쪽 사당에는 배향 공신(配享功臣)의 신주를 모셨다.

신좌(神座)는, 태조(太祖)가 1위(位)이고, 소(昭)와 목(穆)이 각각 2위[12]이니, -그 가운데 형제는 소목을 같이하여 1위(位)를 공유한다.- 각각 신실 안에서 남향하고 서쪽이 상위이다. -지금 살펴보건대, 종묘 안의 신좌는 태조 1위 아래로 세실(世室)과 소목 모두 10위[13]이다. 〈각실위호서차도(各室位號序次圖)〉[14]에 자세히 보인다.

칠사의 신좌는 묘정 서쪽에 있고 동향이다. 공신의 신좌는 묘정 동쪽에 있고 서향이다. -1실의 배향이 앞에 있고, 나머지 신실의 배향은 각각 차례대로 두 줄인데, 모두 북쪽이 상위이다."

하였다.

동협실은 2칸으로 제기(祭器)를 보관한다. 서협실은 2칸으로 이안(移安)에 소용되는 여러 도구와 호갑(護匣) 등의 물건을 보관한다. 동쪽 담장 안쪽에 수복(守僕)이 숙직하는 방 2칸, 부엌 1칸, 잡물을 보관하는 창고 1칸이 있다. 북쪽 계단 아래 서쪽 가까이에 예감(瘞坎)[15]이 있다.

남신문(南神門)은 3칸이다. 동문(東門)은 3칸으로, 문밖의 몇 걸음쯤에 망

1 **〈도설〉** 《국조오례의서례(國朝五禮儀序例)》 권1 〈길례(吉禮)〉에 수록되어 있는 〈단묘도설(壇廟圖說)〉을 말한다.

2 **지금 살펴보건대** 지금이란 이 《종묘의궤》를 편찬한 숙종 때를 말한다. 대본은 '금안(今按)'인데, 이런 주석은 모두 숙종 때 《종묘의궤》를 편찬하면서 단 것이고, 나머지는 원래 《오례의》에 달린 것이다.

3 **동당이실** 건물은 같이 쓰고 그 안에서 실만 따로 하는 제도이다. 원래 종묘의 제도는 소목(昭穆)의 제도로 태조의 묘를 중앙에 놓은 다음 2세, 4세, 6세를 왼쪽에 놓아 소묘라 하고, 1세, 3세, 5세를 오른쪽에 놓아 목묘라 하는데, 묘는 각각 독립된 건물로 되어 있었다. 그러나 후한(後漢)에 이르러 명제(明帝)가 자신의 사당을 따로 세우지 말고 광무제(光武帝)의 사당에 안치하도록 유지를 남김으로써 동당이실의 제도가 시작되었는데, 우리나라에서도 이 제도를 들여와 종묘에 적용한 것이다.

4 **함실** 신주(神主)를 넣은 궤가 들어갈 만큼만 벽을 네모 반듯하게 뚫어 신주를 보관하는 곳으로 감실(龕室)과 같은 말이다. 당나라 때에는 함실이라고 하였고, 송나라 때에는 감실이라고 하였는데, 석실(祏室)의 모양이 감(龕)과 같다 하여 《가례(家禮)》에서 감실이라고 하였다 한다. 《여유당전서 제2집 경집 제8권 공야장 제5, 한국문집총간 282집》

단(望壇)[16]이 있고, 망단 왼쪽의 몇 걸음쯤에 찬막단(饌幕壇)[17]이 있다. 서문(西門)은 1칸이다. 외서문(外西門)은 1칸이고, 북신문(北神門)은 1칸이다.

동쪽에 전사청(典祀廳)[18]이 있는데, 동쪽의 행랑은 9칸으로 3칸은 마루〔抹樓〕이고, 2칸은 창고이며, 1칸은 전사관(典祀官)의 방이고, 2칸은 비어 있으며, 1칸은 솥〔鼎〕을 설치한다. 중앙의 행랑은 3칸으로 제사에 올릴 음식을 만드는 곳이다. 서쪽의 행랑은 5칸으로 앞쪽으로 툇간을 냈고 모두 벽장이 있으니, 제사에 올릴 음식을 들여 보관하는 곳이다. 남쪽의 행랑은 6칸으로 양전(兩殿)[19]의 풍물(風物)을 보관하는 창고가 3칸이고, -온돌이다.- 창고가 2칸이며, 문이 1칸이다. 침가(砧家)[20]는 2칸이다. 희생을 잡는 곳은 2칸으로 1칸은 판자를 깔았다.

전사청의 동쪽에 제정(祭井)이 있는데, 문과 담장이 있다. 제정의 남쪽에 어재실(御齋室)[21] 3칸이 있는데, 방이 1칸이고, 마루가 2칸으로 모두 툇간이 있다. 동쪽의 재실은 3칸으로, 방이 1칸이고 마루가 2칸이니, 세자가 재숙(齋宿)하는 곳이다. 서쪽의 행랑은 3칸으로, 전하가 목욕하는 곳이다. 중문 다섯 가운데 둘은 동쪽, 둘은 서쪽, 하나는 남쪽이다. 남쪽에 누국청(漏局廳) 2칸이 있고, 누국청 앞에 작은 못〔池〕이 있다.

서쪽에 양전의 악기(樂器) 및 차일(遮日)을 보관하는 창고 6칸이 있으니, 마루이고 각각 3칸씩이며, 공인청(工人廳) 20칸이 있다. 남쪽에 외대문(外大門) 3칸이 있고, 문의 서쪽에 부장(部將)이 근무하는 방 1칸과 마루 1칸이 있다.

동쪽에 있는 영녕전의 향청(香廳) 6칸은 좌우로 방이 각 1칸, 마루가 4칸이고, 모두 툇간이 있다. 서쪽 행랑은 7칸, 문은 1칸, 남쪽 행랑은 6칸이다. 종묘의 향청 4칸은 앞쪽으로 툇간을 냈고 좌우로 방이 각 1칸, 마루가 4칸이다. 칠사의 향청은 방이 1칸, 마루가 2칸이다. 공신 헌관의 방은 1칸, 궁위령(宮闈令)의 방은 1칸이다. 북쪽 행랑이 4칸, 가운데 행랑이 4칸, 남쪽 행랑이 4칸이다. 서쪽 행랑 19칸은 관청(官廳)이 6칸, 방이 3칸, 부엌이 1칸, 창고가 2칸, 잡물 창고가 2칸이다. 망묘루(望廟樓)는 3칸이다. 이 서쪽으로 작은 못〔池〕이 있고, 못 가운데에 2개의 작은 섬이 있다.

5 **오른쪽이 상위이다** 오른쪽은 서쪽으로, 맨 서쪽에 태조의 신위를 모시고 차례로 이하의 신위를 모시는 서상(西上) 제도임을 말한 것이다.

6 **북쪽……남향하고** 《국역 연려실기술》 9집 〈별집 제1권 사전전고 종묘〉에 의하면, 선조(宣祖) 2년(1569)에 신주가 모두 동향하여 윗분의 신위를 등지고 있는 것을 모두 남향하도록 바로잡았다고 되어 있다. 감실은 함실과 같다. 182쪽 주4 참조.

7 **10년 성화**는 명(明)나라 헌종(憲宗)의 연호로, 10년은 1474년(성종5)이다.

8 **이후……것이다** 1546년(명종1)에 더 증축한 것을 말한다. 이 당시에 태종과 세종은 조천(祧遷)하지 않는 신위가 되어 제2실과 제3실에, 문종은 서협실(西夾室)에, 세조는 제4실에, 덕종은 제5실에, 예종은 제6실에, 성종은 제7실에 모셔져 있었다. 중종(中宗)을 부묘(祔廟)하게 되자 제4실 세조의 신위가 조천 대상이었으나, 세조 역시 조천하지 않는 신위가 되어 중종이 들어갈 신실(神室)이 없었으므로 예조 판서 윤개(尹漑)와 참판 홍섬(洪暹)의 3칸을 더 증축하자는 건의로 인해 증축한 것이다.《명종실록 1년 4월 8일조》

9 **세 개의 계단** 중앙의 태계(泰階)와 오른쪽의 서계(西階), 왼쪽의 동계(東階)를 말한다.

10 **월랑** 오른쪽을 서월랑(西月廊), 왼쪽을 동월랑(東月廊)이라고 한다.

○ 《오례의》〈도설〉에,

"영녕전 －조천(祧遷)된 신주를 봉안하였다.－은 종묘의 서쪽에 있다. 태실은 북쪽에 앉아 남향하며, 모두 4칸이다. －동당이실이다. 제도는 종묘와 같다. 지금 살펴보건대, 태실은 모두 12칸이니, 정전(正殿) 4칸이 중앙에 있고, 좌우의 익실(翼室)이 각각 4칸이다. 익실 남쪽에 각각 월랑 4칸이 있다. 현종(顯宗) 정미년(1667, 현종8)에 중건할 때 더 지은 것이다.－ 앞에 3개의 계단이 있다. 신좌는 목조(穆祖), 익조(翼祖), 도조(度祖), 환조(桓祖)이니, 각각 신실 안에서 남향하고 서쪽이 상위이다. －지금 본전(本殿)을 살펴보건대, 4조(祖)를 정전에 봉안하고, 좌우의 익실에 조천한 신주 7위를 봉안하여 모두 11실이다.－"

하였다.

동쪽 담장 안에 수복이 숙직하는 방 1칸 반이 있으니, 부엌이 반 칸이다. 제기고는 3칸이다. 동문은 3칸인데, 문밖에 망단이 있고, 망단 왼쪽에 찬막단이 있다. 북쪽 가까이에 전사청 4칸이 있으니, 방이 1칸이고, 마루가 2칸이고, 침가가 1칸이다. 희생재살청(犧牲宰殺廳)이 2칸이니, 1칸은 송판(松板)을 깔았다. 가운데 행랑 2칸은 제사에 올릴 음식을 만드는 곳이다. 서쪽에 제정이 있으니, 문과 담장이 있다. 남신문은 3칸이고, 서문은 1칸이다. 북쪽 계단 아래 서쪽 가까이에 예감이 있다.

○ **태조대왕**(太祖大王) **을해년**(1395, 태조4) **9월 경신일**(29일)

태묘(太廟)와 새 궁궐이 조성되었다. 태묘의 태실은 7칸이고, 동당이실이다. 안에 석실(石室) 5칸, 익실 각 2칸, 공신당(功臣堂) 5칸, 신문(神門) 3칸, 동문 3칸, 서문 1칸을 짓고, 빙 둘러 담을 쌓았다. 담 바깥쪽에 신주(神廚) 7칸, 향관청(享官廳) 5칸, 좌우 행랑 각 5칸, 남쪽 행랑 9칸, 재궁(齋宮) 5칸을 두었다. －실록에 나온다.

○ **태종대왕**(太宗大王) **을미년**(1415, 태종15) **1월 을묘일**(16일)

의주(儀註)를 수의(收議)할 때, 묘실(廟室)이 너무 협소하여 제사를 지내기가 어렵다는 문제로 상이 또 하륜(河崙)을 지목하여 말하기를,

"처음 건물을 지을 때에 유사(有司)가 경영을 잘못하였다. 지금 고쳤으면 하는데 어떠한가?"

11 **칠사** 사명(司命), 중류(中霤), 국문(國門), 국행(國行), 태려(泰厲), 호(戶), 조(竈)의 소신(小神)으로 사람의 일상생활을 독찰하는 역할을 하는데, 사명은 삼명(三命)의 감찰을, 중류는 당실(堂室)의 거처를, 문과 호는 출입을, 행은 도로의 행작(行作)을, 여(厲)는 죽임과 벌을, 조는 음식에 관한 일을 주관한다. 삼명은 수명(受命), 조명(遭命), 수명(隨命)으로 앞의 수명은 장수(長壽)를 말하고, 조명은 착한 일을 했으나 흉한 일을 만난 것을 말하고, 뒤의 수명은 선악에 따라 보응받는 것을 말한다. 《예기 제법(祭法)》《국역 백호전서 권9 제44권 잡저 독서기 내칙외기 중》《국역 성호사설 제6집 제15권 인사문 사명》

12 **소와……2위** 《국조오례의》는 성종 때 편찬된 것이므로, 성종의 4대가 소목이 된다. 따라서 추존된 덕종과 예종이 형제로서 1위, 문종과 세조가 형제로서 1위, 세종이 1위, 태종이 1위로 4세 6왕이 태조와 더불어 7칸에 모셔져 있었던 것으로 보인다.

13 **세실과……10위** 세실은 백세불천지주(百世不遷之主), 즉 공덕이 있어 영원히 조천하지 않는 신주를 모시는 곳을 말한다. 제2실 태종, 제3실 세종, 제4실 세조, 제5실 성종, 제6실 중종, 제7실 선조까지 6개의 신실이 세실에 해당되고, 제8실 추존된 원종, 제9실 인조, 제10실 효종, 제11실 현종이 숙종의 4대로 소목에 해당한다.

하니, 하륜이 아뢰기를,

"음양(陰陽)에 구애되는지 여부를 신은 감히 알지 못합니다. 그러나 지금의 제도가 옳지 못하다는 것을 알았다면 고치는 것이 무슨 해가 되겠습니까? 종묘의 제도를 동당이실로 하는 것은 한(漢)나라 명제(明帝) 때에 시작되었는데, 경솔한 마음으로 옛 제도를 고쳤고, 역대를 거치며 그대로 답습하여 마침내 삼대(三代)의 제도를 감히 회복할 수 없게 되었습니다. 송(宋)나라 신종(神宗)에 이르러 옛 제도를 회복하는 데에 뜻을 두었는데, 결국 이루지는 못하였지만 송나라의 선유(先儒)는 아름답게 여겼습니다. 지금 제대로 옛 제도를 회복할 수만 있다면 만세토록 매우 다행일 것입니다."

하고, 박신(朴信)이 아뢰기를,

"재목과 기와가 없다거나 인력을 아껴서 하는 말이 아닙니다. 다만 종묘는 지극히 중하기 때문에 경솔히 고치기가 쉽지 않을 따름입니다." –실록에 나온다.

하였다.

○ **세종대왕**(世宗大王) **신축년**(1421, 세종3) **7월 무인일**(18일)

예조에서 아뢰기를,

"역대의 추숭(追崇)한 조상에 대한 봉사(奉祀)의 제도를 본 예조와 의례상정소(儀禮詳定所)가 함께 옛날의 제도를 삼가 상고하고, 시종(侍從), 대간(臺諫)과 1품 이상의 관원을 모아 논의하였습니다. 그 결과 모두 말하기를, '목조(穆祖)는 마땅히 조천하되, 송나라 조정에서 추숭한 희조(僖祖), 순조(順祖), 익조(翼祖), 선조(宣祖)의 사조(四祖)를 봉사한 예에 의거하여, 유사로 하여금 별도로 조묘(祧廟)를 세우게 해서 봉사해야 한다.' 하였습니다."

하니, 그대로 따랐다. 이 당시 총제(摠制) 김월하(金月下)는 여진(女眞) 사람이었는데, 성품이 순수하고 곧으나, 글자는 한 자도 알지 못하였다. 그 역시 2품으로서 모여 논의하는 반열(班列)에 참여하였는데, 낭관(郎官)이 묻기를,

"종묘에서 누구를 조천하지 않는 존귀한 조상으로 삼을 만합니까?"

14 **〈각실위호서차도〉** 영녕전 제1실부터 제11실까지와 종묘 제1실부터 제11실까지의 신위를 정리해 놓은 것으로, 297쪽에 수록되어 있다. 묘호, 시호, 존호는 물론 즉위한 시기, 승하한 시기, 장례 시기 및 능호와 좌향까지 정리되어 있다. 현재 영녕전은 모두 16실, 종묘는 모두 19실로 이후 영조와 헌종 때에 증축된 것이다.

15 **예감** 제사를 지낸 뒤에 축문과 폐백 따위를 묻는 구덩이로, 〈전도(全圖)〉에는 감(坎)으로 표시되어 있다.

16 **망단** 〈전도〉에 표시되어 있는 전하의 판위와 세자의 판위를 말한다. 종묘로 들어가 제사를 지내기 전에 종묘를 바라보며 마음을 가다듬는 곳이기 때문에 망단이라고 한다.

17 **찬막단** 제사 음식을 신실로 들이기 전에 음식을 검사하던 곳으로, 장막을 쳐서 청결을 유지하였다.

18 **전사청** 제사 음식을 만들고 제사에 필요한 여러 기구들을 보관하던 곳으로, 〈전도〉에는 신주(神廚)로 표시되어 있다.

19 **양전** 종묘의 정전(正殿)과 영녕전의 정전을 말한다.

20 **침가** 다듬이질하는 집이라는 뜻인데, 무엇을 하는 곳인지 자세하지 않다. 〈전도〉를 보면 신주 뒤곁에 동서 양쪽 끝으로 두 채의 건물이 있는데, 이 중 하나가 침가이고, 하나는 희생을 잡는 곳으로 짐작된다.

21 **어재실** 왕이 재숙하는 곳으로, 〈전도〉에 재궁(齋宮)으로 표시되어 있다.

하니, 답하기를,

"태조입니다."

하였다. 낭관이 다시 묻기를,

"추존한 사조를 제사 지내야 합니까, 지내지 않아야 합니까?"

하니, 답하기를,

"제사 지내지 않으면 안 됩니다."

하였다. 당시 사람들이 그가 무지하면서도 옛사람과 의견이 부합하는 것에 탄복하였다.

이에 조정에서 다시 조묘를 세울 땅[22]을 논의하였다. 좌의정 박은(朴訔)이 아뢰기를,

"사조전(四祖殿)을 태실의 서쪽에 둘 경우, 종묘의 태조(太祖) 이하가 모두 사조의 자손인데, 세대(世代)가 낮은 왕이 바로 곁에 있는 상태에서 종묘에 올리는 사시(四時)의 대향(大享)에 세대가 높은 이가 참여하지 못하는 것은 사람의 정리에 편치 않습니다. 장생전(長生殿)은 국도(國都)의 서쪽에 있어 종묘와 떨어져 있으니, 그곳을 사조전으로 삼으소서."

하고, 참찬 변계량(卞季良)도 역시 종묘에서 멀리 떨어져 있는 곳에 조묘를 세울 것을 청하였다. 이때에 상왕(上王)[23]이 풍양궁(豐壤宮)[24]에 있었는데, 예관(禮官)이 갖추어 아뢰자, 상왕이 말했다.

"하늘에 계신 조종(祖宗)의 영령이 어찌 장소의 멀고 가까운 데에 따라 흠향(歆饗)하고 말고가 있겠는가? 또한 조종을 위하면서 건물을 짓는 공사를 어렵게 여겨 오래된 전각을 사용한다는 것은 예가 아니다. 마땅히 옛 제도를 따라 태실의 서쪽에 조묘를 세우고, 칭호는 의당 '영녕전(永寧殿)'이라고 하라."

영녕전은 대개 조종과 자손이 모두 편안하다는 뜻이라고 한다.

예조 판서 이지강(李之剛), 참판 하연(河演), 참의 허해(許晐), 병조 참판 이명덕(李明德), 지신사(知申事) 김익정(金益精) 등에게 명하여 풍수지리를 보는 사람인 이양달(李陽達), 고중안(高仲安), 윤돈지(尹敦智)와 함께 영녕전의 터를 종묘의 서쪽에 정하도록 하였다.

정해일(27일) 시사(視事) 때에 예조에 명하여 조실(祧室)의 크기를 일체 종묘의 제도에 의거하여 하라고 하였다. 참찬 허조(許稠)가 아뢰기를,

22 **조묘를 세울 땅** 대본은 '建宗廟之地'인데, 《세종실록》 3년 7월 18일조 기록에 '建廟之地'로 되어 있는 것에 의거하여 대본의 '宗' 자를 연문(衍文)으로 처리하였다.

23 **상왕** 태종을 말한다.

24 **풍양궁** 양주(楊州)에 있던 이궁(離宮)으로 동이궁(東離宮)이라고도 한다. 《세종실록》 〈지리지 경기 양주도호부〉에 "풍양이궁은 부의 동남쪽에 있으니, 곧 풍양현의 옛터이다. 또한 태종이 거둥하여 계시던 곳이다." 하였다. 조선 후기에 불타 없어지고 터만 남아 있었는데, 영조 때 궁궐의 옛터에 비를 세워 표시하라는 명에 따라 세운 비가 지금까지 남아 있다. 《영조실록 31년 1월 28일조》

"종묘의 5실이 너무 비좁아서 제사를 지낼 때마다 나아가고 물러나기가 매우 어렵습니다. 더구나 협제(祫祭) 때에는 남쪽에 있는 신주는 묘 안에 모시지 못하고 문밖에 앉으시게 될 것이 분명합니다. 그래서 마땅히 그 기둥 안을 넓혀야 하는데, 지금 조실(祧室)을 창건하면서 어찌 이 종묘를 모방할 것이 있겠습니까?"

하니, "경의 말이 옳다."고 하고, 즉시 이명덕을 보내 상왕에게 아뢰게 하였다. 상왕이 말했다.

"종묘가 비록 좁기는 하나 태조로부터 전하여 네 임금에 이르도록 제사를 모시는 일에 부족함이 없었다. 어찌 반드시 고쳐 지을 것이 있겠는가? 조실의 제도도 마땅히 이에 의거하여 지으라." —실록에 나온다.

○ **8월 계사일**(3일)

상이 상왕에게 아뢰기를,

"종묘가 너무 협소해서, 만일 훗날 협제를 지내게 되면 넓히지 않을 수 없을 것입니다."

하니, 상왕이 말했다.

"태조께서 문신(文臣)으로 하여금 충분히 의논하게 하여 창건하신 것이고, 또 종묘에 친향(親享)을 지내신 것이 네 번이나 되며, 종묘에 부묘(祔廟)한 지도 이미 수년이 되었다. 어찌 차마 고쳐 새로 지을 수 있겠는가?" —실록에 나온다.

○ **10월 기유일**(20일)

예조에서 아뢰기를,

"영녕전이 종묘 태실의 서쪽에 건립되어 있으니, 따로 관원을 두지 말고 종묘서(宗廟署)로 하여금 겸하여 관장하게 하는 것이 마땅할 것입니다."

하니, 그대로 따랐다. —실록에 나온다.

○ **연산군 병진년**(1496, 연산군2) **1월 기해일**(20일)

일찍이 정승을 거친 신하 및 육조(六曹)의 참의를 명소(命召)하여 종묘의 제도를 논의하게 하였다. 신승선(愼承善), 어세겸(魚世謙), 이극돈(李克

敦), 성현(成俔), 신종호(申從濩), 안침(安琛) 등이 논의하기를,

"공정대왕(恭定大王)[25]의 신령스러운 공과 성스러운 덕은 백세토록 영원히 향사함이 마땅하니, 비록 향사의 대수가 다했다 하더라도 진실로 조천해서는 안 됩니다. 지금 성종(成宗)을 올려 부묘하면 신실의 수효가 부족하여 신실 하나를 증설해야 하는데, 다만 옛사람이 이르기를, '태묘의 좌우에 새로 짓는 것은 신명(神明)을 편안하게 하는 바가 아니다.' 하였고, 또 우리 태종께서 일찍이 세종께 이르시기를, '우리 조정의 종묘는 당초에 문신이 옛 제도를 충분히 상고하여 창건한 것이고, 태조께서 일찍이 여러 차례 친향을 지내셨으며, 전하여 네 임금에 이르렀으니 고쳐 지을 수 없다.' 하셨습니다. 그렇다면 지금 신실을 증설하는 것은 어려우니, 전교에 의하여 문종의 신주를 종묘의 익실에 봉안하고, 공정왕(恭靖王)[26]의 신주를 영녕전의 익실에 봉안하며, 공정왕의 향사는 사조(四祖)의 예에 따라 봄과 가을에만 향사한다면 거의 시의(時宜)에 적합할 듯합니다."

하니, 신승선 등의 의견을 따랐다. 홍문관 부제학 박처륜(朴處綸) 등이 차자(箚子)를 올려, 신실을 증설하여 성종을 부묘할 것을 청하고 문종을 체천(遞遷)해서는 안 된다[27]고 하니, 전교하였다.

"공정대왕(恭靖大王)을 영녕전의 익실로 옮기는 것은 대개 부득이해서인데, 구묘(舊廟)는 신실을 증설할 수 없기 때문에 이미 대신과 논의한 만큼 문종을 종묘의 익실로 옮기는 것도 부득이해서이다." —실록에 나온다.

○ 명종대왕 병오년(1546, 명종1) 4월[28] 갑오일(8일)

예조 판서 윤개(尹漑), 참판 홍섬(洪暹)이 종묘의 제도로 서계(書啓)하기를,

"우리 조정의 종묘의 제도를 삼가 상고해 보니, 《오례의》의 〈도설〉에는 비록 태조가 1위이고, 소와 목이 각각 2위라고 하였으나, 현재 세워진 태실(太室)은 7칸(間)이고, 동쪽과 서쪽에 각각 협실(夾室)이 2칸 있는데, 태조를 모신 제1칸이 1실(室)이 되고, 태종을 모신 제2칸이 2실이 되며, 세종을 모신 제3칸이 3실이 되고, 문종을 모신 서협실이 4실이 되며, 세조를 모신 제4칸이 5실이 되고, 덕종을 모신 제5칸이 6실이 되고, 예종을

25 **공정대왕** 태종(太宗)이다. 공정은 명나라에서 받은 시호이다.

26 **공정왕** 정종(定宗)이다. 공정은 명나라에서 받은 시호이다.

27 **문종을 체천해서는 안 된다** 문종은 세조와 형제간으로 1위가 되어 연산군에게는 증조고에 해당하므로 조천할 대수가 아니다. 따라서 영녕전으로 조천하지 않고 종묘의 협실로 옮기도록 한 것인데, 박처륜은 협실이란 조천된 신주를 모셔 두는 곳이므로 분명 태묘라 할 수 없고, 대수가 다하지 않았다 하여 문종의 체천을 반대한 것이다. 《연산군일기 2년 1월 23일조》

28 **4월** 대본은 '三月'인데, 날짜와 간지가 맞지 않아 《명종실록》에 의거하여 '三'을 '四'로 바로잡아 번역하였다.

모신 제6칸이 7실이 되며, 성종을 모신 제7칸이 8실이 됩니다. 대수로는 이미 5세가 지났으나, 태종과 세종[29]은 공(功)과 덕(德)으로 영원히 조천하지 않는 신주가 되었고, 문종과 세조는 1세가 되면서 세조[30] 역시 영원히 조천하지 않는 신주가 되었으며, 덕종과 예종이 1세가 되고, 성종이 1세가 됩니다. 이제 중종(中宗)을 부묘하면 4세를 합하여 사친(四親)의 묘가 되니, 4세 6왕이 바로 2소(昭)와 2목(穆)의 위차가 됩니다. 그리하여 위로는 조천할 신주가 없고 아래로는 새로 부묘할 신실이 없으니, 증축이 불가피합니다.

삼가 《성종대왕부묘의궤(成宗大王祔廟儀軌)》를 살펴보니, 그 당시에 이미 신실을 넓히고 증설하자는 논의가 있었습니다. 그러나 끝내 문종의 신주를 협실로 옮기고 세종 이하를 순서대로 올려 부묘하여 성종대왕을 태실의 제7칸에 모셨는데, 당시에 논의했던 자들은 대부분 편치 않게 여겼습니다. 중종을 새로 부묘하고 나서 인종(仁宗)을 또 부묘하자면[31] 반드시 3칸을 증축해야만 가능합니다."

하니, "아뢴 대로 하라."고 전교하였다. 이어서 아뢰었다.

"종묘를 3칸 더 증설하는 일은 의정부와 육조의 2품 이상이 함께 논의하여 이미 정한 일입니다만, 지금 종묘의 제도로 서계하는 것이니,[32] 만약 이 서계를 의궤(儀軌)에 기록해 둔다면 당시는 물론 후세에도 모두 환하게 알 수 있을 것입니다." —실록에 나온다.

○ 선조대왕 기사년(1569, 선조2) 4월 무인일(5일)

상이 문정전(文政殿)에 거둥하여 조강(朝講)을 할 때, 권철(權轍)이 아뢰기를,

"종묘의 일은 외정(外庭)의 논의도 아직 결론이 나지 않았으니, 오묘(五廟)를 논하고[33] 또 조공종덕(祖功宗德)을 따지는 문제[34]는, 어떤 사람은 대수가 이미 찼다고 하고 어떤 사람은 아직 차지 않았다고 하는데,[35] 이 점이 반드시 결정된 뒤에야 될 수 있을 것입니다. 부묘(祔廟) —명종대왕의 부묘이다.— 할 시기가 임박하였는데, 종묘는 본래 11칸으로 10실(室)은 이미 찼고 한 칸이 아직 비어 있습니다. 그러므로 명종을 빈 칸에 부묘해야 한다고 여긴다면 해조(該曹)에서 마땅히 수리해야 하고, 만약 상

29 **세종** 대본은 '世祖'인데, 《명종실록》에 의거하여 '祖'를 '宗'으로 바로잡아 번역하였다.

30 **세조** 대본은 '世宗'인데, 《명종실록》에 의거하여 '宗'을 '祖'로 바로잡아 번역하였다.

31 **중종을……부묘하자면** 중종에 이어 즉위한 인종은 명종의 형으로 1년도 못 되어 승하하여 아직 상중(喪中)이기 때문에 한 말이다.

32 **지금……것이니** 실록에는 "다만 이 일은 나라의 대사인데, 당초 논의에 참여했던 사람들이야 부득이한 일임을 알겠지만 참여하지 않은 사람들은 조관(朝官)이라도 반드시 그 의도를 알지 못할 것입니다. 그러므로〔但此國之大事 當初參議者 固知其不得已也 如其未參者 則雖在朝之士 必不知其意 故〕"라는 말이 앞에 있어, 이미 결정된 일에 대해 다시 서계를 올리는 목적을 밝힌 것이다. 《명종실록 1년 4월 8일조》

33 **논하고** 태조 1위와 2소, 2목은 제후의 종묘제도로 5위를 넘길 수 없음을 말한 것이다.

위(上位)를 체천한다면 그 빈 칸은 굳이 수리할 필요가 없습니다."

하고, 박순(朴淳)은 아뢰기를,

"종묘의 제도는 다른 것을 상고하지 않고 《오례의》만 보더라도 결정할 수 있습니다. 태조가 1위이고, 소가 2위, 목이 2위라고 하였고, 그 아래에 또 같은 소목이면 1위를 공유한다고 하였습니다. 선왕의 규례가 분명하게 정해져 있으니 종묘의 체천은 굳이 의심할 것이 없습니다."

하였다. 기대승(奇大升)이 아뢰기를,

"종묘의 조천하는 일은 《오례의》의 글에도 있는 만큼 1위를 체천하면 명종의 부묘를 당하여 1칸이 비록 비었더라도 수리할 필요가 없습니다. 소목의 차서는 선왕의 예이니, 어지럽혀서는 안 됩니다."

하고, 이어서 또 아뢰었다.

"인종과 명종이 고(考)가 되고, 중종이 조(祖)가 되며, 성종이 증조가 되고, 덕종과 예종이 고조가 되니, 이것이 사친입니다. 사친 이외는 예로 보아 마땅히 체천해야 하나 혹 공과 덕이 있는 군주가 있으면 자연 체천하지 않는 신위가 되는 것입니다. 이른바 체천하지 않는 신위는 대수가 다하여 체천할 때가 된 뒤에 논해야 하니, 사친 내에 있을 때 미리 논의할 수 없습니다." —실록에 나온다.

○ **정미년**(1607, 선조40) **2월 임자일**(19일)

홍문관에서 아뢰었다.

"예조의 계사에 대해 비망기(備忘記)로 '우리나라의 종묘제도는 역대의 제도와 비교하여 부족함이 없는가? 살펴서 아뢰라. 친제(親祭)의 예를 행할 때에 매 신위 앞의 공간이 너무 좁아 집사관(執事官)이 제대로 진행할 수가 없다. 이 점은 반드시 고쳐야 할 것이라고 예조에 말하라.' 라고 전교하시고, 역대의 종묘제도를 반드시 먼저 상고해 본 뒤에야 같고 다른 점을 비교해 볼 수 있겠기에 유신(儒臣)으로 하여금 역대의 종묘를 세우는 제도를 널리 조사하여 아뢰게 하는 것이 증명해 바로잡기에 거의 편할 것이라는 사안을 윤허하셨습니다. 본 홍문관에는 서적이 갖추어지지 않아 역대의 종묘제도를 일일이 조사하지는 못하였고, 다만 현존하는 것에 의거하여 서계합니다.

34 **조공종덕을 따지는 문제** 불천지주(不遷之主)를 결정하는 문제를 말하는 듯하나, 자세하지는 않다. 기대승(奇大升)이 "이른바 체천하지 않는 신위는 대수가 다하여 체천할 때가 된 뒤에 논해야 하니, 사친(四親) 내에 있을 때 미리 논의할 수 없다."라고 주장한 것으로 보아 중종의 신위를 불천지주로 해야 한다는 논의를 말하는 듯하다. 선조를 기준으로 중종은 인종과 명종을 1위로 볼 경우 조고(祖考)에 해당하고, 2위로 볼 경우 증조고(曾祖考)에 해당하여 사친 내에 있다.《선조실록 2년 4월 5일조》

35 **어떤……하는데** 명종을 종묘에 부묘하려 할 때 체천할 대상에 대한 논의가 일치하지 않음을 말한다. 인종과 명종을 형제간이라 하여 1위로 할 경우 인종과 명종이 고(考)가 되고, 중종이 조고가 되며, 성종이 증조고가 되고, 덕종과 예종이 형제간으로 고조고가 되므로, 예종은 체천 대상이 되지 않으나 5실이 넘는 문제가 있고, 전위(傳位)한 것에 중점을 두어 명종을 고(考)로, 인종을 조고로 삼을 경우에는 예종이 체천 대상이 되는 문제가 있다.《선조실록 2년 4월 5일조》

《주례》에 '하우씨(夏禹氏)의 세실(世室)은, 당(堂)의 길이는 2와 7을 곱하고, 폭은 길이에 길이의 4분의 1만큼을 더하였다.' 하였는데, 주에 '길이는 남북의 깊이이다. 하(夏)나라는 걸음〔步〕을 단위로 쓴다. 지금 당의 길이는 14보이고, 폭은 길이의 4분의 1을 더하였으니, 곧 당의 폭은 17보 반이다.' 하였고, '실(室)은 다섯으로 3, 4보에 4, 3자이다.' 하였는데, 주에 '당 위에 5실을 만드는데, 3, 4보는 실의 사방 넓이이고, 4, 3자만큼 폭을 더 넓힌 것이다.' 하였으며, '은(殷)나라의 중옥(重屋)은, 당의[36] 길이는 7심(尋)이고, 당의 높이는 3자로, 사아(四阿)[37]의 중옥이다.' 하였는데, 주에 '그 길이는 7심 5장 6자이니, 하나라와 주(周)나라의 제도에 의거해 보면 그 폭은 9심 7장 2자이다. 사아는 지금의 사주옥(四注屋)[38]과 같다.' 하였고, '주나라의 명당(明堂)은 9자의 연(筵)을 단위로 쓰는데, 동서는 9연이고 남북은 7연이며, 당의 높이는 1연이다. 5실이고 모든 실은 2연이다.' 하였는데, 주에 '혹은 종묘를 들어서 말하고, 혹은 왕침(王寢)을 들어서 말하고, 혹은 명당을 들어서 말하였으니, 상호 보완적으로 말하여 제도가 같음을 밝힌 것이다.' 하였습니다.

《예기》〈왕제(王制)〉에 '천자는 7묘(廟)이니, 3소(昭) 3목(穆)에 태조의 묘와 더불어 7묘이고, 제후는 5묘이니, 2소 2목에 태조의 묘와 더불어 5묘이다.' 하였는데, 주에 '그 제도는 손육(孫毓)이 「바깥에 도궁(都宮)을 만들어 태조는 북쪽에 두고, 2소와 2목은 순서대로 남쪽에 자리한다.」라고 한 것이 이것이다. 묘는 지금 남향하고, 각각 문(門), 당(堂), 실(室), 침(寢)을 두어 장우(墻宇)로 사방을 둘렀다. 천자의 산절(山節), 조절(藻梲), 복묘(複廟), 중첨(重檐)[39]을 제후는 진실로 할 수 없는 바가 있고, 제후의 유악(黝堊), 착롱(斲礱)[40]을 대부는 할 수 없는 바가 있다.' 하였습니다.

《의례경전(儀禮經傳)》[41]에 '실에 동상(東廂)과 서상(西廂)이 있는 것을 묘라고 하고, 동상과 서상이 없이 실만 있는 것을 침이라고 한다. 묘 가운데 길을 당(唐)이라고 하고, 당도(堂途)[42]를 진(陳)이라고 하며, 팽(閍)을 문이라고 한다.' 하였는데, 소(疏)에 '무릇 태실에 동상, 서상, 협실이 있고, 아울러 전당(前堂)에 서장(序墻)이 있는 것을 묘라고 하고, 단지 태실만 있는 것을 침이라고 한다. 정현(鄭玄)의 주에 「앞에 있는 것을

36 **당의** 대본에는 없는데, 《주례》〈동관(冬官) 장인(匠人)〉에 의거하여 '堂' 자를 보충하여 번역하였다.

37 **사아** 집의 네 변의 첨류(簷霤)로 물이 사면으로 흘러 내려갈 수 있게 한 것인데, 기둥이 넷이고 지붕이 사각추(四角錐) 꼴로 된 집이라고 한다. 아래에서 지금의 사주옥(四注屋)과 같다고 하였다.

38 **사주옥** 대본은 '四註屋' 인데 《주례주소(周禮注疏)》에 의거하여 '註' 를 '注' 로 바로잡아 번역하였다.

39 **산절……중첨** 절(節)은 기둥 위의 지붕을 받치는 두공(枓栱)이고, 절(梲)은 들보 위의 동자기둥이다. 곧 산절은 두공에 산 모양을 새겨 넣는 것이고, 조절은 동자기둥에 마름 모양을 그려 넣는 것이다. 복묘는 지붕을 이중으로 설계한 사당을 말하는데, 정현(鄭玄)은 '중옥(重屋)' 이라고 하였다. 중첨은 처마에 부연(婦椽)을 달아 비바람이 들이치는 것을 방지한 것이다. 이것은 모두 천자의 묘(廟)에 하는 수식이다. 《예기 명당위(明堂位)》

묘라고 하고 뒤에 있는 것을 침이라고 하니, 묘는 신을 접하는 곳으로 높기 때문에 앞에 있고, 침은 의관을 보관하는 곳으로 낮기 때문에 뒤에 있다.」 하였다.' 하였고, 또 '청묘모옥(淸廟茅屋)은 검소함을 밝힌 것이다. 장공(莊公) 23년 가을에 환공(桓公)의 사당 기둥에 단청을 입힌 사건에 대해 곡량자(穀梁子)는 「천자와 제후는 사당의 기둥은 흑색으로 하고 벽은 백색으로 하는 것이니, 기둥에 단청을 입힌 것은 예가 아니다.」 하였고, 장공 24년 봄에 환공의 사당 서까래에 조각을 새긴 사건에 대해 곡량자는 「천자의 서까래는 깎고 간 다음 숫돌로 더 갈고, 제후의 서까래는 깎고 가는 것이니, 서까래에 조각을 새긴 것은 바르지 않다.」 하였다.' 하였습니다.

《주자대전(朱子大全)》에 옛 묘와 옛 실에 대한 제도와 그림[43]이 있는데, 그림 아래에 '1세에 각각 1묘를 만든다. 묘에는 문이 있고, 당이 있으며, 실이 있고, 방이 있으며, 협실이 있고, 침이 있으며, 사면에 담장이 있다.' 하였고, 또 '묘와 실의 제도는 지금 이와 같고, 신주는 모두 서쪽 벽 아래에 두어 동향한다. 협제(祫祭)를 지낼 때에 태조는 동향하고, 소는 남향, 목은 북향한다.' 하였습니다.

《주자어류(朱子語類)》에 '옛날의 제도를 알 수는 없으나 예설(禮說)에 사(士)는 당 뒤의 1가(架)가 실이 된다고 했는데, 대개 매우 협소한 공간이다. 천자는 당연히 5가나 7가가 되겠지만 역시 협소한 공간이니, 주나라의 30위 이상 되는 신주의 위차(位次)가 서로 바싹 붙어 있어서 어떻게 예를 행하였는지 알지 못하겠다. 실은 당 뒤에 있는 1칸으로, 당 안의 왼쪽 모서리에 호(戶)를 만들어 서쪽 벽에 들이니, 지금 장(墻) 위에 감(龕)을 만드는 것과 같다. 태조를 그곳에 두어 동향한다. 옆으로 양쪽 벽에 유(牖)가 있어, 여러 소는 북쪽의 유 아래에 도열하여 남향하고, 여러 목은 남쪽의 유 아래에 도열하여 북향한다.' 하였습니다.

《성리대전(性理大全)》에 '주자가 말했다. 「천자는 7묘이고, 제후, 대부, 사는 내려가면서 둘씩 줄인다. 그 제도는 모두 중문(中門)의 왼쪽에 둔다.[44] 밖에 도궁(都宮)을 만들고, 안에 각각 침과 묘를 두는데, 별도로 문과 원(垣)이 있다. 태조는 북쪽에 있고, 왼쪽에는 소, 오른쪽에는 목이 순서대로 남쪽에 자리한다. 삼대(三代)의 제도는 상세한 내용을 듣지 못

40 **유악, 착롱** 유(黝)는 흑색이고 악(堊)은 백토(白土)로 담장에 흑색과 백색을 바르는 것이고, 착롱은 서까래를 깎고 갈아 곱게 다듬는 것으로 《춘추곡량전(春秋穀梁傳)》에는 천자의 서까래에 하는 것으로 되어 있으나 여기에서는 제후의 묘에 하는 수식이다.

41 **《의례경전》** 원명은 《의례경전통해(儀禮經傳通解)》이다. 송나라 주자(朱子)가 지은 것으로 초명은 《의례경전집주(儀禮經傳集注)》였다. 주자는 이 책에 대해 "의례를 경(經)으로 삼고, 여러 경사(經史) 및 잡서(雜書)에 실린 것 중에 예에 대해 언급한 것을 취하여 모두 본경 아래에 붙였다." 하였다. 《사고전서제요(四庫全書提要)》

42 **당도** 대본은 '途' 인데, 《의례경전통해》에 의거하여 '堂' 자를 보충하여 번역하였다. 《의례경전통해》의 소(疏)에서 당도를 '당(堂) 아래에서 문에 이르는 길' 로 풀었다.

43 **옛……그림** 《주희집(朱熹集)》 권15 〈조묘의장(祧廟議狀)〉에 실려 있는 고묘제(古廟制)와 고실제(古室制)를 말한다.

44 **중문의 왼쪽에 둔다** 중문은 궁궐 문의 내문(內門)과 외문(外門) 사이에 있는 문을 말한다. 궁궐 문은 대개 밖에서부터 고문(皐門), 치문(雉門), 고문(庫門), 응문(應門), 노문(路門)이 있는데, 외문인 고문과 내문인 노문 사이의 세 문을 통틀어 중문이라고 한다는 설이 있다. 《주례 천관(天官) 혼인(閽人)》 《주희집》 권69 〈체협의(禘祫議)〉에는 "중문 밖 왼쪽에 둔다.〔在中門外之左〕" 로 되어 있다.

하였으나 그 대략은 이와 같은 데에 지나지 않을 것이다. 한(漢)나라는 진(秦)나라의 폐습을 이어받아 옛날의 제도를 깊이 고찰하지 못하고 여러 제왕의 사당을 각자 다른 곳에 두었으므로 합하여 도궁을 만들어 소와 목을 순서대로 할 수 없었으며, 후한(後漢)의 명제(明帝)는 죽기 전에 조서를 내려 침묘를 짓지 말고 단지 자신의 신주를 광무제의 사당 안 경의(更衣)[45]의 별실에 안치하라고 하였으므로 후세에 마침내 감히 사당을 더 짓지 못하게 되어 나라의 사당이나 개인의 사당이 모두 동당이실의 제도가 되었다. 다시 위진(魏晉) 시대를 거치고 아래로 수당(隋唐) 시대에 미치도록 모두 그 폐단을 바로잡지 못하여, 태조의 신위로 하여금 아래로 자손의 신위와 같아지게 한 데다 다시 한쪽 구석에 외따로 떨어져 있게 하여 이미 7묘의 존귀함을 볼 수 없고, 또 여러 묘의 신위도 위로 조고(祖考)의 신위에 눌려 스스로 한 묘의 주인이 될 수 없는 지경에 이르렀다. 인정으로 논해 보자면 살아서는 구중궁궐에 살아 웅장하고 화려함을 극도로 하였는데, 죽어서는 고작 8자에서 1장 사이밖에 되지 않는 하나의 실에서 제사를 받으며, 심지어는 간혹 정(鼎)과 조(俎)를 놓을 자리도 없어 몰래 그 수효를 줄이기도 하니, 효성스럽고 유순한 자손의 마음이 이 점에 대해 또한 편치 않은 바가 있다.」 하였습니다.

《후한서(後漢書)》에 '한나라의 여러 능에는 모두 원침(園寢)이 있으니, 진(秦)나라에서 했던 바를 이어받은 것이다. 해설하는 자들이 「옛날의 종묘는 앞에 묘를 짓고 뒤에 침을 지어 살아 있는 사람의 거처가 앞에 조정〔朝〕[46]이 있고 뒤에 침이 있는 것을 본떴다.」 하였다. 묘에는 신주[47]를 모시고서 사철의 제사를 올리고, 침에는 의관(衣冠), 궤장(几杖), 생전에 쓰던 도구를 본떠 만든 것을 두고서 새로 나는 음식물을 바친다. 진나라 때 처음으로 침을 밖으로 내서 묘 곁에 지었는데, 한나라가 그대로 답습하고 고치지 않았다. 그러므로 능상(陵上)을 침전(寢殿)이라고 일컫게 되었다.' 하였고, 또 '명제가 임종에 유조(遺詔)를 내려, 검소함을 지켜 침묘를 짓지 말고 세조묘(世祖廟)[48]의 경의(更衣)에 신주를 안치하라고 하였으므로 효장제(孝章帝)가 감히 유명을 어기지 못하고 경의에 작은 별실을 두어 존호를 현종묘(顯宗廟)로 올렸으며, 경의에서 한사(閒祀)를 지내고 세조묘에서 사시의 합제(合祭)를 지냈다. 장제가 임

45 **경의** 침(寢) 옆에 있는 별전으로 제왕을 모신 사당의 편전(便殿)을 말한다.

46 **조정** 대본은 '廟' 인데, 《후한서》〈지(志) 제9 제사〉에 의거하여 '朝' 로 바로잡아 번역하였다.

47 **신주** 대본은 '之' 인데, 《후한서》〈지 제9 제사〉에 의거하여 '主' 로 바로잡아 번역하였다.

48 **세조묘** 세조는 광무제(光武帝)의 묘호로, 즉 광무제의 사당을 말한다.

종에 유조를 내려 침묘를 짓지 말고 사당을 선제(先帝)의 고사와 같게 하라고 하였으므로 후세의 제왕이 이어받아 따라서 모두 세조묘에 신주를 안치하였다.' 하였는데, 주에 '경의는 바른 곳이 아니다. 원(園) 가운데에 침이 있고 편전(便殿)이 있으니, 침은 능상의 정전(正殿)이고 편전은 침 옆의 별전[49] 으로 곧 경의이다.' 하였습니다.

《당서(唐書)》 '무덕(武德) 원년[50]에 처음 4묘를 건립하였고, 정관(貞觀) 9년[51]에 고조가 붕하자 태종이 유사에게 조서를 내려 논의를 결정하고 6실을 만들었으며, 중종(中宗) 신룡(神龍) 원년(705)에 논의하여 시조를 세우고 7묘를 만들어 마침내 7실이 있게 되었다. 당나라가 끝날 때까지 9대에 11실이 있었다.' 하였고, 또 '개원(開元) 12년[52]의 저령(著令)에, 1품과 2품은 4묘이고, 3품은 3묘이며, 3품 이상으로 작위가 필요하지 않은 자는 역시 4묘이고, 4묘에 시봉(始封)이 있으면 5묘가 된다. 묘의 제도는, 3품 이상은 9가(架)로 하(廈)가 양 옆에 있으니, 3묘는 5칸으로 가운데에 3실이 있고 좌우에 하가 1칸씩이며, 앞과 뒤는 비워 두고 중공(重栱)과 조정(藻井)은 없다. 실은 모두 석실 하나로 만드는데, 서쪽 담〔墉〕[53] 3분의 1 되는 지점의 남쪽 가까이에 만든다. 땅과 4자 떨어지고 두 신주를 넣는다. 묘에 담〔垣〕을 두르고 남문과 동문을 만들며, 문옥(門屋)은 3실인데, 위 칸을 묘로 쓴다. 신주(神廚)를 묘의 동쪽 약간 남쪽에, 재원(齋院)을 동문 밖 약간 북쪽에 증설하여 세우되 제도는 묘의 제도를 넘지 않게 한다.' 하였습니다.

《문헌통고》에 '송나라 태종 태평흥국(太平興國) 2년(977)에 유사가 「당나라 제도를 살펴보니, 장안(長安)의 태묘는 모두 9묘로 동전이실(同殿異室)입니다. 그 제도는 21칸이고 모두 사주(四注)[54]이며, 동쪽과 서쪽에 협실이 각각 하나씩 있습니다. 앞면과 뒷면에 각각 3개의 계단이 있고, 동쪽과 서쪽에 각각 2개의 측면 계단이 있습니다. 국조의 태묘는 4실로 실은 3칸인데, 지금 태조를 올려 부묘하면 모두 5실을 이루게 됩니다. 청컨대, 장안의 제도에 의하여 동쪽과 서쪽에 남긴 협실을 제외하고 나머지 10칸을 나누어 5실로 만들고 실은 2칸으로 하소서.」 하니, 따랐다. 소흥(紹興) 16년[55]에 태상시(太常寺)에서 「경도(京都)에 있는 묘의 제도는 실마다 동쪽에 호(戶)를 설치하고 서쪽에 유(牖)를 설치하였으며,

49 **별전** 대본의 '列'는 '別'의 오류이므로 바로잡아 번역하였다.

50 **무덕 원년** 무덕은 당나라 고조(高祖)의 연호로, 원년은 618년이다.

51 **정관 9년** 정관은 당나라 태종(太宗)의 연호로, 9년은 635년이다.

52 **개원 12년** 개원은 당나라 현종(玄宗)의 연호로, 12년은 724년이다.

53 **담** 대본은 '牖'인데, 《신당서》 권13 〈지 예악〉에 의거하여 '墉'으로 바로잡아 번역하였다.

54 **사주** 앞에서 나온 사아(四阿)를 말하는 듯하다. 사아에 대해서는 191쪽 주37 참조.

55 **소흥 16년** 소흥은 송나라 고종(高宗)의 연호로, 16년은 1146년이다.

서장(西墻)에 석실(祏室)을 만들어 조종의 황제와 황후의 신주를 안치하였습니다. 또 동쪽과 서쪽에 협실을 두고, 그 협실에는 호만 설치하였습니다. 지금 행재(行在)의 태묘를 보면 편의대로 설계하여 만들어서 일찍이 석실을 안치한 적이 없습니다. 지금 이미 새로 짓고 수리하게 되었으니, 체제를 경도에 있는 묘의 제도를 모방해서 동전이실로 하고, 수리하는 것과 새로 짓는 전(殿)은 동쪽과 서쪽에 두 개의 협실을 만들되 그 두 개의 협실에는 호만 설치하며, 11실은 곧 묘의 제도대로 호와 유를 설치하고, 전의 남북의 깊이는 7장으로 하며, 실마다 서쪽 벽에 북쪽에서 남쪽으로 1장 2자가 되도록 두꺼운 장(墻)을 만들어 편의에 따라 석실을 안치하는 것이 합당하겠습니다. 그리고 서쪽의 협실에도 석실을 합설하여 순조(順祖)의 신주를 안치하는 것이 합당하겠습니다.」 하니, 조서를 내려 따르고, 마침내 태묘를 넓혔다.' 하였습니다.

《대명회전(大明會典)》에 '국초에 세운 4묘는 묘와 신주가 모두 남향하였는데, 홍무(洪武) 9년[56]에 처음으로 태묘를 고쳐 지었다. 그 제도는 앞에 정전(正殿)이 있고 뒤에 침전(寢殿)이 있으며, 정전과 침전 모두 양무(兩廡)를 날개로 삼았다. 침전은 9칸으로, 1칸을 1실로 삼았다. 홍치(弘治) 원년[57]에 비로소 침전 뒤에 조묘(祧廟)를 다시 세웠다.' 하였습니다.

《삼례술(三禮述)》에 '종묘는 앞에 전이 있고 뒤에 침전이 있으며, 침전 뒤에 조전(祧殿)이 있다. 전, 침전, 조전 모두 기둥이 아홉이고, 각각 양무를 날개로 하였다. 침전에 신주를 보관하되 동당이실의 제도와 같게 하였다. 제사를 지낼 때에는 전으로 신주를 내가고, 제사가 끝나면 침전으로 신주를 들여온다. 가정(嘉靖) 10년[58]에 옛 묘를 철거하고 조종(祖宗)이 각자 단독의 묘를 소유하도록 고쳐 세웠으며, 여러 묘를 합하여 도궁을 만들었는데, 태묘를 가운데에 앉히고 소와 목 6묘를 좌우로 나열하였다. 묘에는 각각 전을 두고, 전 뒤에 침을 두어 신주를 보관하였으며, 태묘의 침 뒤에 조침(祧寢)을 두어 조묘의 신주를 보관하였다. 태묘의 문과 전은 모두 남향하고, 여러 묘의 문은 동쪽과 서쪽으로 서로 향하게 하되 내문(內門)과 전과 침은 모두 남향하였다.' 하였습니다." —《승정원일기》에 나온다.

56 **홍무 9년** 홍무는 명나라 태조의 연호로, 9년은 1376년이다.

57 **홍치 원년** 홍치는 명나라 효종(孝宗)의 연호로, 원년은 1488년이다.

58 **가정 10년** 가정은 명나라 세종(世宗)의 연호로, 10년은 1531년이다.

○ 같은 날

예조에서 아뢰기를,

"홍문관에서 역대의 입묘(立廟) 제도를 조사하여 올린 초기(草記)를 예조에 내리라고 전교하셨습니다. 우리나라의 종묘를 가만히 살펴보니, 역시 동당이실로 옛 제도와 비교하면 이미 같지 않았습니다. 처음 창건할 때 7실이었고, 나중에 3실을 더 지었는데, 요컨대 그 당시의 형세에 맞추어 한 것에 불과합니다. 그러면서도 실(室)은 있고 전(殿)이 없는 점은 그 까닭을 알지 못하겠습니다. 아마도 협향(祫饗)의 예를 실 안에서 행하여 신주를 내가고 들여오는 의식이 없기 때문에 전을 설치하여 구별할 필요가 없었던 것이 아닌가 합니다.

동경(東京) 이후[59]로 역대가 한 가지 규례였지만 당과 침의 칸수(間架)에 대해서는 상세하지 못한 바가 있었는데, 유독 황조(皇朝 명나라)의 제도가《대명회전》에 실려 있어 자못 상세하였습니다. 그 제도가 세 번 변하였는데, 처음에 세운 4묘는 단독의 묘에 가까웠고, 중간에 태묘를 건립한 것은 동당이실이었으며, 가정 연간에 와서야 옛 제도를 회복하였으니, 이것은 하언(夏言)과 구준(丘濬) 등이 지세가 편하지 않다는 것을 분분히 말하여 세종황제가 단안을 내려 고친 것입니다. 묘우(廟宇)의 칸수는 모두 정전은 5칸이고 침실은 3칸이며, 태묘는 침전 뒤에 또 조침을 두어 세실과 소목의 여러 묘가 도궁(都宮)에 통할되도록 하였으니, 실(室)은 있고 전(殿)은 없는 우리나라의 제도로 참작해 보면 또한 크게 다릅니다.

대저 주나라의 제도는 이미 없어졌고, 모두들 누추함을 그대로 따르고 간략함을 추구하여 이른바 밖으로 순서를 잃지 않음이 있다는 것과 안으로 존귀함을 각자 온전하게 함이 있다는 것을 다시는 이 세상에서 볼 수가 없게 되었습니다. 그러므로 정자(程子)가 동당(同堂)의 구차함을 극론하였고, 주자는 조묘(祧廟)에 대해 논의하고 이로 인하여 옛 제도, 곧 1세(世) 1묘(廟)의 법을 그림으로 그려 올리기에 이르렀는데, 그때의 〈의장(議狀)〉[60]에 '훗날 회복되어 옛 도성으로 다시 돌아가 선왕의 옛 제도를 능히 복구하면 왼쪽의 소와 오른쪽의 목이 각각 제자리를 얻을 수 있을 것입니다.' 라고 한 말이 있으니, 이 〈의장〉으로 종묘제도의 정식을

59 **동경 이후** 동경은 낙양(洛陽)의 이칭으로 후한(後漢)의 도읍이다. 전한(前漢)의 도읍인 장안(長安)의 동쪽에 있기 때문에 동경이라고 한 것이다. 구체적으로 후한의 명제 이후를 말한다.

60 **〈의장〉** 주자(朱子)의 〈조묘의장(祧廟議狀)〉을 말한다. 《주회집》 권15에 실려 있다.

삼으면 의심이 없을 것입니다.

이렇듯 나라의 운명이 거듭 새롭게 된 때에 묘우를 재차 창건하면서 성상의 생각이 이에 미쳐 아래에 자문하시니, 참으로 지극한 뜻입니다. 다만 예가 성대하고 일이 중하여 가볍게 의논하기 어려운 점이 있으니, 청컨대, 종묘도감에 내려 다시 참작하여 살피게 하소서. 매 위(位)의 앞 공간이 매우 협소한 곳을 고치는 일도 아울러 도감으로 하여금 의논하여 처리하게 하는 것이 어떻겠습니까?"

하니, "윤허한다."고 전교하였다. -《승정원일기》에 나온다.

○ 동지경연(同知經筵) 한준겸(韓浚謙)이 아뢰었다.

"소신이 종묘영건 제조(宗廟營建提調)가 되어 문서를 점검해 보니, 계묘년(1603, 선조36) 연간에 유신들에게 널리 물어 옛날의 제도를 모두 준행하여 종묘를 중건함으로써 성령(聖靈)을 편안하게 하라는 상의 하교가 있었습니다. 성상께서 어느 정도를 생각하고 계신지는 비록 알지 못하나 옛것을 회복하고자 하시는 뜻을 이미 알 수 있었습니다. 신이 사적으로 동료에게 말하기를, '예관(禮官)이 된 자는 마땅히 이 전교로 인하여 거듭 여쭈어 강정(講定)한 뒤에야 영건하는 일의 공사를 시작할 수 있을 듯하다.' 라고 하였는데, 그럭저럭 세월만 보내고 거행이 있었다는 말은 듣지 못했습니다. 그런데 지난번 전교에 또 '종묘제도는 옛 제도에 합당하며 부족함은 없는가? 또한 공간이 협소한 제도는 고치지 않을 수 없다.' 하셨습니다. 이것으로 보면 전후로 내리신 전교는 모두 같은 생각인데, 역대로 답습해 온 구차하고 허술한 제도를 조금 변화시키고자 하는 것입니다. 이것은 매우 성대한 생각이며, 지금이야말로 기회입니다.

유신이 널리 상고하여 입계(入啓)하였다고 들었는데, 이 일을 반드시 조속히 강정해야만 들어갈 재료를 마련하여 공사를 시작할 수 있을 것입니다."

상이 말하기를,

"역대의 제도가 구차하고 허술하다고 말하는 것인가?"

하니, 한준겸이 아뢰기를,

"일찍이 선유(先儒)가 논한 것을 보니, '옛날의 제도가 처음 동한(東漢) 때에 변화되었으니, 대개 명제(明帝)가 근실하고 검소하여 유명으로 광렬황후(光烈皇后)[61]의 경의(更衣)의 별실에 신주를 부묘하라고 한 데서 나온 것이다. 후세에 이를 따라 하여 동당이실로 하면서 서쪽을 상위로 삼았는데, 그 제도가 매우 구차하고 허술하다. 제례(祭禮)가 뒤틀려 어긋난 것이 모두 이로 말미암아 시작되었다.' 하였습니다."

하였다. 상이 말하기를,

"예문(禮文)은 내가 알지 못하고 다만 종묘제도가 과연 옛날의 제도에 부합하는지를 모르므로 내 뜻으로 말한 것이다. 만일 미진한 일이 있다면 고치는 것이 무슨 문제가 되겠는가. 또 친제를 행할 때에 보면, 묘안이 너무 협소하다 보니 집사하는 신하들이 집행을 제대로 하지 못하여 심지어 면복(冕服)을 밟기도 하니, 이것은 고치지 않아서는 안 될 것이다. 이것이 어찌 종묘를 건립한 당시의 제도이겠는가? 혹시 중간에 신위의 수효가 늘어나면서 고친 것인가?"

하니, 유영경(柳永慶)이 아뢰기를,

"아래에서 섭행할 때에도 역시 매우 좁으니, 참으로 하교하신 대로입니다. 그런데 상의 뜻은 좌우의 칸수가 협소하다고 여기시는 것입니까, 전후의 칸수가 협소하다고 여기시는 것입니까?"

하였다. 상이 말하기를,

"나는 좌우가 협소함을 말한 것이다."

하니, 한준겸이 아뢰기를,

"지난번에 도제조와 함께 예전 종묘의 터를 봉심(奉審)해 보았더니, 뒤쪽으로 낸 툇간의 들보 길이는 10자이고, 중당(中堂)의 들보 길이는 20자이며, 앞쪽으로 낸 툇간의 들보 길이 역시 10자였습니다. 뒤쪽으로 낸 툇간에 감실(龕室)을 만들어 신주를 보관하는데, 보통 때에는 동향이다가 제사 지낼 때를 당해서는 신주를 내어 남향하고, 앞에 욕석(褥席)을 설치하며, 중당에 상탁(床卓)과 향상(香床)을 설치하고, 문 안에 의장(儀仗)을 설치합니다. 그러므로 상께서 분향(焚香)하실 때 조금 물러나 꿇어앉으면 집사하는 신하들은 출입할 곳이 없게 되는 것입니다. 그러니 지금 종묘제도를 고친다면 중당의 들보 길이를 몇 자 더 물렸으면

61 **광렬황후** 후한 광무제의 비(妃)로 성은 음씨(陰氏)이고, 이름은 여화(麗華)이다. 광무제가 즉위하기 전에 혼인하여 즉위한 뒤에 귀인(貴人)에 봉해졌고, 곽 황후(郭皇后)가 폐위되고 황후에 올랐다. 명제가 즉위하여 황태후로 높였고, 64년(후한 명제7)에 운명하였다. 《후한서 권10상 광렬음황후기(光烈陰皇后紀)》

합니다. 매 실은 각각 단독으로 하나의 신위를 안치하니, 신위의 수가 증가함으로 인해 그렇지는 않은 듯합니다. 국초에 묘 7칸을 세워 좌우 각 1칸에 동협실과 서협실을 두었으므로 가운데는 5실이 됩니다. 제1실에 태조의 신위를 모시고, 그 아래로 4실이 2소와 2목이 됩니다. 중묘조(中廟朝)께서 조천하지 않는 신위가 되어 4칸을 증설하였으므로 지금 11칸이 된 것입니다."

하였다. 상이 말했다.

"우리 조정에서 태묘를 증설한 일은 나도 들었다. 다만 종묘를 어찌 매번 영건할 수 있겠는가? 후세에 만일 다시 조천하지 않는 신위가 있게 되면 이 또한 염려하지 않을 수 없다. 지금 영건할 때에 빈 칸을 설치하든지, 만약 이렇게 할 수 없으면 기초를 더 닦아 놓거나 계체(階砌)를 미리 쌓아 놓아 여지를 남겨 두는 것이 어떠하겠는가? 의논해서 하라." –《승정원일기》에 나온다.

○ **3월 병인일**(3일)

전교하였다.

"이번에 마침 태묘를 중건하게 되었으니, 만약 이때에 옛날 제도를 따라 본떠서 동방의 잘못된 예를 바로잡는다면 또한 마땅하지 않겠는가. 조정에는 반드시 예를 알고 옛것을 좋아하는 통달한 유신이 있을 것이니, 상의하여 처리한다면 의리를 해치는 데에 이르지는 않을 듯하다. 그러나 많은 사람들의 의견이 혹시라도 고칠 수 없다고 한다면 또한 마땅히 여러 사람의 의논을 따라야 할 것이다."

예조에서 대신에게 논의할 것을 청하니, 전교하였다.

"홍문관은 제유(諸儒)가 있는 곳이니, 먼저 본 홍문관으로 하여금 의계(議啓)하게 한 뒤에 논의하도록 하라."

홍문관에서 상차(上箚)하기를,

"삼가 아룁니다. 역대의 종묘제도는 자주 바뀌어 일정하지 않으나 그 대략은, 소와 목으로 순서를 삼아 각각 하나의 묘에 단독으로 모시는 것은 옛날 제도이고, 당은 같이하고 실만 달리하여 서쪽을 상위로 삼는 것은 한나라 명제에게서 비롯된 제도입니다. 대개 명제가 유조(遺詔)를 내려 '침묘(寢廟)를 짓지 말고 다만 신주를 세조묘에 안치하라.' 하였으니, 선왕(先王)의 종묘의 예법이 이로부터 폐지되기 시작했고, 역대로 내려오면서 이것을 따라 하여 끝내 고치지 못하였습니다. 우리나라의 종묘제도도 혹 이 제도를 그대로 답습하여 미처 재량하여 바로잡지 못했던 것이 아니겠습니까?

송나라의 유학자 주희(朱熹)는 말하기를 '명제는 예의(禮義)의 올바름을 모르고 사사로운 감정으로 억제하고 줄이는 것에 주력하였다. 그리하여 그 폐단이 태조의 신위로 하여금 아래로 자손의 신위와 같아 한쪽 구석에 외따로 떨어져 있게 하고, 여러 사당의 신주가 위로 조고(祖考)에게 눌려 하나의 독립된 사당이 되지 못하는 데에 이르렀다. 태조를 높이는 데에도 이미 무엄하게 되었고, 부모의 사당을 섬기는 데에도 존엄하지 않게 되었으니, 이것은 모두 살아계실 때 섬겼던 도리를 다하지 못하는 것이다. 게다가 옛날 제도의 경우 소묘(昭廟)에 신주를 부묘하더라도 목묘(穆廟)의 신주는 움직이지 않았고 목묘에 신주를 부묘하더라도 소묘의 신주는 움직이지 않았는데 지금은 1실에 부묘하면 뭇 실의 신위를 모두 옮겨야 하며, 옛날의 협제(祫祭)는 모두 실 안에서 지냈는데 지금은 공간이 협소하다는 이유로 당 위에서 협제를 지내니, 모두 예가 아니다.' 하였습니다. 그렇다면 동한 이래의 동당이실 제도가 삼대(三代)의 아름다운 법이 절대로 아닌데도 실로 오랜 세월 잘못 거행되어 왔다는 것을 선유의 말에서 매우 분명하게 알 수 있습니다.

옛날부터 지금까지 조상을 받들어 효성을 다하고자 하는 임금과 경전(經傳)에 의거하여 예를 지키려는 신하가 이 동당이실의 제도를 변혁하여 옛날 제도를 따르려고 했던 경우가 돌이켜보면 또한 적지 않았습니다만, 주저하고 견제받아 모두 이루지 못하였습니다. 그 사이에 비록 옛날 제도를 대략 모방한 적이 있기는 하였으나 결정되자마자 바로 폐지되어 다시 옛날 제도처럼 되지는 못하였습니다. 이제 우리 전하께서 나라를 다시 중흥하여 먼저 종묘를 세우시면서 개연히 옛날 제도를 따라 본뜨려는 뜻을 갖고 계시니 매우 성대한 일입니다.

신들이 삼가《예기》〈왕제(王制)〉를 살펴보니, '천자는 7묘이니 3소 3목에 태조의 묘를 합하여 7묘이고, 제후는 5묘이니 2소 2목에 태조의 묘를 합하여 5묘이다.' 하였고, 그 제도를 보면 밖에 도궁을 만들고 안에 각자 묘를 두었는데, 태조의 묘는 북쪽에 있으면서 중앙에 자리하고, 여러 소묘는 동쪽에, 여러 목묘는 서쪽에 있어 서열대로 열 지어 있습니다. 묘는 모두 남향하며, 문, 당, 실, 침이 있고 또 협실이 있으며, 담장이 사면을 두르고 있습니다. 태조의 신위는 영구히 조천하지 않고 소묘와 목묘는 한 세대에 한 신위를 조천하는데, 소는 항상 소가 되고 목은 항상 목이 되어 밖으로는 그 순서를 잃지 않고 안으로는 각각 높임을 전일하게 받습니다. 이것은 예경(禮經)에 명문화된 것으로 삼대가 공통적으로 행했던 것입니다.

선유가 '삼대의 상세한 제도를 지금 상고할 수는 없으나, 유독 주나라의 예만큼은 그래도 말할 수 있다.' 하였으니, 찬란한 문물이 주나라에 이르러 비로소 완비되었기 때문입니다. 만일 옛날 제도를 회복하고자 한다면 그 무엇이 주나라의 제도를 따르는 것보다 올바르겠습니까? 주나라는 태조의 묘를 북쪽에 모셔 영구히 조천하지 않고 문왕(文王)과 무왕(武王)을 세실(世室)로 삼아 영구히 조천하지 않았는데, 동북쪽에 있는 세실을 소세실(昭世室)이라 하여 무왕의 신위를 모셨고, 서북쪽에 있는 세실을 목세실(穆世室)이라 하여 문왕의 신위를 모셨습니다. 세실의 남쪽으로는 왼편에 3소를 두고 오른편에 3목을 두었는데, 성왕(成王)과 소왕(昭王) 이하의 신주를 목묘에 번갈아 모시고, 강왕(康王)과 목왕(穆王) 이하의 신주를 번갈아 소묘에 모셨습니다. 그리고 소묘의 신주가 대수가 다하면 무세실(武世室)의 서협실에 안치하고 목묘의 신주가 대수가 다하면 문세실(文世室)의 서협실에 안치하였습니다. 주나라의 제도는 그 대략이 이와 같은 데에 불과합니다.

《예기》에 '노공(魯公)[62]의 묘는 문세실(文世室)이고 무공(武公)의 묘는 무세실(武世室)이다.' 하였으니, 노(魯)나라 역시 주나라의 제도를 본떠서 노공과 무공을 공과 덕이 있는 조천하지 않는 묘로 삼아 주나라의 문세실과 무세실에 견주었던 것입니다. 대개 천자와 제후의 묘는 비록 둘을 강쇄하여 7묘와 5묘의 차이가 있기는 하지만 위치와 조천하는 순서는 그다지 차이가 없습니다. 주나라는 3소와 3목 이외에 문왕과 무왕의 묘가 있었고, 노나라는 2소와 2목 이외에 노공과 무공의 묘가 있었

62 **노공** 주공(周公)의 아들 백금(伯禽)을 말한다. 성왕(成王) 때 노나라에 봉해졌다.

으니, 진실로 공과 덕이 성대한 임금이 있다면 문왕과 무왕을 이어 종(宗)으로 삼을 수 있는 것입니다. 그렇지만 미리 그 사이에 수(數)를 설정해 놓을 수는 없는 것입니다. 주희 역시 주나라의 종묘도(宗廟圖)를 만들어 송나라의 예를 가정하여 정하면서 도설을 붙이기를, '본조(本朝)도 이와 같이 종묘를 세워 인종(仁宗)은 별도로 태종(太宗)의 동편에 세실을 세우고, 고종(高宗)은 별도로 인종의 동편에 세실을 세워야 한다.' 하였습니다. 그렇다면 대체로 새로 세실을 세울 때에는 이전 세실의 곁에 세우되, 소실은 차례대로 동쪽에, 목실은 차례대로 서쪽에 두어야 할 것입니다.

대개 세실은 종(宗)을 공경하기 위한 것으로 종에는 정해진 수가 없고, 소목은 선조를 존숭하기 위한 것으로 선조를 존숭함에는 멀어지면 줄어드는 이치가 있습니다. 우리나라의 종묘는 모두 10실이 되는데, 다만 고례(古禮)의 5묘에 대한 조문만 거론하고 세실의 제도를 논하지 않는다면 절차가 어긋나게 되어 옛날의 제도를 회복하는 논의는 끝내 결론이 나기 어려울 것이니, 반드시 먼저 이 점을 강론해야만 종묘를 만들면서 예경(禮經)의 뜻에 배치되지 않을 수 있을 것입니다. 더구나 형제가 서로 계승한 경우에, 명분상 1세로 삼는 것은 이미 선유의 정론이 있고, 《통전(通典)》을 상고해 보면 '현재의 묘에 감실만 증설할 수 있다.'는 글이 있고 보면, 묘는 같이하고 실[63]만 달리한다는 뜻을 대개 알 수 있습니다. 만약 주나라의 제도와 주자의 논의를 따라 태조의 묘를 세운 다음 나라의 기틀을 편안히 한 군주를 또 세실로 삼아 조천하지 않는 신위로 받들며, 2소와 2목이 항상 사친(四親)이 되되 형제가 계승한 경우에는 한 묘에 함께 모신다면, 세실은 2소 2목의 수에 들지 않아 태조의 묘와 2소 2목이 5세(世)라는 조문에 바로 합치되니, 묘를 세우는 숫자의 많고 적음과 세대를 차례로 조천하는 절차가 현재 상태에서 옛날을 기준으로 삼더라도 구애되거나 통용되기 어려울 걱정은 없을 듯합니다.

삼가 바라건대 성명(聖明)께서는 다시 판단하고 예관에게 명하시어 자세히 참작하여 모두 전례(典禮)를 따르게 하소서."

하니, "이 차자에 대해 예조는 논의하여 아뢰라."고 전교하였다. —실록에

63 실 대본에는 누락되었는데 《선조실록》 40년 3월 17일조 기록에 의거하여 누락된 글자 '室'을 보충하여 번역하였다.

나온다.

○ 4월 기해일(7일)

예조에서 아뢰기를,

"동당이실의 제도는 애당초 예가(禮家)들이 충분히 강론하여 결정한 예가 아니고 단지 한나라 명제가 임종 때 남긴 조서에서 나온 것으로, 겸양이 지나쳐 잘못된 예에 빠지는 줄도 스스로는 몰랐고, 또한 이것이 그대로 이어져 마침내 종묘의 제도로 정해지리라고는 헤아리지 못한 것입니다.

그러므로 송나라의 신하 주희(朱熹)는 '태조의 신위로 하여금 아래로 자손과 같아지게 하고 다시 한쪽 귀퉁이에 외따로 두었으니, 이미 칠묘(七廟)의 존엄함을 볼 수 없고, 여러 묘의 신위도 위로 조고(祖考)에게 눌려서 존엄함을 잃었다.' 하고는, 마침내 한나라 명제가 임종 시 정신이 혼미한 상태에서 내린 유명이며 신하들이 구차하게 따른 죄라고 지적하고, 그 죄를 제대로 바로잡는 사람이 없는 것을 한으로 여기기까지 하였습니다. 이렇게까지 깊이 미워하고 통렬히 끊은 것은 대개 여력을 남기지 않았다는 것이니, 어찌 엄하면서도 두렵지 않겠습니까?

지난번 성상의 하교에 '옛날 제도를 따라 본떠서 동방의 잘못된 예를 바로잡는다면 또한 마땅하지 않겠는가?' 하셨으니, 이것은 주희의 뜻과 더불어 시대는 달라도 부절을 합한 듯 똑같은 것입니다. 더구나 지금의 종묘제도는 실마다 오른쪽 벽에 감실을 만들고 모두 동향하고 있습니다. 그러다 보니 옛날의 소와 목은 각각 하나의 묘를 단독으로 써서 소는 목을 보지 않고 목은 소를 보지 않기 때문에 각각 동향하는 존귀함을 전적으로 하여 서로 누르는 혐의가 없었는데, 지금은 그렇지 못하여 비록 실은 다르더라도 일단 같은 당 안에 있으면서 단지 벽 하나만 사이에 두고 있다 보니 높은 신위를 등지고 앉게 됩니다. 그리하여 태조의 신위가 등지고 앉은 여러 신위의 가장 뒤쪽에 있는 상황이 되고 말았습니다. 살피건대 신령의 도라 해서 어찌 사람의 정리와 멀겠습니까? 사람의 정리로 차마 할 수 없는 것을 정하여 봉선(奉先)하는 전례를 삼고도 잘못인 줄을 모르니, 애당초 전례를 논의한 신하가 어떠한 소견이 있었는지는 알 수 없으나 정리와 예의에 어긋나기로 이보다 심한 것이 없습니다. 한쪽 귀퉁이에 외따로 있는 것도 오히려 태조의 존귀함을 잃었다고 하였는데 지금 태조의 존귀함으로 다시 등지고 앉은 여러 신위의 뒤에 있으니, 가령 주희가 이것을 본다면 또한 뭐라 하겠습니까? 이러한 것들이 모두 성상의 하교에서 동방의 잘못이라고 하신 것 중에 큰 것이니, 결코 잘못된 것을 그대로 답습하여 잘못된 예에 안주해서는 안 될 것입니다.

다만 또 다른 설이 있는데, 어떤 사람은 '옛날에는 문, 당, 침, 실은 모두 평소 사람이 거처하던 실옥(室屋)이었으므로 그것을 묘로 삼았으니 단지 이것이 종묘의 제도였고, 오르고 내리고 수작하는 것은 모두 평소에 행하던 예수(禮數)였으므로 그것을 제사로 삼았으니 역시 이것이 제사 지내는 예였다. 이것이 산 이를 섬기고 죽은 이를 섬기는 도리가 다름이 없어 통행해도 폐단이 없었던 까닭이다. 후세에는 평소에 거처하고 생활하는 것이 옛날과 아주 다른데 유독 묘와 예에 있어서만은 굳이 옛날의 제도를 고수하니, 역시 시세를 헤아리고 시무를 아는 논의는 아니다. 대체가 어긋나지 않으면 되는 것이다. 명나라의 태묘제도는 실로 태조 고황제(太祖高皇帝)의 훌륭한 방책에서 나온 것으로 그 무엇보다 뛰어나니 확실히 만세의 법이 된다. 그 제도는 뒤에 침이 있고 앞에 전(殿)이 있는데, 침에서는 태조가 중앙에 위치하여 남향하고, 소(昭)의 신주는 왼편에, 목(穆)의 신주는 오른편에 두어 차례로 횡렬로 줄을 세우되, 좌향(坐向)은 모두 남쪽을 향하고 중앙을 상위로 삼았으며, 전에 나와서는 태조만 남향하는 높은 자리에 위치하고, 소와 목은 동서로 서로 향하여 차례로 남쪽으로 배열하였다. 따라서 밖으로는 앞에 당을 두고 뒤에 침을 두는 의리에 맞고, 안으로는 태조를 높이고 소목을 순서대로 하는 의미를 붙일 수 있어서, 옛날 법에 얽매이지 않으면서도 예의 뜻에 잘못이 없고, 사람의 정리에 편안하면서도 사리에 어긋나지 않았다. 비록 동당이실을 면하지는 못하였으나 그 의리로 보면 남다르다. 그리고 또 시왕(時王)의 제도라서 지금 사방의 모든 나라가 우러러 법으로 삼아야 하는 것인 만큼 번국(藩國)으로서 준행하는 것이 예에 마땅하다.' 하였습니다.

이것 역시 표주박 하나로 바다를 헤아린 듯한 면이 없지 않아 속론(俗論)에 가까우니, 경서(經書)에 의거하여 예법을 지키는 선비는 거론하기를 수치스럽게 여기는 것입니다. 그러나 국사를 도모하는 도는 보잘것없는 것도 빠뜨려서는 안 되기에 감히 채택의 대상으로 갖추어 올립니다. 그러나 예를 논의하는 큰일은 해조에서 독단으로 처리할 일이 아니니, 다시 대신에게 논의하여 품지(稟旨)하게 한 다음 정탈(定奪)하여 시행하는 것이 어떻겠습니까?"

하니, "윤허한다."고 전교하였다.

○ 같은 달 병오일(14일)

예조에서 아뢰기를,

"홍문관의 차자로 올린 회계(回啓)에 대해 대신에게 논의하라고 전교하셨습니다. 대신에게 논의한 결과 완평부원군(完平府院君) 이원익(李元翼)은 '신은 본래 배우지 못한 데다 예문(禮文)에는 더욱 무지합니다. 그러니 종묘제도 같은 중대한 예에 대한 논의에 어떻게 감히 참여할 수 있겠습니까? 다만 생각건대 옛날의 제도도 시대마다 각각 동일하지 않으니, 우리 조정에서 유래되어 온 제도를 굳이 고칠 것은 없을 듯합니다. 만약 공간이 협소한 것이 걱정이라면 예전 제도대로 따르면서 조금 넓히는 것도 안 될 것은 없습니다. 삼가 상께서 재결하소서.' 하였습니다.

영중추부사 이덕형(李德馨), 행 판중추부사 윤승훈(尹承勳)은 '삼가 유신의 계사를 보았는데, 신들도 다른 의견은 없습니다. 옛날의 제도를 비록 갑작스럽게 회복하기 어렵겠지만, 이번 기회에 제도가 예법에 잘못되었다는 것을 안 이상 참작하여 적절히 고치는 것은 실로 그만둘 수 없습니다. 평시의 종묘제도가 이미 동당이실 제도로 되어 조종이 각 감실을 뒤에 등지고 동향하고 있는 것은 매우 구차스럽고 허술하니, 이것이 더욱 논의하여 고쳐야 할 것 중에 큰 것입니다. 다만 주나라는 후직(后稷)을 시조로 삼고 문왕과 무왕을 세실로 삼았기 때문에 여러 왕들이 이로써 종묘에 들어갔습니다. 지금 영녕전을 별묘로 삼았는데, 종묘를 다시 예전의 제도로 고친다면 지세를 반드시 크게 확장해야만 증축을 논의할 수 있을 것입니다. 강구하여 예를 정한 다음 헤아려 조처함이 합당하겠습니다만, 삼가 상께서 재결하소서.' 하였습니다.

오성부원군(鰲城府院君) 이항복(李恒福)은 '태묘의 제도에 대해서는 해조의 관원이 상세히 논의하였고, 아래의 조목에 첨부한 의견에는 시세를 헤아려 적합하게 하는 뜻이 겸하여 있기까지 하니, 아무리 신들이 헤아린다 한들 어찌 더 보탤 것이 있겠습니까? 그런데 거기에 말한 열성의 좌차(坐次)는 신이 평소에 늘 이해하지 못했던 것으로 누차 사람들과 상의해 보았던 문제입니다. 만약 그 당시에 예를 논의했던 신하가 별다른 견문이 없이 단지 옛날의 묘는 모두 남향하고 신주는 동향한다는 설에만 빠져 견강부회하여 마침내 이처럼 위배되는 일을 한 것이라면 이것은 매우 잘못된 것으로 더욱 먼저 바로잡아야 할 문제입니다. 그리고 제도에 대한 논의에 이르러서는 신이 전에 논의할 때, 주나라의 예법을 따르는 것을 정도로 삼아야 하나 그렇게 할 수 없다면 차라리 구제도를 그대로 두는 것이 낫다고 한 말에서 신의 뜻은 이미 다 말했습니다. 대개 옛날 종묘의 본래 뜻이 태조를 높이고 소목을 순서대로 하는 것을 중요하게 여겼던 것은 아닌 만큼 지금 옛날의 법을 제대로 회복하지도 못하면서 단지 전 하나만 앞터의 아래에 더 짓는 것은 이미 옛날의 제도를 잃은 상태에서 한갓 일만 많을 뿐이기 때문입니다. 신은 그렇기 때문에 차라리 구제도를 그대로 두고 좌향만 바로잡을 것을 말했던 것입니다. 다만 염려가 되는 것은 묘마다 각각 문, 당, 침, 실을 갖추고 사방으로 담장을 두르기 때문에 주희도 「옛날의 이른바 묘는 체제가 매우 커서 요즘 사람의 묘와 같지 않다.」하였는데, 하물며 우리나라는 세실이 이미 옛날보다 더 늘어났고 보면, 지금 태묘의 옛터에 허다한 실옥(室屋)을 제대로 앉힐 수 있을지 알 수 없다는 점입니다. 그러므로 신이 전의 논의에서 먼저 예관(禮官)으로 하여금 도형을 살펴 규격을 정하고 모양과 형세를 헤아리게 한 뒤에 가부를 논의해야 한다고 말했던 것이 이 때문입니다. 종묘의 제도에 대해서는 선유의 논설이 매우 많은데, 주희가 유독 유흠(劉歆)의 논설을 취하여 백대 제왕의 대경(大經)으로 정한 데에는 까닭이 있습니다. 지금 어찌 새로운 의견을 지어내 선사(先師)의 성헌(成憲)을 흔들 수 있겠습니까? 삼가 상께서 재결하소서.' 하였습니다.

영의정 유영경(柳永慶), 좌의정 허욱(許頊), 우의정 한응인(韓應寅)은 '종묘제도를 개정하는 것은 사안의 본질이 지극히 중대하니, 조정의 의견을 널리 거두어 적합한 것을 얻어 시행하는 것이 마땅합니다. 삼가 상께서 재결하소서.' 하였습니다.

행 판중추부사 기자헌(奇自獻)은 '옛 전례에 의거하여 묘를 세우는 것은 진실로 천 년에 한 번 있을까 말까 한 드문 기회입니다. 그러나 다만 지세가 협소하여 그 제도대로 만들 수 없다면 구제도를 그대로 두고 약간만 더 넓히는 것은 어쩔 수 없는 일일 듯합니다. 삼가 상께서 재결하소서.' 하였습니다.

행 지중추부사 심희수(沈喜壽)는 '삼가 유신이 올린 차자를 보니, 예경(禮經)의 본래 뜻에 의거하고 선유의 정론(定論)을 지켜 성상의 훌륭하신 뜻을 만분의 일이나마 받들어 따르고자 하였으니, 들은 사람은 누구나 칭찬하지 않음이 없습니다. 이것은 실로 천 년에 한 번이나 있을 얻을 수 없는 좋은 기회인데, 누가 감히 고금의 제도가 다르고 변방과 중국의 마땅함이 다르다는 하찮은 말을 하여 그 사이에 논의를 용납하겠습니까? 다만 난리를 겪어 다 무너진 나머지라 이러한 영건(營建)이 있는 것은 어쩔 수 없는 일이나, 당장의 사력(事力)을 헤아려 보고 옛터의 면적과 형세를 참작해 본다면 오묘(五廟)와 도궁(都宮)의 제도는 성취하기가 용이하지 않을 듯하고, 세실(世室)을 설치하는 것도 구애되어 몹시 불편한 점이 있을 듯합니다. 이것이 해조의 복계(覆啓)에서 가장 하단에 제시한 한 조항의 설이 있게 된 까닭입니다. 아, 너무 슬픕니다. 앞에 전을 두고 뒤에 침을 둔 규정도 동당이실의 잘못을 면하지는 못하였지만 태조를 높이고 소목을 순서대로 한 점은 자못 옛날의 뜻이 있으니, 태조를 한쪽 귀퉁이에 외따로 두어 마침내 여러 실의 등 뒤에 있게 한 것에 비한다면 그래도 저편이 이편보다는 훌륭합니다. 하물며 당연히 받들어 따라 통행해야 하는 시왕(時王)의 제도야말로 더 말할 게 있겠습니까? 다만 생각건대 중국의 종묘제도는 논의가 파다하고 연혁도 일정하지 않아서 또한 한 가지를 주장해 따르기가 어렵습니다. 이른바 침전(寢殿)의 뒤에 또 이른바 조침(祧寢)이라는 것이 있어서 덕조(德祖), 의조(懿祖), 희조(熙祖), 인조(仁祖) 등 4조(祖)의 신주를 보관하였다는 것은 우리나라에 영녕전이 있는 것과 같습니다. 지금 우리나라 태묘의 제도에서 구제도를 약간 고친다면 영녕전의 제도는 유독 고치지 않을 수 있겠습니까? 그러니 만약 대대적으로 더 넓혀서 사방 주위를 증축하지 않는다면 완전하게 수리할 도리가 없을 듯하니, 또한 어찌 매우 난처한 일이 아니겠습니까? 삼가 상께서 재결하소서' 하였습니다.

아성부원군(鵝城府院君) 이산해(李山海)는 병이 있어 수의(收議)하지 못하였습니다. 대신의 뜻이 이와 같으니, 상께서 재결하여 시행하소서."

하니, 전교하였다.

"논의가 우리나라의 논의와 다른 듯하다. 이와 같다면 뒤에 반드시 말이 있을 것이다. 사람들이 어찌 새로 만든 제도를 좋아하겠는가? 이 일은 아마도 이루기 어려울 듯하다."

○ **같은 달 갑인일**(22일)

예조에서 아뢰기를,

"종묘제도를 개정하는 것은 중대한 일인데 논의가 이처럼 같지 않으니, 다시 널리 조정의 의견을 물어서 절충하여 시행하는 것이 어떻겠습니까?"

하니, 전교하였다.

"논의가 이미 이처럼 같지 않으니, 지금 조정에서 논의해도 한갓 혼란만 더할 뿐이다. 구제도를 그대로 두고 중수(重修)하라." —실록에 나온다.

○ 오성부원군 이항복이 논의하였다.

"역대의 종묘제도가 비록 각자 다르지만, 마땅히 주나라의 제도를 따르는 것을 바른 예를 얻은 것으로 여겨야 합니다. 그럴 수 없다면 차라리 구제도를 따르는 것이 나으니, 형세에 구애되어 잘못을 그대로 답습하거나 사견(私見)을 새로 지어내는 것은 옳지 않습니다. 다만 당, 실, 전우(殿宇)에 각각 하나의 신위를 단독으로 모셔 순서를 따라 배열하자면, 짐작건대 형세가 대단히 넓어야 할 것입니다. 지금 옛터에다가 더 넓힌

다 해도 제대로 들어갈 수 있을지 지형을 살피지 않았으니, 먼저 예관으로 하여금 도형을 살피고 규식을 정하게 한 다음 도감으로 하여금 지면의 형세를 헤아린 뒤에 가부를 품의(稟議)하게 하는 것이 마땅할 것입니다. 삼가 상께서 재결하소서." -이항복의 문집에 나온다.

○ 오성부원군 이항복이 논의하였다.

"신이 늘 태묘의 감실제도를 이상하게 여기면서도 감히 대번에 논변하지 못했던 것은 진실로 옛날에 창건할 때에 반드시 의도가 있었을 것이라고 여겼기 때문입니다. 그래서 마음으로는 의심하면서도 오래도록 말은 하지 않았던 것입니다. 그러나 반복하여 참작하고 고찰해 본 결과 한나라의 유학자 유흠(劉歆)이 '묘는 모두 남향하고, 신주는 동향한다.' 하였고, 주자가 그 말을 옳게 여겨 마침내 드러내 정론(定論)을 삼았습니다. 후세에 여러 유학자들의 논의가 분연히 한꺼번에 일어났는데, 그 가운데 육전(陸佃) 같은 이의 설은 더욱 상세하게 발명하여 천자부터 대부에 이르기까지 그 제도가 같고, 다만 복묘(複廟), 중첨(重檐), 괄영(刮楹),[64] 달향(達嚮)[65]에 차이가 있지만, 묘는 남향하고 신주는 동향하는 위치에 이르러서는 이의가 없었습니다. 아마도 우리나라에서, 동당이실의 제도가 옛날 제도와 완전히 다른 점은 연구해 보지 않고 동향한다는 설을 융통성 없이 고수하여 마침내 등지고 앉게 된 것이 아닌가 싶습니다. 만약 그렇다면 그 제도는 대단히 잘못된 것으로 심각하게 변론할 것도 없습니다. 그러므로 지난해에 허성(許筬)이 종백(宗伯 예조 판서)이 되어 역시 이러한 취지를 언급하였지만, 여러 신하들이 의견을 올릴 때 이에 대해 변론해 밝히는 자가 없었던 것은 바로 이 때문입니다. 지금은 바로잡는 것이 마땅합니다.

황조(皇朝 명나라)의 종묘제도 경우에는 만약 '속례(俗禮)를 따라 나누어 좌소우목을 삼았다.' 라고 말할 수는 있겠지만, 이것을 소목(昭穆)의 순서에 끌어다 맞추려고 한다면 이미 옛날의 의도가 아닌 데다 구차하게 견제한다는 혐의를 면하지 못합니다. 그러므로 전날 신이 의견을 올릴 때 '옛날 제도를 회복하려면 마땅히 주나라의 제도를 따르는 것으로 정도를 삼아야 한다.' 라고 했던 말이 이런 취지입니다. 그렇지 않으

64 **괄영** 밀석(密石)으로 기둥을 갈아 반들반들하게 한 것을 말한다.《예기 명당위》

65 **달향** 달(達)은 통한다는 뜻이고, 향(嚮)은 창문을 뜻한다. 곧 창과 문을 마주보도록 내어 공기가 잘 통하도록 한 것을 말한다.《예기 명당위》

면 차라리 선왕의 제도를 준행하면서 단지 지나치게 어긋난 것만을 제거할 뿐입니다." —이항복의 문집에 나온다.

창건創建

○ **태조대왕 계유년**(1393, 태조2) **2월 을유일**(10일)

삼사좌복야 영서운관사(三司左僕射領書雲觀事) 권중화(權仲和)가 새 도읍에 건설할 종묘, 사직, 궁(宮), 전(殿), 조(朝), 시(市)의 형세도(形勢圖)를 바치니, 서운관(書雲觀) 및 풍수 학인(風水學人) 이양달(李陽達)·배상충(裵尙忠) 등에게 명하여 지면(地面)의 형세를 살펴보게 하고, 판내시부사(判內侍府事) 김사행(金師幸)에게 명하여 먹줄〔繩〕로 땅을 측량하게 하였다. -실록에 나온다.

○ **갑술년**(1394, 태조3) **10월 신묘일**(25일)

한양(漢陽)으로 도읍을 옮겼다. 11월 무술일(2일)에 상이 도평의사사(都評議使司) 및 서운관의 원리(員吏)를 거느리고 가서 종묘와 사직을 건설할 터를 보았다. -실록에 나온다.

○ **11월 기해일**(3일)

처음으로 공작국(工作局)을 설치하였다. 병오일(10일)에 용산강(龍山江)에 가서 종묘에 쓸 재목을 살펴보았다. -실록에 나온다.

○ **12월 기사일**(4일)

중추원 부사(中樞院副使) 최원(崔遠)을 종묘를 지을 땅으로 파견하고, 또 첨서중추원사(簽書中樞院事) 권근(權近)을 궁궐 지을 장소로 파견하였다. 상이 종묘의 터 닦는 것을 구경하였다. -실록에 나온다.

○ **을해년**(1395, 태조4) **5월**[66] **기미일**(27일)

상이 태묘의 건설 현장을 구경하였다. -실록에 나온다.

○ **태종대왕 병신년**(1416, 태종16) **1월 기유일**(16일)

종묘의 담장에 북문(北門)을 내라고 명하였다. 지름길을 열기 위한 것이다. -실록에 나온다.

66 **5월** 대본은 '四月'인데, 《태조실록》과 날짜의 간지에 의거하여 '五月'로 바로잡아 번역하였다.

○ **정유년**(1417, 태종17) **1월 병신일**(9일)

지신사(知申事) 조말생(趙末生)에게 명하여 향을 받들고 먼저 종묘에 나아가도록 하였다. 상이 일찍이 이르기를,

"전조(前朝)의 임금들은 즉위한 이후로 친히 제사를 거행하는 것이 한두 번에 불과하였다. 그러므로 종묘에 나아갈 때에는 반드시 성대한 예를 갖추었다. 그러나 나는 연중 행사로 삼고자 하니, 어찌 꼭 저와 같이 번거롭게 할 필요가 있겠는가. 제사를 지내는 당일에 재계한 근신(近臣)만 거느리고 샛길로 가는 것이 좋을 것이다."

하고, 마침내 종묘의 북쪽 담에 작은 문을 내라고 명하였는데, 이때에 이르러 조말생에게 명하여 이 문을 통해 먼저 가도록 한 것이다. –실록에 나온다.

○ 태조가 즉위한 지 3년 만에 도읍을 한양에 정하고 먼저 종묘를 세웠다. 그 이듬해 10월 을미일(5일)에 친히 곤룡포와 면류관 차림을 하고 선왕(先王)과 선후(先后)에게 제향을 올렸다. –《동국여지승람(東國輿地勝覽)》에 나온다.

○ 종묘는 경성 안 동쪽 연화방(蓮花坊) –연화방은 바로 지금의 동부(東部)이다.–에 있다. 칠사(七祀)의 신좌(神座)는 묘정(廟庭)의 서쪽에 있어 동향하였고, 공신(功臣)의 신좌는 묘정의 동쪽에 있어 서향하였다. –《동국여지승람》에 나온다.

중건重建

○ 선조 병신년(1596, 선조29) **2월 을사일**(8일)

종묘수조도감(宗廟修造都監)에서 아뢰기를,

"종묘를 영선(營繕)하는 공사를 쉽게 거행할 수는 없으나, 뒷산의 파헤쳐진 곳에 이르러서는 벌써 몇 해가 지나도록 보토(補土)하지 못하고 있다 보니, 지맥(地脈)이 손상되고 풍기(風氣)가 새 나가 사람의 정리에 몹시도 슬프고 아픕니다. 언 땅이 풀린 뒤에 우선 보토하는 작업부터 해야 하는데, 이 일은 공역이 그리 크지는 않습니다. 더구나 종묘의 공사는 당연히 귀척근신(貴戚近臣)부터 앞장서야 할 것이니, 공사를 시작하는 날에 종친과 문무백관으로 하여금 각각 장노(壯奴)를 1명씩 내게 하여, 종친이 한 번 운반하고, 문관이 한 번 운반하며, 무관이 한 번 운반하고, 문음관(門蔭官)이 한 번 운반하되, 지역을 나누어 보토하여 모두 하루에 끝내도록 하고, 이것으로 부족할 경우 5부(五部)의 방민(坊民)으로 하여금 차례로 부역을 하여 역시 하루에 끝내도록 한다면 충분히 보토할 수 있을 것입니다. 하루 부역은 그리 무겁거나 큰 것이 아니니, 어찌 싫어하고 꺼리는 사람이 있겠습니까? 이와 같이 하면 즉시 보토할 수 있을 것입니다. 청컨대 급료를 받는 사람 2원(員)을 감역관(監役官)으로 차출하여 공사의 감독을 나누어 맡기는 것이 어떻겠습니까?"

하니, 전교하였다.

"아뢴 대로 하라. 우리나라 사람들은 하는 일에 성의가 없다. 만에 하나 공역을 빨리 마치려고 역군(役軍)들이 깨진 기왓 조각으로 구차하게 보토할 염려가 없지 않으니, 특별히 검사하고 살피지 않아서는 안 될 것이다. 또 금산(禁山)에서 흙을 채취해서는 안 되니, 각별히 자세하게 살펴서 시행하라." –《승정원일기》에 나온다.

○ 같은 달 기미일(22일)

종묘수조도감에서 아뢰기를,

"신들이 다시 봉심한 결과 종묘 뒤 산맥이 구덩이로 파인 곳은 동쪽 변은 길이가 150자이고, 북쪽 변은 길이가 280자이며, 서쪽 변은 길이가 160자인데, 동북은 높이 16자, 폭 20자이고, 서쪽은 높이 12자, 폭 20자로, 파헤쳐진 흙은 모두 근처에 있었습니다. 여기는 우선 그 흙으로 먼저 보토하여 메우고, 부족하면 산맥과 연관되지 않는 곳에서 가져다 써야 합니다. 전(殿)이 있던 터의 북쪽 담장 뒤는 당초에 흉적(凶賊)이 흙을 파내고 평평하게 깎은 다음 방옥(房屋)을 만든 곳인데, 길이는 170자이고 폭은 100자입니다. 여기는 산맥이 끊어진 것에 비할 정도는 아니니, 모두 보토할 필요는 없고 파냈던 흙으로 지세를 따라 대강 보토하여 주저앉지만 않게 하면 마땅할 듯합니다. 감히 여쭙니다."

하니, "아뢴 대로 하라."고 전교하였다. –《승정원일기》에 나온다.

○ **3월 기사일**(2일)

종묘수조도감에서 아뢰기를,

"종묘 옛터의 깨진 기왓조각을 쓸어 낼 때 근방에 의심스러운 곳이 있어 파내고 살펴보았더니, 정전(正殿)의 북쪽 담장 뒷면의 중앙이 되는 한 곳이 마치 전날 매장(埋葬)했던 곳인 것 같았습니다. 그래서 역군을 시켜 길이 8자 2치, 폭 4치 되는 구덩이를 팠는데, 그 속에 채워진 흙은 완전히 백사(白沙)를 썼고 간간이 깨진 기와가 섞여 있었습니다. 전지(全地)를 얻은 뒤에 중지하기로 작정하고 3일을 계속 파고서야 오늘 아침에 비로소 전지를 얻었는데, 그 깊이가 14자입니다. 구덩이 밑바닥에 별다른 매물은 없고 다만 얄팍한 소나무 조각 10엽(葉)이 있는데, 전판(剪板) 모양과 같고 묶여서 한 곳에 있었으며, 몇 치 되는 송판 2개가 위와 아래에 세워져 있고 그 옆에는 또 1자 길이의 대 조각 3개가 있었습니다. 그 연유는 알지 못하겠고 다만 보이는 것이 이와 같으니, 너무나도 해괴하여 아뢰지 않을 수 없습니다. 또 절단된 옥책(玉冊) 한 조각을 정전 앞 깨진 기왓조각 속에서 찾았으므로 아울러 계달(啓達)합니다."

하니, "알았다."고 전교하였다. –《승정원일기》에 나온다.

○ **계묘년**(1603, 선조36) **10월 무신일**(26일)

비변사(備邊司)에서 아뢰기를,

"난리를 겪은 지 12년이 되었지만 종묘를 아직도 중건하지 못하였습니다. 그래서 나라 안팎의 인심이 모두 종묘를 조속히 중건하지 않으면 안 된다고 여기고 있습니다. 모든 일의 문구(文具)는 점차 옛 규례를 회복해 가고 있는데, 오직 종묘만은 아직도 미처 계획하지 못하고 있으니 매우 미흡한 일입니다. 만약 온 나라가 만사를 제쳐 놓고 의관(衣冠)과 제도도 회복하지 않은 채 융복(戎服)을 입고 칼을 차고서 단지 적을 토벌하는 것만 염두에 두고 있다면 외적의 모욕을 막고 치욕을 씻은 뒤에야 비로소 종묘를 중건하는 것이 참으로 지당합니다. 다만 지금은 관계없는 문구도 점차 옛 규례를 회복해 가고 있고 지방의 향교(鄕校)도 거의 모두 복원된 상태인데, 국가의 태묘가 여염의 누추한 곳에 임시로 설치되어 있다는 것은 편치 않은 일이라 하겠습니다. 들으니 종묘를 중수(重修)하라는 영이 내려진 뒤로 지방의 백성들이 거의 모두 이 일은 그만둘 수 없는 일이라고 말한다 하니, 또한 모든 사람의 마음이 같음을 볼 수 있습니다. 이렇게 상황이 어렵고 인심이 분산된 때에 도성(都城)의 종묘가 모양을 이루지 못하였으니, 우러러보기에 너무나도 편치가 않습니다.

선왕께서 종묘를 세우고 제향을 올리는 것으로 인심을 한데 모으는 근본을 삼으셨던 것이 어찌 부질없는 것이었겠습니까? 옛날의 역사를 두루 보건대, 전쟁이 터져 승부가 결정되지 않았을 때라도 종묘는 우선적으로 세웠습니다. 예컨대 한 고조(漢高祖)와 항우(項羽)가 광무(廣武)에서 대치했을 때 일이 정해지는 것을 기약할 수 없었는데, 소하(蕭何)가 먼저 역양(櫟陽)에 종묘를 세웠으니, 그 뜻을 또한 알 수 있습니다. 신들의 구구한 뜻은 오직 여기에 있습니다. 삼가 전날 성상께서 비답에 하교하신 말씀을 보았는데, 시세(時勢)의 완급을 참작하신 뜻이 지극하고 극진하였으므로 신들은 지극히 감격스러움을 이기지 못하였습니다.

묘사(廟舍)를 영건하는 데 드는 비용은 가포(價布) 수백 동(同)에 지나지 않으나, 베를 거두지 않으면 백성을 부려야 합니다. 백성을 부리는 것은 그 폐단이 또한 베를 거두는 것에 그치지 않을 것입니다. 그러나 이 두 가지가 아니고서는 모두 할 수 있는 방법이 없는데, 얼마 안 되게 수합하거나 백성의 힘을 빌려서 공역을 시작하면 일이 쉽게 끝나지 않을 것이니, 이것은 더욱 염려스러운 일인 듯합니다. 올해는 마침 흉년이 들었고 시절도 이미 늦었으니, 우선 내년 농사를 보아가며 다시 의논하여 처리하는 것이 어떻겠습니까?"

하니, 전교하였다.

"윤허한다. 종묘가 전복된 것이 누구의 죄인가. 매번 이 한 생각이 미칠 때면 홀연 살아 있는 것 같지가 않다. 빨리 세우고 싶은 마음이야 진실로 말할 것도 없지만, 시기를 살피고 형세를 헤아리다 보면 춥지 않아도 몸이 떨린다. 아무 폐단 없이 중수하는 것이 진정 지극한 바람이다."

—《승정원일기》에 나온다.

○ **무신년**(1608, 선조41) **1월 임자일**(24일)

예조에서 아뢰기를,

"'상량문(上樑文)은 몽고(蒙古)의 일인데 어찌 그것을 끌어다 예를 삼을 수 있겠는가?' 라고 전교하셨습니다. 유신(儒臣)이 조사하여 제출한 왕반(王磐)의 작품은 바로 오랑캐 원(元)나라에서 건립한 사당의 상량문이니, 성상의 하교에서 '어찌 예를 삼을 수 있겠는가?' 라고 하신 것은 과연 당연합니다. 신들은 다만 생각건대, 옛날에 집을 지으면 송축하는 일이 없지 않았으니, 예를 들면 《예기》 〈단궁(檀弓)〉에 이른바 '참으로 높고 크며 참으로 성대하니, 여기에서 음악을 연주하여 제사를 올리고, 여기에서 곡읍하여 초상을 치르며, 여기에서 종족과 빈객을 모아 연회를 베푼다.' 라고 한 것에 대해 '군자가 이것을 두고 찬미를 잘 하고 기도를 잘 하였다고 말하였다.' 라고 하였으며, 《시경》 〈위풍(衛風)〉의 〈정지방중(定之方中)〉과 〈주아(周雅)〉의 〈사간(斯干)〉, 〈면(緜)〉 등 편의 시는 송축을 위해 지어진 것 아님이 없습니다. 그러나 이 시들은[67] 일반적으로 궁실의 영건을 가리켜 말한 것인 듯합니다. 〈노송(魯頌)〉의 〈비궁(閟宮)〉과 〈상송(商頌)〉의 〈은무(殷武)〉 같은 시에 이르러서는 혹은 종묘를 수리하고 이를 위해 지은 것이며, 혹은 특별히 사당을 세우고 이를 위해 지은 것인데, 선유(先儒)가 모두 찬미와 기도를 노래한 가사(歌詞)라고 하였습니다. 이로써 보면, 지금 태묘를 중건하고서 유독 상량문만 빠뜨리고 거행하지 않는다면 결여된 뜻이 없지 않을까 염려됩니다. 더구나 왕반이 지은 것은 비록 몽고의 일이지만 상량문은 그 전부터 창작되어 송나라

67 **그러나 이 시들은** 대본은 '然則此' 인데, 《선조실록》에 의거하여 '然此則' 으로 바로잡아 번역하였다.

의 선유들이 지은 작품을 수없이 볼 수 있으니, 몽고에서 시작된 예라고 할 수는 없을 듯합니다. 지금 태묘의 상량 축사(上樑祝詞)를 하지 않을 수 없다는 것에 대해서는 중론이 모두 같습니다. 삼가 바라건대, 성상의 뜻으로 재결하여 시행하시는 것이 어떻겠습니까?"

하니, "아뢴 대로 하라."고 전교하였다. -《승정원일기》에 나온다.

○ **현종 계묘년**(1663, 현종4) **3월 신사일**(13일)

대신과 비국 당상을 인견(引見)했을 때이다. 병조 판서 김좌명(金佐明)이 아뢰기를,

"영녕전의 동서 익실(翼室)이 너무 협소하여 전에도 이미 고쳐 짓자는 논의가 있었습니다만, 연달아 흉년이 들어 아직 거행하지 못하고 있는 실정입니다. 올봄 봉심(奉審)할 때 신 좌명이 종묘 제조로서 나아가 봉심하였는데, 서쪽 익실 서북쪽 모퉁이의 주추〔柱礎〕와 섬돌〔階石〕이 흔들리고 물러앉은 지가 몇 해 되어 매년 보수하고 있지만 담벼락에 틈이 생겨 점점 커져서 손바닥이 들어갈 정도가 되었습니다. 따라서 즉시 고치지 않으면 안 될 형편인데, 반드시 담벼락을 철거하고 주추를 고쳐 바로잡은 뒤에야 견고하고 완전하게 할 수 있을 것입니다. 이미 공사가 시작되고 나면 좌우 익실을 이로 인해 부득이 고쳐 지어야 하고, 또 마땅히 이안(移安)하는 일도 있어야 합니다. 일이 매우 중대하고 어렵기 때문에 감히 봉심했을 당시에 범범하게 서계(書啓)로 보고할 수 없어서 감히 이렇게 진달합니다."

하니, 상이 이르기를,

"고쳐 짓지 않을 수 없다면 이안하는 곳을 어디로 정해야 하겠는가?"

하였다. 영의정 정태화(鄭太和)가 아뢰기를,

"이안할 장소는 빈 궁궐의 전각으로 하는 것이 마땅할 듯합니다. 그런데 수리에 들어갈 재목을 구하기가 매우 어려우니, 반드시 기일 전에 몫을 나누어 정해 주어 하나하나 구비된 뒤에 그 기일에 임하여 이안하고, 기간을 정해 공역을 마치도록 하는 것이 마땅할 것입니다. 또 이번 25일이 종묘를 수리할 길일로 계하(啓下)된 날이니, 해조로 하여금 당상 낭청을 차출하게 하되, 호조, 형조, 공조의 관원으로 삼아 이때에 바로 가서 살펴 간각(間閣)과 섬돌〔砌石〕을 물려서 쌓을 곳을 측량하게 하

는 것이 옳을 듯합니다."

하고, 우의정 정유성(鄭維城)은 아뢰기를,

"고쳐 짓는 것은 사안의 본질이 중대하니, 영녕전 수개도감(永寧殿修改都監)으로 호칭하는 것이 어떻겠습니까?"

하니, 상이 말했다.

"이안은 경덕궁(慶德宮)에 하도록 하고, 이 외에 제반 일은 모두 아뢴 대로 하라." —《예조등록(禮曹謄錄)》에 나온다.

○ **3월 계사일**(25일)

도감에서 아뢰기를,

"이른 아침에 신들이 삼가 영녕전에 나아가 전의 내면과 외면, 앞뒤의 처마와 계단 등을 일일이 봉심하고 나서 함께 상의하였습니다. 대개 수개(修改)하기로 처음 논의할 때에는 본래 동서 익실의 간가(間架)가 협소하여 상탁(床卓)을 배열하고 나면 남는 공간이 너무 좁아서 주선하고 진퇴할 즈음에 매번 용신하기가 어려운 것을 걱정해서였으니, 수개하는 공역은 부득이한 일이었습니다. 그런데 상의할 때에 의견에 차이가 있어 어떤 사람은 '당초 사조(四祖)를 받들어 조천할 때에 달리 조천하는 신위가 없었다. 따라서 좌우의 익실을 지은 것은 전적으로 신주를 모시기 위한 제도가 아니었다. 그러니 이번에 수개할 때에도 중앙의 정전(正殿) 서쪽에 6칸을 연결하여 짓고, 6칸의 서쪽에 이전 그대로 익실을 두는 것이 옳을 듯하다.' 하고, 어떤 사람은 '선왕의 제도를 지금 바꿀 수 없다. 일체 종묘의 제도를 따라서 한다면 이것은 바로 두 개의 종묘가 되는 것이다. 이렇게 되면 자못 영녕전이라고 따로 일컬은 뜻이 아니니, 예(禮)에 편치 않다. 만약 좌우의 익실 3칸에 각각 1칸씩 더 첨가하여 짓되 도리(道里)를 길게 하면 옛날의 제도와 비교하여 그리 심하게 바꾸는 것은 없고, 진퇴할 때 조금 여유가 있게 될 것이니, 이것이 편하고 마땅할 듯하다.' 하고, 어떤 사람은 '익실은 뒤로 낸 툇간이 없고 감실을 북쪽 벽에 설치하였다. 그러므로 전면이 협소한 원인이 오로지 여기에 있다. 지금 만약 모두 앞뒤로 툇간을 설치하되 정전에 비해 조금 치수를 줄인다면 마땅할 것이다.' 하였습니다. 신들은 실로 절충하기 어려우나, 앞뒤로 툇간을 설치하자는 말이 수개하는 뜻에 합당할 듯합니다. 그러나 역시 감히 결단하여 정할 수 없어서 지금 바로 정전의 제도와 세 가지 형태로 개조한 제도를 모두 도형으로 그려 올려서 성상께서 보시도록 대비하였습니다. 상단에서 아뢴 여러 사람들의 의견을 예관으로 하여금 속히 여쭈어 정하도록 해서 받들어 행할 수 있게 하는 것이 어떻겠습니까?"

하니, "이미 정탈(定奪)하였다."고 전교하였다. ―《예조등록》에 나온다.

○ **4월 경자일**(3일)

비국 당상을 인견했을 때이다. 상이 이르기를,

"영녕전을 수개하는 일로 도감에서 초기와 세 가지 모양의 도형을 입계한 지가 한참 되었다. 그런데 만약 으레 예조에 내린다면 여러 곳에 자문을 구하고 묻는 사이에 반드시 지연될 것이고, 또 함께 모여 강론해서 정하는 것만큼 상세하지 못할 것이다. 그래서 오늘 인견할 때 강론하여 정하고자 한다. 대개 도감에서 올린 도형은, 첫째는 영녕전의 정전 4칸에 6칸을 연달아 짓되 익실은 그대로 둔 제도이고, 둘째는 지금의 제도를 그대로 따르되 익실의 도리를 조금 길게 하여 제사 지낼 때 주선할 수 있게 한 제도이며, 셋째는 익실의 도리를 길게 하고 나서 이어 앞뒤로 툇간을 더 보탠 제도이다. 어느 것이 좋을지 알지 못하겠다."

하니, 이경석(李景奭)이 아뢰기를,

"자고로 제왕가(帝王家)에서는 종묘제도를 가장 중대하게 여겼고 선유들의 논설도 많으나, 한나라 이후로는 옛날의 제도를 제대로 회복한 경우가 드물었습니다. 송시열(宋時烈)의 상소에 7묘와 5묘의 제도에 대한 내용이 있는데, 지금의 영녕전은 바로 송나라의 영경전(永慶殿)과 같으면서 좌우에 협실이 있으니, 지금 이 영녕전을 수개할 때 익실을 더 보태 지어 조천한 신주를 봉안하면 옛날의 제도에 가까울 듯합니다."

하였다. 상이 이르기를,

"이른바 종묘가 둘이라는 혐의에 대해서는 어찌 생각하는가?"

하니, 이경석이 아뢰기를,

"당초에 영녕전은 4칸의 정실(正室)을 지어 사조(四祖)를 봉안하였고, 그 후에 조천한 신주를 위하여 좌우의 익실을 두었습니다. 지금 만약 정실을 더 보태 지어 통틀어 10칸으로 만든다면 제도가 종묘와 다름이 없게 되니, 이것이 종묘가 둘이라는 혐의에 더 가깝지 않겠습니까?"

하였다. 상이 이르기를,

"초기에는 봉안할 신주가 사조뿐이었기 때문에 전의 제도도 4칸이었다. 그 후로 조천한 신주가 점차 늘어났기 때문에 익실에 봉안한 것이다. 이것으로 보면 익실을 지은 것은 본래 봉안하기 위한 뜻이었던 만큼 지금에 와서 정실을 더 보태 짓는 것은 형세가 참으로 그렇다. 그리고 봉안하는 제도에 소목의 순서를 쓰지 않으면 어떤 혐의가 있는가?"

하니, 이경석이 아뢰기를,

"종묘는 열성조를 봉안한 사당이고, 영녕전은 조천한 신주를 봉안한 전각이니, 그 제도도 당연히 다를 듯합니다. 더구나 인조조 때부터 익실이 부족하였으니, 정실을 더 보태 짓는 일이 있었을 듯한데도 옛날 제도 그대로 오늘에 이르렀습니다. 이것은 선왕께서 반드시 뜻을 두신 바가 있는 것이니, 지금에 와서 바꾸는 것은 예법상 편치가 않습니다."

하였다. 상이 이르기를,

"경의 말도 일리가 있다. 그러나 종묘의 제도는 당초에 5칸뿐이던 것이 지금은 10칸에 이른다. 5칸을 지을 때에 선왕께서 그때도 반드시 뜻을 두신 바가 있었을 터이나 더 보태 지어 10칸이 되었으니, 이것은 사세가 부득이한 데서 나온 것이다. 지금 영녕전의 정실을 더 보태 짓는 것도 시대의 요구를 따라 알맞게 제정하는 한 방도인데, 어떨지 모르겠다."

하니, 이경석이 아뢰었다.

"선왕의 유의(遺意)를 지금 미루어 헤아릴 수 없고, 상고시대의 종묘제도 역시 법으로 취하기가 어려운데, 사안이 매우 중대합니다. 신의 어리석고 얕은 소견으로 어찌 감히 단정하겠습니까? 오직 성상께서 대신과 예관 및 지방에 있는, 예를 아는 유신에게 널리 자문을 구하신 뒤에 행할 따름입니다." -《예조등록》에 나온다.

○ 같은 달 신축일(4일)

도감에서 아뢰기를,

"신들이 경덕궁에서 그대로 영녕전에 나아가 동쪽과 서쪽에 더 보태 지을 형세를 다시 봉심하고 정계(庭階)의 넓고 좁음을 일일이 측량하였습니다. 그 결과 서쪽은 정전 3칸을 더 지을 경우 익실 2칸과 이안청(移安廳)의 당우(堂宇)를 옮겨 설치해야 합니다. 그러자면 서쪽 뜰의 문과 담을 19자쯤 물려야만 공간에 여유가 있을 것입니다. 동쪽은 정전 3칸을 더 지을 경우 익실 2칸은 남은 공간을 거의 다 쓰게 되어 바로 수복방(守僕房)의 서쪽 처마 아래에 닿게 됩니다. 따라서 수복방은 반 칸쯤 물려서 지어야 하고, 제기고(祭器庫)는 허물어야 하는데, 익실을 그대로 두기 때문에 곳간을 다시 짓지 않더라도 제기는 자연 옮겨 놓을 곳이 있을 것입니다. 관계되는 모든 목재와 철물, 공역에 필요한 잡물을 분정할 곳과 수효 등에 관한 일은 우선 이 계사에 대한 비답이 내리기를 기다려 그 후에 써서 들이겠습니다. 감히 아룁니다."

하니, "알았다."고 전교하였다. –《예조등록》에 나온다.

○ 같은 달 을유일(12일)

예조에서 아뢰기를,

"이번 4월 3일 대신과 비국 당상을 인견하셨을 때에, 영녕전을 수개할 때 좌우의 익실은 철거하고 본전의 제도에 따라 동서에 각각 3칸을 더 보태 지어 통틀어 10실을 만들 것이며, 사조 이하는 서쪽을 상위로 하여 차례로 봉안한다는 사안을 정탈한 뒤에 응교 남구만(南九萬)이 아뢰기를, '비록 이미 정탈하였습니다만, 한편으로 지방에 있는 유신에게 자문하는 것이 어떻겠습니까?' 하니, 상이 이르기를, '종묘가 둘이 되는 혐의가 있다고 말하는 자들이 있는데, 그 말처럼 과연 혐의가 있는 것인가? 유신에게 물어보라.' 라고 명하셨습니다.

유신에게 논의한 결과 전 대사헌 송준길(宋浚吉)은 '신은 병이 들어 외진 시골에 엎드려 있으면서 곧 목숨이 다할 날을 기다리고 있는데, 매번 멀리서 물어 주심을 받들 때마다 황공함과 두려움이 더하곤 하였습니다. 이번에 영녕전을 개수하는 제도는 더욱 의견이 미칠 수 있는 바가 아니라 실로 무슨 말을 해야 할지 모르겠습니다. 대개 우리나라의 종묘제도는 원래 옛날의 제도가 아니고, 또 주자가 정해 놓은 것과도 맞지 않습니다. 만약 획기적으로 변통할 수 없다면 오직 지세를 따르고 형편을 인하여 참작하고 헤아려서 처리할 수밖에 없습니다. 종묘가 둘이라는 혐의에 대해서는 지금에 이르러 운운할 필요가 없을 듯합니다. 삼가 상께서 재결하소서.' 하였습니다. 좌찬성 송시열은 병이 들어 수의하지 못하였습니다. 유신의 뜻이 이와 같으니, 상께서 재결하시는 것이 어떻겠습니까?"

하니, "알았다."고 전교하였다. -《예조등록》에 나온다.

○ 응교 이단상(李端相)이 상소하였다.

"신이 삼가 들으니, 조정이 영녕전을 개수하는데, 정전을 10실로 하는 제도를 새로 만들어 협실의 여러 조천한 열성의 신주를 일체 정전 안에 봉안하고, 마침내 협실에 신주를 모시는 제도는 폐지할 것이라고 하였습니다. 참으로 이와 같이 할 경우, 어리석은 신의 망령된 생각으로는 옛날의 예법을 조금이나마 남겨 두었던 조종조의 유의(遺意)에 많이 어긋난다는 점이 적이 염려되고, 또 조천된 여러 열성조의 위령(威靈)들께서도 정전의 대열에 들어 나란히 향사받는 것을 스스로 편안해하지 않으실까 염려됩니다.

대개 오늘날 조정의 논의가 주나라의 옛날 제도를 다 회복하는 데에 있는 것이 아니고 보면, 옛날 도궁(都宮)의 성대한 제도와 한나라 명제 이후의 잘못된 종묘제도에 대해서는 모두 쓸데없이 진달할 필요가 없고, 다만 영녕전의 경우 조종조에서 공정대왕(恭靖大王) 이하 여러 조천한 왕의 신주를 협실에 모셨던 뜻만 가지고 말하겠습니다.

조천된 자손의 신주를 시조의 협실에 모시는 것은 바로 옛날의 제도입니다. 이것이 주자(朱子)가 말한 '옛날에는 오직 조천된 자손의 신주를 위로 조고(祖考)의 협실에 모시는 법만 있었고, 조천된 조고의 신주를 아래로 자손의 협실에 모신다는 글은 없다.' 라는 것입니다. 우리나라에서 영녕전을 건립한 것은 사실 옛날 제도는 아닙니다. 그러나 태묘의 제도가 일단 태조를 제1실로 삼은 이상 조천된 사조(四祖)의 신주를 아래로 태조의 협실에 모신다는 것은 옳지 않기 때문에, 부득이 이 영녕전을 건립했던 것입니다. 영녕전의 협실이야말로 목조(穆祖)의 협실이니, 조종조에서 공정(恭靖) 이하의 조천한 신주를 위로 영녕전의 협실에 모신 것은 비록 옛날 제도에 하나하나 모두 들어맞지는 못하지만 그래도 옛날의 조천된 자손의 신주를 위로 시조의 협실에 모신다는 뜻은 있는 것입니다. 장횡거(張橫渠)가 말한 '제후는 조묘(祧廟)가 없고, 또한 시조의 사당에 모신다.' 라는 것이 바로 이러한 뜻입니다.

진실로 이와 같지 않다면 조종조에서 공정의 조천한 신주를 훼천(毁遷)하던 날에 어찌하여 정전을 더 보태 지어 일체 나란히 향사하는 것을 옳다고 생각하지 않고, 그저 봉안할 장소가 없다는 이유만으로 이렇듯 구차하게 일을 처리하여 아무런 의미 없이 의물(儀物)을 보관하는 협실에 우선 임시로 봉안했을 리가 있겠습니까? 공정 이하 여러 조천한 신주를 영녕전의 협실에 봉안한 지가 지금 이미 100여 년이 되었는데, 만약 이에 대해 털끝만큼이라도 편치 않은 마음이 들었다면 그 후 100여 년의 세월이 흐르는 동안에, 열성조의 추모하고 숭봉하는 지극한 뜻으로 보나 경서에 근거하여 예를 준수하는 수많은 유신들의 입장에서 볼 때 진즉 논의를 모으고 널리 상고하여 나란히 향사할 수 있도록 고쳐 짓기에 겨를이 없어야 했습니다. 어찌 협실이 좁아지기를 기다려 그때 가서 비로소 정전을 고쳐 지어 일체 나란히 향사하리라 하고, 끝내 변통할 도리를 생각하지 않아 오늘날에 이르게 했을 리가 있겠습니까? 어리석은 신의 망령된 생각으로는 그렇지 않다는 것을 확실히 압니다. 태묘의 제도가 만약 목조를 제1묘(第一廟)인 정동향(正東向)의 시조위(始祖位)로 삼고 익조(翼祖) 이하 여러 조천한 신주를 모두 목조의 협실에 모시는 것으로 되었다면, 이것이 바로 옛날 제도인데, 이미 태조를 태묘의 제1실로 삼았기 때문에 부득이 사조의 묘를 따로 건립하였던 것입니다.

이제 별묘 내부 문제에 나아가 또 옛날 제도를 근거로 말한다면, 익조, 도조(度祖), 환조(桓祖) 세 분 조상의 조천한 신주도 정전에 나란히 향사하는 것은 옳지 않고 마땅히 공정 이하의 조천한 신주와 함께 목조의 협실에 모셔야 합니다. 이 점으로 말하면 영녕전의 정전은 단지 목조 1위만 만들었어야 하는데 이미 세 분 조상의 신주를 정전에 나란히 향사하였고 보면 공정 이하의 조천한 신주만 어찌 유독 협실에 모실 필요가 있겠습니까? 그래서 오늘날 논의하는 자들이 반드시 이 때문에 10실에 나란히 향사하자는 논의를 하는 것입니다. 그러나 당초 영녕전의 건립은 사조의 신주를 봉안하기 위한 것이었기 때문에 단지 정전 4칸의 제도를 만든 것이니, 이것이 이른바 예경(禮經)에 없는 예라는 것입니다.

그러다가 공정의 대수가 다한 신주를 훼천하는 날이 되자, 조종조의 깊은 뜻으로 반드시 '사조를 모신 영녕전의 묘제를 지금 바꾸기는 어렵고, 공정 이하 대수가 다한 신주는, 조천한 자손의 신주를 위로 시조의 협실에 모신다는 옛날 제도에 근거하여 영녕전 목조의 협실에 봉안하는 것이 마땅할 것이다.' 라고 여겼기 때문에 마침내 이렇게 정했던 것이고, 여러 대의 조정을 계승해 오면서 지금까지 바꾸지 않았던 것입니다. 어찌 편치 않다는 것을 알면서 우선 임시로 협실에 봉안하였을 리가 있겠습니까? 그렇다면 장차 조종조를 두고 위나 아래나 견식(見識)이 미치지 못하여 정전을 더 보태 짓는 일을 하지 않았다고 하겠습니까? 장차 조종조를 두고 국가의 재력이 부족하여 정전을 더 보태 짓는 일을 하지 않았다고 하겠습니까? 신은 이 점에 대해서 그렇지 않다는 것을 확실히 압니다.

옛날 제도에서 제후의 묘는 2소 2목에 태조의 묘를 합하여 5묘가 됩니다. 묘를 건립하던 초기에 비록 이 때문에 단지 5묘의 제도만을 건립하고, 공과 덕이 있어 조천하지 않는 신위는 혹 세실(世室)을 만드니, 이 세실은 5묘의 수에 들어가지 않습니다. 그러므로 후세에 그 신위의 수를 따르면서도 더 보태 짓는 것에 아무 문제가 되지 않았던 것입니다. 지금 영녕전의 제도는 이와 같지 않으니, 당초의 건립이 옛날의 예가 아니기는 하나 이미 어쩔 수 없는 상황으로 인해 이렇게 사조의 별묘를 만들었고 보면 이것은 사조의 묘이지 여러 조천한 신주를 나란히 향사하는 묘는 아닌 것입니다. 그리고 여러 조천한 신주를 영녕전의 협실에 모신 것은 바로 조천한 자손의 신주를 위로 시조의 협실에 모신다는 옛날의 유의(遺意)에 따른 것인 만큼 지금 10실의 제도로 고쳐 지어 여러 조천한 신주를 정전 안에 나란히 향사하는 것이 불가하다는 것은 명명백백한 일입니다. 어찌 단지 종묘가 둘이라는 혐의만 있을 뿐이겠습니까?

지금 만약 반드시 변통하여 옮겨 봉안하고자 한다면 혹 공정 이하의 조천한 신주를 태묘에 있는 태조의 협실로 옮겨 봉안하는 것은 그래도 근거가 있습니다만, 이처럼 영녕전 정전의 안에 일체 봉안하고자 한다면 이는 확실히 조종조의 뜻은 아닙니다. 이것이 《예기》에 이른바 '이미 거행한 것은 감히 폐지하지 못한다.' 라는 것입니다. 만약 혹시라도 이로 인하여 마침내 정전 10실의 제도로 정해서 끝내 여러 조천한 신주를 전 안에 나란히 향사하게 되면 고금의 제도로 참작하더라도 모두 근거할 바가 없을뿐더러 조종조께서 처음에 조천한 신주를 영녕전의 협실에 모셨던 깊은 뜻을 도리어 박하고 구차한 것으로 만들고 말 따름이니, 어찌 크게 두렵지 않겠습니까?

어리석은 신의 얕은 견해로는 지금 개수하는 방법은, 다만 영녕전의 협실 가운데 협소한 부분을 조금 더 넓혀 그 제도를 확장하는 것이니, 이렇게 하면 옛날의 제도를 제대로 회복하지는 못한다 하더라도, 위로 조종조께서 조금이나마 옛날의 예를 남겨두었던 유의를 어기지 않고 아래로도 후세의 비판을 받지 않을 수 있을 것입니다. 그리고 협실의 제도에 이르러서는, 주나라의 경우 불굴(不窋) 이하 13인의 조천한 신주를 모두 시조인 후직(后稷)의 서쪽 협실에 모셨고 보면 그 제도의 거대함을 알 수 있으니, 이것은 곧 그 신위의 수에 따라 더 보태 짓고 개수한 것으로 실로 예의 뜻에 맞습니다.

이것은 모두 신의 억견(臆見)이 아니라 정자(程子)와 주자 이하 선유들의 제설(諸說)에 갖추어져 있으니, 전하께서 만약 가져다 열람해 보신다면 신의 말이 근거 없이 지어낸 것이 아니라는 것을 아실 수 있을 것입니다." —이단상의 문집에 나온다.

○ 같은 달 계축일(16일)

도감에서 아뢰기를,

"방금 이번 13일 인견하셨을 때에 내리신 하교를 삼가 보았는데, '날씨가 매우 가물고 또 농사철을 만났으니, 영녕전을 고쳐 짓는 공사는 우선 1, 2년 기다려 거행하라고 도감에 분부하라.' 라는 뜻으로, 입시(入侍)한 승지가 직접 성상의 하교를 받들었고, 오늘 비로소 베껴서 말을 전하였습니다. 상께서 가뭄이 든 것을 안타까워하시고 농사를 염려하시어 곧바로 공사의 중단을 명하셨으니, 때에 맞게 내린 비 또한 어찌 감응한 바가 없이 그러하였겠습니까? 이어서 더하는 뜻으로야 무엇이 이보다 다행이겠습니까? 도감은 우선 공사를 중단하되, 길한 시기를 해조로 하여금 다시 택하여 계하를 받게 함으로써 거행될 수 있도록 하는 것이 어떻겠습니까?"

하니, "아뢴 대로 하라."고 전교하였다. —《예조등록》에 나온다.

○ **4월 을묘일**(18일)

예조에서 아뢰기를,

"영녕전 수개도감의 계사로 '도감은 우선 공사를 중단하고, 길한 시기를 일관(日官)으로 하여금 다시 택하게 하여 계하받음으로써 거행할 수 있게 하라.' 라고 명하였습니다. 즉시 일관을 불러 모아 시기를 택하도록 하였더니, 연운(年運)은 갑진년(1664, 현종5)부터 병오년(1666)까지 3년이 모두 불길하고 정미년(1667)이 가장 길하며, 4월부터 8월까지가 모두 길한 달이라고 하였습니다. 개수할 길년(吉年)은 마땅히 이에 의거하여 거행해야 할 듯한데, 정미년은 아직 몇 년이나 남았습니다. 길일을 택하는 것과 도감을 다시 설치하는 등의 일은 그때 가서 형세를 살펴 품처(稟處)하는 것이 어떻겠습니까?"

하니, "윤허한다."고 전교하였다. —《예조등록》에 나온다.

○ **병오년**(1666, 현종7) **8월 을해일**(27일)

예조에서 아뢰기를,

"일찍이 계묘년(1663) 4월 18일 본조의 계사에, '……그때 가서 형세를 살펴 품처하는 것이 어떻겠습니까?' 라고 한 것에 대해 윤허한다고 명하였습니다. 영녕전을 개수할 길일에 대해 오는 정미년 4월부터 8월까지가 모두 길한 달이라고 하였으니, 공사가 막중한 만큼 미리 헤아려 다스리지 않으면 안 되는데, 새해는 단지 3, 4개월이 남아 있을 뿐입니다. 봄과 가을 두 시기 중에 어느 때에 거행한다고 각 해당 관사에 분부해야겠습니까? 감히 이 문제를 먼저 우러러 여쭙고 성상의 재결을 기다립니다."

하니, "후일 등대(登對)할 때에 품처하라."고 전교하였다. —《예조등록》에 나온다.

○ **정미년**(1667, 현종8) **3월 병술일**(12일)

인견했을 때이다. 병조 판서 김좌명(金佐明)이 아뢰기를,

"신이 영녕전의 개수를 뒤로 미루는 일로 대신의 처소에 가서 논의하였더니, 모두 '영녕전을 이안(移安)한 뒤에 바로 상께서 온천에 행행(行幸)하시게 되는데, 성궐(城闕)을 멀리 떠나시는 것은 편치 않은 일이 될 듯하다. 이안하는 예를 우선 뒤로 미뤄 행하되, 추향대제(秋享大祭) 이후로 다시 날을 택하는 것이 이안이나 시역(始役)에 합당할 듯하다.' 하였습니다."

하니, 상이 말했다.

"그렇다면 영녕전의 이안은 추향대제를 지낸 뒤로 날을 택하여 행하는 것이 좋겠다."

○ **윤4월 무자일**(14일)

도감에서 아뢰기를,

"개수하는 공사를 추향대제 전에 완전히 마치는 것으로 이미 정탈되었습니다. 이안하는 길일을 예관으로 하여금 속히 가려 택하여 계하받게 하는 것이 어떻겠습니까?"

하니, 상이 "윤허한다."고 전교하였다. -《예조등록》에 나온다.

○ **같은 날**

예조에서 계사를 올렸다.

"……이안할 길일을 일관으로 하여금 택하게 하였더니, 금년 윤4월 24일 신시(申時)가 길하다고 하였습니다. 기타 길한 날과 시간을 별단에 써서 들입니다. 도감으로 하여금 어느 일시로 할 것인지를 품지(稟旨)하게 하는 것이 어떻겠습니까?"

상이 윤허한다고 전교하였다. -같은 달 같은 날 미시(未時)에 공사를 시작하였고, 같은 해 7월 6일에 낙성을 고하고 이안하였다. 《예조등록》에 나온다.

각 실의 위판位版 제식題式

위판을 쓸 때의 의주(儀註)를 첨부하였다.

종묘

○ 제1실(第一室)

유명증시강헌 태조 지인계운성문신무 대왕(有明贈諡康獻太祖至仁啓運聖文神武大王)[68]

승인순성 신의왕후(承仁順聖神懿王后)[69]

순원현경 신덕왕후(順元顯敬神德王后)[70]

○ 제2실(第二室)

유명증시공정 태종 성덕신공문무광효 대왕(有明贈諡恭定太宗聖德神功文武光孝大王)

창덕소열 원경왕후(彰德昭烈元敬王后)

○ 제3실(第三室)

유명증시장헌 세종 영문예무인성명효 대왕(有明贈諡莊憲世宗英文睿武仁聖明孝大王)

소헌왕후(昭憲王后)

○ 제4실(第四室)

유명증시혜장 세조 승천체도열문영무지덕융공성신명예흠숙인효 대왕(有明贈諡惠莊世祖承天體道烈文英武至德隆功聖神明睿欽肅仁孝大王)

자성흠인경덕선열명순원숙휘신혜의신헌 정희왕후(慈聖欽仁景德宣烈明順元淑徽愼惠懿神憲貞熹王后)

○ 제5실(第五室)

유명증시강정 성종 인문헌무흠성공효 대왕(有明贈諡康靖成宗仁文獻武欽聖恭孝大王)

68 **유명증시강헌 태조 지인계운성문신무 대왕** 유명증시강헌은 명나라 황제가 하사한 시호가 강헌이라는 말이다. 태조는 묘호(廟號)이고, 지인계운성문신무는 승하한 해인 1408년(태종8)에 올린 존시(尊諡)이다.

69 **승인순성 신의왕후** 신의왕후는 태조의 첫째 비로 증(贈) 영문하부사(領門下府事) 안천부원군(安川府院君) 한경(韓卿)의 딸이다. 태조가 보위에 오르기 전에 승하하였다. 처음에 시호를 절비(節妃)라고 하였다가 1398년(태조7)에 신의왕후로 추존(追尊)하였고, 1408년(태종8)에 태조가 승하하자 신위를 종묘 제1실에 봉안하면서 '승인순성'이라는 휘호(徽號)를 올렸다. 《태종실록 9년 윤4월 13일조 건원릉비문》《태조실록 7년 11월 11일조》

70 **순원현경 신덕왕후** 신덕왕후는 판삼사사(判三司事) 강윤성(康允成)의 딸로 1396년(태조5)에 승하하였다. 처음에 현비(顯妃)에 봉하였고, 1396년에 신덕왕후로 존호를 올렸으며, 1669년(현종10)에 신위를 종묘의 태조실에 합부하면서 '순원현경'이라는 휘호를 올렸다. 《태종실록 9년 윤4월 13일조 건원릉비문》《현종실록 10년 8월 20일조》

공혜왕후(恭惠王后)

소의흠숙 정현왕후(昭懿欽淑貞顯王后)

○ 제6실(第六室)

유명증시공희 중종 휘문소무흠인성효 대왕(有明贈諡恭僖中宗徽文昭武欽仁誠孝大王)

장경왕후(章敬王后)

성렬인명 문정왕후(聖烈仁明文定王后)

○ 제7실(第七室)

유명증시소경 선조 정륜입극성덕홍렬지성대의격천희운현문의무성예달효 대왕(有明贈諡昭敬宣祖正倫立極盛德洪烈至誠大義格天熙運顯文毅武聖睿達孝大王)

장성휘열정헌 의인왕후(章聖徽烈貞憲懿仁王后)

소성정의명렬광숙장정 인목왕후(昭聖貞懿明烈光淑莊定仁穆王后)

○ 제8실(第八室)

유명증시공량 원종 경덕인헌정목장효 대왕(有明贈諡恭良元宗敬德仁憲靖穆章孝大王)

경의정정 인헌왕후(敬懿貞靖仁獻王后)

○ 제9실(第九室)

인조 헌문열무명숙순효 대왕(仁祖憲文烈武明肅純孝大王)[71]

명덕정순 인열왕후(明德貞順仁烈王后)

자의공신휘헌강인정숙온혜 장렬왕후(慈懿恭愼徽獻康仁貞肅溫惠莊烈王后)

○ 제10실(第十室)

효종 선문장무신성현인 대왕(孝宗宣文章武神聖顯仁大王)

효숙경렬명헌 인선왕후(孝肅敬烈明獻仁宣王后)

71 **인조 헌문열무명숙순효 대왕** 이때는 중국이 청나라 치하였기 때문에 인조 이후로는 '유명증시'라는 말이 없고, 따라서 명나라에서 받은 시호도 없다. 다만, 청나라가 우리나라에게 명나라를 섬겼던 예로 자신을 섬기기를 요구하였기 때문에 인조가 승하했을 때 청나라에 주청하여 받은 '장목(莊穆)'이라는 시호가 있다. 이에 대해서는 아래 〈상시조(上諡條)〉에 상세한 내용이 나온다.

○ 제11실(第十一室)

현종 순문숙무경인창효 대왕(顯宗純文肅武敬仁彰孝大王)

현열정헌문덕 명성왕후(顯烈貞獻文德明聖王后)

영녕전

○ 제1실(第一室)

목왕(穆王)

효비(孝妃)

○ 제2실(第二室)

익왕(翼王)

정비(貞妃)

○ 제3실(第三室)

도왕(度王)

경비(敬妃)

○ 제4실(第四室)

환왕(桓王)

의비(懿妃)

○ 제5실(第五室)

유명증시공정 정종 의문장무온인순효 대왕(有明贈諡恭靖定宗懿文莊武溫仁順孝大王)

순덕온명장의 정안왕후(順德溫明莊懿定安王后)

○ 제6실(第六室)

유명증시공순 문종 흠명인숙광문성효 대왕(有明贈諡恭順文宗欽明仁肅光文聖孝大王)

인효순혜 현덕왕후(仁孝順惠顯德王后)

○ 제7실(第七室)

단종 공의온문순정안장경순돈효 대왕(端宗恭懿溫文純定安莊景順敦孝大王)[72]

의덕단량제경 정순왕후(懿德端良齊敬定順王后)

○ 제8실(第八室)

유명증시회간 덕종 선숙공현온문의경 대왕(有明贈諡懷簡德宗宣肅恭顯溫文懿敬大王)

휘숙명의 소혜왕후(徽淑明懿昭惠王后)

○ 제9실(第九室)

유명증시양도 예종 흠문성무의인소효 대왕(有明贈諡襄悼睿宗欽文聖武懿仁昭孝大王)

휘인소덕 장순왕후(徽仁昭德章順王后)

명휘제숙 안순왕후(明徽齊淑安順王后)

○ 제10실(第十室)

유명증시영정 인종 헌문의무장숙흠효 대왕(有明贈諡榮靖仁宗獻文懿武章肅欽孝大王)

효순공의 인성왕후(孝順恭懿仁聖王后)

○ 제11실(第十一室)

유명증시공헌 명종 헌의소문광숙경효 대왕(有明贈諡恭憲明宗獻毅昭文光肅敬孝大王)

선열의성 인순왕후(宣烈懿聖仁順王后)

부 의주儀註[73]

하루 전에 전설사(典設司)에서 악차(幄次)를 혼전(魂殿)[74]의 서쪽 계단 위에

72 **단종 공의온문순정안장경순돈효 대왕** '공의온문' 4자는 세조 때 올린 존호이고, '순정안장경순돈효' 8자는 1698년(숙종24)에 복위하면서 올린 시호이다. 숙종 때 복위되어 비로소 묘호와 시호가 주어지고 신위가 영녕전에 봉안되었기 때문에 '유명증시'라는 말과 명나라에서 내린 시호가 없다.

73 **부 의주** 대본에는 제목이 없으나 '의주를 첨부하였다.'는 원주(原註)에 의거하여 제목을 임의로 붙였다. 《세종실록》 〈오례의〉에는 〈제위판의(題位版儀)〉라는 제목으로 실려 있다.

74 **혼전** 왕가에서 장례를 치른 뒤에 종묘에 부묘하기 전까지 신주를 모셔 놓는 전각을 말한다. 보통 비어 있는 전각을 사용한다.

동향으로 설치하고, 봉상시(奉常寺)의 관원은 상(牀)과 욕석(褥席)을 장막 안에 설치한다. —왕후를 함께 부묘할 경우에는 상과 자리를 각각 설치한다.

먼저 위판을 만들어 —《서례(序例)》[75]에 보인다.— 상자〔箱〕에 담고 보자기〔帕〕로 덮어서 요여(腰轝)[76]에 안치한다. 장막 앞에 이르면 대축(大祝)이 욕위(褥位)[77]에 봉안한다. 탁자〔卓〕 3개를 신위의 동남쪽에 서향으로 설치하고,—위판을 쓰는 탁자는 북쪽에 있다. 다음은 붓과 벼루를 놓는 탁자이고, 그 다음은 관반(盥槃)[78]을 놓는 탁자이다.— 붓, 벼루, 먹, 광칠(光漆), 관반, 관이(盥匜)[79] —향탕(香湯)[80]을 갖춘다.— 수건〔巾〕 —희고 가는 저포(紵布)를 쓴다.—을 갖추어 놓는다.

집례(執禮)가 전하의 욕위를 설치한 다음 집사자(執事者), 집례, 찬자(贊者), 찬인(贊引)의 자리〔位〕를 뜰에, 종친 및 문무백관과 감찰의 자리를 바깥뜰에 설치하고, 모두에게 동가(動駕)의 의식을 갖추어 알린다. 위판을 쓰는 관원의 자리를 중문(中門) 안의 서쪽에 북향으로 설치한다. —고동가제(告動駕祭)[81]의 집사와 한 줄이 되게 한다.

당일에 유사(攸司)가 찬(饌)을 진설한다. 종친 및 문무백관은 조복(朝服)을 갖추어 입고, 여러 집사(執事)들은 제복(祭服)을 갖추어 입은 다음 문밖의 자리로 나아간다. 집례가 찬자와 찬인을 거느리고 전(殿)의 뜰로 들어가 두 줄로 서서 북향하여 사배(四拜)한 다음 자리로 나아간다. 찬인의 인도를 받아 위판을 쓰는 관원, 감찰, 전사관(典祀官) 이하가 뜰로 들어가 북향하여 사배한 다음 자리로 나아간다. —손을 씻고 들어간다.— 인의(引儀)의 인도를 받아 종친 및 문무백관이 나뉘어 들어가 자리로 나아간다. 대축이 신주를 받들어 내어와 신좌(神座)에 설치한다. 좌통례(左通禮)가 나아가 재전(齋殿) 앞에서 부복하고 꿇어앉아 중엄(中嚴)을 계청(啓請)하고, 조금 있다가 외판(外辦)을 아뢰면, 전하가 면복(冕服)을 갖추어 입고 나온다. —관세(盥帨)하고 나온다.— 찬례의 인도를 받아 전하가 들어가 자리로 나아간다.

집례가 "사배하시오." 하면 찬례가 부복하고 꿇어앉아 '몸을 굽힌 다음 네 번 절하고 일어나서 몸을 펼 것'을 계청한다. 전하가 몸을 굽힌 다음 사배하고 일어나서 몸을 편다. 종친 및 문무백관도 같이 한다. —찬자가 역시 창(唱)한다.— 찬례의 인도를 받아 전하가 동쪽 계단으로 올라가 탁자 앞에 나아가서 북향하여 선다. 대축이 동쪽 계단으로 올라가 악차에 나아

75 **서례** 《국조오례의서례》를 말한다. 위판을 만드는 법은 《국조오례의서례》 권5 〈흉례(凶禮) 신주도설(神主圖說)〉에 있다.

76 **요여** 작은 가마로 신주를 옮기는 데에 사용한다. 이 밖에 책(册), 보(寶), 명기(明器), 복완(服玩) 등을 옮기는 데에도 사용한다. 《국조오례의서례》 권5 〈흉례 거여도설(車轝圖說)〉에서 그 제도를 볼 수 있다.

77 **욕위** 깔자리, 즉 욕석(褥席)을 펴서 마련해 놓은 자리이다.

78 **관반** 손을 씻는 대야를 받쳐 놓는 소반이다. 나무로 만든다. 《세종실록 오례의 흉례 명기》

79 **관이** 손을 씻는 대야이다. 나무로 만든다. 《세종실록 오례의 흉례 명기》

80 **향탕** 향을 넣어 끓인 물이다.

81 **고동가제** 동가를 고하는 제사이다. 동가는 보통 임금이 가마를 타고 궐 밖으로 행차하는 것을 말하는데, 여기에서는 혼전에서 신주를 옮기는 일을 말한다.

가서 위판이 든 궤를 받들고 들어가 탁자에 놓은 다음 궤를 열고 위판을 받들어 내어 향탕으로 씻고 수건으로 닦아 탁자에 눕혀 놓는다.

위판을 쓰는 관원이 동쪽 계단으로 올라와 탁자 앞에 나아가서 서향하여 선 다음 '모호 대왕(某號大王)' 이라고 쓴다. ―왕후(王后)를 함께 부묘할 경우 '모호 왕후(某號王后)' 라고 쓴다.― 먹으로 쓴 다음 광칠(光漆)로 덧쓴다. ―먹으로 쓴 것이 마르기를 기다려서 덧쓴다.― 꿇어앉아 부복하였다가 일어나서 내려와 자리로 돌아간다. 대축이 위판을 받들어 궤에 담아 신주 뒤에 안치한다.

찬례의 인도를 받아 전하가 지게문〔戶〕을 나와서 내려가 자리로 돌아갔다가 잠시 재전(齋殿)에 나아가 있는다. 봉상시의 관원이 탁자를 치운다. 인의의 인도를 받아 종친과 문무백관이 나뉘어 나간다. 찬례가 전하를 인도하여 작헌(酌獻)을 행하고, 동가의 의식을 갖추어 알린다.

신주제도 主制

82 주독 신주를 넣어 보관하는 궤이다.

신주를 만드는 것, 신주를 쓰는 것, 신주를 고치는 것, 고쳐 쓰는 것, 주독(主櫝)[82]의 제도를 첨부하였다.

○ 세종대왕 신축년(1421, 세종3) **6월 신축일**(10일)

예조에서 아뢰기를,

"선왕(先王)과 선후(先后)의 신주독(神主櫝)의 체제는 밑바닥과 뚜껑이 모두 방형(方形)입니다. 이 때문에 신주를 넣어 감실에 안치할 때에 혹 앞뒤가 뒤바뀌기도 하니, 밑바닥과 뚜껑의 앞면에 주묵(朱墨)으로 '전(前)' 자를 쓰게 하소서."

하니, 그대로 따랐다. —실록에 나온다.

○ 인조 임신년(1632, 인조10) **12월 기묘일**(16일)

예조 낭청이 영의정의 뜻으로 아뢰기를,

"신이 오늘 예조 판서 최명길(崔鳴吉), 참판 윤흔(尹昕)과 함께 영녕전과 종묘의 각 실에 봉안된 신주의 서식을 봉심한 결과 계하된 본 예조의 단자와 별로 다른 점은 없었습니다. 다만 전에 올린 단자에는 영녕전 사조(四祖)의 신주가 분자(粉字)와 금자(金字)로 쓰여 있다고 되어 있는데, 오늘 봉심한 바로는 모두 금자로 전각(塡刻)되어 있었고, 전에 올린 단자에는 공정왕(恭靖王)의 왕후의 시호가 안정(安定)으로 쓰여 있었는데 오늘 봉심한 바로는 정안(定安)으로 되어 있었습니다. 이것은 필시 당초에 바삐 서두르다 보니 제대로 자세하게 살피지 못한 소치일 것입니다.

대개 전날 해조의 계사에서 의심했던 세 조목 가운데 '5대 이상 왕후의 축문에는 모두 조비(祖妣)로 일컬었다.' 라고 한 것은 《개원례(開元禮)》[83]에서 나온 것이고, '각 실의 왕후의 축문에는 모두 성씨(姓氏)를 썼다.' 라고 한 것은 《오례의》에 실려 있는 것입니다. 그러니 이 두 가지 사안은 의심스럽기는 하나 이미 전례가 있어서 논의할 수 없습니다. 각 실의 신주에는 모두 '유명증시(有明贈諡)' 라는 4자를 쓰고, 증시가 위에, 묘호가 아래에 있는데, 축문에는 '유명증시' 라는 4자는 없고, 묘호가 위에, 증시가 아래에 있다고 한 것에 이르러서는, 이 사안은 의논하

83 《개원례》 원 서명은 《대당개원례(大唐開元禮)》이다. 당(唐)나라 때 태종(太宗)의 명으로 방현령(房玄齡)이 《정관례(貞觀禮)》 130편을 만들었고, 고종(高宗)의 명으로 장손무기(長孫無忌)가 30권을 더해 《현경례(顯慶禮)》 160권을 만들었는데, 두 책이 모순되는 것이 많아 현종(玄宗) 때에 서견(徐堅), 이예(李銳)에게 명하여 두 책을 절충해서 150권으로 만든 것이다. 개원은 당 현종의 연호이다.

여 처리하지 않을 수 없을 듯합니다.

그리고 선묘(宣廟)의 신주에 '유명증시'라는 4자를 쓰지 않은 것은 열성조의 신주 서식과 어긋난다는 점, 그리고 광해(光海) 때에 추상(追上)한 16자 가운데 8자는 존호 위에 쓰고 8자는 존호 아래에 쓴 점,[84] 의인왕후(懿仁王后)의 신주의 경우 '장성정헌(章聖貞憲)'은 선조조(宣祖朝) 때에 올린 호이고 '명덕(明德)' 2자는 광해 때에 추상한 호로, 신주에 쓸 적에 마땅히 차례대로 써야 하는데 '명덕' 2자를 '장성정헌'의 위에 쓴 점에 이르러서는 이 역시 이해할 수 없습니다.

또한 열성조의 신주는 비록 추상한 호가 있더라도 모두 고쳐 쓰는 규례가 없습니다. 그런데 선조와 의인왕후 두 신위의 신주는 광해 당시에 여러 차례 고쳐 써서 덧바른 흔적이 명백하고 글자 모양이 제대로 되어 있지 않으니, 보기에 매우 편치 않습니다. 이것은 막중한 일로 충분히 강론해서 처리하지 않아서는 안 되니, 여러 대신이 빈청(賓廳)에 모여 논의한 다음에 다시 품처하는 것이 마땅하겠습니다. 감히 아뢥니다."

하니, "아뢴 대로 하라."고 전교하였다. -《승정원일기》에 나온다.

84 **광해……점** 존호란 선조가 죽은 해에 올린 '현문의무성예달효(顯文毅武聖睿達孝)' 8자를 말한다. 광해군 때에 추상한 16자 가운데 '계통광헌응도융조(啓統光憲凝道隆祚)' 8자는 1616년(광해군 8)에 묘호를 선종(宣宗)에서 선조(宣祖)로 바꾸면서 추상한 존호이고, '이모수유광휴연경(貽謨垂裕廣休延慶)' 8자는 그 이후에 추상한 존호인 듯한데, 추상할 때의 기록은 실록에 없다. '이모수유광휴연경' 8자가 '현문의무성예달효' 8자 아래에 있다는 말이다.

○ 임신년(1632, 인조10)

종묘의 의심스러운 예에 대해 상신(相臣) 김상헌(金尙憲)이 논의하였다.

"축문은 마땅히 신주에 쓰여 있는 대로 해야 합니다. 설령 신주에 쓰인 것이 편치 않더라도 마땅히 먼저 신주를 고쳐 써야지 축문만 고치는 것은 옳지 않습니다. 세실(世室)의 왕후의 축문에 모두 조비로 일컬은 것은, 이것이 비록 신주에 쓰인 것과 서로 어긋나는 문제는 없으나 대왕의 축사(祝辭)에 이미 속호(屬號)[85]가 없고 보면 왕후의 축문에만 조비로 일컫는 것은 옳지 않습니다. 이 3건의 일은 계사대로 바로잡는 것이 문제가 없을 듯합니다.

선묘의 신주를 다르게 쓴 것에 이르러서는 실로 이해할 수 없는 점이 있습니다. 무신년(1608, 광해군 즉위) 초에 국사를 담당한 대신으로 이원익(李元翼), 이덕형(李德馨), 이항복(李恒福) 같은 이들은 모두 당대의 명재상이었고 예를 담당한 관원 중에도 명신이 많았으니, 막중한 종묘의

85 **속호** 친속을 부르는 호칭으로 고(考), 조고(祖考), 조비(祖妣) 따위를 말한다.

신주를 쓰는 데 있어 틀림없이 경솔하게 오류를 범했을 리가 없습니다. 그 후로 두 차례 고쳐 쓴 것은 비록 간신(奸臣)이 권력을 쥐었던 시기이기는 하나 이처럼 지극히 중대한 일을 어찌 감히 아무 근거도 없이 멋대로 고쳤겠습니까? 신의 망령된 생각으로 조심스레 헤아려 보자면, 종묘에서의 칭호로 묘호보다 중한 것은 없는데, 본조에서 묘호를 쓰는 것이 비록 바른 예는 아니지만 이미 정해진 제도인 만큼 마땅히 묘호를 시호 위에 두어야지 시호를 묘호 위에 두는 것은 옳지 않을 듯합니다. 애당초 바로잡은 뜻이 혹 이런 의미에서 나온 것은 아니겠습니까?

'유명증시' 4자의 경우에 이르러서는 본디 의심스러운 일에 해당합니다. 예를 들어 비명(碑銘)이나 묘지(墓誌) 같은 문자는 본래 후세에 전하기 위한 것으로 후대에 왕대가 바뀐 뒤라 하더라도 어느 시대 어느 나라 사람이라는 것을 알게 하고자 한 것이기 때문에 첫머리에 쓸 때 반드시 '유명 조선(有明朝鮮)'이라고 일컫는 것입니다. 그러나 종묘의 신주는 이와는 다릅니다. 왕자(王者)에게는 외국이라는 개념이 없이 천하가 한 나라이니, 《춘추(春秋)》의 법에 천왕(天王)이라고는 일컬었어도 주(周)나라라고 일컫지 않았습니다. 그러고 보면 '유명' 2자는 참으로 편치 않은 것이 아니겠습니까? 더구나 아래에 '조선국'이라고 일컫지 않고 위에서만 '유명'이라고 일컬은 것은 더욱 옳지 않습니다. '증시' 2자 역시 타당하지 않은 듯합니다. 전대의 행장(行狀)이나 묘지를 서술한 글을 두루 살펴보면, 나라를 소유한 왕공(王公)은 모두 반드시 작호(爵號) 위에 시호를 더하였으니, 예를 들어 '모국 모왕공(某國某王公)'이라고 하였지 '증시' 2자를 더한 적은 없었습니다. 오직 본국의 사부(士夫)들이 직함을 쓸 때에만 이러한 법식이 있을 뿐입니다. 조종의 신주를 쓰는 법식에 대해 감히 옳다 그르다 논할 수는 없으나 만약 고전(古典)을 상고해 본다면 근거가 있음을 보지 못할 것입니다.

대개 이 사안을 범범하게 사리로 논한다면, 명나라 황제가 내린 시호를 묘호보다 앞에 두는 것은 황제의 명을 높이기 위한 것이라 하여 해조에서 바로잡아야 한다고 한 것은 일리가 없지 않습니다. 전(傳)에 '이미 거행한 것은 감히 폐지하지 못한다.'라고 한 것은 이미 정해진 예를 서슴없이 고쳐서는 안 된다는 말입니다. 본조에서 종묘와 능침(陵寢)의 제도에 대해 어찌 한두 가지 말할 만한 것이 없겠습니까? 그러나 모두 오늘날 가볍게 논의할 바는 아닌 것입니다. 더구나 신령의 도는 고요함을 높이 치고 종묘는 오랜 세월 편히 깃들어 있었는데, 긁어내고 갈아내 고쳐 쓰는 일은 축문을 바로잡아 고치는 것에 비할 바가 아닙니다. 사안이 매우 중대한 듯하니, 삼가 상께서 재결하소서." —김상헌의 문집에 나온다.

○ **정축년**(1637, 인조15) **3월 정미일**(8일)

종묘수리도감(宗廟修理都監)에서 아뢰기를,

"비망기로 '내가 나라를 형편없이 다스림으로 인해 참화가 또한 종묘 사직의 신주에까지 미쳤으니, 망극한 심정을 어찌 다 말로 할 수 있겠는가? 부딪혀 깨지거나 기름에 젖은 신위를 그대로 봉안하자니, 너무도 편치가 않다. 모두 다시 만들어 정리와 예법을 다하도록 하라.' 라고 전교하셨습니다. 신들이 예조 당상과 다시 시민당(時敏堂)으로 나아가 재차 봉심을 행한 뒤에 그때 가서 계품하고 처치하겠습니다. 감히 아룁니다."

하니, "알았다." 고 전교하였다. —《수리도감등록》에 나온다.

○ **같은 달 을묘일**(16일)

예조 낭청이 종묘 도제조의 뜻으로 아뢰었다.

"신이 제조 최명길, 예조 참판 최연(崔衍)과 당일에 시민당으로 나아가 봉심한 뒤에 다시 충분히 상의하였습니다. 그리하여 약간 자잘하게 파인 곳이 있는 것은 아마도 매안(埋安)할 때 손상된 듯하므로 '다시 만들지 않아도 된다.〔不當改〕' 로 썼고, 약간 손상된 곳이 있기는 하나 또한 대단한 정도가 아닌 것은 '다시 만들 정도는 아니다.〔不至當改〕' 로 썼으며, 상처나 혹은 기름 밴 것이 심한 것은 '다시 만들어야 한다.〔當改〕' 로 썼습니다. 종묘와 영녕전의 각 신위를 별단(別單)으로 들입니다. 그러나 모두 신들의 억견(臆見)에서 나온 것이라 감히 그 옳고 그름을 결정할 수 없고, 오직 상의 처결에 달려 있습니다.

이어 조심스레 생각건대, 이번에 신주를 다시 만들라고 하신 하교는 진실로 성상의 종묘를 경건히 받드는 지극한 뜻에서 나온 것입니다만,

열성의 신령이 의탁한 바로 오래된 것은 혹 200여 년이 되었습니다. 만일 대단히 손상되어 다시 만들지 않으면 안 될 형편이 아니라면 가볍게 논의해서는 안 될 듯합니다. 기름이 밴 신위의 경우 보기에는 비록 편치 않은 듯하나 만일 기름을 제거하는 민간 처방을 먼저 사용해 보고 다음으로 향탕을 써서 세척한 다음 다시 속새〔木賊〕[86]로 기름이 밴 자국을 문질러서 없앤다면 약간 밴 곳은 없앨 수 있고 심하게 밴 곳도 조금 희미해질 수 있으니, 굳이 모두 다 다시 만들 필요는 없을 듯합니다. 다만 종묘의 예는 지극히 중대한 데다 이런 경우는 전에 없던 변례이니, 충분히 신중하게 살피지 않아서는 안 될 것입니다. 여러 대신에게 모두 수의(收議)한 다음 마땅함을 얻어 처리하는 것이 어떻겠습니까?" —《수리도감등록》에 나온다.

86 **속새** 양치식물 속새과의 상록 식물인데, 줄기에 규산염이 들어 있어 뿔이나 목재로 만든 기구를 닦는 데에 쓴다고 한다.

다음은 별단입니다.

영녕전

목왕(穆王) 신위 : 우변 모서리에 약간 파인 곳이 있고 뒷면에 기름 밴 곳이 있으나 다시 만들 정도는 아닙니다.

효비(孝妃) 신위 : 좌변에 약간 기름 밴 곳이 있으나 다시 만들 정도는 아닙니다.

익왕(翼王) 신위 : 다시 만들지 않아도 됩니다.

정비(貞妃) 신위 : 앞면에 두 군데 약간 파인 곳이 있고 또 기름 밴 곳이 있으나 다시 만들 정도는 아닙니다.

도왕(度王) 신위 : 다시 만들지 않아도 됩니다.

경비(敬妃) 신위 : 좌우면과 뒷면에 약간 파인 곳이 많으나 씻으면 자국을 없앨 수 있으니, 다시 만들 정도는 아닙니다.

환왕(桓王) 신위 : 다시 만들지 않아도 됩니다.

의비(懿妃) 신위 : 뒷면과 좌우면에 모두 기름 자국이 있으니, 다시 만들어야 합니다.

공정대왕(恭靖大王) 신위 : 윗면 모서리에 약간 기름 자국이 있으나 다시 만들 정도는 아닙니다.

정안왕후(定安王后) 신위 : 앞면과 좌우면에 모두 기름 자국이 있으니, 다시 만들어야 합니다.

문종대왕(文宗大王) 신위 : 다시 만들지 않아도 됩니다.

현덕왕후(顯德王后) 신위 : 앞면에 약간 파인 곳이 있으나 다시 만들 정도는 아닙니다.

예종대왕(睿宗大王) 신위 : 앞면에 모래 자국이 많으나 다시 만들 정도는 아닙니다.

장순왕후(章順王后) 신위 : 다시 만들지 않아도 됩니다.

안순왕후(安順王后) 신위 : 앞면에 모래 자국이 많으나 다시 만들 정도는 아닙니다.

덕종대왕(德宗大王) 신위 : 다시 만들지 않아도 됩니다.

소혜왕후(昭惠王后) 신위 : 좌면에 조금 기름 자국이 있으나 다시 만들 정도는 아닙니다.

종묘

태조대왕(太祖大王) 신위 : 다시 만들지 않아도 됩니다.

신의왕후(神懿王后) 신위 : 다시 만들지 않아도 됩니다.

태종대왕(太宗大王) 신위 : 다시 만들지 않아도 됩니다.

원경왕후(元敬王后) 신위 : 앞면의 두 군데와 뒷면에 약간 기름 밴 곳이 있고 우변에 손상된 곳이 있으니, 다시 만들어야 합니다.

세종대왕(世宗大王) 신위 : 전에 이미 다시 만들 것을 청하였습니다.

소헌왕후(昭憲王后) 신위 : 우변에 손상된 곳이 있으니, 다시 만들어야 합니다.

세조대왕(世祖大王) 신위 : 우변 모서리에 손상된 곳이 있으니, 다시 만들어야 합니다.

정희왕후(貞熹王后) 신위 : 다시 만들지 않아도 됩니다.

성종대왕(成宗大王) 신위 : 전에 이미 다시 만들 것을 청하였습니다.

공혜왕후(恭惠王后) 신위 : 좌변과 뒷면에 약간 손상된 곳이 있으나 다시 만들 정도는 아닙니다.

정현왕후(貞顯王后) 신위 : 앞면에 약간 손상된 곳이 있으나 다시 만들 정도는 아닙니다.

중종대왕(中宗大王) 신위 : 좌변의 두 군데와 뒷면에 약간 손상된 곳이 있으나 다시 만들 정도는 아닙니다.

장경왕후(章敬王后) 신위 : 뒷면에 약간 기름 밴 곳이 있으나 다시 만들 정도는 아닙니다.

문정왕후(文定王后) 신위 : 전에 이미 다시 만들 것을 청하였습니다.

인종대왕(仁宗大王) 신위 : 다시 만들지 않아도 됩니다.

인성왕후(仁聖王后) 신위 : 전에 이미 다시 만들 것을 청하였습니다.

명종대왕(明宗大王) 신위 : 앞면에 작은 자국이 있고 좌변에 조금 파인 곳이 있으나 다시 만들 정도는 아닙니다.

인순왕후(仁順王后) 신위 : 분실되어 다시 만들었습니다.

선조대왕(宣祖大王) 신위 : 전에 이미 다시 만들 것을 청하였습니다.

의인왕후(懿仁王后) 신위 : 우면과 뒷면에 심하게 기름 밴 곳이 있으나 다시 만들 정도는 아닙니다.

인목왕후(仁穆王后) 신위 : 뒷면과 우변에 기름 밴 곳이 가장 심하니, 다시 만들어야 합니다.

원종대왕(元宗大王) 신위 : 윗면에 약간 물든 곳이 있고 뒷면에 작은 자국이 있으나 다시 만들 정도는 아닙니다.

인헌왕후(仁獻王后) 신위 : 좌변에 파인 곳이 있고 앞면과 뒷면에 약간의 자국이 있으나 다시 만들 정도는 아닙니다."

○ 전교하였다.

"알았다. 사안의 본질이 지극히 중대하니, 만약 나의 말을 지나치다고 여긴다면 대신과 육경(六卿)이 모여 논의해서 정탈(定奪)하는 것이 좋겠다. 또 기름 밴 곳을 씻어서 제거하는 민간처방을 쓴다는 말은 이치에 가깝지 않은 듯하고, 속새로 문질러서 제거하는 일도 편치 않은 듯하다." –《수리도감등록》에 나온다.

○ **같은 달 정묘일**(28일)

정원에서 아뢰기를,

"환도(還都)하고 벌써 2개월이 지났는데, 종묘와 사직의 신위를 아직 봉안하지 못한 채 지금까지 임시로 다른 곳에 봉안하고 있고, 인순왕후의 신주에 이르러서는 아직도 신주를 쓰지 못하고 있으니, 그 까닭은 밤나무가 젖어서 다시 만들기가 쉽지 않기 때문입니다. 나무가 제대로 마르기를 기다려 다시 만든 뒤에 봉안한다면 그 시기는 윤4월 그믐과 5월 초 사이가 될 것이라고 하는데, 종묘와 사직을 오래 비워 두는 것이 심히 편치 않습니다. 논의하는 자들 가운데 어떤 자는 '예전 신주를 우선 향탕으로 깨끗이 씻어서 먼저 봉안하고, 밤나무가 오래도록 제대로 마르기를 기다려 다시 만드는 것이 좋겠다.' 라고 합니다. 이 말이 일리가 없지 않아 봉상시의 감조관(監造官)을 불러 상의해 보았더니, 그 가운데 오랫동안 말라 단단한 것을 가져다가 이미 다시 만든 신위가 둘이고, 사직의 위판은 체제가 두껍지 않으니, 이것은 6, 7일 안에 제대로 마른 것으로 다시 만들 수 있다고 하였습니다. 인순왕후의 신주는 먼저 만든 것으로 서둘러 신주를 쓰고 즉시 날을 택하여 우선 봉안하는 것이 혹 마땅할 듯합니다. 대신에게 논의한 다음 정탈하여 시행하는 것이 어떻겠습니까?"

하니, "윤허한다."고 전교하였다. -《수리도감등록》에 나온다.

○ **같은 달 무진일**(29일)

예조에서 아뢰기를,

"대신에게 논의한 결과 우의정은 논의하기를, '종묘와 사직을 오래도록 봉안하지 못하고 있는 것이 참으로 편치 않은데, 이미 당한 변고를 용이하게 처리할 수 없고 허다한 신위를 또한 빈번하게 바꿀 수도 없습니다. 예전 신주를 씻어 이안하고 나서 나중에 다시 만든 새 신주를 또 옮기는 것은 예가 아주 번거로워 우선 나무가 마르기를 기다려 다시 만들어서 일시에 완전히 봉안하도록 하는 것만 못하니, 이렇게 하는 것이 마땅할 듯합니다. 삼가 상께서 재결하소서.' 하였습니다. 영부사는 병으로 수의하지 못하였습니다."

하니, "논의한 대로 하라."고 전교하였다.

○ 4월 정축일(8일)

종묘수리도감에서 아뢰었다.

"신들이 시민당으로 나아가 다시 만들 열성의 신위를 봉심하고, 제도와 치수를 별단에 기록하여 들입니다. 다시 만들 때에 일체 예전의 규례를 따라야 하는데, 인순왕후의 신위는 비어 있으니 명묘(明廟) 신위의 규례를 따라 다시 만들겠습니다. 감히 아룁니다.

다음은 다시 만들 묘주(廟主)의 제도와 치수에 대한 단자입니다.

영녕전

목왕 신주 : 길이는 1자 1푼이고, 방(方)은 5치 약(弱)입니다. 상정(上頂)에 원형(圓形)이 없고, 금자(金字)로 전각(塡刻)하였습니다.

효비 신주 : 길이는 1자 1푼이고, 방은 5치입니다. 상정에 원형이 없고, 금자로 전각하였습니다.

정비 신주 : 길이는 1자 2푼이고, 방은 5치 약입니다. 상정에 원형이 없고, 금자로 전각하였습니다.

의비 신주 : 길이는 1자 3푼이고, 방은 5치 약입니다. 상정에 원형이 없고, 금자로 전각하였습니다.

공정대왕 신주 : 길이는 1자이고, 방은 5치입니다. 상정에 원형이 없습니다.－이 이하는 먹으로 쓰고 광칠(光漆)을 하였습니다.

정안왕후 신주 : 길이는 1자 2푼이고, 방은 5치 1푼 강(强)입니다. 상정에 원형이 없습니다.

현덕왕후 신주 : 길이는 1자 3푼이고, 방은 5치 4푼입니다. 상정에 원형이 있는데, 원형의 바깥 부분이 약간 높습니다.

예종대왕 신주 : 길이는 1자 3푼 강이고, 방은 5치 1푼입니다. 상정에 원이 있으나 희미합니다.

안순왕후 신주 : 길이는 1자 2푼이고, 방은 5치 1푼입니다. 상정에 원형이 있습니다.

소혜왕후 신주 : 길이는 1자 2푼 강이고, 방은 5치 1푼입니다. 상정에 원형이 있습니다.

종묘

원경왕후 신주 : 길이는 1자 2푼 강이고, 방은 5치 1푼 강입니다. 상정에 원형이 없습니다.

세종대왕 신주 : 길이는 1자 3푼이고 방은 5치 2푼 강입니다. 상정에 원형이 있으나 희미합니다.

소헌왕후 신주 : 길이는 1자 3푼 강이고, 방은 5치 1푼 강입니다. 상정에 원형이 있으나 희미합니다.

세조대왕 신주 : 길이는 1자 3푼 약이고, 방은 5치 2푼 강입니다. 상정에 원형이 있으나 희미합니다.

성종대왕 신주 : 길이는 1자 3푼 강이고, 방은 5치 1푼 강입니다. 상정에 원이 있으나 희미합니다.

공혜왕후 신주 : 길이는 1자 3푼이고, 방은 5치 3푼 강입니다. 상정에 원이 있으나 희미합니다.

정현왕후 신주 : 길이는 1자 2푼 강이고, 방은 5치 1푼 강입니다. 상정에 원형이 있습니다.

중종대왕 신주 : 길이는 1자 3푼 강이고, 방은 5치 2푼 약입니다. 상정에 원형이 있습니다.

장경왕후 신주 : 길이는 1자 3푼이고, 방은 5치 1푼입니다. 상정에 원형이 있는데, 원형의 바깥 부분이 약간 높습니다.

문정왕후 신주 : 길이는 1자 2푼이고, 방은 5치 2푼 약입니다. 상정에 원형이 있습니다.

인성왕후 신주 : 길이는 1자 3푼 약이고, 방은 5치 2푼 약입니다. 상정에 원형이 있습니다.

명종대왕 신주 : 길이는 1자 3푼 강이고, 방은 5치 2푼 약입니다. 상정에 원형이 있습니다.

인순왕후 신주 : –신위가 비어 있습니다.

선조대왕 신주 : 길이는 1자 2푼이고, 방은 5치 1푼입니다. 상정에 원형이 있는데, 높습니다.

의인왕후 신주 : 길이는 1자 2푼이고, 방은 5치 1푼입니다. 상정에 원형이 있습니다.

인목왕후 신주 : 길이는 1자 1푼이고, 방은 5치 1푼입니다. 상정에 원형이 있습니다.

원종대왕 신주 : 길이는 1자 1푼이고, 방은 5치 강입니다. 상정에 원형이 있습니다.

인헌왕후 신주 : 길이는 1자 1푼 강이고, 방은 5치입니다. 상정에 원형이 있습니다."

하니, "알았다."고 전교하였다. 예조에서 아뢰기를,

"인순왕후의 신주를 고쳐 쓴 뒤에는 다시 만들게 된 곡절이 마땅히 축문에 있어야 할 듯합니다. 예문관으로 하여금 기일 전에 짓도록 하고, 신주를 쓰는 것은 시민당에서 해야 할 것입니다. 그런 뒤에야 일시에 이안할 수 있을 것이니, 이러한 뜻 역시 알리는 것이 어떻겠습니까?"

하니, "윤허한다."고 전교하였다. -《수리도감등록》에 나온다.

○ 윤4월 병진일(18일)

예조 판서 한여직(韓汝溭)이 상소하였다.

"삼가 아뢰니다. 국가가 불행하여 많은 사람이 죽는 큰 변란이 많았습니다. 종묘와 사직이 병란에 짓밟혀 혹은 분실되고 혹은 훼손되었으니, 신하의 지극한 통한이 어떠하겠습니까? 대신이 봉심하고 다시 만드는 문제를 의논하는 중입니다만, 그러나 종묘의 신주를 다시 만드는 것은 막중하고도 막대한 일입니다. 훼손이 너무 심하여 다시 만들지 않을 수 없는 것은 비록 미안하기는 해도 형세상 그대로 보존할 수 없겠지만 다시 만들어도 되고 다시 만들지 않아도 되는데 다시 만드는 것은 어찌 심히 미안한 일이 아니겠습니까? 하물며 원래 다시 만들 일이 없는데도 다시 만드는 것이야 그 미안함을 어찌 이루 다 말할 수 있겠습니까?

신이 어제 대신의 뒤를 따라가 상세하게 봉심하였는데, 영녕전의 의비 신주와 정안왕후 신주는 비록 모래 자국이 있으나 모두 다시 만들지 않아도 될 듯하고, 부득이 꼭 다시 만들 것은 안순왕후 신주의 모래 자국이 예종의 신주보다 심하니, 안순왕후 신주만 다시 만드는 것이 옳을 듯합니다. 종묘에서는 원경왕후 신주가 두 군데 물든 자국이 있고 옆에 파인 자국이 있으니, 이것은 다시 만들어야 하고, 세종대왕의 신주는 크게 손상된 곳이 있고 바늘 자국 같은 것이 있으니, 역시 다시 만들어야 합니다. 소헌왕후의 신주는 우면에 약간 손상된 자국이 있는데, 이것은 다시 만들어도 좋고 다시 만들지 않아도 좋습니다. 세조대왕의 신주는 앞면에 모래 자국이 있고 우면에 손상된 곳이 있으니, 역시 다시 만들어야 합니다. 성종대왕의 신주는 오른쪽 옆에 파인 자국이 있는데, 소헌왕후의 신주에 비하면 가벼운 듯하니, 반드시 다시 만들 것은 없습니다. 공혜왕후와 정현왕후의 신주는 손상된 곳이 없는 듯하고, 중종대왕의 신주는 구멍 옆에 비록 조그맣게 손상된 곳이 있으나 대단한 정도는 아니니, 모두 다시 만들어서는 안 됩니다. 장경왕후의 신주는 다시 만들 만한 사안이 없습니다. 문정왕후의 신주는 상정이 깨졌고, 인성왕후의 신주는 칼로 도려낸 자국이 있으니, 모두 다시 만들어야 합니다. 명종대왕의 신주는 다시 만들 만한 사안이 없습니다. 선조대왕의 신주는 우변에 손상된 자국이 있고, 의인왕후의 신주는 후면에 기름 자국이 너무 심하고, 인목왕후의 신주 역시 기름 밴 것이 너무 심하니, 모두 다시 만들어야 할 듯합니다. 그리고 원종대왕의 신주와 인헌왕후의 신주는 다시 만들어도 좋고 다시 만들지 않아도 좋습니다.

이러고 보면 신의 소견으로 헤아려 보건대, 다시 만들 신주는 10여 신위에 지나지 않습니다. 그런데 지금 다시 만드는 것으로 의정(議定)한 신위가 28위나 되니, 어찌 심히 미안한 일이 아니겠습니까? 대신이 봉심하여 다시 만들어야 할 정도는 아니라고 서계(書啓)한 것을 모두 다시 만드니, 막중하고도 막대한 일을 신중히 한 자취는 없고 경솔히 다시 만든다는 혐의만 있을 것입니다. 이것이 신이 죽음을 무릅쓰고 진달하지 않을 수 없는 까닭입니다. 대개 이번에 다시 만드는 각 실의 신주 가운데 다시 만들지 않으면 안 될 신위만 다시 만든다면, 못에 의한 손상 같은 것이 있는 세종의 신주와 상정이 깨진 문정왕후의 신주와 칼로 도려내 깨진 인성왕후의 신주 세 신위만 다시 만드는 것이 마땅하고, 그 나머지는 반드시 다시 만들 필요는 없습니다. 그러나 논의하는 자들이 만약 기름 자국이 심한 것과 파인 자국이 있는 것을 다시 만들지 않을 수 없다고 한다면 그래도 다시 만들어야 할 것은 10여 신위에 지나지 않습니다. 어찌 28위씩이나 된단 말입니까?

삼가 바라건대, 성상께서는 대신에게 다시 봉심하라고 명하시어 막중하고도 막대한 일을 경솔하게 다시 만들었다는 혐의가 없게 하소서. 그러면 어찌 국가의 다행이 아니겠습니까? 100년의 오래된 신주는 신령이 의탁하고 있는 것인 만큼 하루아침에 모두 다시 만드는 것은 매우 미안한 일입니다. 그러므로 신이 예관으로 있으면서 감히 묵묵히 있을 수 없어 우러러 마음속에 품은 말을 진달합니다. 삼가 바라건대 밝으신 성상께서는 유념하여 주소서." -《수리도감등록》에 나온다.

○ 같은 달 정사일(19일)

빈청(賓廳)에서 계사를 올리기를,

"당일에 시민당으로 나아가 봉심한 뒤에 다시 자세하게 헤아려 본 결과 견해가 전에 두 차례 봉심했을 때 정한 것과 조금 다른 부분이 있습니다. 대개 모래에 상한 곳은 희미한 자국이 있기는 해도 다시 만들지 않아도 될 듯하고, 물이 들어 더럽혀진 곳이 있더라도 심한 정도가 아니면 역시 향탕으로 씻어 자국을 제거하면 될 것입니다. 오직 칼에 의한 손상으로 의심되는 신위만은 다시 만들지 않을 수 없고, 기름 자국이 너무 심한 신위도 보기에 미안한 듯한데, 오늘 시험 삼아 속새로 대략 문질러 보았더니 자못 효과가 있었습니다. 진실로 품질이 좋은 속새를 구하여 먼저 향탕으로 씻은 뒤에 꼼꼼하게 문지르면 다시 만들지 않더라도 무방할 듯합니다.

영녕전의 신주에 이르러서는 이미 훼손된 것을 만드는 중인데, 손상이 아무리 심해도 예로 볼 때 다시 만드는 것은 옳지 않습니다. 하물며 손상이 대단하지 않은 것이겠습니까? 신들이 오늘 본 바로는 종묘의 열성의 신위 중에 다시 만들 것 5위와 분실되어 만들어야 할 것 1위뿐이고, 구멍 옆에 미약하게 손상된 자국이 있는 원종대왕의 신위와 좌변에 작은 구멍이 있는 듯한 인헌왕후의 신위는 신들의 소견으로는 다시 만들지 않아도 될 듯하나 세월이 오래되지 않은 만큼 다시 만들더라도 대단히 미안한 데에 이르지는 않을 듯합니다. 오직 상께서 재결하실 따름입니다.

대저 다시 만든 신주를 태묘에 환안(還安)하고 바로 이어 친제를 행하는 것은 예에 마땅하지 않은 듯합니다. 그리고 다시 만들지 않은 신위라 하더라도 향탕으로 씻은 후에 글자 획의 빠진 부분을 때울 곳이 없지 않은 만큼 이 일은 반나절 안에 대충대충 할 수 있는 일이 아닙니다. 신들의 생각으로는 종묘에 환안하는 날을 10여 일 정도 뒤로 미루고 주목(主木)을 준비하는 한편 그 전에 시민당으로 나아가 씻는 것을 먼저 행하여 시간에 쫓겨 서두르다가 미진하게 하였다는 탄식이 없도록 하는 것이 옳은 듯합니다. 응당 다시 만들어야 할 신위를 다시 별단을 갖추어 올리고 재결을 기다립니다."

하니, 답하였다.

"아뢴 대로 하라. 다시 만들어야 할 신위가 너무 적은 듯하니, 다시 더 상세히 살펴서 아뢰고, 영녕전의 신위도 일체 다시 만들라." -《수리도감등록》에 나온다.

○ 빈청에서 계사를 올리기를,

"삼가 성상의 비답을 받드니, '다시 만들어야 할 신위가 너무 적은 듯하니, 다시 더 상세히 살펴서 아뢰고, 영녕전의 신위도 일체 다시 만들라.' 라고 전교하셨습니다. 종묘의 신위를 다시 만들고 안 하고는 바로 국가의 막중한 일로 신하로서 마땅히 마음을 다해야 할 부분인 만큼 다시 만들어야 하는데 다시 만들지 않는 것과 다시 만들지 않아도 되는데 다시 만드는 것이 미안하기는 마찬가지입니다. 신들의 소견은 이미 앞서 올린 계사에 진달하였으니, 어찌 감히 너무 소략한 것을 혐의하여 경솔하게 더 더하는 바가 있겠습니까? 다만 그 가운데 조금 망설여지는 것으로 말한다면, 원경왕후 신위의 경우 물들어 더럽혀진 부분이 대단한 정도는 아니고 우변에 상당히 손상된 자국이 있습니다만 보기에 칼자국 같지는 않습니다. 그러나 세대가 이미 멀어 감히 경솔하게 다시 만들자고 청할 수 없으며, 의인왕후 신위와 영녕전의 의비 신위의 경우 기름자국이 가장 심하여 보기에는 미안한 듯한데, 연대 차이가 현격한 만큼 의인왕후 신주는 그래도 다시 만들 수 있으나 의비 신주는 경솔하게 다시 만들어서는 안 될 듯합니다. 신들의 생각으로는 반드시 그만둘 수 없다면 의인왕후 1위만 다시 만드는 것이 혹 무방할 듯합니다. 삼가 성상의 재결을 기다립니다."

하니, 상이 답하였다.

"알았다. 부표(付標)한 신위는 모두 다시 만드는 것이 마땅할 듯하다. 다시 논의하여 아뢰라." —《수리도감등록》에 나온다.

○ 빈청에서 계사를 올리기를,

"삼가 각 신위의 부표한 곳을 보니, 의인왕후, 원경왕후, 인헌왕후 3위를 제외하고 모두 전날 봉심했을 때 다시 만들어야 할 것으로 청한 것입니다. 오늘 봉심한 뒤에 올린 계사의 내용이 전에 올린 것과 서로 다르다 보니 성상께서 봉심이 미진한 건가 의심하여 반드시 다시 만들고자 하시는 것은 참으로 당연합니다. 그러나 신들이 오늘 봉심할 때에 전날 올린 단자에서 다시 만들어야 한다고 했던 신위에 대해서는 특별히 더 상세하게 봉심하였는데, 그 결과 전날 본 것과는 서로 크게 달랐습니다. 유독 세조대왕의 신위만은 글자 획이 모래 자국에 손상되었는데, 이것은 씻은 뒤에 대략 문지른 다음 때우기도 하고 고쳐 쓰기도 한다면 보장하건대 미안한 부분은 없을 것입니다. 앞서 아뢴 계사에서 글자 획을 때울 곳이 없지 않다고 아뢴 것은 이것을 가리킵니다.

소헌왕후의 신위는 우변에 희미하게 손상된 곳이 있으나 대단한 정도는 아니고, 성종대왕의 신위는 우변에 파인 자국이 있으나 그리 심한 정도는 아닌데, 보기에 이것은 옛날에 손상된 것인 듯합니다. 신들의 소견으로는 반드시 다시 만들어야 할는지 알지 못하겠습니다. 대저 막중한 일인 만큼 다시 만들지 않을 수 없는 것을 확실하게 알아 다시 만든 뒤에야 신자(臣子)의 마음에 편안할 수 있을 것이니, 다시 만들어도 되고 다시 만들지 않아도 되는데 다시 만든다면 아무래도 신중히 한 뜻은 없게 되고 도리어 미안한 결과만 될 것입니다. 이것은 성상께서 마땅히 깊이 생각하셔야 할 부분입니다.

영녕전에 이르러서는 세대가 더 먼 만큼 더욱 가볍게 논의할 수 없습니다. 왕자의 묘는 5세가 되어 대수가 다하면 조천하고, 조위(祧位)를 떠나면 단(壇)을 만들고, 단을 떠나면 선(墠)을 만들고, 선을 떠나면 귀(鬼)가 된다고 하였으니, 옛사람이 예를 제정하는 데에는 반드시 뜻이 있습니다. 지금 이 의비 신위와 정안왕후 신위는 모두 단과 선을 벗어난 대수에 있으니, 아무리 각각 기름 자국이 있더라도 조금도 결손된 곳이 없는 이상 문지르고 씻기만 해서 그대로 봉안하는 것이 또한 옳지 않겠습니까. 이렇게 말하면 부표하신 것 중에 원경왕후 1위만 다시 만들 것에 해당하니, 앞서 다시 만들기를 청한 8위와 통틀어 모두 9위입니다. 이렇게 하는 것이 마땅할 듯합니다.

신들이 조상을 섬기는 성상의 정성을 좇아 받들 줄 모르는 것이 아니라 소회(所懷)가 이와 같으므로 감히 다시 거듭 여쭙지 않을 수 없습니다."

하니, 답하였다.

"아뢴 대로 하라. 그 가운데 가장 심하게 기름 밴 신위는 다시 만들지 않을 수 없다." –《수리도감등록》에 나온다.

○ 같은 달 무오일(20일)

예조 낭청이 대신의 뜻으로 아뢰기를,

"빈청의 계사에 대한 비답에 '그 가운데 가장 심하게 기름 밴 신위는 다시 만들지 않을 수 없다.' 라고 전교하셨습니다. 종묘에서는 의인왕후 신위가, 영녕전에서는 의비 신위가 가장 심하게 기름이 배었고, 정안왕후 신위는 비록 물든 자국은 있으나 대단한 정도는 아닙니다. 그러므로 의인왕후 신위만 다시 만들겠습니다. 감히 아룁니다."

하니, "알았다."고 전교하였다. –《수리도감등록》에 나온다.

○ 우의정 최명길(崔鳴吉)이 논의하였다.

"국가가 불행하여 국토를 지키지 못하고 종묘사직의 신주가 병란에 짓밟혀 분실되고 더럽혀졌으니, 그 참혹함은 차마 말로 할 수 없습니다.

성상께서 대신에게 자문하시고 성상의 충심으로 결단하시어 마침내 다시 만들라는 명이 있게 되었습니다. 이것은 참으로 종묘사직을 공경히 받드는 지극한 뜻에서 나온 것입니다만, 사대부들 사이에서 종종 다시 만드는 것이 온당치 못함을 가만히 논의하는 자들이 있고, 어리석은 신도 이 점을 의심하지 없을 수 없었습니다. 그러나 사안이 중대하여 감히 경솔하게 다른 의견을 두지 못하였습니다.

가만히 도감의 계사를 보니, '준비한 주목 중에 갈라 터지고 옹이 진 것이 상당히 있어 수개월 내로 다 만들기가 어려운 형편입니다. 장차 이달 사이에 먼저 예전의 신주를 받들어 태묘에 환안하였다가 새 나무가 제대로 마른 뒤에 고쳐 쓰겠습니다.' 라고 하였습니다. 만약 그렇게 한다면 더욱 불편할 듯합니다. 대개 이미 환안하고 나면 예에 있어 응당 친제를 지내야 하고, 친제를 지내고 나면 곧 종묘의 신주가 됩니다. 어떻게 다시 바꿀 수 있겠습니까? 더구나 태상시(太常寺)의 말을 들으니, 남아 있는 주목은 모두 전날 가려내고 남은 것이라서 젖은 상태가 더욱 심하고 품질도 좋지 못하다고 합니다. 만약 다듬어 바로잡은 뒤에도 전과 같은 근심이 있게 되면 장차 어떻게 대처하겠습니까?

신은 본래 학식이 없어 고금의 변례에 대해 고찰한 바가 없습니다만, 지난날 유신이 인용한 선정신(先正臣) 이황(李滉)이 문인과 문답한 말을 살펴보면 고치고 바꾸는 것의 중난(重難)함을 알 수 있습니다. 지금 어떤 사람이 불행하게도 전란 속에 빠져 피부가 더럽혀지고 팔다리를 다쳤다면 놀라고 두려워하며 위태롭고 굴욕스럽게 여기는 것이 참으로 심할 것입니다. 만약 장부(臟腑)가 손상되는 데에는 이르지 않았으나 죽을 뻔했다가 다시 소생하였다면 화를 벗어난 뒤에 더러워진 때를 씻어 내고 다친 곳을 치료할 것입니다. 이 경우 가령 신체에 흉터가 있더라도 병 없는 보통 사람이 되는 데에는 아무런 해가 되지 않습니다. 신령의 도는 어둡고 아득하여 헤아리기 어려우나 사리로 헤아리면 또한 어찌 이와 서로 멀겠습니까?

신이 듣건대, 100년 된 고목에는 신령이 깃든다고 합니다. 더구나 열성조의 묘주(廟主)는 대대로 이어 받들어 온 것으로 멀게는 혹 수백 년이니, 오르내리시는 하늘에 계신 영령이 이 묘주에 장구한 세월이 깃들어 있었습니다. 지금 난리를 만나 훼손되었다는 이유로 경솔하게 고치고 바꾸는 것은 어려울 게 없을 것 같지만 돌아가신 분을 섬기기를 살아 있는 분을 섬기듯이 하고 가시고 없는 분을 섬기기를 계시는 분을 섬기듯이 하는 도리에 어떠할지는 알지 못하겠습니다. 그러므로 신의 어리석은 생각으로는 분실된 1위와 더욱 심하게 훼손된 4, 5위를 이미 준비된 나무로 서둘러 만들고, 나머지 그리 심하게 훼손되지 않은 열성조의 신주는 모두 예전 그대로 두어 다시 만들지 않는 것이 마땅할 듯합니다. 만약 성상의 뜻에 끝내 미안하다고 여기신다면 그 가운데 연대가 가까운 것은 혹 함께 다시 만들더라도 무방할 듯합니다. 바라건대 예관에게 내려 다시 더 참작하고 토론하게 하여 종묘의 예를 중하게 하소서. 그러면 매우 다행이겠습니다." –《수리도감등록》에 나온다.

○ 같은 달 계해일(25일)

예조에서 계사를 올리기를,

"전교하시기를, '알았다. 밤나무가 만약 혹시라도 제때에 제대로 마르지 않는다면 제사를 너무 오래 폐지하게 되니, 매우 편치 않다. 충분히 참작하여 처치하라.' 하셨습니다. 대가(大駕)가 환도한 뒤에 묘주를 그대로 다른 곳에 임시로 봉안하여 제사를 거행하지 못한 지가 지금 4개월이 되었으니, 선조를 받들고 먼 조상을 섬기는 성상의 효성에 어찌 서운함이 없겠습니까?

신 여직(汝溭)[87]이 오늘 직접 도감에 나아가 밤나무를 점검해 보았더니, 이미 제대로 말라 다 만들어진 것이 6위였습니다. 분실되어 없는 인순왕후의 신위와 종묘의 신주 가운데 가장 많이 훼손된 5위를 먼저 고쳐 써서 열성조의 신주와 함께 날을 택하여 이안한 다음 제사를 거행하고, 나머지 다시 만들어야 할 신주는 밤나무가 제대로 마르기를 기다려 추향대제 전에 신주를 쓰고 이어서 추향대제를 거행한다면 정리에 있어서나 예법에 있어서나 부족함이 없을 듯합니다. 감히 이렇게 우러러 여쭙니다."

하고, 또[88]

"전교하시기를, '아뢴 대로 하라. 밤나무가 제대로 마르기를 기다려 추

87 **신 여직** 예조 판서 한여직(韓汝溭)이다.

88 **또** 원래는 두 통의 계사인데 대본에 분리되어 있지 않아 번역에서 편의상 보충하고 분리하였다. 이하 이러한 형식은 동일하게 처리하였다.

향대제 전에 신주를 쓰고 이어서 추향대제를 거행한다고 하였는데, 그렇다면 신주를 쓰기 전에는 신주를 그대로 임시로 봉안한 곳에 봉안하는가? 어찌 할 것인가?' 하셨습니다. 신들의 의견은 밤나무가 제대로 말라 이미 만든 신주가 6위이기 때문에 인순왕후 신주와 가장 많이 훼손된 신주 5위를 먼저 시민당에서 고쳐 쓴 뒤에 열성조의 신주와 다시 만들어야 하는데 아직 만들지 못한 신주를, 비록 고쳐 쓰지는 못했더라도 동시에 종묘에 이봉(移奉)한 다음 전하께서 이어서 제사를 거행하시고, 밤나무가 제대로 마르기를 기다려 추향대제 전에 다시 만들어야 할 5위의 신주를 고쳐 쓰고 이어서 추향대제를 거행하는 것이 마땅할 듯하다는 것입니다. 그러므로 이러한 뜻으로 우러러 여쭈었던 것인데, 글이 분명하지 못하여 수고롭게 하교하시도록 하였으니, 지극히 황공합니다. 감히 아룁니다."

하니, "알았다."고 전교하였다. -《수리도감등록》에 나온다.

○ **같은 달 을축일**(27일)

예조에서 단자를 올렸다.

"먼저 고쳐 쓸 신주는 종묘의 원경왕후 신주, 세종대왕 신주, 문정왕후 신주, 인성왕후 신주, 선조대왕 신주이고, 없어진 신위로서 신주를 써야 하는 것은 인순왕후 신주입니다. 추향대제 때 고쳐 쓸 신주는 영녕전의 의비 신주와 종묘의 의인왕후 신주, 인목왕후 신주, 원종대왕 신주, 인헌왕후 신주입니다."

○ 도승지 이경석(李景奭)이 차자를 올렸다.

"삼가 아룁니다. 예의 뜻은 정밀하고 자세하며 신령의 도는 아득하니, 참으로 학식이 없는 자가 감히 참여하여 알 수 있는 바가 아닌 데다 대신이 이미 논의하였고 성상의 재결이 정해진 만큼 더욱 지위를 벗어나서 말해서는 안 될 것입니다. 다만 이미 변변찮은 생각을 우러러 전에 진달하였기에 지금 감히 어리석은 의견을 다 말하지 않을 수 없습니다. 대개 선조를 받드는 일은 예법에 맞고 반드시 정성스러워야 합니다. 이에 일찍이 나름대로 들었던 바를 전하를 위하여 읊어드리는 것이지 감히 스스로 자신의 견해를 반드시 옳다고 하는 것은 아닙니다.

대개 신주를 분실하여 고쳐 쓰는 것은 변례입니다. 따라서 옛날의 예법에 명백히 기록된 문구는 없고, 요즘으로는 혹 인용하여 비길 만한 것이 있습니다. 과거 선정신 문순공(文純公) 이황이 살았을 때에 어떤 사람이 화재를 당하여 선대의 신주가 모두 불에 타버렸습니다. 묘소에서 고쳐 쓰고 싶은데, 예법에 맞는지를 알지 못해 사람을 통해 이황에게 질문하였습니다. 이황이 답하기를, '사람이 죽으면 산에서 장사 지내고 신주를 다 쓴 다음 즉시 서둘러 반혼(返魂)하는 것은 신령으로 하여금 살았던 곳에서 편안히 있게 하기 위한 것이다. 하루아침에 신주가 불에 타버렸다면 신령의 혼이 흩어져 의지하여 머물 데가 없으니, 즉시 전날 신주를 안치했던 장소에 영위(靈位)를 설치하고 새 신주에 고쳐 쓴 다음 분향하고 제사를 지내 흩어진 신령으로 하여금 다시 새 신주에 의지하도록 하는 것이 옳다. 전날 이미 돌아왔던 혼이 어떻게 체백(體魄)이 묻혀 있는 곳으로 가서 의지할 수 있겠는가?' 하였습니다.

제왕가의 종묘의 예는 본디 특별하여 일반인들의 예와 같을 수는 없으나 신령을 구함에 있어 정성과 공경을 극진히 하는 도리에는 진실로 귀천의 차이가 없으니, 위로 견주고 아래로 비기는 것이 예의 쓰임입니다. 이것을 원용하여 만약 견주어 본다고 한다면 오늘날 인순왕후의 신주를 고쳐 씀에 있어 영령이 오르내리셨던 종묘에서 고쳐 쓰는 것이 근거가 있겠습니까, 일찍이 납신 적이 없는 시민당에서 고쳐 쓰는 것이 근거가 있겠습니까? 묘소는 체백이 의탁한 곳인데도 오히려 안 된다고 하였고 보면 다른 곳이 안 되는 것은 따라서 알 수 있습니다.

신이 이른바 신주를 반드시 종묘에서 써야 한다고 하는 것은 바로 고쳐 쓸 때를 가리킨 것이고, 초상일 경우에는 영악(靈幄)이 있습니다. 이 종묘를 놔두고는 마땅한 장소가 없으니, 이것은 말할 필요도 없는 것입니다. 또한 시민당은 열성조의 신위를 임시로 봉안한 장소이지 인순왕후의 신위를 임시로 봉안한 장소는 아닙니다. 인순왕후의 신위가 이미 분실되어 없어진 만큼 어떻게 임시로 봉안하는 것을 말할 수 있겠습니까? 그러니 또한 신령을 구하는 방법에 있어 열성조의 여러 신위에서 구하겠습니까, 당자의 신위에서 장차 구하겠습니까? 만약 열성조의 여러 신위에서 구한다면 열성조의 신위를 임시로 봉안한 장소에서 신주를 쓰는 것이 옳겠지만, 당자의 신위에서 구한다면 전날 신주를 안치했던 장소에서 신주를 쓰는 것이 의심할 나위가 없을 듯합니다.

다만 염려스러운 것은 세월이 여러 번 바뀌고 신위가 오래도록 없는 채로 있는데, 봉안할 날이 아직도 멀었다는 것입니다. 이 점이 매우 미안하다면 또한 어찌 변고에 대처할 방법이 없겠습니까? 신주를 이미 종묘에서 만들었으니 그대로 이어 종묘에서 고쳐 쓰고 임시로 다른 곳에 봉안하였다가 열성조의 신위를 봉안할 때를 기다려 동시에 종묘에 들인다면 안 될 것이 없을 듯합니다. 그러나 이것은 어리석은 신의 망령된 견해일 뿐입니다. 신주를 쓰는 장소에 이르러서는 선정이 한 논의가 있으니, 의당 근거로 삼을 수 있을 것입니다. 이 일은 모름지기 더 신중하게 살펴야겠기에 외람되이 소회를 피력하였습니다. 황공하기 그지없습니다." -《수리도감등록》에 나온다.

○ 예조에서 계목(啓目)을 올리기를,

"계하하신 문건을 첨부하였습니다. 삼가 이경석이 올린 차자를 보니, 고어(古語)를 인용한 것이 예경의 본의를 깊이 얻었습니다. 따라서 차자의 내용대로 분실되어 없는 인순왕후 신위의 신주는 종묘에서 써야 마땅할 듯합니다. 그러나 다만 다시 만들어야 하는 신위를 시민당에서 고쳐 쓰는 것으로 이미 정탈된 만큼 장소를 두 군데로 나누어 신주를 쓰는 것은 불편할 듯하니, 차라리 열성조의 신주를 모두 종묘로 이봉한 다음 이어서 씻고 고쳐 쓰는 것이 편하지 않겠습니까? 그러나 다만 종묘에서 고쳐 쓸 경우에는 상께서 마땅히 친림하셔야 할 듯한데, 6위를 고쳐 쓰자면 자연 시간이 오래 걸릴 것이고, 쓰기를 다 마친 후에 이어서 친제를 행하면 해가 반드시 저물 것이니, 절차마다 불편할 것입니다. 종묘의 막중한 일을 본 예조에서 마음대로 주장하기 어려우니, 대신에게 논의하게 하여 정탈하는 것이 어떻겠습니까?"

하니, "아뢴 대로 윤허한다."고 하였다. 예조에서 계목을 올리기를,

"계하하신 문건을 첨부하였습니다. 대신에게 논의한 결과 영중추부사 이홍주(李弘胄)는 '이경석의 차자와 해조의 회계에서 말한 뜻이 합당한

듯합니다. 그런데 고쳐 쓸 때 행하는 절차가 반드시 오래 걸릴 것이니, 고쳐 쓰고 친제를 행하는 시각을 이른 시간으로 잡아 날이 저물어 불편하게 되는 근심이 없게 하는 것이 마땅할 듯합니다. 삼가 상께서 재결하소서.' 하였고, 우의정 최명길은 '이경석의 차자 중에 인용한 이황이 문답한 말은 상당히 이치에 가깝습니다. 그러나 다만 열성조의 신주를 임시로 봉안한 장소에 나아가 일시에 고쳐 쓰는 것은 화재를 당한 집안에서 무덤가에 나아가 영위를 설치하고 고쳐 쓰는 것과는 혹 차이가 있을 듯합니다. 대개 종묘와 시민당을 막론하고 6위의 신주를 두 군데로 나누어서 쓸 수 없다는 것은 명백한 듯하니, 예관의 뜻이 일리가 없지 않습니다. 삼가 상께서 재결하소서.' 하였고, 영의정 김류(金瑬)는 병으로 수의하지 못하였습니다. 대신의 뜻이 이와 같으니, 상께서 재결하시는 것이 어떻겠습니까?"

하고, 또

"'5위의 신주를 쓰는 것은 전에 정탈한 대로 거행하고, 분실되어 없는 신위의 신주를 쓰는 것은 열성조의 신주를 이안한 뒤에 종묘 안에서 행하는 것이 혹 마땅할 듯하다. 다시 논의하여 아뢰라.' 라고 계하하시고, 문건을 첨부한 예조 계목에 의거하여 판하하셨습니다. 성상께서 생각하신 바가 매우 합당합니다. 판하하신 대로 5위의 신주를 쓰는 것은 이달 4일에 그대로 시민당에서 거행하고, 분실되어 없는 신위의 신주를 쓰는 것은 6일에 열성조의 신주를 이안한 후 종묘 안에서 거행하는 것이 어떻겠습니까?"

하니, "아뢴 대로 윤허한다."고 하였다. 영부사 이홍주가 차자를 올렸다.

"삼가 아룁니다. 지난번 예조의 계사로 인하여 열성조의 신주 가운데 더욱 심하게 훼손된 6위를 먼저 다시 만들고, 이 외에는 밤나무가 마르기를 기다려 추향대제 때 추가로 다시 만드는 것으로 이미 정탈되었습니다. 삼가 생각건대, 밤나무가 그 수효만큼 있지 않다는 이유로 다시 만들어야 할 신위를 어떤 것은 먼저 만들고 어떤 것은 나중에 만든다는 것은 일이 매우 구차하고 허술할 뿐만 아니라 종묘 안에서 일이 빈번하게 있는 것도 매우 미안합니다. 인순왕후의 신위는 오래도록 없는 채로 둘 수 없으니 또한 훼손되어 다시 만들어야 할 신위에 비할 바가 아닙니다. 그러니 이 1위를 먼저 만들어 열성조의 신주와 일시에 봉안하고, 다시 만들어야 할 10위의 신주는 훼손된 정도를 막론하고 밤나무가 다 제대로 마른 뒤에 한꺼번에 만드는 것이 사의(事宜)에 합당할 듯합니다. 막중한 예를 자꾸 잇따라서 변경하는 것이 타당하지 않다는 것은 잘 압니다만, 어리석은 신의 소회를 감히 우러러 진달하지 않을 수 없습니다. 예관으로 하여금 다시 여쭈어 정하게 해서 미진한 예가 없도록 하신다면 매우 다행일 것입니다."

예조에서 계목을 올리기를,

"계하하신 문건을 첨부하였습니다. 삼가 대신의 차자를 보니, 다시 만들어야 할 열성의 신위 가운데 먼저 만드는 것이 있고 나중에 만드는 것이 있어서는 일이 매우 구차하고 허술하니, 밤나무가 제대로 마르기를 기다려 일시에 모두 만들자는 내용입니다. 이 사안이 매우 일리가 있으나 신들이 언급할 바는 아닙니다. 그렇지만 세종대왕, 문정왕후, 인성왕후 3위의 신주는 가장 많이 훼손되어 신자로서 차마 볼 수 없고 차마 말할 수 없는 아픔이 있습니다. 밤나무가 제대로 마른 것이 없다면 어찌할 수 없으나 다행히 이미 마른 것을 얻어 이미 6위의 신주를 만들었습니다. 그렇고 보면 다른 신위를 만들 밤나무가 제대로 마르기를 기다리느라 날짜를 미루며 고쳐 쓰지 않고 있는 것이 일시에 모두 만들지 못하는 것보다 훨씬 미안합니다. 그렇다면 어찌 사소한 혐의 때문에 몇 달씩이나 미루고 지체하겠습니까? 그러므로 신이 분실되어 없는 인순왕후의 신위 및 이 3위와 원경왕후·선조대왕의 신주를 먼저 고쳐 쓰자는 것으로 입계하여 정탈되었던 것입니다. 대신의 차자도 일리가 있는 듯하니, 신들이 감히 망령되이 자기 견해만 고집할 수 없습니다. 상께서 재결하시는 것이 어떻겠습니까?"

하니, "전에 정탈한 대로 시행하라."고 계하하였다. -《수리도감등록》에 나온다.

○ **5월 기사일**(2일)

예조에서 아뢰기를,

"이달 4일 시민당에서 신주를 고쳐 쓴 뒤에 예전의 신주는 북신문을 통해 종묘로 이봉한 다음 매안(埋安)하겠습니다. 감히 아룁니다."
하니, "알았다."고 전교하였다. -《수리도감등록》에 나온다.

○ 예조에서 아뢰기를,

"시민당에서 신주를 쓸 때에 대신, 예관, 승지가 나아가는 것으로 정탈하였습니다. 그런데 신들이 다시 생각해 보니, 열성조 5위의 신주를 쓰는 것을 궐 안에서 거행하게 된 이상 상께서 친림하지 않는 것은 일의 체모가 미안합니다. 친림하여 쓰는 것으로 마련하는 것이 어떻겠습니까?"
하니, "윤허한다."고 전교하였다. -《수리도감등록》에 나온다.

○ **같은 달 경오일**(3일)

종묘도감에서 아뢰기를,

"전날 도감의 계사로 전교하시기를, '궤의 제도를 다시 만들 때 고 상신 이정귀(李廷龜)가 논의한 대로 앞면을 비워, 내고 들이기에 편하게 하는 것이 마땅할 듯하다.' 하셨습니다. 앞면은 하교하신 대로 비워야 할 것입니다. 다만 옛날의 제도는 앞면을 비우지 않았기 때문에 궤의 제도가 높고 넓었습니다. 지금 앞면을 비우면 반드시 내고 들이기에 불편한 근심이 없을 것이므로 마땅히 치수를 줄여야 할 듯한데, 치수가 이미《오례의》에 실려 있어서 감히 마음대로 할 수 없습니다. 감히 이렇게 우러러 여쭙니다."
하니, "아뢴 대로 하라."고 전교하였다. -《수리도감등록》에 나온다.

○ **경진년**(1640, 인조18) **9월 임인일**(24일)

예조에서 아뢰기를,

"신들이 삼가 원경왕후에 대해 실록을 상고해서 아뢴 단자를 보니, '후덕창덕소열(厚德彰德昭烈)' 6자의 존호는 종묘에 올린 등록과《선원록(璿源錄)》에 기재되어 있는 것이 조금도 다름이 없고, '후덕' 2자는 바로 대비로 생존해 계실 때 올린 존호입니다. 따라서 신주를 쓸 때를 당하여 틀림없이 쓰지 않았을 리가 없는데, 지난날 봉심할 때 신주 면에는 단지 '원경(元敬)'이라는 시호 2자만 쓰여 있고 '후덕' 2자는 쓰여 있지 않았습니다. 연대가 오래된 일이라서 실로 알 수 없습니다.

'창덕소열'은 부묘(祔廟)할 때 가상(加上)한 존호입니다. 그 당시에 여러 신하들이 강정(講定)하면서 신주는 추서(追書)한 예가 없다는 이유로 단지 제문과 축문에만 가상한 존호를 갖추어 썼습니다. 그렇기 때문에 향실의 축문도 가상한 존호 4자를 그대로 따라서 쓰고 '후덕' 2자는 버리고 쓰지 않았으니, 또한 무엇을 근거하여 그랬는지 알지 못하겠습니다.

《선원록》에 기재되어 있는 6자의 존호는 다시 의심할 것이 없으니, 기록된 대로 시행하되 지금 이후로 축문 가운데 '창덕소열' 4자는 마땅히 '후덕' 2자 아래에 쓰는 것이 결함이 없을 듯합니다. 그러나 신들은 예경에 어두워 얕은 식견으로 단정할 수 없으니, 대신에게 논의하게 하여 정탈하는 것이 어떻겠습니까?"

하고, 또

"전교하시기를, '윤허한다.' 하셨습니다. 대신에게 논의한 결과 영의정 홍서봉(洪瑞鳳)과 우의정 강석기(姜碩期)는 '삼가 실록의 문자를 상고하고 사리로 미루어 보니, 후덕이 당연히 창덕소열 위에 있어야 하는 것은 의심할 바가 없습니다. 그러나 그 당시에 성왕(聖王)께서 위에 계시고 여러 명신(名臣)이 아래에 있었으니, 강정할 때에 어찌 충분히 헤아려 하지 않았을 리가 있겠습니까? 가만히 상상하건대 반드시 은미한 뜻을 둔 바가 있었을 것이니, 200년 아래에서 거슬러올라가 논의하는 것은 진실로 쉽지 않습니다. 무릇 개혁에 관계된 일은 만일 부득이 고쳐야 할 일이 아니라면 열성께서 서로 계승해 온 오래된 상례를 그대로 따라 준용하는 것이 안 되는 것은 아닙니다. 삼가 상께서 재결하소서.' 하였고, 승평부원군(昇平府院君) 김류, 행 판중추부사 이성구(李聖求), 평성부원군(平城府院君) 신경진(申景禛)은 병으로 수의하지 못했고, 행 판중추부사 심열(沈悅)은 지방에 있습니다. 대신의 뜻이 이와 같으니, 상께서 재결하시는 것이 어떻겠습니까?"

하니, "논의한 대로 하라."고 전교하였다. -《예조등록》에 나온다.

○ **현종 기유년**(1669, 현종10) **9월 계사일**(3일)

예조에서 아뢰기를,[89]

"부묘도감(祔廟都監)의 계사에 '이번 부묘[90] 때, 신주를 만들고 휘호(徽號)를 올리는 것에 대한 절목(節目)을 미리 강정하지 않으면 안 되니, 예관으로 하여금 속히 품처하게 하는 것이 어떻겠습니까?' 하였는데, 전교하기를, '윤허한다.……' 하셨습니다.

신주를 만드는 절목에 이르러서는 용이하게 여쭈어 정하기 어려운 점이 있습니다. 신들이 《오례의》의 〈입주의(立主儀)〉를 가져다 살펴보니, 우주(虞主)[91]는 산릉(山陵)에서 만들고, 연주(練主)[92]는 혼전(魂殿)에서 쓴다고 하였는데, 이것은 모두 초상(初喪)에 관계된 예절로 살펴서 증거로 삼을 수 없습니다.[93] 그리고 지금 신덕왕후(神德王后)를 종묘에 올려 부묘하는 일은 100년이라는 세월 동안 이루지 못했던 일을 뒤늦게 거행하는 일인 만큼 신주를 만들 장소를 실로 미리 정하기가 어렵습니다. 많은 의견들이 혹 능소(陵所)에 나아가 설행해야 한다고 하는데, 이것도 근거할 데가 없어 부득이한 뜻에서 나온 것입니다. 사안의 본질이 중대할 뿐만 아니라 신들이 본래 예문에 어두워 결단코 마음대로 단정하기가 어렵습니다. 여러 대신과 유신에게 논의하여 급히 서둘러 강정하게 하는 것이 어떻겠습니까?"

하고, 또

"전교하기를, '윤허한다.' 하셨습니다. 이에 대신과 유신에게 논의한 결과 영중추부사 이경석은 논의하기를, '신은 이 일에 대해 그 예를 알지 못합니다만, 일찍이 정축년(1637, 인조15)의 변란을 겪은 뒤에 불행하게도 종묘의 신주를 다시 만들었는데, 새로 만든 신위[94]는 세자궁의 별실에 봉안하였다가 그대로 그곳에서 고쳐 썼고, 고쳐 쓴 신주[95]는 신 경석이 선정신 이황의 논의를 본뜨기를 청함으로 인해 종묘 안에 나아가 거행하였습니다. 그러나 신덕왕후는 지금 처음 부묘하는 것이라서 또한 고쳐 쓴 신주와는 같지 않으니, 종묘 안은 논할 수 없고, 다른 곳도 할 만한 장소가 없습니다. 그런 만큼 능침에 고하고 신주를 만드는 것이 혹 예에 없는 예가 될 수 있을 듯한데, 어떠한지 모르겠습니다. 삼가 상께서 재결하소서.' 하였고, 좌참찬 송준길(宋浚吉)은 '신은 노쇠한 병으로

89 **아뢰었다.** 대본은 '牒呈' 인데, 《승정원일기》 현종 10년 8월 10일조 기록에 의거하여 '啓曰' 로 바로잡아 번역하였다. 첩정은 아래 관청에서 상부 관청에 올리는 공문서이다.

90 **이번 부묘** 태조의 계비(繼妃)인 신덕왕후(神德王后) 강씨(康氏)를 종묘 태조실에 부묘하는 것을 말한다. 송시열이 소대(召對)에 참여하여 신덕왕후의 능인 정릉(貞陵)을 보수하고 종묘에 부묘할 것을 청함으로 인해 이루어진 것이다. 신덕왕후는 1396년(태조5)에 승하하였는데, 왕자의 난 때 소생인 방석(芳碩)과 방번(芳蕃)이 제거되면서 이로 인해 태조의 사당에 배향(配享)되지 못하였다. 《현종실록 10년 1월 4일조》

91 **우주** 우제(虞祭)를 지낼 때 쓰는 신주를 말한다. 우제는 장례를 치르고 나서 지내는 제사인데, 《국역 백호전서》 제46권 〈독서기 내칙〉에 "우(虞)는 상중(喪中)의 제사 이름이다. 우는 편안하게 한다는 뜻이다." 하였다. 반혼(返魂)하는 당일에 지내는 제사를 초우(初虞)라고 하고, 다음 유일(柔日)에 지내는 제사를 재우(再虞)라고 하고, 다음 강일(剛日)에 지내는 제사를 삼우(三虞)라고 한다.

92 **연주** 연제(練祭)를 지낼 때 쓰는 신주를 말한다. 연제는 소상(小祥) 때 지내는 제사이다.

93 **살펴서……없습니다** 대본은 '有可考據' 인데, 《승정원일기》 현종 10년 8월 10일조 기록에 의거하여 '有不可考據' 로 바로잡아 번역하였다.

94 **새로 만든 신위** 훼손이 심해 새로 만든 신주를 말한다. 1637년(인조15)에 훼손이 심한 신주로 영녕전의 의비 신주와 종묘의 원경왕후, 세종대왕, 문정왕후, 인성왕후, 선조대왕, 의인왕후, 인목왕후, 원종대왕, 인헌왕후의 신주를 새로 만들었다. 옛 신주를 시민당(時敏堂)에 봉안하였으므로 새 신주를 시민당에서 고쳐 썼다.

95 **고쳐 쓴 신주** 분실된 인순왕후의 신주를 말한다. 옛 신주가 없으므로 신위가 비어 있었다. 따라서 신주를 쓸 장소가 문제였는데, 이경석(李景奭)의 건의로 종묘에서 고쳐 썼다.

정신이 어두워 일상적인 일도 뜻대로 수응하지 못합니다. 하물며 조정의 막중하고도 막대한 전례(典禮)를 어찌 감히 끼어들어 논의할 수 있겠습니까. 그러나 이미 자문을 받들어 예관이 멀리에서 이르렀으니, 신하의 분수와 의리에 있어 또한 감히 입 다물고 말하지 않아 성상의 뜻을 저버리는 일을 할 수 없습니다. 신은 가만히 생각건대, 예에 이른바 형체는 무덤 속으로 돌아가고 신령은 생전에 거처하던 실당(室堂)으로 돌아온다고 한 부분은 바로 죽은 사람과 산 사람 사이의 마음이 애달프고 이치가 정미(精微)한 부분입니다. 선유(先儒)가, 신주를 고쳐 쓰는 것은 예전에 거처하던 곳에서 해야 하고 묘소에서 해서는 안 된다고 한 것은 사실 그 사이에 깊은 뜻이 있는 것입니다. 대개 혼(魂)과 백(魄)이 서로 분리되어 사람이 죽으면 백은 널에 거두고 혼은 비단에 의지하였다가 이미 널을 땅에 묻고 나면 비단을 신주로 바꾸니, 그 뜻은 길을 달리하는 것입니다. 그런데도 반드시 묘소에서 신주를 쓰는 것은 어째서이겠습니까? 혼을 담은 비단이 널을 따라 묘소로 가기 때문입니다. 그러나 반드시 비단 앞에서 신주를 쓰고, 쓰고 난 뒤에 비단은 오히려 신주를 따라 돌아가니, 그 예의 뜻이 정밀하기가 이와 같습니다. 오늘날의 예를 《고사촬요(攷事撮要)》에 기재된 것과 실록에 등재된 것에서 고찰해 보니, 태조대왕이 도읍을 옮긴 시기와 신덕왕후의 장례를 마치고 인안전(仁安殿)에 반혼한 일, 그로부터 3년이 지나 영정을 인안전에 봉안한 일이 매우 명백한 것 같았습니다. 인안전의 옛터를 비록 명확하게 알 수는 없으나 옛날 경복궁(景福宮) 안에 있었다는 것 또한 의심이 없을 듯하고, 신덕왕후께서 평소 납시었던 곳도 상상할 수 있습니다. 설령 그 당시에 옛 풍속으로 인하여 신주를 만들지 않았더라도 신령이 이미 생전에 거처하던 실당으로 돌아왔을 것이니, 능묘에서 다시 구하는 것이 옳지 않다는 것은 확실합니다. 신이 일찍이 명나라의 제도를 살펴보니, 악전(幄殿)의 예가 있었습니다. 지금 역시 이 예에 의거하여 경복궁 안에 악전을 설치하고 신주를 모셔다 쓴다면 혹 마땅할 듯합니다. 아니면 또 생각건대, 자손이 있는 곳은 바로 선조의 신기(神氣)가 모이는 곳으로 어디든 계시지 않는 곳이 없으니, 궐 안의 별전으로 모셔다 쓰더라도 안 될 것은 없을 듯합니다. 오직 능소에 나아가서 쓰는 것만은 신이 알지 못하겠습니다. 그러나 이것은 모두 억설(臆說)에서 나온 것이고 경에 근거한 바가 있지는 않습니다. 오직 밝으신 성상께서 이 중에서 참작하여 쓰신다면 매우 다행이겠습니다.' 하였고, 행 판중추부사 송시열(宋時烈)은 병으로 수의하지 못하였습니다. 여러 대신과 유신의 뜻이 이와 같으니, 상께서 재결하시는 것이 어떻겠습니까?"

하니, 상이 전교하였다.

"좌참찬 송준길의 의견대로 장전(帳殿)을 설치하여 행하는 것이 좋겠다." -《예조등록》에 나온다.

○ 숙종 을묘년(1675, 숙종1) 4월 계사일(5일)

주강(晝講)에 입시했을 때이다. 예조 판서 장선징(張善瀓)이 아뢰기를,

"신이 지난날 봉심 때 종묘의 위판(位版)을 보았는데, 장경왕후(章敬王后)[96]의 위판에는 휘호가 쓰여 있지 않았습니다. 이것은 혹 그 당시에 휘호를 올리지 않은 결과로 그런 것인지, 오래된 옛날의 일이라 원인이 자세하지 않습니다. 막중한 휘호를 단지 축문에만 쓰고 위판에는 쓰지 않은 것은 변례에 해당하는 것으로 매우 미안합니다. 다시 대신과 함께 봉심한 뒤에 고쳐 써야 마땅하나 휘호를 쓰지 않은 이유는 실록에서 조사해 내는 것이 옳을 듯합니다. 또 신의왕후(神懿王后)[97]의 위판은 글자 획이 흐려져 분간이 되지 않았습니다. 이 또한 대신과 함께 일시에 봉심하여 획을 보충할 것인지, 혹은 고쳐 쓸 것인지를 여쭈어 정하는 것이 어떻겠습니까?"

하니, 상이 말했다.

"10실의 신위를 다시 대신과 함께 봉심하는 것이 좋겠다." -《예조등록》에 나온다.

○ 같은 달 갑오일(6일)

영의정 허적(許積), 우의정 권대운(權大運), 예조 판서 장선징의 청대(請對)에 입시했을 때이다. 영의정 허적이 아뢰기를,

"신이 오늘 명을 받들어 종묘 10실의 위판을 봉심한 결과 휘호를 쓰지 않은 신위는 4위[98]입니다. 대개 왕후의 초상이 대왕께서 생존해 계신

96 **장경왕후** 중종(中宗)의 계비이고, 인종(仁宗)의 어머니이다. 성은 윤씨(尹氏)로 본관은 파평(坡平)이고, 파원부원군(坡原府院君) 윤여필(尹汝弼)의 딸이다. 1506년(중종1)에 숙의(淑儀)에 봉해졌고, 단경왕후(端敬王后) 신씨(愼氏)가 폐위되자 그 이듬해에 왕비로 책봉되었다. 1515년에 25세의 나이로 승하하였다. 초상 때 '숙신명혜(淑愼明惠)'라는 휘호를 올렸고, 1547년(명종2)에 종묘에 부묘하면서 '선소의숙(宣昭懿淑)'이라는 휘호를 가상하였다. 《국역 연려실기술 2집 제7권 중종조고사본말 중종》

97 **신의왕후** 태조의 첫째 비이다. 228쪽 주69 참조.

98 **4위** 대본은 '三位'인데, 《승정원일기》 숙종 1년 4월 6일조 기록에 의거하여 '四位'로 바로잡아 번역하였다. 아래에 나오는 대신의 의견에서 좌의정 김수항(金壽恒)도 4위라고 하였다.

때에 났을 경우에는 존호를 올리지 않기 때문에 휘호를 쓰지 않습니다.[99] 그런데 조종조에서 모두 고쳐 쓰지 않은 것은 그 이유를 알 수 없지만 지금에 와서 고쳐 쓰는 것은 실로 미안한 일이니, 고쳐 쓰지 않는 것이 합당할 듯합니다. 신의왕후의 위판은 흑색이 희미해져 광택이 없는 것이지 글자 획이 흐려진 것은 아니니, 역시 고쳐 쓰지 않는 것이 옳을 듯합니다. 그러나 중대한 일에 해당하니, 다른 대신에게 수의하여 정하는 것이 어떻겠습니까?"

하니, "그대로 하라."고 하였다. -《예조등록》에 나온다.

○ 같은 달 병신일(8일)

예조에서 아뢰기를,

"전교하셨습니다. 대신에게 논의한 결과 영중추부사 정치화(鄭致和)와 행 판중추부사 정지화(鄭知和)는 '종묘를 봉심한 뒤에 영의정이 이미 탑전(榻前)에서 진달한 말이 있는데, 그 뜻이 매우 합당합니다. 이 외에 달리 논의할 것이 없습니다. 삼가 상께서 재결하소서.' 하였고, 좌의정 김수항은 '왕후 4위의 위판에 아무런 까닭 없이 휘호를 쓰지 않았을 리가 없을 듯합니다. 필시 왕후의 초상이 대왕께서 생존해 계신 때에 나서 존호를 올리지 않았기 때문에 그럴 것입니다. 또 조종조에서 추가로 고치지 않은 것도 아마도 의도한 바가 있을 듯합니다. 또한 신령의 도는 고요함을 숭상하니, 햇수가 오래된 뒤인 지금에 이르러서는 정말로 부득이한 경우가 아니라면 긁어내고 갈아내 고쳐 쓰는 것은 미안한 일에 해당합니다. 신의 얕은 견해로는 달리 논의할 것이 없으니, 삼가 상께서 재결하소서.' 하였습니다. 대신의 뜻이 이와 같으니, 상께서 재결하시는 것이 어떻겠습니까?"

하니, "논의한 대로 하라.' 고 전교하였다. -《예조등록》에 나온다.

○ 신유년(1681, 숙종7) 10월 임인일(23일)

예조에서 아뢰기를,

"이번 10월 21일 주강에 입시했을 때에 시강관(侍講官) 송광연(宋光淵)이 아뢰기를 '운운'[100]하고, -추상존호조(追上尊號條)에 보인다.- '위판을 고쳐 쓰

99 **왕후의……않습니다** 대본은 '王后之喪 在於大王臨御之時 未上尊號 故皆書徽號' 인데, 《승정원일기》 숙종 1년 4월 6일조에는 "왕후의 초상이 대왕께서 생존해 계신 때에 났을 경우에는 존호를 올리지 않기 때문에 휘호를 쓰지 않고, 대왕께서 승하한 뒤에 났을 경우에는 같이 존호를 올리기 때문에 모두 휘호를 씁니다.〔王后之喪 在於大王臨御之時 則未上尊號 故不書徽號 在於大王昇遐之後 則同上尊號 故皆書徽號〕"라고 되어 있다. 따라서 이에 의거하여 대본의 '皆'를 '不'로 바로잡아 번역하였다.

100 **운운** 공정대왕의 묘호와 시호를 추상하였으니 위판을 고쳐 써야 한다는 내용이다. 공정은 정종(定宗)이 명나라로부터 받은 시호이다. 종묘에 부묘되고, 영녕전으로 조천되면서도 숙종 이전까지 묘호가 없었다. 묘호가 없었던 까닭에 대해서는 《숙종실록》 7년 9월 14일조에 송시열의 자세한 설명이 있다. 1681년(숙종7) 5월 18일에 선원계보 교정청(璿源系譜校正廳)에서 문제를 제기하고, 7월 23일에 교리 오도일(吳道一)이 청하여 9월 18일에 묘호를 '정종'으로 시호를 '의문장무(懿文莊武)'로 결정하여 올렸다. 《숙종실록 7년조》 여기에서는 신주를 고쳐 쓰는 문제만 말한 것이다.

는 일은 영의정이 방금 입시하였으니, 하문하여 처리하시는 것이 어떻겠습니까?' 하였는데, 상께서 이르시기를, '공정대왕(恭靖大王)의 묘호만 유독 빠져 있는 것이 참으로 결함이 되기 때문에 이제 추상하였는데, 만약 긁어내고 갈아내는 것을 미안하게 여겨 신주를 고쳐 쓰지 않는다면 위판에 쓰여 있는 것이 축사(祝辭)에서 일컫은 것과 서로 어긋나게 되니, 이것도 미안하다. 효종조 때에 인열왕후(仁烈王后)의 위판을 고쳐 쓴 일[101]이 있으니, 지금도 이에 의거하여 하는 것이 마땅하겠다. 대신의 뜻은 어떠한가?' 하자, 영의정 김수항이 아뢰기를, '시호는 당연히 책보(冊寶)에 있는데, 묘호는 축문 외에 달리 쓰는 곳이 없으니, 위판을 고쳐 쓰는 것이 마땅할 듯합니다. 다만 종묘 열성조의 위판에 쓰인 것은 대부분 축사에서 일컫은 것과 서로 어긋나는데, 일찍이 고쳐 쓰는 것을 거행한 적이 없습니다. 종전에도 바로잡자는 논의가 있었으나 아마도 각 신실의 위판을 일시에 긁어내고 갈아내는 일을 매우 어렵게 여겼던 듯합니다. 지금 공정대왕의 위판만 고쳐 쓰는 것은 달리한다는 혐의가 없지 않습니다. 사안의 본질이 중대하여 신의 얕은 식견으로는 절충하기 어려운 점이 있으니, 예관으로 하여금 여러 대신과 지방에 있는, 예를 아는 유신(儒臣)에게 자문을 구하게 하여 처리하는 것이 마땅하겠습니다.' 하였습니다. 이에 상께서 이르시기를, '열성조의 위판에 쓰여 있는 것이 대부분 축사에서 일컫은 것과 서로 어긋나는데, 나는 이런 사실을 기미년(1679, 숙종5) 연간에 조신(朝臣)이 바로잡아야 한다고 논의한 것으로 인하여 비로소 자세히 알게 되었다. 각 신실의 위판을 모두 고쳐 쓰는 것은 참으로 편치 않으나 공정대왕의 묘호는 별도로 추상한 것으로 사안의 본질이 다르니, 위판을 고쳐 쓰는 한 가지 문제는 예조에 분부하여 여러 대신과 지방에 있는 유신에게 수의(收議)하게 하는 것이 좋겠다.' 라고 명하셨습니다.

대신과 유신에게 논의한 결과 판중추부사 김수흥(金壽興)은 '공정대왕의 묘호와 시호를 추상한 일은 실로 300년 동안 겨를이 없어 행하지 못했던 전례를 성상께서 능히 거행하신 것입니다. 이미 존칭을 추상한 이상 단지 고하는 예만 행하고 신주를 고쳐 쓰지 않는다면 참으로 결함이 되는 결과를 면하지 못할 것입니다. 그러나 태묘 열성조의 위판을 모두 고쳐 쓸 수 없는 마당에 지금 이 위판만 고쳐 쓰는 것은 달리한다

101 **인열왕후의……일** 인열왕후는 인조의 첫째 비이고, 효종의 어머니이다. 성은 한씨(韓氏)로 본관은 청주(清州)이고, 서평부원군(西平府院君) 한준겸(韓浚謙)의 딸이다. 처음에는 청성현부인(清城縣夫人)으로 봉하였다가 1623년(인조1)에 왕비로 책봉되었고, 1635년에 42세의 나이로 승하하였다.《국역 연려실기술 6집 제23권 인조조고사본말 인조》1676년(효종2)에 인조의 삼년상을 마치고 함께 종묘에 부묘할 때 '명덕정순(明德貞順)' 이라는 휘호를 올리면서 신주를 고쳐 쓴 일을 말한다.《효종실록 2년 6월 26일조》

는 혐의가 없지 않을까 의심스럽습니다. 지금 연신(筵臣)이 진달한 바로 인하여 이렇게 하문하셨는데, 신과 같은 얕은 식견으로 어찌 감히 절충하는 방법을 함부로 진달할 수 있겠습니까? 다만 생각건대, 빠진 전례를 추가로 거행하고 이어서 신주를 고쳐 쓰는 예를 행하는 것은, 열성조의 위판이 서로 어긋나는 곳을 바로잡기 위해 고쳐 쓰는 것과는 사안의 본질이 본래 다르고, 또 인열왕후의 휘호를 가상(加上)한 뒤에 신주를 고쳐 쓴 예가 있는 만큼 시호를 올리는 날 즉시 신주를 고쳐 쓴다면 전례(典禮)에 합당할 듯합니다. 삼가 상께서 재결하소서.' 하였습니다.

좌의정 민정중(閔鼎重)은 '《주자가례》에 실려 있는, 신주를 고쳐 쓰는 절차는 한둘이 아닌데, 모두 사리의 당연한 바와 예의 형식상 그만둘 수 없는 데서 나온 것입니다. 그렇다면 이 절차가 비록 사대부를 위해 마련된 것이지만 역시 위로 제왕가에도 적용해 볼 수 있을 것입니다. 그러나 신이 가만히 나라 예법의 상제(喪制)를 상고해 보니, 졸곡(卒哭)을 지낸 뒤에 시호를 맞이하고 분황(焚黃)하는 일이 있었습니다. 이것은 바로[102] 중국 조정에서 내린 시호를 받는 것으로 이에 대한 예의 형식이 모두 갖추어져 있지만 유독 고쳐 쓰는 절차에 대해서는 말하지 않았습니다. 어찌 언제 때를 기다린 것이거나 아니면 소루함이 있어 그런 것이 아니겠습니까? 열성조의 위판이 축사(祝辭)와 같지 않은 것이 또한 많지만 진실로 사안의 본질상 중대하고 어려워 감히 고쳐 쓸 수 없다고 하는 데에 이르러서는 의리에 미안한 점이 있는 듯합니다. 신의 어두운 식견으로 모르는 전례에 대해 함부로 논의하기 어려운 점은 있으나 다만 예가 궁하면 신분이 낮은 쪽의 예를 따른다는 뜻으로 논한다면, 주자가 정한 사대부의 예를 통용할 수도 있을 듯합니다. 또한 신이 삼가 들으니, 열성조의 위판 가운데 또 글자 획이 매우 명확하지 않은 데가 있다고 합니다. 이 또한 대단히 미안한 문제이니, 마땅히 변통하는 도리가 있어야 할 것입니다. 이에 하문하심으로 인하여 아울러 소회를 진달합니다. 삼가 상께서 재결하소서.' 하였습니다.

우의정 이상진(李尙眞)은 '묘호와 시호를 추상(追上)한 것은 변례입니다. 묘호와 시호를 추상하고 고쳐 쓰지 않는다면, 이것은 변례에 있어 반은 행하고 반은 행하지 않는 것입니다. 만약 열성조의 위판을 고칠 수 있다, 없다로 증거를 삼아 혹여 긁어내고 갈아내는 것이 미안하여 고쳐 쓰

102 **이것은 바로** 대본은 '及'인데, 한국문집총간 129집에 수록된《노봉집(老峯集)》권5〈공정대왕의 묘호를 추상한 뒤에 위판을 고쳐 쓰는 것에 대한 논의〔恭靖大王追上廟號後位版改題議〕〉에 의거하여 '乃'로 바로잡아 번역하였다.

지 않는다고 말한다면 이것은 실로 빠진 전례를 거행하면서 오히려 다시 빠진 전례를 두는 것입니다. 태묘는 단지 쓰여 있는 것이 축사와 약간 서로 어긋나는 곳이 있을 뿐이니, 묘호가 완전히 빠졌거나 시호가 갖추어지지 않은 것과는 비교가 되지 않습니다. 그러니 이번에 추상한 호(號)는 고쳐 쓰지 않을 수 없는 것이 분명합니다. 긁어내고 갈아내는 것이 미안한 것은 고쳐 쓰지 않는 것에 비하면 또한 작은 일입니다. 하물며 인열왕후의 위판을 고쳐 쓴 것은 가까운 시대의 일로 본받을 만한 데이겠습니까? 이것을 적용하면 더욱 어렵게 여겨서는 안 될 것입니다. 신의 어리석은 견해로는 시호를 올리는 것과 고쳐 쓰는 것을 같은 날 함께 거행하는 것이 아마도 변례에 있어 중도를 얻는 것이 될 듯합니다. 삼가 상께서 재결하소서.' 하였습니다.

사업(司業) 이상(李翔)은 '하루 이틀 사이에 예관이 수의하는 일로 성상의 하교를 재차 전하니, 신은 감당할 수 없습니다. 이번에 공정대왕의 묘호를 새로 올려 빠진 전례를 잘 거행한 만큼 위판이 축사에서 일컫는 것과 서로 어긋나는 것은 당연히 응당 고쳐 써야 하는 데에 해당합니다. 각 신실의 위판이 차이 나는 것은 실로 애초에 생각이 미쳤던 바가 아닙니다. 무릇 천하의 일은 단지 이치에 합당한가만을 논해야 합니다. 이것을 끌어다가 저것과 비교하다 보면 꽉 막히는 것을 면하지 못할 것이니, 이렇게 되면 마침내 행할 수 있는 것까지 아울러 정지하려 들 터인데, 신은 어리석지만 실로 그것이 옳은 일인지는 알지 못하겠습니다. 그러나 이것은 이미 옛 예법에 없는 것이어서 명백하게 근거로 삼을 만한 것이 없으니, 감히 거칠게나마 사의(事宜)에 합당한 것으로 거듭 억견을 진달합니다. 삼가 상께서 재결하소서.' 하였습니다. 대신과 유신의 뜻이 이와 같으니, 상께서 재결하시는 것이 어떻겠습니까?"

하니, 전교하였다.

"휘호를 올리기만 하고 신주를 고쳐 쓰지 않는 것은 실로 전례에 대단한 결함이 될 것이다. 시호를 올리는 날 즉시 고쳐 쓰는 것이 마땅하겠다." -《예조등록》에 나온다.

○ **계해년**(1683, 숙종9) **3월 신유일**(19일)

치사신(致仕臣) 송시열(宋時烈)의 차자에 '운운'[103] 하였는데, 상이 답하였다.

"별단 가운데 열성조의 휘호가 잘못된 곳을 바로잡는 일은 해조로 하여금 대신에게 논의하여 품처하게 하라."

〔별단〕[104]

위판 '승인순성 신의왕태후(承仁順聖神懿王太后)' – '태(太)' 자는 삭제하여 축문을 따라야 할 듯합니다. 삼가 성상께서는 살피소서.

축문 '승인순성 신의왕후 한씨(承仁順聖神懿王后韓氏)' –축문에 이미 왕비의 성씨를 썼고 보면 위판에만 어찌 유독 쓰지 않겠습니까? 만일 신위마다 고쳐 쓰는 것이 어렵다면 차라리 축문에도 성씨를 쓰지 않아 위판과 다른 점이 없도록 하는 것이 마땅하지 않겠습니까? 삼가 성상께서는 살피소서.

위판 '순원현경 신덕왕후(順元顯敬神德王后)'

축문 '순원현경 신덕왕후 강씨(順元顯敬神德王后康氏)'

'효소소순소헌(孝昭昭順昭獻)'은 승하하신 후에 태조 병자년(1396, 태조5)에 올린 존호입니다. –실록에 나옵니다. 이러한 부분을 혹 추가로 기입해야 하는지는 알지 못하겠습니다. 기입해야 한다면 아래로 열위(列位) 가운데 이와 같은 곳을 일체 헤아려서 가감해야 할 듯합니다. 삼가 성상께서는 살피소서.

위판 '유명증시공정 정종 의문장무온인순효 대왕(有明贈諡恭靖定宗懿文莊武溫仁順孝大王)'

'온인공용순효(溫仁恭勇順孝)'에 대해서입니다. –경자년(1420, 세종2) 예조의 계사에 "순효대왕(順孝大王)은 전에 '온인공용순효(溫仁恭勇順孝)'로 일컬었습니다. 지금 황제께서 내린 시호가 공정(恭靖)이니, '공(恭)' 자를 나란히 쓰는 것은 마땅치 않습니다. '공용(恭勇)' 2자를 삭제하고 '공정 온인순효 대왕(恭靖溫仁順孝大王)'으로만 칭하소서."라고 하여, 따른 것입니다. 실록에 나옵니다.– '인문공예(仁文恭睿)'에 대해서입니다. –상왕(上王)이 되셨을 때인 태종 경진년(1400, 태종 즉위)[105]에 올린 존호입니다. 〈공정지(恭靖誌)〉와 실록에 나옵니다.

103 **운운** 치사(致仕)를 윤허받고도 사은하지 못한 것에 대한 사죄와 종묘 위판의 휘호가 축문과 차이 나는 부분을 바로잡아야 한다는 내용으로, 위판과 축문을 비교하여 적은 별단을 첨부하였다. 자세한 내용은 《국역 송자대전》 2집 제18권 〈종묘의 휘호를 바로잡기를 청하는 차자〉 참조.

104 **별단** 송시열의 〈종묘의 휘호를 바로잡기를 청하는 차자〉에 첨부된 별단이다.

105 **경진년** 대본은 '庚寅'인데, 《정종실록》 2년 12월 1일조 기록에 "삼가 '인문공예 상왕(仁文恭睿上王)'이라는 존호를 올립니다."라고 하였다. 정종 2년은 바로 태종이 선위를 받아 즉위한 해로 간지는 경진이다. 이에 의거하여 '庚辰'으로 바로잡아 번역하였다.

위판 '원경왕태후(元敬王太后)' -'태(太)' 자를 삭제해야 한다는 것은 이미 위에서 논하였습니다. 그리고 휘호 4자가 전혀 없는 것이 더욱 미안하니, 추가하여 써야 할 듯합니다. 삼가 성상께서는 살피소서.

축문 '창덕소열 원경왕후 민씨(彰德昭烈元敬王后閔氏)'

'창덕소열(彰德昭烈)'에 대해서입니다. -대비가 되셨을 때인 세종 무술년(1418, 세종 즉위)에 올린 존호입니다.[106] 〈원경지(元敬誌)〉와 실록에 나옵니다.

'후덕(厚德)'에 대해서입니다. -대비가 되셨을 때인 세종 무술년에 올린 존호입니다. 〈원경지〉에 나옵니다.

위판 '소헌왕후(昭憲王后)'

축문 '선인제성 소헌왕후 심씨(宣仁齊聖昭憲王后沈氏)'

'선인제성(宣仁齊聖)'에 대해서입니다. -문종 임신년(1452, 문종2)에 가상(加上)한 존호입니다. 실록에 나옵니다.

위판 '유명증시혜장 세조 승천체도열문영무지덕융공성신명예흠숙인효대왕(有明贈諡惠莊世祖承天體道烈文英武至德隆功聖神明睿欽肅仁孝大王)'

축문 '세조 혜장 승천체도열문영무지덕융공성신명예흠숙인효 대왕(世祖惠莊承天體道烈文英武至德隆功聖神明睿欽肅仁孝大王)' -실록에 이르기를, "예종이 즉위하여 존호를 올릴 때 특별히 '의숙(懿肅)' 2자를 '인효(仁孝)' 위에 더하였다." 하였는데, 위판과 축문에는 모두 '흠숙(欽肅)'으로 썼습니다.

위판 '자성흠인경덕선열명순원숙휘신혜의신헌 정희왕후(慈聖欽仁景德宣烈明順元淑徽愼惠懿神憲貞熹王后)'

축문 '자성흠인경덕선열명순원숙휘신혜의신헌 정희왕후 윤씨(慈聖欽仁景德宣烈明順元淑徽愼惠懿神憲貞熹王后尹氏)'

'명순원숙휘신혜의(明順元淑徽愼惠懿)' 8자를 '명숙휘의(明淑徽懿)' 4자로 생략하였습니다. -실록에 나옵니다.

'혜의(惠懿)'의 '혜(惠)' 자에 대해서입니다. -실록의 어떤 곳은 '제(齊)' 자로 썼습니다.

106 **대비가……존호입니다** '창덕소열(彰德昭烈)'은 1424년(세종6)에 태종과 함께 종묘에 부묘하면서 추상한 존호이다. 이 부분은 《송자대전》에도 동일하게 되어 있는 것으로 보아 원 차자에 착오가 있었던 듯하다. 원경왕후는 태종의 비로 성은 민씨(閔氏)이고, 본관은 여흥(驪興)이며, 여흥부원군(驪興府院君) 민제(閔霽)의 딸이다. 1392년(태조1)에 정녕옹주(靖寧翁主)에 봉해졌고, 태종이 즉위하여 정비(靜妃)로 책봉되었으며, 세종이 즉위하여 대비로 있다가 1420년에 56세의 나이로 승하하였다. 대비가 되었을 때에 '후덕'이라는 존호를 올렸고, 1424년에 종묘에 부묘하면서 '창덕소열'이라는 존호를 추상하였다. 《국역 연려실기술 1집 제2권 태종조고사본말 태종》《세종실록 6년 6월 11일조》

위판 '휘숙명의 소혜왕후(徽淑明懿昭惠王后)'

축문 '휘숙명의 소혜왕후 한씨(徽淑明懿昭惠王后韓氏)'

'인수(仁粹)' 에 대해서입니다. —성종께서 즉위하여 대비로 삼고 올린 존호입니다. 〈정희지(貞熹誌)〉와 실록에 나옵니다.

'자숙(慈淑)' 에 대해서입니다. —연산(燕山) 때에 올린 휘호입니다. 실록에 나옵니다.

위판 '소휘제숙 안순왕후(昭徽齊淑安順王后)'

축문 '소휘제숙 안순왕후 한씨(昭徽齊淑安順王后韓氏)'

'소휘제숙(昭徽齊淑)' 에 대해서입니다. —승하하신 뒤에 '안순(安順)' 이라는 시호를 올리고 '소휘제숙' 이라는 휘호를 올렸는데, 대신의 수의(收議)로 인하여 새로운 호를 일컫지 말고 그대로 '인혜명의(仁惠明懿)' 4자로 일컫도록 하였습니다. 실록에 나옵니다.

'인혜(仁惠)' 에 대해서입니다. —대비가 되셨을 때에 성종께서 올린 존호입니다. 〈정희지〉와 실록에 나옵니다.

'명의(明懿)' 에 대해서입니다. —연산 때에 올린 휘호입니다. 실록에 나오는데, '명(明)' 자는 실록의 어떤 곳에서는 '소(昭)' 자로 썼습니다.

위판 '유명증시강정 성종 인문헌무흠성공효 대왕(有明贈諡康靖成宗仁文獻武欽聖恭孝大王)'

'헌무(獻武)' 의 '헌(獻)' 자에 대해서입니다. —실록 및 시책(諡冊), 애책(哀冊), 연산 때의 예조 계사에는 모두 '헌(憲)' 자로 썼습니다.

위판 '공혜왕후(恭惠王后)'

축문 '휘의신숙 공혜왕후 한씨(徽懿愼肅恭惠王后韓氏)'

'휘의신숙(徽懿愼肅)' 에 대해서입니다. —부묘할 때에 가상한 존호입니다.

위판 '소의흠숙 정현왕후(昭懿欽淑貞顯王后)'

축문 '소의흠숙 정현왕후 윤씨(昭懿欽淑貞顯王后尹氏)'

'흠숙(欽淑)' 의 '숙(淑)' 자에 대해서입니다. —실록의 어떤 곳은 '숙(肅)' 자로 썼습니다.

'자순(慈順)' 에 대해서입니다. —대비가 되셨을 때에 연산이 올린 것입니다. 〈정현지(貞顯誌)〉에 나옵니다.

위판 '장경왕후(章敬王后)'

축문 '선소의숙 장경왕후 윤씨(宣昭懿淑章敬王后尹氏)'

'선소의숙(宣昭懿淑)' 에 대해서입니다.[107]

'숙신명혜(淑愼明惠)' 에 대해서입니다. —초상 때 시호를 올린 뒤에 가상한 휘호입니다. 〈장경지(章敬誌)〉와 실록에 나옵니다.

위판 '유명증시소경 선조 정륜입극성덕홍렬지성대의격천희운현문의무성예달효 대왕(有明贈諡昭敬宣祖正倫立極盛德洪烈至誠大義格天熙運顯文毅武聖睿達孝大王)'

축문 '선조 소경 정륜입극성덕홍렬지성대의격천희운현문의무성예달효 대왕(宣祖昭敬正倫立極盛德洪烈至誠大義格天熙運顯文毅武聖睿達孝大王)'

'성예(聖睿)' 의 '예(睿)' 자에 대해서입니다. —실록의 어떤 곳은 '경(敬)' 자로 썼습니다.

'계통광헌응도융조(啓統光憲凝道隆祚)' 에 대해서입니다. —광해(光海) 병진년(1616, 광해군8)에 종계(宗系)를 변무(辨誣)하고[108] 대업(大業)[109]을 일으키셨다 하여 추상한 존호입니다.——실록에 나옵니다.

○ 예조에서 계목을 올리기를,

"계하하신 문건을 첨부하였습니다. 대신에게 논의한 결과 영의정 김수항은 '위판에 쓰인 열성조의 휘호에 어긋나고 잘못된 부분이 많이 있으니, 사실대로 바로잡는 것이 사안의 본질로 볼 때 진실로 마땅합니다. 종전에도 이미 이러한 논의가 있었습니다만, 세월이 오래되고 세대가 멀어진 후대에 와서 긁어내고 갈아내 고쳐 쓰는 것을 어렵게 여겼기 때문에 내처 그대로 두어 지금에 이르고 말았습니다. 일찍이 을묘년(1675, 숙종1) 연간에 휘호가 쓰여 있지 않은 왕후의 위판을 고쳐 쓰는 것이 옳은지 그른지에 대해 여러 대신에게 물어 논의하게 하였는데, 신은 감히 고쳐 쓰는 것이 어렵다는 뜻으로 우러러 대답하기를 위에서 진달한 것처럼 하

107 **선소의숙에 대해서입니다** 《국역 송자대전》 2집 제18권 〈종묘의 휘호를 바로잡기를 청하는 차자〉에는 이 항목 아래에 "출처가 없습니다."라는 소주가 달려 있다. 이에 의거하여 아래의 항목과 분리하여 번역하였다.

108 **종계를 변무하고** 태조 이성계(李成桂)의 계보(系譜)에 대해 변무한 것을 말한다. 《대명회전(大明會典)》에 태조 이성계가 고려의 권신인 이인임(李仁任)의 아들로 잘못 기록되어 있었는데, 1584년(선조17)에 이르러서야 비로소 바로잡았다. 《선조실록》 17년 11월 1일조에 변무 주청사(辨誣奏請使) 황정욱(黃廷彧)이 《대명회전》의 개정된 전문(全文)을 받아 돌아왔다는 기록이 있다.

109 **대업** 임진왜란을 겪고 다시 나라를 중흥한 업적을 말한다.

였습니다. 지금 원로 대신이 올린 차자를 보건대 말의 뜻이 엄정하니, 신이 어찌 감히 다른 논의를 다시 할 수 있겠습니까? 또한 별단에 기록한 것을 가져다가 다시 자세히 고찰해 본 결과 신의왕후와 원경왕후 두 신위는 모두 왕태후로 쓰여 있어 미안하기가 또한 휘호를 쓰지 않은 정도에 그치지 않으니, 속히 바로잡는 것을 행하지 않을 수 없습니다. 그리고 일단 이 문제를 바로잡고 나면 휘호를 쓰지 않은 위판을 일체 고쳐 쓰는 것도 그만둘 수 없습니다. 왕비의 성씨를 축문에는 쓰고 위판에는 쓰지 않은 문제에 이르러서는 본래 《오례의》에 실려 있는 법식이므로 지금 논의할 것은 없습니다. 그 나머지 열성조의 휘호 중에 혹은 글자의 획이나 음이 실록을 상고한 것과 다른 것도 있고, 혹은 일찍이 휘호를 올렸는데 위판에 쓰지 않은 것도 있습니다. 실록에 실려 있는 것도 완전하게 오류가 없다고 보장하기 어렵고, 일찍이 올렸던 휘호를 쓰지 않은 것은 아마도 중첩되는 글자를 피하느라 그런 듯한데, 비록 그렇지 않더라도 이처럼 미진한 부분은 지금 우선 예전 그대로 놔두더라도 대단히 미안한 지경에 이르지는 않을 듯합니다. 그러나 종묘의 일은 지극히 중차대하여 신의 천박한 견해로는 감히 억단할 수 없습니다. 삼가 상께서 재결하소서.' 하였습니다.

영중추부사 김수흥, 행 판중추부사 정지화, 우의정 김석주(金錫冑)는 '위판에 쓰인 열성조의 휘호가 어긋나고 잘못된 부분에 대해서는 전에도 바로잡자는 논의가 있었지만, 긁어내고 갈아내 다시 쓰는 것을 어렵게 여겼기 때문에 내처 그대로 두고 고치지 않아 오늘날까지 이르렀습니다. 원로 대신의 차자를 보니, 내처 그대로 두고 고치지 않은 것을 미안하게 여기는 문제가 실로 긁어내고 갈아내 고쳐 쓰는 것을 어렵게 여기는 문제보다 더 심하였습니다. 그렇다면 한 번 바로잡는 것을 아마도 하지 않을 수 없을 듯합니다. 그러나 태묘의 막중한 일은 신의 몽매한 견해로 감히 가볍게 논의할 수 있는 것이 아닙니다. 삼가 상께서 재결하소서.' 하였습니다.

좌의정 민정중은 '종묘의 예는 지극히 엄중하여 몽매한 신이 감히 함부로 논할 바가 아니며, 영의정 김수항이 올린 의견 속에 이미 상세하게 진달한 듯하니, 달리 논의할 것이 없습니다. 그런데 신이 일찍이 열성조의 위판에 간간이 글자 획이 분명하지 못한 것이 있어 고치지 않을 수 없다는 뜻으로 대략 여쭈어 청한 적이 있는데, 지금 고쳐 쓰게 되면 또한 마땅히 아울러 거행해야 할 것입니다. 삼가 상께서 재결하소서.' 하였습니다.

행 판중추부사 이상진은 '위판을 긁어내고 갈아내 고치는 것이 어렵다고는 하나 이미 어긋나고 잘못되었다는 것을 알면서도 오히려 그대로 두는 것은 더욱 심하게 미안합니다. 따라서 지금이라도 바로잡는 것을 그만둘 수 없을 듯합니다. 그러나 태묘의 막중한 예는 진실로 신의 천견으로 감히 가볍게 논의할 바가 아닙니다. 삼가 상께서 재결하소서.' 하였습니다. 대신의 뜻이 이와 같으니, 상께서 재결하시는 것이 어떻겠습니까?"

하니, "영의정이 논의한 대로 시행하라."고 계하하였다. -《예조등록》에 나온다.

○ 4월 병술일(14일)

우의정 김석주가 상소하여 태조 세실(世室)에 존호를 가상하는 일에 대해 '운운' 한 다음 이어서 아뢰었다.

"신이 삼가 들으니, 태실의 묘주는 모두 앞면에 분을 바르는 제도를 쓰지 않고 다만 목판 위에 먹으로 쓰고 글자 획에 옻칠을 할 뿐이라고 합니다. 예로부터 전하는 말에 묘주는 한 번 쓰면 고치지 않으며, 긁어내고 깎아내는 일을 하지 않는다고 한 것은 대개 이 때문입니다. 그런데 지난날 묘주를 고쳐 쓰는 일로 하문하는 명이 있었습니다. 그때 신은 여러 신하들의 논의에 대해 다르게 어깃장을 놓고 싶지 않다는 잘못된 생각으로 마침내 같은 논의로 글을 올렸으니, 지금 생각하면 부끄러움과 후회가 한꺼번에 몰려듭니다.

지금 태조 세실에 또 시호를 더해야 한다는 논의가 진행 중입니다. 만약 이번의 이 일이 성사되어 거행된다면 이 일은 정종 묘호를 올렸을 때와는 같지 않으니, 오직 옥책(玉冊)으로 시호를 진봉(進奉)한 다음 다시 축판(祝版)에 첨가하여 쓰기만 하고, 묘주는 옛날에 쓴 그대로 고치지 않는 것이 실로 일의 성격에 합당할 것입니다.

또 신의왕후와 원경왕후를 모두 왕태후로 일컬었던 것은 바로 고려 때 왕후를 추증하던 옛 제도이니, 고려 역사를 상고해 보면 반드시 증거 삼을 만한 글이 있을 것입니다. 원경왕후의 홍서(薨逝)가 세종이 선위를 받은 초기에 있었고, 그때는 창업하던 시기로 국가 경영의 제도가 정해지지 않은 때였습니다. 그렇기 때문에 고려의 제도를 그대로 이어 쓴 것이 이러했던 것입니다. 지금으로 논하면 참으로 본 조정의 전례(典禮)에는 맞지 않는 것인데, 그 후로 열성조께서 서로 계승하면서 의식과 제도를 점차 갖추고 향사(享祀)의 절차도 대부분 소급하여 고쳤으나 또한 감히 신주를 고쳐 쓰는 일에 대해 서슴없이 논의하지는 못했으니, 이 어찌 신령의 도는 고요함을 높이 쳐 지극히 경건한 곳이라 무례하게 더럽히는 혐의가 없지 않을까 염려하여 그런 것이 아니겠습니까? 이러한 절목은 역시 충분히 공경스럽고 신중하게 자세히 헤아려서 처리하지 않아서는 안 될 것입니다. 삼가 성상께서 재결하소서." —《예조등록》에 나온다.

○ **같은 달 무자일**(16일)

태조대왕에게 가상할 시호를 의정(議定)하는 일로 여러 신하들을 인견할 때이다. 상이 이르기를,

"우상이 말한 축판(祝版)과 보책(寶冊)에만 쓰고 묘주에는 쓰지 않는다는 의견이 어떠한가?"

하니, 김수항이 아뢰기를,

"사가(私家)에서는 고쳐 쓰는 규례가 있으니, 바로 앞면에 분을 바르는 것입니다. 우상이 말한 축문에만 쓰고 신주는 고쳐 쓰지 않는다는 것은 일의 성격이 어떠한지 모르겠습니다만, 긁어내고 갈아내는 것이 어렵다는 것은 신의 뜻도 그렇습니다. 그러므로 갑인년(1674, 숙종 즉위)에 종묘의 신주를 고쳐 쓰는 문제로 수의할 때에도 그것이 어렵다는 뜻을 진달했고, 또 공정대왕께 묘호를 추상할 때에도 이렇게 의견을 올렸습니다. 그런데 위판과 축판이 서로 어긋나는 부분이야 그리 대단한 문제는 아닙니다만, 왕태후의 '태' 자에 이르러서는 대단히 미안합니다. 이미 공정대왕의 신주를 고쳐 쓴 규례가 있고 보면 이처럼 대단히 미안한 부분을 고쳐 쓰지 않을 수 없을 것이고, 이 부분을 고쳐 쓰고 나면 신주

에 쓰지 않은 휘호 역시 마땅히 고쳐 써야 할 것입니다. 그러므로 일전에 이렇게 의견을 올렸던 것입니다. 우상의 상소 중에 태후의 '태' 자는 고려 말의 국가 제도를 인습한 데서 나와 이와 같이 된 것이라고 하였는데, 정확하게 알 수는 없으나 신의왕후께서는 국초에 승하하셨고, 권근(權近)이 지은 행장에 '시호를 추상하여 존호를 신덕왕태후라고 하였다.' 라고 한 내용이 있습니다. 이것으로 보건대 고려조의 제도가 혹 이와 같고 이 제도를 따라 본뜬 점이 있는 듯합니다. 그러나 대왕에게는 '태' 자를 쓰지 않고 왕후에게만 '태' 자를 썼으니, 이 점이 실로 대단히 미안한 점입니다. 따라서 긁어내고 갈아내기가 어렵다는 것 때문에 그대로 둘 수는 없을 듯합니다."

하고, 김수흥은 아뢰기를,

"위판을 바로잡아야 한다는 논의는 이미 오래전부터 해 왔습니다만, 긁어내고 갈아내는 것이 미안하였기 때문에 논의가 도로 취소되곤 하였습니다. 송시열이 차자를 진달한 뒤에 신도 의견을 올렸는데, 글자 획이 흐려져 없어진 것과 태후의 '태' 자는 대단히 미안한 일입니다. 이것은 당연히 고쳐 써야 하는데, 만약 한때 긁어내고 갈아내는 것이 미안하다 하여 고쳐 쓰지 않는다면 앞으로 영세토록 미안하게 될 것입니다. 일전에 신이 이것으로 의견을 올렸으니, 다시 다른 의견은 없습니다."

하였다. 민정중은 아뢰기를,

"신이 의견을 올릴 때에 영상과 연명으로 올렸으니 다시 다른 의견은 없습니다. 세대가 오래된 위판 중에 글자 획이 흐려져 없어진 부분은 모두 당연히 고쳐 써야 하나, 사안의 본질이 중대하기 때문에 《오례의》 가운데 임금이 승하한 뒤에 중국 조정에 시호를 청하는 조목과 졸곡을 지낸 뒤에 신주를 고쳐 쓰는 조목을 상고해 보았습니다. 그랬더니 단지 분황하는 일만 있고 신주를 고쳐 쓰는 일은 없었습니다. 이것으로 보건대, 과연 중대하고 어려운 일이라 하겠습니다. 태후의 '태' 자는 비록 고려조의 제도라고 하나 가장 미안한 부분이고, 기타 글자 획이 흐려져 없어진 부분도 아마 고치지 않을 수 없을 듯합니다."

하고, 남이성(南二星)은 아뢰기를,

"신주를 고쳐 쓰는 것은 실로 중대하고 어려운 일이니, 우상의 말이 옳습니다. 옛사람이 말하기를, '100년 된 나무에 신령이 의지한다.' 하였고, 선정신 이황이 문인의 질문에 답한 말에서도 신주를 고쳐 쓰는 것은 어렵다고 하였습니다. 그러나 태후의 '태' 자와 글자 획이 흐려져 없어진 부분을 그대로 두는 것이 신주를 고쳐 쓰는 것보다 훨씬 더 미안하니, 고치지 않을 수 없습니다."

하였다. 민정중은 아뢰기를,

"시호를 추상한 뒤에 묘주에는 쓰지 않고 단지 축판에만 쓰는 것은 그래도 혹 괜찮습니다. '태' 자는 고치지 않을 수 없습니다."

하고, 이익상(李翊相)은 아뢰기를,

"신주를 고쳐 쓰는 것이 비록 중대하나 글자 획이 흐려져 없어진 부분은 또한 당연히 변통하는 일이 있어야 합니다."

하고, 조지겸(趙持謙)이 아뢰기를,

"사가의 신주는 나무를 갈라 반을 합하고 가운데에 성명과 직함을 씁니다. 선유가 '중간에 고칠 수 없다.' 라고 한 뜻은 대개 신령이 의탁하고 있고, 또 앞면에 분을 바르는 제도가 아니면 긁어내고 깎아낼 수 없기 때문입니다. 이것으로 미루어 보면 신주를 고쳐 쓰는 문제는 실로 중대하고 어렵습니다. 《사기(史記)》를 보면 '태' 자와 '대' 자는 그 뜻이 서로 같으니, 예나 지금이나 뒤를 이은 왕이 추모하여 높이는 도리로는 혹 '태' 자로 호칭하더라도 안 될 것은 없습니다. 이것은 또한 조종조에서 한 일이고, 제례는 선조를 따르는 것이고 보면 열성조께서 고치지 않은 일을 지금에 와서 고치는 것 역시 미안합니다."

하였다. 민정중은 아뢰기를,

"모두 '태' 자로 호칭하였다면 이 말도 옳습니다만, 유독 신의왕후와 원경왕후에게만 일컬었으니, 이 점이 실로 미안한 것입니다."

하고, 심수량(沈壽亮)은 아뢰기를,

"신주를 고쳐 쓰는 것이 비록 중대하고 어려운 일이라고는 하나 만약 부득이한 경우가 닥쳤다면 변통할 방법이 있어야 합니다. 긁어내고 갈아내는 것은 일시적으로 미안한 것이고, '태' 자를 그대로 두는 것은 만세토록 미안한 일입니다. 또 이미 추상한 이상 또한 고쳐 쓰지 않을 수 없습니다. 신의 어리석은 견해가 이와 같으므로 감히 진달합니다."

하였다. 권두기(權斗紀)는 아뢰기를,

"이미 시호를 올린 이상 마땅히 신주를 고쳐 써야 한다는 것은 비록 일리가 있으나 신의 생각으로는 신주를 고쳐 쓰는 것은 끝내 중대하고 어렵다는 것입니다. 사가의 신주는 앞면에 분을 바르는 것인데도 오히려 어렵게 여기는데, 하물며 분을 바르지 않고 먹으로 쓰는 종묘의 신주이겠습니까? 신의 어리석은 견해는 끝까지 고쳐서는 안 된다는 것입니다."

하고, 남치훈(南致熏)은 아뢰기를,

"신주를 고쳐 쓰는 것은 지극히 중대한 일입니다. 어떤 사람이 신주를 만들었는데 치수가 틀리자 고쳐도 되는지를 주자(朱子)에게 물었습니다. 주자가 말하기를, '신령이 이미 의탁하였다면 고칠 수 없다.' 하였으니, 우상의 이른바 축판과 보책에만 써야 한다는 말이 옳습니다."

하였으며, 서종태(徐宗泰)는 아뢰기를,

"신의 생각은 남치훈과 다릅니다. 일시적으로 긁어내고 갈아내는 문제는 가볍고 '태' 자를 그대로 두는 문제는 중하니, 아무리 미안하더라도 경중을 참작하여 처리해야 마땅할 듯합니다. 시호는 추상하되 신주는 고치지 않는다는 우상의 말은 비록 신중한 뜻에서 나온 것입니다만, 이미 시호를 추상하였고 보면 묘호를 쓰지 않는 것[110]과는 또한 차이가 있습니다."

하였다. 상이 이르기를,

"이미 추상한 이상 신주를 고쳐 쓰는 것이 진실로 마땅하겠지만, 신령의 도는 고요함을 높이 치는 만큼 수백 년이 지난 뒤에 고쳐 쓰는 것은 실로 미안하다. 축판과 보책에만 쓰고 묘주에는 쓰지 않는 것이 옳을 듯하다. '태' 자와 흐려져 없어진 부분에 이르러서는 긁어내고 갈아내는 것에 비하면 더욱 미안하니 고치지 않을 수 없을 듯하다. 이것은 고치는 것이 좋겠다."

하니, 김수항이 아뢰기를,

"신의왕후와 원경왕후의 위판에서 '태' 자를 이미 제거하기로 하였으면, 형세상 모두 고쳐 써야 하고, '태' 자만 고칠 수는 없습니다. 시호를 추상하고 지금 만약 신주에 쓰지 않는다면, 전날 예조에서 휘호를 첨가해 쓴다는 뜻으로 이미 수의했던 것을 다시 논의하는 거사가 있어야 할

110 **묘호를 쓰지 않는 것** 묘호는 '정종(定宗)'을 말한다. 묘호가 없이 공정왕(恭靖王)으로 불리다가 1681년(숙종7)에 이르러 묘호를 '정종'으로 추상하였는데, 이때 신주를 고쳐 쓰는 문제로 논란이 있었다.《숙종실록 7년 5월조》

듯합니다."
하고, 민정중이 아뢰기를,
"이미 긁어내고 갈아내는 것을 어렵게 여겨 고쳐 쓰지 않기로 하였고, '태' 자는 대단히 미안한 까닭에 고치기로 하였습니다. 휘호를 쓰지 않은 문제에 이르러서는 '태' 자만큼 미안한 정도는 아니니, 굳이 고치지 않아도 될 듯합니다."
하니, 상이 이르기를,
"추상한 시호를 이미 쓰지 않기로 한 이상 휘호를 쓰지 않은 위판도 굳이 고쳐 쓸 필요는 없을 것이다. 글자 획이 흐려져 없어진 부분은 예조에서 봉심한 뒤에 정탈하는 것이 좋겠다."
하였다. -《예조등록》에 나온다.

○ **5월 계해일**(22일)
가주서 심권(沈權)이 서계(書啓)하기를,
"신이 명을 받들어 봉조하(奉朝賀) 신 송시열이 머물러 있는 여주(驪州)의 촌사(村舍)로 달려가 태묘의 위판을 고쳐 쓰는 일로 문의하였더니, '신은 밝으신 성상을 기망하고 저버린 크나큰 죄가 있어 이렇게 처소에 몸을 숨기고 들어앉아 유사의 처결을 기다리고 있습니다. 그런데 뜻밖에 성상께서 애써 봐주시고 재량하여 용서하신 데다 다시 하문하시는 일이 있으니, 신 개인의 황공함과 감격스러움을 어찌 이루 다 말로 할 수 있겠습니까? 그러나 군부(君父)의 하문이 계신데 위엄을 두려워하여 말하지 않는다면 죄를 지음이 더욱 클 것입니다. 그러므로 감히 다시 우매함을 무릅쓰고 진달합니다. 삼가 바라건대 살펴주소서. 신은 가만히 생각건대, 태조대왕의 휘호는 이미 존주대일통(尊周大一統)의 의리를 밝혀 보책에 썼으니, 신위에 고쳐 쓰지 않더라도 득실에 큰 영향은 없습니다. 그러나 태후 두 분 신위의 신주에 이르러서는 더욱 옛날 그대로 둘 수 없습니다. 공자가 할아버지를 아버지로 삼은 잘못[111]을 논하고서 말하기를, 「반드시 명분을 바로잡아야 한다. 명분이 바르지 않으면 말이 순하지 않다.」라고 하고, 여기에서 나아가 형벌이 알맞지 않은 데까지 이르렀으니,[112] 만약 성인이 아니면 그 누가 명분이 바르지 않은

111 **할아버지를……잘못** 《논어》 〈자로〉 3장 주자 집주에 나온다. 위(衛)나라 영공(靈公)이 태자 괴외(蒯聵)를 내쫓은 상태에서 죽자 괴외의 아들 첩(輒)이 군주의 자리에 올랐는데, 이 사람이 바로 출공(出公)이다. 후에 망명했던 괴외가 본국으로 돌아오려고 하자 출공이 군사를 보내 아버지의 입국을 막았으니, 이것을 두고 아버지를 아버지로 여기지 않고 할아버지를 아버지로 삼았다고 한 것이다.

112 **여기에서……이르렀으니** 《논어》 〈자로〉 3장에서 앞 말에 이어 "말이 순하지 않으면 일이 성사되지 않고, 일이 성사되지 않으면 예악이 흥성하지 못하고, 예악이 흥성하지 못하면 형벌이 맞지 않는다."라고 한 것을 말한다.

폐해가 이런 극도의 상황에 이른다는 것을 알겠습니까? 또 주자는 종묘 변례의 편치 못함[113]을 논하고 나서 「사람으로 하여금 마음을 아프게 하고 머리를 아프게 하니, 죽는 것만 못하다.」라고 하기에 이르렀으니, 그 충성스럽고 감개한 뜻을 천 년이 지난 지금도 상상해 볼 수 있습니다. 지금 감히 종묘의 의절을 지적하여 탓할 수 없으나, 감히 사서인(士庶人)의 가법으로 밝혀 본다면 가난하고 미천한 자라도 진실로 자기 어머니의 칭호로 자기 아내를 부른다면 반드시 발끈하여 기꺼워하지 않을 것입니다. 신은 생각이 이에 미칠 때마다 한심함을 이기지 못하였으므로 일전에 천박함을 잊고 감히 의견을 올렸던 것입니다. 옛날 인조조 때 선묘(宣廟)의 신주를 쓰는 식이 틀려서 고쳐 썼던 일이 기억납니다. 이 일은 당시 옥당의 차자에 보이는데, 당시에 틀린 것이 과연 무엇이었는지 알 수는 없으나 상상하건대 반드시 지금의 일처럼 미안한 것은 아니었을 것입니다. 만약 고쳐 쓸 때 일에 미안한 점이 있다고 말한다면 또 한마디 할 말이 있습니다. 예(禮)에, 「우주(虞主)를 고쳐 연주(練主)를 만들고 연주를 고쳐 상주(祥主)를 만든다.」는 문구가 있습니다. 비록 그 의미는 각자 다르겠지만 이미 고쳐 만든다는 문구가 있고 보면 오늘날의 일에 근거로 삼아 행할 부분이 없지 않습니다. 신의 생각에는 예전 그대로 두는 것이 고쳐 쓰는 것보다 훨씬 더 미안하며, 고쳐 쓰는 것이 미안한 문제는 근거하여 마땅하게 할 만한 방도가 있다고 여깁니다. 지금 신이 이미 한가롭게 물러나 있는 몸이 되었으면서도 감히 여러 사람이 논란하는 사이에서 대례(大禮)를 논하는 것이 용서받기 어려운 크나큰 죄인 줄을 가장 잘 압니다만 성상의 하문에 감히 입 다물고 있을 수 없어서 다시 이렇게 함부로 발언합니다. 삼가 바라건대 용서해 주시고 살펴 주소서.' 하였습니다. 감히 아룁니다."

하니, 전교하였다.

"세대가 오래된 묘주를 긁어내고 갈아내 고쳐 쓰는 것은 사안의 본질이 중대할 뿐만이 아니고, 또 장차 추상한 휘호를 보책에 쓸 것인 만큼 지금 비록 고쳐 쓰지 않더라도 대단한 흠결이 되지는 않을 듯하다. 위판 가운데 '태' 자가 미안한 것에 이르러서는 실로 글자 획이 어긋나고 잘못된 것에 비할 바가 아니다. 그러나 다만 수백 년이 지난 뒤에 위판을

113 **종묘……못함** 《주희집(朱熹集)》 권29 〈조 승상에게 보내는 편지〔與趙丞相書〕〉에 자세한 내용이 나온다.

고쳐 쓰는 것도 고요함을 높이 치는 도리에 어긋남이 있을 듯하니, 우선 거행하지 않는 것이 마땅하겠다." -《예조등록》에 나온다.

○ 같은 달 갑자일(23일)

이조 참의 박세채(朴世采)가 상소하기를,

"삼가 아룁니다. 신이 삼가 치사신(致仕臣) 송시열이 태묘 위판 문제로 올린 의계에 대한 비답을 보니, 마침내 고쳐 쓰지 않는 것으로 결정하시고, 아울러 태후의 '태' 자도 일체 고치지 않는다 하셨는데, 이에 대해 신은 몹시 근심스러움을 이기지 못하겠습니다. 지금은 조정에서 한창 대례(大禮)의 거행을 앞두고 있고,[114] 위판을 고쳐 쓰지 않는다는 한 절목에 대해서는 많은 신하들의 의견 역시 이미 모두 일치하였으므로 하찮은 작은 정성으로 감히 다른 말을 하여 엄한 처벌을 부를 수 없는 상황입니다. 그러나 오직 태후의 '태' 자는 비록 태상궁(太上宮)에 계실 때 하신 바라고 하고 또 전조(前朝)의 제도를 그대로 따른 것이라고 하는 자도 있으나 명의(名義)와 도리에 있어 결코 구차하게 그대로 답습하여 끝내 위판을 고쳐 쓰지 않기는 어렵습니다. 그 일의 불안함에 대해서는 많은 말을 하여 광범위하게 인증하고 상세하게 증명할 것이 없습니다. 단지 여러 왕후의 위판에는 모두 '태' 자가 없는데 유독 이 위판에 있는 것만 보더라도 의심 없이 밝힐 수 있습니다.

또한 성상께서 하교하신 '세대가 오래된 묘주를 긁어내고 갈아내 고쳐 쓰는 것은 사안의 본질이 중대하다.' 라는 말씀으로 말하자면, 할 말이 없지 않을 듯합니다. 대개 일에는 반드시 해서는 안 되는 것이 있고, 해도 되고 안 해도 되는 사이에 있는 것이 있습니다. 해도 되고 안 해도 되는 사이에 있는 것은 그래도 고치지 않는 것으로 처리하는 것이 마땅하겠지만 반드시 해서는 안 되는 것은 또한 어찌 한갓 사안의 본질이 중대하다는 이유만으로 행하지 않겠습니까? 만약 이 중대하다는 생각을 저 불안한 의리와 비교한다면 그 경중과 대소는 한참 차이 날 뿐만이 아닐 것입니다. 송시열이 비록 인조조 때 선조의 위판을 고쳐 쓴 일을 끌어다 마땅히 고쳐야 한다는 증거로 삼았으나, 이 일은 아마도 세대가 오래된 위판이라는 혐의에는 절실한 예가 되지 않는 듯하니, 요즘

114 **지금은……있고** 대례란 태조에게 시호를 추상하는 예를 말한다. 송시열의 주장으로 태조에게 '정의광덕(正義光德)' 이라는 존시(尊諡)를 추상하였다. 이 말 앞에 "태조께 시호를 추상하자는 논의에 대해 신은 지난날 함부로 소회를 진달하였습니다.〔太祖追諡之議 臣於頃日妄陳所懷矣〕"라는 말이 있는데, 박세채는 추상하는 것을 반대하는 의견을 올렸다. 《숙종실록 9년 6월 12일조》《남계집(南溪集) 권11 청태묘위판개정태자소(請太廟位版改正太字疏) 한국문집총간 제138집》

행한 일로 밝혀 보겠습니다. 연전에 공정대왕(恭靖大王)의 위판을 이미 고쳐 썼는데, 심히 결함이 있거나 불경스런 자취는 없었습니다. 처음에는 비록 불안하게 여기고 우려하였지만 끝내는 안정되어 온전하게 되었으니, 가만히 따져 보면 그 사이에 세대가 오래된 점을 두고 논쟁한 것은 많지 않았습니다. 그런데 하필 유독 두 분 왕후의 위판에 대해서만 끝내 주저하고 망설인단 말입니까? 세대가 오래된 것은 비록 같으나 한쪽은 고치는 것을 당연하게 여기고 한쪽은 고치는 것을 당연하지 않게 여기니, 이것이 또한 송시열이 반드시 해서는 안 되는 것과 해도 되고 안 해도 되는 사이에 있는 것에서 참작하여 처리해야 함을 아주 자세하게 말한 까닭입니다. 신의 어리석은 견해도 이미 이와 부합하기에 감히 만 번 죽을 것을 무릅쓰고 삼가 이렇게 거듭 번거롭게 하며 아뢰니다. 삼가 전하께서는 다시 생각해 보시고, 명의와 도리에 있어 결코 구차하게 그대로 두기 어려운 의리를 깊이 살피셔서 속히 유사에게 명하여 옛날에 쓴 '태' 자를 개정함으로써 일에 임해 현혹되고 흔들리는 단서가 없게 하소서. 몹시 바라는 마음을 이기지 못하여 삼가 죽음을 무릅쓰고 아뢥니다."

하니, 답하였다.

"상소를 보고서 그대의 간절한 마음을 잘 알았다. 두 분 왕후의 위판 가운데 '태' 자를 예전 그대로 두는 것이 편안하지 않다는 것을 어찌 모르겠는가마는 오직 세대가 오래된 묘주를 긁어내고 갈아내 고쳐 쓴다는 것은 실로 중대한 문제이다. 조종조 때부터 지금까지 수백 년이 되었지만 끝내 고쳐 쓰는 일이 없었으니, 이 또한 반드시 이 때문이 아니라고는 못할 것이다. 그대는 이 점을 조용히 생각해 보라." —《예조등록》에 나온다.

○ **같은 달 을축일**(24일)

비망기를 내렸다.

"어제 봉조하의 수의(收議)를 보았더니, 두 분 왕후의 위판 가운데 '태' 자를 개정하지 않으면 안 된다는 뜻을 자세히 진달하였다. 그러나 수백 년 된 묘주를 긁어내고 갈아내 고쳐 쓴다는 것이 실로 중대한 일이기 때문에 결정하기 어려운 점이 있으니, 어제 이조 참의가 올린 상소에 대한 비답에서도 이런 뜻으로 답하였다. 그런데 다시 반복해서 생각하니, '태' 자를 고치지 않고 예전 그대로 두는 것은 끝내 대단히 미안한 바가 있다. 지금 태묘에 일이 있는 날을 인하여 한 번 바로잡아 고치는 것을 그만둘 수 없을 듯하다. 예관으로 하여금 위판을 고쳐 쓰는 절목을 마련하여 거행하게 하라." -《예조등록》에 나온다.

○ **같은 달 정묘일**(26일)

영의정 김수항과 예조 판서 남용익(南龍翼)을 청대하는 자리에 입시했을 때이다. 남용익이 아뢰기를,

"신의왕후와 원경왕후의 위판에서 '태' 자를 삭제하고 고쳐 쓰는 일을 지금 거행해야 합니다. 공정대왕(恭定大王)에게 시호를 추상할 때의 예에 따라 도감으로 하여금 거행하게 하는 것이 어떻겠습니까?"

하니, 상이 "그대로 하라."고 하였다. 또 아뢰기를,

"왕후의 위판 가운데 휘호를 쓰지 않은 곳은 추가로 쓰지 않는 것으로 이미 정탈되었습니다. 그런데 원경왕후의 위판은 이미 '태' 자가 있는 데다 또 휘호를 쓰지 않았습니다. 지금 긁어내고 갈아내 '태' 자를 삭제하게 되었으니, 이때를 기회로 시호를 추가로 쓰는 것이 혹 마땅할 듯한데, 사안이 중대한 만큼 대신에게 하문하여 처리하는 것이 어떻겠습니까?"

하고, 영의정 김수항이 아뢰기를,

"세대가 오래된 위판을 긁어내고 갈아내 고쳐 쓰는 것은 진실로 중대하고 어려운 일이지만, '태' 자를 그대로 두고 고치지 않는 것은 더욱 심히 편치 않은 일입니다. 상께서 다시 심사숙고하시고 특별히 고쳐 쓰라는 하교를 내리신 것은 실로 합당합니다. 그런데 휘호를 쓰지 않은 왕후의 위판을 비록 모두 다 고쳐 쓰기는 어렵겠지만, 지금 이 원경왕후의 위판은 이미 고쳐 쓰게 된 이상 휘호를 추가로 쓰는 것은 그만둘 수 없을 듯합니다."

하니, 상이 말했다.

"세대가 오래된 위판을 긁어내고 갈아내 고쳐 쓰는 것은 진실로 중대하

고 어려운 일이다. 그러나 지금 이 원경왕후의 위판은 이미 긁어내고 갈아내 고쳐 쓰게 되었으니, 휘호도 추가로 쓰는 것이 좋겠다." —《예조등록》에 나온다.

○ 무인년(1698, 숙종24) 11월 갑오일(23일)

계복(啓覆)[115]에 입시했을 때이다. 예조 판서 최규서(崔奎瑞)가 아뢰기를,

"지난날 경연에서 삼가 하교를 받들었으나 들은 것이 불분명하여 자세히 기억하지 못하므로 감히 이렇게 다시 여쭙니다. 단종대왕(端宗大王)과 정순왕후(定順王后)의 신주는 이미 시민당에 봉안하였고, 신주를 만들 장소는 명정전(明政殿)에 있습니다. 신주를 쓸 장소는 어느 곳으로 정해야겠습니까?"

하고, 영의정 유상운(柳尙運)이 아뢰기를,

"예조 판서가 그때의 하교를 자세히 기억하지 못하기 때문에 이렇게 다시 주달하는 일이 있게 되었습니다. 신주를 만드는 것은 지금 명정전 월랑(月廊)에서 하고 있으니, 신주를 만든 뒤에 명정전에 봉안하였다가 신주를 쓰는 날 옛 신주를 봉안해 둔 시민당으로 옮겨서 쓰되, 신주를 쓴 뒤에 새 신주는 도로 명정전에 봉안하고 옛 신주는 미리 각각 신여(神轝)를 만들어 두었다가 즉시 능소에 매안(埋安)하도록 하는 것이 어떻겠습니까?"

하니, 상이 말했다.

"일전에 이와 같이 하교하였었다. 이대로 거행하라. 그리고 임신년(1632, 인조10)에는 신주를 쓴 뒤에 예전의 신주를 즉시 장릉(章陵)에 매안하였으니, 지금도 이 예대로 거행하는 것이 좋겠다." —《예조등록》에 나온다.

○ 같은 달 경자일(30일)

대신과 비국 당상을 인견하는 자리에 입시했을 때이다. 예조 판서 최규서가 아뢰기를,

"판부사 최석정(崔錫鼎)의 장계(狀啓)에 '단종대왕과 정순왕후의 위판이 장릉(莊陵)에 있는데, 능소에 위판이 있는 것은 사안이 일반적인 예와

115 **계복** 복심(覆審)을 임금에게 아뢰는 것이다. 복심이란 사죄(死罪)를 신중히 심리하기 위하여 한 번 심리가 끝난 사건을 다시 심리하는 것을 말한다. 초복(初覆), 재복(再覆), 삼복(三覆)의 세 번의 복심 과정이 있고, 복심 때마다 임금에게 아뢰도록 되어 있다.

다르니 예관으로 하여금 참고하여 품처하게 하소서.' 라고 하였습니다. 본 예조에서는 달리 고찰할 만한 예가 없습니다만, 신주를 쓰는 예를 마친 뒤에 시민당에 봉안한 옛 신주를 능소에 매안하는 것으로 이미 정탈하였으니, 위판도 함께 매안하는 것이 마땅할 듯합니다. 대신에게 하문하는 것이 어떻겠습니까?"

하니, 상이 이르기를,

"앞으로 신주를 고쳐 쓴 뒤에 일체 매안하는 것이 마땅할 듯하다."

하였다. 영의정 유상운이 아뢰기를,

"위판을 장릉에 봉안한 것은, 처음 시행한 것이 어느 때인지 모르겠습니다만 옛 신주와 함께 일시에 매안하는 것이 마땅합니다."

하니, 상이 "일시에 매안하는 것이 좋겠다."고 하였다. -《예조등록》에 나온다.

신주를 만드는 법식

○ 우주(虞主) - 연주(練主)의 제도도 같다. 다만 밤나무를 쓴다.

우주는 뽕나무를 써서 만든다. 길이는 1자로 하고, 방(方)은 5치로 한다. 상정(上頂)의 지름은 1치 8푼으로 한다. 네 모서리는 각각 1치 1푼씩 깎고, 네 귀퉁이는 각각 1치씩 깎는다. 상하 사방에 지름이 9푼인 구멍을 낸다.

의궤(倚几)는 길이를 2자 3치로 하고, 폭을 7치로 하고, 두께를 2치로 한다. 발의 높이는 5치로 한다.

내궤(內几)는 윗면을 비운다. 사면의 높이를 1자 1치 8푼으로 하고, 폭을 각각 1자 9푼으로 한다. 바닥의 길이와 폭은 각각 1자 3치로 하고, 두께는 4푼으로 한다.

외궤(外几)는 덮개를 평면으로 하고, 사면을 수직으로 한다. 길이는 각각 1자 4치 5푼으로 하고, 폭은 각각 1자 2치로 하고, 두께는 4푼으로 한다.

받침대〔臺〕는 길이와 폭을 각각 1자 3치로 하고, 두께를 3치로 한다. - 잣나무 판자를 쓴다. 내궤와 외궤 모두 자색 비단〔綾〕의 좌자(座子)가 있다. 바깥쪽은 백색 비단〔綃〕으로 싼다. 신주에는 백저부건(白苧覆巾)이 있다. 왕후의 신주는 청저건(靑苧巾)이다. 위판도 같으나 다만 부건이 없다.

상시上諡

○ **광해군 기유년**(1609, 광해군1) **1월 무신일**(25일)

예조에서 아뢰기를,

"대행대왕의 시호 가운데 '성경(聖敬)'이라는 시호가 있는데, 명나라 조정에서 내린 시호도 '소경(昭敬)'이라고 합니다. 이렇게 되면 경(敬) 자가 중첩되므로 우리나라에서 올린 시호를 다시 논의하는 일이 있어야 할 듯합니다. 그러나 다만 생각건대 이른바 시호를 내렸다는 것은 사신이 전하는 말에서 들었을 뿐이고 명나라 조정의 고칙(誥勅)은 현재 아직 반포되지 않은 상태입니다. 따라서 지금 경솔하게 논의하기는 어렵습니다. 날짜 간택은[116] 예문을 따르거나 전례를 따라 거행하고, 경자를 그대로 쓸 것인지 말 것인지는 우선 명나라의 사신이 온 뒤에 대신의 논의를 거쳐 여쭈어 성상의 재가를 받아 시행하는 것이 어떻겠습니까?"

하니, "윤허한다."고 전교하였다. -《승정원일기》에 나온다.

116 **날짜 간택은** 대본은 '練白'인데, 《광해군일기》 1년 1월 25일조 기록에 의거하여 '練日'로 바로잡아 번역하였다.

○ **7월 임진일**(13일)

예조에서 아뢰기를,

"선종대왕(宣宗大王)의 시호를 '성예(聖睿)'로 고쳐 올리면 시책(諡冊)과 시보(諡寶)도 개수해야 하는데, 공역이 그다지 크지 않아 국(局)을 설치할 수 없습니다. 앞으로 부묘(祔廟) 때 의장(儀章)으로 쓸 물건을 조성하자면 국을 설치할 날이 머지 않았으니, 그때 함께 개수하여 봉안하는 것이 어떻겠습니까?"

하니, "아뢴 대로 하라."고 전교하였다. -《승정원일기》에 나온다.

○ **현종 기해년**(1659, 현종 즉위) **5월 신미일**(11일)

대행대왕의 시호는 열문의무신성지인 대왕(烈文毅武神聖至仁大王), 묘호는 효종(孝宗), 능호(陵號)는 익릉(翼陵)이다. -《승정원일기》에 나온다.

○ 같은 날

영의정 정태화(鄭太和)와 좌의정 심지원(沈之源)이 아뢰기를,

"신들이 빈청에 모여 대행대왕의 시호, 묘호, 전호(殿號), 능호를 모두 의정하여 아뢰었습니다. 열성조의 휘호 말단에는 으레 '효(孝)' 자가 있는데, 지금 '효' 자로 묘호를 삼았으므로 '효' 자를 중첩해서 써서는 안 됩니다. 또 명나라 황제의 시호를 고찰해 보면 모두 '효황제(孝皇帝)'라는 칭호가 있으나 유독 효종에게만은 '효' 자를 쓰지 않고 다른 글자로 대신하였습니다. 이것이 근거가 될 만하므로 신들이 서로 충분히 상의하여 '인(仁)' 자로 '효' 자의 뜻을 대신하였습니다. 감히 아룁니다."

하니, "알았다."고 전교하였다. –《승정원일기》에 나온다.

○ 같은 날

승전색(承傳色)을 통해 원상(院相)[117]에게 전교하였다.

"능호를 경들이 반드시 심사숙고하여 잘 지었을 테지만 나의 마음에는 미흡한 듯하니, 다시 논의하여 정하는 것이 좋겠다." –《승정원일기》에 나온다.

○ 같은 달 임신일(12일)

동부승지 유계(兪棨)가 아뢰기를,

"능호를 다시 논의하라고 명하셨습니다. 어제의 예대로 신하들을 명초(命招)하되, 예조 참판 윤순지(尹順之)도 명초하겠습니다. 감히 아룁니다."

하니, "알았다."고 전교하였다. –《승정원일기》에 나온다.

○ 같은 날

유계가 아뢰기를,

"'능호의 영(寧) 자 의미를 자세히 알지 못하겠다. 무슨 의미인가?' 라고 명하셨습니다. 빈청에 물으니, '영은 안녕(安寧)의 뜻입니다. 예를 들면 《서경(書經)》의 영고(寧考)와 영왕(寧王), 우리나라의 영녕(永寧)과 숙녕(肅寧) 등의 전호(殿號)가 또한 모두 이런 의미입니다. 오늘 모여 논의할 때에 모두 영 자가 가장 마땅하다고 하였습니다.' 하였고, 이조 판서 송

117 **원상** 임금을 대신해 승정원에 나아가 정무를 맡아 보도록 한 임시 벼슬로 세조 때 처음 설치되었다. 1475년(성종6) 10월 2일에 당시 원상이었던 정인지(鄭麟趾)가 원상의 혁파를 청하여 말하기를, "원상의 설치는 세조께서 마침 편찮으실 때 중국 사신이 또 오게 되자 승정원에 잘못되는 일이 있을까 염려하여 한명회(韓明澮), 구치관(具致寬)에게 명하여 승정원에 앉아 지휘하게 하고 인하여 원상이라고 명명했으니, 대개 임시로 설치했던 것입니다." 하였다. 《성종실록》 나중에는 임금이 죽은 뒤 26일 동안 새로 즉위할 임금을 대신해 정무를 맡은 재상을 일컬었다.

시열은 또한 '사람이 천지의 이치를 다하고 마치면 그 삶은 순(順)하고 죽음은 편안〔寧〕합니다. 그러므로 장횡거(張橫渠)의 〈서명(西銘)〉에 순 임금, 우 임금, 증자가 한 일을 극진하게 말하고 나서 「살아서는 내 순히 섬기고, 죽어서는 내 편안하리라.〔存吾順事 沒吾寧也〕」로 끝맺었고, 주자는 자신이 묻힐 무덤을 스스로 정해 놓고 이름을 순녕(順寧)이라고 하였으며, 명도(明道)는 소자(邵子)의 무덤에 명(銘)하기를, 또한 「편안한 한 유궁(幽宮)이 있다.〔有寧一宮〕」하였습니다.[118]' 라고 하였습니다. 감히 아룁니다."

하니, "알았다."고 전교하였다. -《승정원일기》에 나온다.

118 **명도는……하였습니다** 명도는 정호(程顥)의 호이고, 소자는 소옹(邵雍)을 말한다. 이 명(銘)은 〈소요부 선생 묘지명(邵堯夫先生墓誌銘)〉으로 《이정문집(二程文集)》 권4에 수록되어 있다. 대본은 '爲寧一宮' 인데, 《이정문집》에 의거하여 '有寧一宮' 으로 바로잡아 번역하였다.

○ 같은 날

원상 영의정 정태화가 아뢰기를,

"신들이 어제 모여 논의한 대행대왕의 시호 단자를 계하 받았는데, 파하고 나온 뒤에서야 열성조의 시호 가운데 연달아 두 글자가 서로 같은 곳이 있다는 것을 알았습니다. 처음에 상세하게 살피지 못한 잘못은 면하기 어려운 바가 있으니, 황공함을 이기지 못하겠습니다. 오늘 능호를 다시 논의할 때에 아울러 다시 정하여 들이는 것이 마땅하겠습니다. 감히 아룁니다."

하니, "아뢴 대로 하라. 황공해하지 말라."고 답하였다.

대행대왕의 시호를 '선문장무신성현인 대왕(宣文章武神聖顯仁大王)' 으로 개정하였다. -《승정원일기》에 나온다.

○ 10월 계사일(6일)

상이 이르기를,

"좌참찬이 진달한 차자의 뜻은 어떠한가?"

하니, 예조 판서 윤강(尹絳)이 아뢰기를,

"고부사(告訃使)의 장계 중에 '숙헌(肅憲) 2자를 힘써 주선하였다.' 라는 말이 있으니, 송시열이 진달한 차자는 대개 이 때문입니다. 기축년(1649, 인조27)에 청나라에서 내려 준 2자의 시호를 이미 인조의 묘(廟)에 쓰지 않았기 때문에 송시열의 뜻은 이번에 내려 준 시호도 쓰지 말고 본조에서 대신 2자를 쓰자는 것입니다."

하였다. 상이 이르기를,

"좌참찬의 뜻은 '열성조가 모두 10자의 시호를 썼는데 인조의 시호는 단지 8자만 썼으니, 공덕이 매몰된 듯하다. 저 청나라에서 정한 시호는 참으로 쓸 수 없는 것인 만큼 우리나라에서 2자를 더 써서 10자의 시호를 만들어야 한다.' 는 것이다."

하니, 정태화가 아뢰기를,

"소신의 뜻은 이와 다릅니다. 저 청나라에서 정한 시호를 쓸 수는 없으나, 인묘(仁廟)에도 이미 8자의 시호를 썼는데 유독 대행대왕에게만 본조정에서 2자를 더 쓴다면 일이 매우 구차할 뿐만 아니라 편치 않은 점이 있지 않겠습니까?"

하고, 좌의정 심지원(沈之源)이 아뢰기를,

"신의 뜻도 영상과 다름이 없습니다."

하고, 윤강이 아뢰기를,

"인조 때에 이미 2자를 쓰지 않았으니, 쓰지 않는 것은 그래도 괜찮습니다. 그러나 우리나라에서 고쳐서 쓰는 것은 일이 타당하지 않습니다."

하였다. 상이 이르기를,

"우상은 언제 들어오는가?"

하니, 정태화가 아뢰기를,

"노정(路程)을 헤아려 보면 다음 달 10일 경에 당도할 듯한데, 신들에게 사적으로 보낸 편지를 보면, 발인 전에 들어오려고 한다고 하였습니다."

하였다. 상이 송시열의 차자를 꺼내 여러 신하들에게 보이라고 명하였다. 신하들이 다 보고 나자, 정태화가 아뢰기를,

"여러 신하들이 각자 소견을 진달하는 것이 좋겠습니다. 신의 뜻으로는 송시열이 차자에서 한 말은 시행할 수 없을 듯합니다. 정축년(1637, 인조 15) 이후에 저 청나라가 우리나라에게 명나라를 섬겼던 예로 섬길 것을 요구하였습니다. 그러므로 인조께서 승하하신 뒤에 시호를 청한 일은 대개 부득이한 데서 나온 것이었습니다. 그 당시에 비록 시호를 청하기는 했으나 실제로는 그 시호를 쓰지 않고 8자로만 시호를 삼았으니, 지금 대행대왕에게도 전과 같이 쓰지 않는 것은 그래도 괜찮으나 8자로는

공덕이 매몰된다 하여 반드시 우리나라에서 고쳐서 쓰자는 데에 이른다면 미안한 점이 있을 듯합니다."

하고, 심지원은 아뢰기를,

"인조 때에 시호를 청해 놓고 쓰지 않는 것에 대해 당시에 먼 앞날을 생각하는 사람도 있었고, 또 우려하는 사람도 있었습니다. 우리나라의 기밀을 저 나라 사람들이 모르는 것이 없으니, 지극히 염려할 만합니다. 지금 청한 시호를 쓰지 않을 뿐이라면 괜찮지만 우리나라에서 고쳐서 쓴다면 더욱 불편해질 듯합니다."

하고, 정태화는 아뢰기를,

"선왕의 성대한 덕과 크나큰 공렬이 어찌 2자를 쓰느냐 안 쓰느냐에 따라 증감이 있겠습니까?"

하였다. 우승지 이정영(李正英)이 아뢰기를,

"송준길(宋浚吉)의 의견은 송시열과 다릅니다. 어제 신이 이일상(李一相)의 말을 들으니, 송준길이 이일상과 함께, 송시열이 차자를 진달한다는 말을 듣고 편지를 보내 만류하였으나 그 차자가 이미 입계되었기 때문에 미처 막지 못한 것이라고 합니다."

하고, 정태화가 아뢰기를,

"지금 '숙헌' 2자는 태조를 '강헌(康獻)'이라고 칭하고, 선조를 '소경(昭敬)'이라고 칭한 예와 같습니다. 모조(某祖)라고 칭하고 모종(某宗)이라고 칭하는 것에 이르러서는 바로 천자의 일이니, 우리나라가 행할 예는 아닙니다. 과거 선묘조 때에 정응태(丁應泰)가 우리나라를 무고할 때 '조(祖)를 칭하고 종(宗)을 칭하여 참람하게 천자에 견준 일이 많다.'는 것으로 구실을 삼았으니, 그 당시에 일이 장차 헤아릴 수 없는 상황이었습니다. 그리하여 고 상신 이정귀(李廷龜)가 주문(奏文)을 지었는데, 그 주문에 '예전부터 잘못된 것을 그대로 답습하다 보니 무지하여 함부로 행한 것이다.'라는 말로 변명하였고, 중국 조정에서 너그럽게 용서하여 마침내 아무 일이 없었습니다. 정축년(1637, 인조15)과 무인년(1638) 사이에는 이미 명나라의 연호를 쓰지 않게 되었고, 또 청나라의 연호도 쓰지 않아 제향의 축사(祝詞)에 이르러서도 단지 모년 모월만 썼습니다. 그러자 성균관의 유생들이 상소하여 명나라의 연호를 쓸 것을 청하였는데,

상께서 상소를 묵살하고 관부에 내리지 않는 한편 승정원에 하교하여 '이미 신하가 되어 섬기면서 연호를 쓰지 않는다는 것은 타당하지 않은 일이다.' 하셨습니다. 그 후로 우리나라의 문서에 모두 청나라의 연호를 썼는데, 그 당시 사람들은 모두 인조께서 우환을 염려하신 도가 지극하다고 여겼습니다."

하고, 심지원이 아뢰기를,

"송시열이 차자에서 한 말은 지극히 옳습니다. 그러나 지금 이미 저들에게 신하라고 칭하고 나서는 매사를 어길 수 없는 것을 또한 어쩌겠습니까? 8자로는 공덕이 매몰된다 하여 사사로이 2자를 더한다면 일이 구차스럽습니다. 어찌 2자가 있고 없는 것 때문에 성덕(聖德)에 경중이 있겠습니까?"

하였다. 정태화가 아뢰었다.

"인묘 때에 청한 시호는 바로 '장목(莊穆)' 2자인데, 당시에 쓰지 않았기 때문에 세월이 오래되자 점차 잊혔습니다. 그 후에 사적으로 영안위(永安尉)[119]에게 물어서야 비로소 알았습니다. 승문원(承文院)으로 하여금 기록해 두도록 하여 후고(後考)를 삼으소서." -《승정원일기》에 나온다.

119 **영안위** 홍주원(洪柱元)의 봉호이다. 선조의 계비 인목왕후(仁穆王后)의 소생인 정명공주(貞明公主)와 결혼하였고, 인조가 승하했을 때 청나라로 가서 부음을 고하고 시호를 청하였다.《국역 연려실기술 9집 별집 제5권 사대전고 사신》

묘호廟號

○ **광해군 무신년**(1608, 광해군 즉위) **2월 을축일**(8일)

빈청에서 아뢰었다.

"대행대왕의 묘호를 방금 의정하였습니다. 신들의 의견은 모두 '대행대왕께서 나라를 빛내고 하늘을 감동시킨 전에 없는 공렬을 지니셨으니, 조(祖)로 칭하는 것이 진실로 마땅하다.' 입니다. 예부터 제왕에게 공이 있으면 조로 칭하고 덕이 있으면 종(宗)으로 칭한 뜻은 이 때문입니다. 지금 이 묘호는 조로 칭하는 것이 마땅합니다." –《승정원일기》에 나온다.

○ **2월 정묘일**(10일)

정원에서 아뢰었다.

"옛날 송나라 고종(高宗)이 붕(崩)했을 때 홍매(洪邁)가 묘호를 세조(世祖)로 청하자 우무(尤袤)가 말하기를, '광무제(光武帝)는 장사왕(長沙王)의 후손으로 포의(布衣)의 신분에서 우뚝 일어나 애제(哀帝)와 평제(平帝)의 뒤를 잇지 않았으니, 조로 일컫더라도 혐의스러울 것은 없습니다. 태상(太上)께서 중흥하신 것은 광무제와 같지만 사실 휘종(徽宗)의 정통을 계승하여 아들로서 아버지를 이은 것이니, 광무제에 비할 상황이 아닙니다.' 하고, 이어 묘호를 고종으로 정하였습니다. 우리 대행대왕께서 중흥하신 공렬은 고금을 통틀어 우뚝 뛰어납니다만, 이미 송유(宋儒)들의 정론(定論)이 있는 만큼 묘호를 조로 일컬으면 후세의 기롱(欺弄)이 있을까 염려됩니다. 대신으로 하여금 옛일을 널리 상고하여 충분히 논의하게 한 다음 시행하소서." –《승정원일기》에 나온다.

○ 해평부원군(海平府院君) 윤근수(尹根壽)가 상소하였다.

"삼가 아룁니다. 미천한 신은 시호를 논의하는 반열에 참여하지 못하였지만, 전해 들은 바로는 조(祖) 자로 호를 올릴 것을 논의하여 청하였다고 합니다. 신은 삼가 생각건대, 미안한 바가 있다고 여깁니다. 대행대왕께서 인륜을 바로잡고 표준을 세워 200년이 지난 뒤에 비로소 무고를 입은 왕실의 계통[120]을 바로잡으셨고, 하늘을 감동시키고 국운(國運)을 일으켜 10여 년 동안의 전쟁을 치른 혼란 속에서 우리 동한(東韓)을 재건하셨으니, 그 훌륭한 공렬은 천고에 으뜸입니다. 그러니 대행께서 대명(大名)을 받으시는 것에 대해서는 다른 의견이 있을 수 없습니다. 그러나 다만 창업한 군주에게는 조를 칭하고 선대를 계승하여 즉위한 군주에게는 종(宗)을 칭하니, 이것은 예나 지금이나 국가의 정해진 제도일 뿐이지 종이 조보다 낮고 조가 종보다 높은 것은 아닙니다.

시험 삼아 역대를 고찰해 보겠습니다. 서한(西漢)은 200년 동안 고조(高祖) 이외에 조를 칭한 왕이 없었고, 동한(東漢)은 200년 동안 세조(世祖)인 광무제 이외에 조를 칭한 왕이 없었으며, 송나라는 300년 동안 태조(太祖) 이외에 조를 칭한 왕이 없었고, 고려는 500년 동안 태조 이외에 조를 칭한 왕이 없었습니다. 그 가운데에 참으로 공과 덕으로 조천하지 않은 묘주는 많이 있었으나 조 자 묘호를 더한 적은 없었습니다. 명나라에 이르러는 태조 이외에 조를 칭한 왕이 없었는데, 단지 태종(太宗) 문황제(文皇帝)에게만은 가정(嘉靖, 명 세종의 연호) 17년(1538)에 이르러서야 성조(成祖)로 추상하여 시호를 바꿨고, 우리 조선에서는 세조의 시호를 바로 조 자로 올렸습니다. 문황제의 경우는 군사를 일으켜 어려운 상황을 안정시키고 건문(建文)의 연호를 혁제(革除)하였으며,[121] 세조의 경우는 어려운 상황을 안정시키고 난을 평정하여 노산(魯山)[122]의 선위를 받았으니, 조를 칭한 것도 자연 합당한 이유가 있습니다. 이 경우를 제외하고 예외 없이 부자간의 순서로 선왕의 통서를 계승하였다면 아무리 공이 높고 덕이 성대하여 당연히 조천하지 않는 묘주가 된 경우라도 으레 모두 종으로 칭하였습니다. 이로써 역대를 거슬러 살펴보면, 몸소 태평을 이룬 공으로는 한나라의 태종 문황제보다 높은 왕이 없고, 정벌하여 창업한 공으로는 당나라의 태종 문황제보다 높은 왕이 없지만, 모두 부자간으로 통서를 계승했다 하여 조로 칭하지 않고 종으로 칭하면서도 조천하지 않는 묘주가 되는 것은 본디 그러하였습니다. 두 분 태종이 이미 이와 같으니, 다른 경우를 유추할 수 있을 것입니다.

우리 조선에서는 태종, 세종, 중종의 묘호를 모두 종으로 칭하였지만 모두 조천하지 않는 묘주이니, 이것이 어찌 오늘날 마땅히 우러러 법으

120 **무고를……계통** 《대명회전(大明會典)》에 조선 태조 이성계(李成桂)가 고려의 권신인 이인임(李仁任)의 아들로 잘못 기록되어 있는 것을 말한다. 269쪽 주 108 참조.

121 **건문의 연호를 혁제하였으며** 건문은 명나라 혜제(惠帝)의 연호이다. 혜제는 태조(太祖)의 손자이며 의문태자(懿文太子)의 아들로 태자가 일찍 세상을 떠나자 1392년(명 태조25)에 황태손(皇太孫)으로 책봉되고 1398년에 태조를 이어 즉위하였다. 혜제가 세력이 지나친 제왕(諸王)들을 제거하려고 하자 당시 연왕(燕王)이었던 성조(成祖)가 북평(北平)에서 반란을 일으켜 조카인 혜제를 몰아내고 조서를 내려 건문의 연호를 혁제하고 1402년인 건문 4년을 다시 명 태조의 연호인 홍무 35년으로 일컫은 일을 말한다. 《명사 권4 공민제본기(恭閔帝本紀)》

122 **노산** 단종(端宗)이 왕위에서 밀려난 뒤에 강봉(降封)된 봉호이다.

로 삼을 것이 아니겠습니까? 대행대왕께서 이미 나라를 빛내고 하늘을 감동시킨 큰 공로가 있는 이상 비록 종으로 시호를 올리고 공을 인하여 묘주를 조천하지 않더라도 다시 다른 논의가 없을 것이니, 어찌 부모를 높여 영화롭게 하려는 효성에 조금이나마 손상이 가겠습니까? 간원(諫院)에서 '송나라 고종의 시호를 홍매가 세조로 의망하자 우무가, 태상왕이 중흥을 이룩하기는 했으나 휘종과 부자간의 통서를 계승한 이상 마땅히 종으로 일컬어야 하고 한나라의 광무제를 세조로 칭한 것과 같게 해서는 안 된다고 하여 마침내 시호를 고종으로 하였다.' 라고 말한 것은 바른 논의가 될 뿐만 아니라 본래가 움직일 수 없는 정론인 것입니다. 만약 부자간의 통서를 계승한 군주를 공덕이 있어 조천하지 않더라도 시호는 모두 종으로 칭하였던 전대의 규례를 헤아리지 않고 선왕께 조 자 묘호를 창안하여 올린다면, 일이 경전에 근거한 것도 아니고 이전에 이러한 예도 없었으니, 어찌 크게 예에 어긋나 후세에 기롱을 취하기에 마침 알맞은 것이 되지 않겠습니까?

또 들으니, 시호로 올린 세 글자 중에 '선(宣)' 자가 있다고 하는데, 주나라의 선왕(宣王)과 한나라의 선제(宣帝)가 모두 중흥을 이룩한 현명한 군주로서 이런 아름다운 시호를 지녔습니다. '헌(獻)' 자에 이르러서는 하간현왕(河間賢王)[123]의 시호로 그 뜻은 참으로 아름답습니다만 한나라 헌제(獻帝)도 이 시호를 지녔으니, 타당하지 않은 듯합니다.[124] 고려의 현종(顯宗)은 중흥을 이룩한 군왕이라 하여 이 시호를 올렸고, 일찍이 오대(五代) 시대의 남당(南唐)에 열조(烈祖)라는 칭호가 있는 것을 보았는데, '현(顯)' 자와 '열(烈)' 자는 모두 공로와 업적이 밖으로 드러난 의미가 있는 듯합니다만 신은 《시법(諡法)》[125] 책에서 보지 못했습니다. 모르겠습니다만 이러한 글자는 해당하는 글이 있고 또 해당하는 뜻이 있습니까? 만약 정말로 글이 있고 뜻이 있다면 이러한 글자도 논의해 볼 만합니다.

신은 노망들고 어두워 말이 쓸 만하지 못합니다만 소견이 있는 이상 감히 입 다물고 있을 수 없어 감히 어리석음을 무릅쓰고 아뢰니, 지극히 황공하고 두려운 마음을 금할 수 없습니다. 삼가 바라건대, 논의하는 신하들에게 내려 다시 정당함을 논의하게 하신다면 매우 다행이겠

123 **하간현왕** 한나라 경제(景帝)의 셋째 아들로 하간(河間)에 봉해졌고, 이름은 덕(德)이며, 시호는 헌(獻)이다. 덕을 닦고 옛것을 좋아한 훌륭한 왕으로 알려져 있다. 보통 시호를 써서 하간헌왕으로 불린다. 현왕(賢王)이라 한 것은 헌왕(獻王)의 오류이거나 아래에 보이는 이항복(李恒福)의 논의에 "하간은 또한 한나라의 어진 왕입니다.〔河間亦漢之賢王〕"라고 한 것으로 보아 여기에서도 '어진 하간왕'의 의미가 아닌가 싶다. 《한서 권53 경십삼왕전(景十三王傳)》

124 **한나라……듯합니다** 헌제는 후한(後漢)의 마지막 황제로 망국의 황제이기 때문에 한 말이다.

125 **《시법》** 저자는 송나라 소순(蘇洵)이다. 총 4권으로 168자의 시호에 311조목으로 이루어져 있다.

습니다." -윤근수의 문집에 나온다.

○ 오성부원군(鰲城府院君) 이항복(李恒福)이 논의하였다.

"해평부원군 윤근수의 차자에 '종(宗)이 조(祖)보다 낮고 조가 종보다 높은 것은 아니다.' 라고 하였는데, 이 말은 신이 처음부터 주장했던 견해로, 대개 공으로 인해 조를 칭하는 것과 덕으로 인해 종을 칭하는 것은 둘 다 높이고 모두 아름답게 하는 뜻이 있어 애당초 차등이 없습니다. 다만 만난 바에 부합하는 것으로 그 칭호를 달리한 것일 뿐입니다.

시호의 글자를 논함에 이르러서는, 《시법》은 글자를 놓고 뜻을 정한 것이 같지 않아서 혹은 한 글자로 두세 가지의 뜻을 쓰기도 합니다. 그러므로 시호를 논의하는 자들은 전적으로 〈시해(諡解)〉에 의거하여 이름을 정합니다. 한나라의 헌제는 진실로 쇠퇴해 가는 혼란한 시대의 군주였으나 하간현왕은 또한 한나라의 어진 왕이었습니다. 고려의 현종은 나라를 회복하였으나 주나라의 현왕(顯王)은 무슨 의미이겠으며, 남당의 열조는 중흥을 이루었으나 주나라의 열왕(烈王)과 위왕(威王)은 또한 무슨 뜻이겠습니까? 이렇게 말한다면 결코 한 글자만 들어 경솔하게 의정(議定)해서는 안 될 것입니다. 또 시호를 논의하는 것과 같은 큰일은 자연 주관하는 사람이 있으니, 우선 유사(有司)가 논의하여 올리기를 기다리는 것이 타당할 것입니다." -이항복의 문집에 나온다.

○ 광해군 병진년(1616, 광해군8)

휘호를 가상하고 묘호를 조(祖)로 고쳤다. -《열성지장(列聖誌狀)》에 나온다.

○ 효종 기축년(1649, 효종 즉위) 5월 계유일(15일)

대행대왕의 묘호를 열조(烈祖)로 올렸다.

○ 같은 달 경진일(22일)

좌의정 이경석(李景奭), 행 병조 판서 이시백(李時白), 호조 판서 원두표(元斗杓), 겸 지춘추(兼知春秋) 조익(趙翼), 좌참찬 오준(吳竣), 공조 판서 정세규(鄭世規), 예조 판서 김육(金堉), 이조 판서 심액(沈詻), 우참찬 조경(趙

絅), 호조 참판 김광욱(金光煜), 이조 참판 임담(林墰), 병조 참판 한필원(韓必遠), 예조 참판 허계(許啓), 형조 참판 송시길(宋時吉)이 아뢰기를,

"지난번 시호를 논의할 때 뭇사람들의 논의가 모두 '공이 있으면 조(祖)라 칭하고 덕이 있으면 종(宗)이라 칭하는 것이 고례(古禮)이다. 그런데 대행대왕께서 공은 조종(祖宗)을 빛내시고 덕은 온 누리에 끼치시어 종묘사직이 위태로웠다가 다시 안정되었고 윤리와 기강이 무너졌다가 다시 밝혀졌으니, 높혀 조(祖)라 하는 것이 실로 고례에 부합한다. 또《시법》에 '열(烈)' 자에 대한 해석이 세 가지가 있는데 그 중에 병덕존업(秉德尊業)[126]의 의미를 지닌 열 자로 칭하는 것이 묘호에 진실로 적합하다.' 하여, 모든 사람들의 의견이 같았으므로 삼가 '열' 자로 서계(書啓)하였습니다. 그런데 지금 들으니, 외간에서의 논의가 '남당(南唐)의 군주 서지고(徐知誥)[127]가 이 묘호를 지녔으니, 지금 대행왕의 묘호에 이 글자를 쓰는 것은 타당하지 않은 듯하다.' 라고들 합니다. 신들이 사리에 어둡고 어리석어 앞 시대의 역사와 과거의 전적을 기억하지 못하고 뒤늦게 이러한 말을 들었으니, 미안함을 이기지 못하겠습니다.

여러 재신들에게 논의하니, 어떤 사람은 '시호는 한 글자에도 뜻이 각각 다르다. 위로 소열(昭烈)[128]의 열 자에 견줄 수도 있는데 하필 아래로 남당의 열 자에 비교하는가. 그대로 쓰는 것이 옳다.' 하고, 어떤 사람은 '이미 미안하다고 한 이상 지금이라도 여쭈어 고치는 것이 옳다.' 하였습니다.

신들은 이미 들은 바가 있으니, 감히 진달하지 않을 수 없습니다. 조종조(祖宗朝)의 시호 가운데 만일 고쳐야 할 글자가 있으면 역시 계품(啓稟)하여 고친 전례가 있으니, '열' 자는 다시 논의하여 아뢰는 것이 어떻겠습니까?"

하니, "아뢴 대로 답하라."고 답하였다. 재계(再啓)하기를,

"대행대왕의 묘호를 개정하는 일로 신들이 빈청에 모여 논의하면서 다시《시법》을 상고해 보았습니다. 그 결과 피해야 할 글자를 빼고 나니 나머지 합당한 글자는 4, 5자에 불과하였는데, 이 글자들을 대상으로 반복하여 충분히 상의한 결과 모두 말하기를, '헌(憲) 자를 묘호로 삼고, 시호 가운데 문(文) 자 위에 있는 헌 자는 고쳐 경(景)자로 놓으며,

126 **병덕존업** 소순의《시법》과《일주서(逸周書)》권6〈시법해(諡法解)〉에는 '병덕준업(秉德遵業)'으로 되어 있고, '준업'에 대해 주에 "대대로 이어 온 사업과 공적을 준행하여 무너뜨리거나 고치지 않는 것이다.〔遵世業 不墮改〕" 하였다. 그런데《사기정의(史記正義)》〈시법해(諡法解)〉에 '遵'이 '尊'으로 바뀌면서 대개는 '병덕존업'으로 쓰고 있으며, 이에 대해《문헌통고》〈시뢰(諡誄)〉에서 '業以通德 爲而能尊'으로 해설하고 있다.

127 **서지고** 본명은 이변(李昪), 자는 정륜(正倫)이다. 어려서 고아가 되어 오(吳)나라 양행밀(楊行密)의 양자가 되었으나 양행밀의 아들들에게 용납되지 못하여 다시 서온(徐溫)의 양자가 되었다. 이때 성을 서씨로, 이름을 지고로 바꿨다. 후에 오나라의 선위를 받아 처음에 국호를 제(齊)라고 하였다가 당(唐)으로 고쳤다. 이 나라를 역사에서 남당(南唐)이라고 한다. 시호는 광문숙무효고황제(光文肅武孝高皇帝), 묘호는 열조(烈祖), 능호는 영릉(永陵)이다.《신오대사 권62 남당세가(南唐世家) 이변(李昪)》

128 **소열** 촉한(蜀漢)의 선주(先主) 유비(劉備)의 시호이다.

열(烈) 자는 내려 무(武) 자 위에 놓는다면 참으로 타당할 것이다.' 하였습니다. 삼가 이 논의대로 써서 들입니다.

전에 올린 단자는 이미 성상의 열람을 거친 것이라서 감히 부표(付標)할 수 없기에 다른 단자를 다시 만들어 서계하고, 전에 올린 단자는 도로 들입니다. 감히 아룁니다."

하니, 답하였다.

"전날 의정한 묘호를 그대로 쓰는 것이 무방할 듯하니, 다시 논의하여 아뢰라." -《승정원일기》에 나온다.

○ **같은 달 신사일(23일)**

좌의정 이경석, 행 병조 판서 이시백, 행 호조 판서 원두표, 좌참찬 오준, 공조 판서 정세규, 예조 판서 김육, 우참찬 조경, 호조 참판 김광욱, 이조 참판 임담, 병조 참판 한필원, 예조 참판 허계, 형조 참판 송시길이 아뢰기를,

"오늘 아침에 신들이 빈청에 모여 논의하면서 다시 더 다른 자료를 참고하여 고찰하였습니다. '열조(烈祖)' 두 글자는 처음에 《시경》과 《서경》에서 일컬은 것[129]과 촉한(蜀漢)의 소열제(昭烈帝)의 묘호에서 절취한 것으로 글자의 뜻이 참으로 대행대왕의 공덕에 부합하기 때문에 삼가 이렇게 논의하여 아뢰었던 것입니다. 그런데 말하는 자들이 '남당(南唐)의 군주가 참람한 묘호로 국운(國運)을 재촉했으니, 지금 이 묘호는 쓸 수 없다.' 하였습니다. 이 말을 들은 이상 신들 또한 감히 흔들리지 않을 수 없으니, 이 묘호는 그대로 쓸 수 없습니다.

많은 사람들의 뜻이 처음 논의할 때부터 모두 '대행대왕의 묘호로 가장 적합한 것은 인(仁) 자만 한 것이 없는데, 조종조에 비록 세(世) 자를 연이어 사용한 전례가 있기는 하나 아무래도 거리끼는 점이 있는 듯하다.' 하였으므로 부득이 이 '열' 자로 서계했던 것인데, '열' 자를 이미 쓸 수 없게 되었고, '헌' 자도 십분 적당하지 않으니, 다시 별도로 논의하여 정해야 할 것입니다.

삼가 《통전(通典)》을 상고해 보니, 동진 효무제(東晉孝武帝) 태원(太元) 4년(379)에 광록훈(光祿勳) 왕흔지(王欣之)가 올린 표문(表文)에 '삼가 살

129 **시경과……것** 상(商)나라 탕(湯) 임금을 '열조(烈祖)'라고 일컬은 것을 말한다.《시경 상송(商頌) 열조(烈祖)》《서경 상서(商書) 이훈(伊訓)》

피건대 태강(太康)[130] 연간에 곽혁(郭奕)의 시호를 경(景)이라고 하자 유사가 쟁집하여 효종(孝宗)과 시호가 같게 되었습니다.[131] 신은 듣건대 문명이 성대했던 희조(姬朝)[132]에서도 부자(父子)를 똑같이 일컬었고[133] 제후가 주(周)나라와 시호를 쓰는 것이 같았다고 합니다. 여러 철왕(哲王)을 거친 것은 바꿀 수 없는 도이니, 마땅히 옛 전례(典禮)를 따라 후손들에게[134] 훈범(訓範)을 보여야 합니다. 서막(徐邈)은 논의하기를, 「살펴보건대 곽혁의 시호인 경 자에 대해, 사실 황제의 시호를 범했기 때문에 고치는 것은 아니라고 하였다.」[135] 하였고, 또 무제(武帝) 영평(永平) 1년[136]에 내린 조서에, 「귀한 자와 천한 자가 같은 시호를 쓰는 것을 혐의하지 말라.」 하였으며, 주공(周公)의 시호는 문(文)으로 군부(君父)와 똑같이 일컬었습니다. 명행(名行)이 다르지 않은데 시호의 법을 어찌 다르게 할 수 있겠습니까?' 라고 하여, 왕흔지의 말이 마침내 법이 되었습니다. 우리 조정의 효종과 세종 같은 칭호도 어찌 이 이론에 근본한 것이 아니겠습니까? 또 명나라 조정의 제도를 상고해 보면, 이미 인조(仁祖)가 있는데 또 인종(仁宗)이 있습니다. 근거할 만한 고금의 전례(典禮)가 이와 같이 있고 주공과 군부의 시호가 같은 것이 더욱 후세의 법이 될 만하니, 이로써 결단하여 논의한다면 대행대왕의 묘호는 '인' 자를 버리고 달리 쓸 만한 글자가 없습니다. 중론이 동의한 바이므로 감히 이렇게 먼저 아룁니다. 만일 재가를 받아 결정되면 비로소 정서하여 들일 수 있을 것이고, 시호 가운데 인명(仁明)의 '인' 자도 논의하여 고쳐야 할 것입니다. 감히 여쭙니다."

하니, "아뢴 대로 하라."고 답하였다. 재계하기를,

"묘호를 '인' 자로 정하여 쓰는 사안에 대해 곧 아뢴 대로 하라는 하교를 받아 많은 신하들의 마음이 흡족하니 매우 다행입니다. '헌(憲)' 자는 이미 묘호에 쓰지 않게 되었으니, 시호 가운데 '문(文)' 자 위에 그대로 놓고, '열(烈)' 자는 '무(武)' 자 위에 놓겠습니다. '인(仁)' 자를 묘호에 쓰기 때문에 삼가 '숙(肅)' 자를 '명(明)' 자 아래에 놓겠습니다. 시호 단자를 고쳐 써서 들입니다. 감히 아룁니다."

하니, "알았다."고 답하였다. –《승정원일기》에 나온다.

130 **태강** 진 무제(晉武帝)의 연호로 280년에서 289년까지이다.

131 **곽혁의……되었습니다** 곽혁은 진(晉)나라 무제(武帝) 때 사람이다. 287년(진 무제8)에 죽자 태상시에서 시호를 경(景)으로 올렸는데, 유사가 경황제(景皇帝)의 시호와 같다 하여 목(穆)으로 바꿀 것을 청하였다. 그러나 목은 동진(東晉) 효종(孝宗)의 시호이므로 효종과 시호가 같게 되었다고 말한 것이다.《진서 권45 곽혁열전》

132 **희조** 주(周)나라를 말하니, 주나라가 희성(姬姓)이기 때문이다.

133 **부자를 똑같이 일컬었고** 문왕(文王)의 아들 주공(周公)의 시호가 '문(文)'이므로 한 말이다.

134 **후손들에게** 대본은 '成裔'인데,《통전》에 의거하여 '來裔'로 바로잡아 번역하였다.

135 **곽혁의……하였다** 곽혁의 시호인 경(景) 자에 대해 유사가 경황제(景皇帝)와 시호가 같아서는 안 된다 하여 목(穆) 자로 바꿀 것을 청하자, 다른 신하들이 시호에 같은 글자를 피하는 것의 불가함을 주장하였다. 이에 무제가 조서를 내려 "임금과 신하의 시호가 같아서는 안 된다고 말하는 것은 아니다. 다만 곽혁의 시호로 경(景) 자가 합당하지 않아서일 뿐이니, 시호를 '간(簡)'으로 하라." 라고 하였는데, 서막이 무제의 조서를 말한 것인 듯하다.《진서 권20 예지중》

136 **무제 영평 1년** 대본은 '武帝永樂元年'인데,《통전》에 의거하여 '永樂'은 '永平'으로 바로잡아 번역하였다. 영평은 진 무제(晉武帝)의 뒤를 이은 혜제(惠帝)의 연호로, 1년은 291년이다.

각 실의 위호位號와 차례

즉위한 시기, 승하한 시기, 장례한 시기, 능호, 좌향을 부기(附記)하였다.

영녕전

○ 제1실

목조 인문성목 대왕(穆祖仁文聖穆大王)이다. – '덕을 베풀고 의를 굳게 지킨다〔布德執義〕' 는 뜻의 목(穆)이다.– 지원(至元) 11년 갑술(1274, 고려 충렬왕 즉위) 3월 10일에 승하하였다. 덕릉(德陵)에 장례하니, –계좌정향(癸坐丁向)이다.– 함흥(咸興)에 있다. –처음에는 경흥성(慶興城) 남쪽에 장례하였는데, 태종 10년 경인(1410)에 이곳으로 이장(移葬)하였다.

효공왕후 이씨(孝恭王后李氏)이다. 본관은 평창(平昌)이다. 5월 15일에 승하하였다. 안릉(安陵)에 장례하였다. –대왕의 능과 동원(同原)이다. 처음에는 경흥성 남쪽에 장례하였는데, 태종 10년 경인에 이곳으로 이장하였다.

○ 제2실

익조 강혜성익 대왕(翼祖康惠聖翼大王)이다. – '사려가 깊고 원대하다〔思慮深遠〕' 는 뜻의 익(翼)이다.– 9월 10일에 승하하였다. 지릉(智陵)에 장례하니, –임좌병향(壬坐丙向)이다.– 안변(安邊)에 있다.

정숙왕후 최씨(貞淑王后崔氏)이다. 본관은 등주(登州)이다. 9월 20일에 승하하였다. 숙릉(淑陵)에 장례하니, –갑좌경향(甲坐庚向)이다.– 문천(文川)에 있다.

○ 제3실

도조 공의성도 대왕(度祖恭毅聖度大王)이다. – '마음이 사물의 적합함을 잘 재단(裁斷)하다〔心能制義〕' 는 뜻의 도(度)이다.– 지정(至正) 2년 임오(1342, 고려 충혜왕 복위3) 7월 24일에 승하하였다. 의릉(義陵)에 장례하니, –임좌병향이다.– 함흥에 있다.

경순왕후 박씨(敬順王后朴氏)이다. 본관은 문주(文州)이다. 7월 23일에 승하하였다. 순릉(純陵)에 장례하니, –임좌병향이다.– 함흥에 있다.

○ 제4실

환조 연무성환 대왕(桓祖淵武聖桓大王)이다. －'강토를 개척하고 먼 지역의 백성을 복종시키다〔辟土服遠〕'는 뜻의 환(桓)이다.－ 지정 20년 경자(1360, 고려 공민왕9) 4월 갑술일(18일)에 승하하였다. 정릉(定陵)에 장례하니, －을좌신향(乙坐辛向)이다. 경자년 8월 병신일(12일)에 장례하였다.－ 함흥에 있다.

의혜왕후 최씨(懿惠王后崔氏)이다. 본관은 영흥(永興)이다. 4월 24일에 승하하였다. 화릉(和陵)에 장례하였다. －대왕의 능과 동원이다.

○ 제5실

정종 공정 의문장무온인순효 대왕(定宗恭靖懿文莊武溫仁順孝大王)이다. 명나라 황제로부터 받은 시호가 공정(恭靖)이다. －'공경스럽고 조심스럽게 일을 처리하여 위를 받든다〔敬事供上〕'는 뜻의 공(恭)과 '성품이 너그럽고 의를 즐기며 선(善)으로 일생을 마치다〔寬樂令終〕'는 뜻의 정(靖)이다.－ 홍무(洪武) 31년 무인(1398) 9월에 선위(禪位)를 받았고, 건문(建文) 2년 경진(1400) 11월에 태종에게 전위(傳位)하였으며, 영락(永樂) 17년 기해(1419, 세종1) 9월 26일에 승하하였다. 후릉(厚陵)에 장례하니, －계좌정향이다. 경자년(1420) 1월 3일에 장례하였다.－ 풍덕(豐德)에 있다.

당저(當宁 숙종) 신유년(1681, 숙종7)에 묘호 '정종'을 추상하고, 시호 '의문장무(懿文莊武)'를 가상(加上)하였다.

순덕온명장의 정안왕후 김씨(順德溫明莊懿定安王后金氏)이다. 본관은 경주(慶州)이다. 영락 10년 임진(1412, 태종12) 6월 25일에 승하하였다. 후릉에 장례하였다. －대왕의 능과 동원이다. 임진년 8월 8일에 장례하였다.

당저 신유년에 휘호 '온명장의(溫明莊懿)'를 추상하였다.

○ 제6실 융경(隆慶) －3년 기사(1569, 선조2) 8월 16일에 영녕전으로 모셔 조천하였다.

문종 공순 흠명인숙광문성효 대왕(文宗恭順欽明仁肅光文聖孝大王)이다. 명나라 황제로부터 받은 시호가 공순(恭順)이다. －'공경하고 순하여 윗사람을 섬기다〔敬順事上〕'는 뜻의 공(恭)과 '자애롭고 어질며 백성을 화합시키다〔慈仁和民〕'는 뜻의 순(順)이다.－ 경태(景泰) 1년 경오(1450) 2월에 즉위하고, 임신년(1452,

문종2) 5월 14일 병오에 승하하였다. 현릉(顯陵)에 장례하였다. –계좌정향이다. 건원릉(健元陵) 동강(東岡)에 있다. 9월 삭일(朔日)에 장례하였다.

인효순혜 현덕왕후 권씨(仁孝順惠顯德王后權氏)이다. 본관은 안동(安東)이다. 정통(正統) 6년 신유(1441, 세종21) 7월 24일 무오에 승하하였다. 현릉에 장례하였다. –인좌신향(寅坐申向)이다. 대왕의 능 좌강(左岡)에 있다. 신유년 9월 처음에는 안산(安山)의 소릉(昭陵)에 장례하였다가 중종 8년 계유(1513) 4월 21일에 이곳으로 개장(改葬)하였다.

○ 제7실 –무인년(1698, 숙종24) 12월 27일에 위호를 추복(追復)하고, 영녕전에 봉안하였다.

단종 공의온문순정안장경순돈효 대왕(端宗恭懿溫文純定安莊敬順敦孝大王)이다. 경태 3년 임신(1452) 5월에 즉위하고, 을해년(1455) 윤6월 을묘일(11일)에 세조에게 선위하였으며, 천순(天順) 1년 정축(1457, 세조3) 6월에 강봉(降封)되어 지방으로 물러나 있다가 10월 24일에 영월(寧越)에서 승하하였다.

당저 신유년(1681, 숙종7)에 대군(大君)으로 추봉(追封)하고, 무인년(1698)에 위호를 추복하였다. 장릉(莊陵)을 봉토하니, –신좌을향(辛坐乙向)이다.– 영월에 있다.

의덕단량제경 정순왕후 송씨(懿德端良齊敬定順王后宋氏)이다. 본관은 여산(礪山)이다. 정덕(正德) 16년 신사(1521, 중종26) 6월에 승하하였다.

당저 무인년에 위호를 추복하였다. 사릉(思陵)을 봉토하니, –계좌정향이다.– 양주(楊州)에 있다.

○ 제8실 –만력(萬曆) 38년 경술(1610, 광해군2) 4월 10일에 영녕전으로 모셔 조천하였다.

덕종 회간 선숙공현온문의경 대왕(德宗懷簡宣肅恭顯溫文懿敬大王)이다. 명나라 황제로부터 받은 시호가 회간(懷簡)이다. –'자애롭고 어질었으나 단명하였다〔慈仁短折〕'는 뜻의 회(懷)와 '평이하면서도 헐뜯는 말을 믿지 않는다〔平易不訾〕'는 뜻의 간(簡)이다.– 천순 1년 정축(1457, 세조3) 9월 2일 계해에 승하하였다. 경릉(敬陵)에 장례하니, –간좌곤향(艮坐坤向)이다. 정축년 11월 24일에 장례하였다.- 고양(高陽)에 있다. 성종이 즉위하여 왕으로 추존하였다.

휘숙명의 소혜왕후 한씨(徽淑明懿昭惠王后韓氏)이다. 본관은 청주(淸州)이다. 홍치(弘治) 17년 갑자(1504, 연산군10) 4월 27일 무오에 승하하였다. 경릉에 장례하였다. -계좌정향이다. 대왕의 능 우강(右岡)에 있다. 갑자년 5월에 장례하였다.

○ 제9실 -만력 38년 경술(1610, 광해군2) 4월 10일에 영녕전으로 모셔 조천하였다.

예종 양도 흠문성무의인소효 대왕(睿宗襄悼欽文聖武懿仁昭孝大王)이다. 명나라 황제로부터 받은 시호가 양도(襄悼)이다. - '일을 인하여 공을 세움이 있다[因事有功]' 는 뜻의 양(襄)과 '이루지 못하고 요절하다[未中早夭]' 는 뜻의 도(悼)이다.- 성화(成化) 4년 무자(1468) 9월에 즉위하고, 기축년(1469) 11월 28일 무신에 승하하였다. 창릉(昌陵)에 장례하니, -간좌곤향이다. 2월 5일에 장례하였다.- 고양에 있다.

휘인소덕 장순왕후 한씨(徽仁昭德章順王后韓氏)이다. 본관은 청주이다. 천순 5년[137] 신사(1461, 세조7) 12월 5일 신미에 승하하였다. 공릉(恭陵)에 장례하니, -무좌진향(戊坐辰向)이다. 임오년(1462) 2월 25일에 장례하였다.- 파주(坡州)에 있다.

137 **5년** 대본은 '四年' 인데, 《국역 연려실기술》 2집 제6권 〈예종조고사본말 예종〉에 의거하여 '五年' 으로 바로잡아 번역하였다.

소휘제숙 안순왕후 한씨(昭徽齊淑安順王后韓氏)이다. 본관은 청주이다. 홍치 11년 무오(1498, 연산군4) 12월 24일에 승하하였다. 창릉에 장례하였다. -간좌곤향이다. 대왕의 능 좌강에 있다. 기미년(1499) 2월 14일에 장례하였다.

○ 제10실 -현종 2년 신축(1661) 7월 5일에 영녕전으로 모셔 조천하였다.

인종 영정 헌문의무장숙흠효 대왕(仁宗榮靖獻文懿武章肅欽孝大王)이다. 명나라 황제로부터 받은 시호가 영정(榮靖)이다. - '총애와 부귀가 빛나고 크다[寵祿光大]' 는 뜻의 영(榮)과 '성품이 너그럽고 의를 즐기며 선으로 일생을 마치다[寬樂令終]' 는 뜻의 정(靖)이다.- 가정(嘉靖) 23년 갑진(1544)에 즉위하고, 을사년(1545) 7월 삭일(朔日) 신유에 승하하였다. 효릉(孝陵)에 장례하니, -간좌곤향이다. 을사년 10월 15일에 장례하였다.- 고양에 있다.

효순공의 인성왕후 박씨(孝順恭懿仁聖王后朴氏)이다. 본관은 나주(羅州)이다. 만력 5년 정축(1577, 선조10) 11월 29일 신사에 승하하였다. 효릉에 장례하였다. －대왕의 능과 동원이다. 무인년(1578) 2월 15일에 장례하였다.

○ 제11실 －현종 2년 신축(1661) 7월 5일에 영녕전으로 모셔 조천하였다.

명종 공헌 헌의소문광숙경효 대왕(明宗恭憲獻毅昭文光肅敬孝大王)이다. 명나라 황제로부터 받은 시호가 공헌(恭憲)이다. －'공경하고 순하여 윗사람을 섬기다〔敬順事上〕'는 뜻의 공(恭)과 '선을 행함이 기록할 만하다〔行善可紀〕'는 뜻의 헌(憲)이다.－ 가정 24년 을사(1545) 7월에 즉위하고, 융경 1년 정묘(1567) 6월 28일에 승하하였다. 강릉(康陵)에 장례하니, －해좌사향(亥坐巳向)이다. 정묘년 9월 22일에 장례하였다.－ 양주에 있다.

선열의성 인순왕후 심씨(宣烈懿聖仁順王后沈氏)이다. 본관은 청송(青松)이다. 만력 3년 을해(1575, 선조8) 1월 2일 임인에 승하하였다. 강릉에 장례하였다. －대왕의 능과 동원이다. 을해년 4월 28일에 장례하였다.

종묘

○ 제1실

태조 강헌 지인계운성문신무정의광덕 대왕(太祖康獻至仁啓運聖文神武正義光德大王)이다. 명나라 황제로부터 받은 시호가 강헌(康獻)이다. －'따뜻하고 어질어 좋아할 만하고 즐거워할 만하다〔溫良好樂〕'는 뜻의 강(康)과 '총명하고 지혜롭다〔聰明叡智〕'는 뜻의 헌(獻)이다.－ 홍무 25년 임신(1392) 7월 16일에 즉위하고, 무인년(1398) 9월에 정종에게 전위하였으며, 영락 무자년(1408, 태종8) 5월 24일 임신에 승하하였다. 건원릉(健元陵)에 장례하니, －계좌정향이다. 무자년 9월 9일에 장례하였다.－ 양주에 있다.

당저 계해년(1683, 숙종9)에 시호 '정의광덕(正義光德)'을 가상하였다.

승인순성 신의왕후 한씨(承仁順聖神懿王后韓氏)이다. 본관은 안변(安邊)이다. 홍무 24년 신미(1391, 고려 공양왕3) 9월 23일 정미에 승하하였다. 제릉(齊陵)에 장례하니, 풍덕(豐德)에 있다.

순원현경 신덕왕후 강씨(順元顯敬神德王后康氏)이다. 본관은 곡산(谷山)이다. 홍무 29년 병자(1396, 태조5) 8월 13일에 승하하였다. 정릉(貞陵)에 장례하니, －경좌갑향(庚坐甲向)이다.－ 양주에 있다. －처음에는 한성(漢城) 황화방

(皇華坊) 북원(北原)에 장례하였는데, 태종 9년 기축(1409) 2월 23일에 이곳으로 이장하였다.

현종 10년 기유(1669) 9월 29일에 위호를 추복하였다.

○ 제2실

태종 공정 성덕신공문무예철성렬광효 대왕(太宗恭定聖德神功文武睿哲成烈光孝大王)이다. 명나라 황제로부터 받은 시호가 공정(恭定)이다. -'공경스럽고 조심스럽게 일을 처리하여 위를 받든다〔敬事供上〕'는 뜻의 공(恭)과 '순일한 행실이 어긋남이 없다〔純行不爽〕'는 뜻의 정(定)이다.- 건문 2년 경진(1400) 11월에 선위를 받고, 영락 16년 무술(1418) 8월에 세종에게 전위하였으며, 20년 임인(1422, 세종4) 5월 10일 병인에 승하하였다. 헌릉(獻陵)에 장례하니, -건좌손향(乾坐巽向)이다. 임인년 9월 6일에 장례하였다.- 광주(廣州)에 있다.

당저 계해년(1683, 숙종9)에 시호 '예철성렬(睿哲成烈)'을 가상하였다.

창덕소열 원경왕후 민씨(彰德昭烈元敬王后閔氏)이다. 본관은 여흥(驪興)이다. 영락 18년 경자(1420, 세종2) 7월 10일 병자에 승하하였다. 헌릉에 장례하였다. -대왕의 능과 동원이다. 경자년 9월 17일에 장례하였다.

○ 제3실

세종 장헌 영문예무인성명효 대왕(世宗莊憲英文睿武仁聖明孝大王)이다. 명나라 황제로부터 받은 시호가 장헌(莊憲)이다. -'엄하고 공경스러움으로 백성에게 임하다〔嚴敬臨民〕'는 뜻의 장(莊)과 '선을 행함이 기록할 만하다〔行善可紀〕'는 뜻의 헌(憲)이다.- 영락 16년 무술(1418)에 선위를 받고, 경태 1년 경오(1450) 2월 17일 임인에 승하하였다. 영릉(英陵)에 장례하니, -자좌오향(子坐午向)이다.- 여주에 있다. -처음에는 광주(廣州) 헌릉(獻陵) 서강(西岡)에 장례하였는데, 예종 1년 기축(1469) 3월 6일에 이곳으로 이장하였다.

선인제성 소헌왕후 심씨(宣仁齊聖昭憲王后沈氏)이다. 본관은 청송(靑松)이다. 정통 11년 병인(1446, 세종28) 3월 24일 신묘에 승하하였다. 영릉에 장례하였다. -대왕의 능과 동원이다. 처음에는 헌릉 서강에 장례하였는데, 예종 기축년 3월 6일에 이곳으로 이장하였다.

○ 제4실

세조 혜장 승천체도열문영무지덕융공성신명예흠숙인효 대왕(世祖惠莊承天體道烈文英武至德隆功聖神明睿欽肅仁孝大王)이다. 명나라 황제로부터 받은 시호가 혜장(惠莊)이다. – '성품이 너그럽고 부드러워 자애롭고 어질다〔柔質慈仁〕' 는 뜻의 혜(惠)와 '엄하고 공경스러움으로 백성에게 임하다〔嚴敬臨民〕' 는 뜻의 장(莊)이다.– 경태 6년 을해(1455) 윤6월 11일에 선위를 받고, 성화(成化) 4년 무자(1448) 9월 8일에 승하하였다. 광릉(光陵)에 장례하니, –자좌오향이다. 무자년 11월 28일에 장례하였다.– 양주에 있다.

자성흠인경덕선열명순원숙휘신혜의신헌 정희왕후 윤씨(慈聖欽仁景德宣烈明順元淑徽愼惠懿神憲貞熹王后尹氏)이다. 본관은 파평(坡平)이다. 성화 19년 계묘(1483, 성종14) 3월 30일 임술에 승하하였다. 광릉에 장례하였다. –축좌미향(丑坐未向)이다. 대왕의 능 동강(東岡)에 있다. 계묘년 6월 12일에 장례하였다.

○ 제5실

성종 강정 인문헌무흠성공효 대왕(成宗康靖仁文獻武欽聖恭孝大王)이다. 명나라 황제로부터 받은 시호가 강정(康靖)이다. – '따뜻하고 어질어 좋아할 만하고 즐거워할 만하다〔溫良好樂〕' 는 뜻의 강(康)과 '성품이 너그럽고 의를 즐기며 선(善)으로 일생을 마치다〔寬樂令終〕' 는 뜻의 정(靖)이다.– 성화 5년 기축(1469) 11월에 즉위하고, 홍치 7년 갑인(1494) 12월 24일 기묘에 승하하였다. 선릉(宣陵)에 장례하니, –임좌병향이다. 을묘년(1495, 연산군1) 4월 6일에 장례하였다.– 광주(廣州)에 있다.

휘의신숙 공혜왕후 한씨(徽懿愼肅恭惠王后韓氏)이다. 본관은 청주이다. 성화 10년 갑오(1474, 성종5) 4월 15일 기사에 승하하였다. 순릉(順陵)에 장례하니, –묘좌유향(卯坐酉向)이다. 공릉(恭陵) 남강(南岡)에 있다. 갑오년 6월 7일에 장례하였다.– 파주에 있다.

소의흠숙 정현왕후 윤씨(昭懿欽淑貞顯王后尹氏)이다. 본관은 파평이다. 가정 9년 경인(1530, 중종25) 8월 22일 기묘에 승하하였다. 선릉에 장례하였다. –간좌곤향이다. 대왕의 능 좌강(左岡)에 있다. 경인년 10월 29일에 장례하였다.

○ 제6실

중종 공희 휘문소무흠인성효 대왕(中宗恭僖徽文昭武欽仁誠孝大王)이다. 명나라 황제로부터 받은 시호가 공희(恭僖)이다. –'공경스럽고 조심스럽게 일을 처리하여 위를 받든다[敬事供上]'는 뜻의 공(恭)과 '조심스런 마음으로 공경하고 삼가다[小心恭愼]'는 뜻의 희(僖)이다.– 정덕 1년 병인(1506) 9월 2일에 즉위하고, 가정 23년 갑진(1544) 11월 15일 경진에 승하하였다. 정릉(靖陵)에 장례하니, –건좌손향이다. 선릉(宣陵) 동강에 있다. 을사년(1545, 인종1) 2월에 장례하였다. 처음에는 고양(高陽)의 희릉(禧陵)에 장례하였는데, 명종 17년 임술(1562) 9월 4일에 이곳으로 이장하였다.– 광주(廣州)에 있다.

선소의숙 장경왕후 윤씨(宣昭懿淑章敬王后尹氏)이다. 본관은 파평이다. 정덕 10년 을해(1515, 중종10) 3월 2일에 승하하였다. 희릉(禧陵)에 장례하니, –간좌곤향이다. 을해년 윤4월에 장례하였다. 처음에는 헌릉(獻陵) 우강(右岡)에 장례하였는데, 중종 32년 정유(1537)에 이곳으로 이장하였다.– 고양에 있다.

성렬인명 문정왕후 윤씨(聖烈仁明文定王后尹氏)이다. 본관은 파평이다. 가정 44년 을축(1565, 명종20) 4월 7일 계유에 승하하였다. 태릉(泰陵)에 장례하니, –임좌병향이다. 을축년 7월 15일에 장례하였다.– 양주에 있다.

○ 제7실

선조 소경 정륜입극성덕홍렬지성대의격천희운현문의무성예달효 대왕(宣祖昭敬正倫立極盛德洪烈至誠大義格天熙運顯文毅武聖睿達孝大王)이다. 명나라 황제로부터 받은 시호가 소경(昭敬)이다. 융경 1년 정묘(1567) 7월에 즉위하고, 만력 36년 무신(1608) 2월 삭일 무오에 승하하였다. 목릉(穆陵)에 장례하니, –임좌병향이다. 무신년 6월에 장례하였다. 건원릉(健元陵) 제2강에 있었는데, 인조 8년 경오(1630) 11월 21일에 이곳으로 이장하였다.– 양주에 있다.

장성휘열정헌 의인왕후 박씨(章聖徽烈貞憲懿仁王后朴氏)이다. 본관은 나주이다. 만력 28년 경자(1600, 선조33) 6월 17일 무술에 승하하였다. 목릉에 장례하였다. –임좌병향이다. 대왕의 능 좌강에 있다. 경자년 12월 22일에 장례하였다. 처음의 능호는 유릉(裕陵)이었다.

소성정의명렬광숙장정 인목왕후 김씨(昭聖貞懿明烈光淑莊定仁穆王后金氏)이다. 본관은 연안(延安)이다. 숭정(崇禎) 5년 임신(1632, 인조10) 6월 28일

갑오에 승하하였다. 목릉에 장례하였다. –갑좌경향이다. 대왕의 능 좌강에 있다. 임신년 10월 6일에 장례하였다. 처음의 능호는 혜릉(惠陵)이었다.

○ 제8실

원종 공량 경덕인헌정목장효 대왕(元宗恭良敬德仁憲靖穆章孝大王)이다. 명나라 황제로부터 받은 시호가 공량(恭良)이다. 만력 47년 기미(1619, 광해군11) 12월 29일 무인에 승하하였다. 숭정 5년 임신(1632, 인조10)에 왕으로 추숭되었다. 장릉(章陵)에 장례하니, –자좌오향이다. 경신년(1620, 광해군12) 2월에 양주 군장리(群場里)에 장례하였는데, 인조 5년 정묘(1627) 8월 27일에 이곳으로 이장하였다. 추숭한 뒤에 능호를 '장릉'으로 올렸다.– 김포(金浦)에 있다.

경의정정 인헌왕후 구씨(敬懿貞靖仁獻王后具氏)이다. 본관은 능성(綾城)이다. 천계(天啓) 병인년(1626, 인조4) 1월 14일 무오에 승하하였다. 숭정 5년 임신(1632)에 왕후로 추숭되었다. 장릉에 장례하였다. –대왕의 능과 동원이다. 병인년 5월 18일에 장례하였다. 추숭한 뒤에 능호를 올렸다.

○ 제9실

인조 헌문열무명숙순효 대왕(仁祖憲文烈武明肅純孝大王)이다. 천계 3년 계해(1623) 3월 12일에 즉위하고, 숭정 후 기축년(1649) 5월 8일 병인에 승하하였다. 장릉(長陵)에 장례하니, –묘좌유향이다. 기축년 9월 20일에 장례하였다.– 파주에 있다.

명덕정순 인열왕후 한씨(明德貞順仁烈王后韓氏)이다. 본관은 청주이다. 천계 3년 계해에 왕비에 책봉되고, 숭정 8년 을해(1635, 인조13) 12월 9일 을유에 승하하였다. 장릉에 장례하였다. –대왕의 능과 동원이다. 병자년(1636) 4월 11일에 장례하였다.

자의공신휘헌강인정숙온혜 장렬왕후 조씨(慈懿恭愼徽獻康仁貞肅溫惠莊烈王后趙氏)이다. 본관은 양주이다. 무진년(1688, 숙종14) 8월 26일 병인에 승하하였다. 휘릉(徽陵)에 장례하였다. –건원릉 서강(西岡)에 있다. 무진년 12월 16일에 장례하였다.

○ 제10실

효종 선문장무신성현인 대왕(孝宗宣文章武神聖顯仁大王)이다. 기축년(1649) 5월에 즉위하고, 기해년(1659) 5월 4일 갑자에 승하하였다. 영릉(寧陵)에 장례하니, -자좌오향이다. 기해년 10월에 건원릉 서강에 장례하였는데, 현종 14년 계축(1673) 10월 7일에 이곳으로 이장하였다.- 여주에 있다.

효숙경렬명헌 인선왕후 장씨(孝肅敬烈明獻仁宣王后張氏)이다. 본관은 덕수(德水)이다. 갑인년(1674, 현종15) 2월 24일 무오에 승하하였다. 영릉에 장례하였다. -대왕의 능과 동원이다. 갑인년 6월 4일에 장례하였다.

○ 제11실

현종 순문숙무경인창효 대왕(顯宗純文肅武敬仁彰孝大王)이다. 기해년(1659) 5월에 즉위하고, 갑인년(1674) 8월 18일 기유에 승하하였다. 숭릉(崇陵)에 장례하였다. -유좌묘향(酉坐卯向)이다. 건원릉 서남쪽 별강(別岡)에 있다. 갑인년 12월 13일에 장례하였다.

현열정헌문덕 명성왕후 김씨(顯烈貞獻文德明聖王后金氏)이다. 본관은 청풍(淸風)이다. 계해년(1683, 숙종9) 12월 5일 임인에 승하하였다. 숭릉에 장례하였다. -대왕의 능과 동원이다. 갑자년(1684) 4월 5일에 장례하였다.

○ 광해군 기유년(1609, 광해군1) 7월 병술일(7일)

예조에서 아뢰기를,

"전교하셨습니다. 신들이 계하된 태묘의 각 신실을 봉심하고 베껴 쓴 신주 면(面)과 《책보등록(冊寶謄錄)》의 단자 및 《축문등록(祝文謄錄)》, 《실록등초(實錄謄抄)》를 통틀어 조사하였습니다. 그 결과 열성의 신주 면이 책보와 실록에 실린 것 및 축문의 칭호와 더불어 더하거나 덜한 차이가 있는데, 이경온(李景溫)이 차자에서 진달한 것만이 아닙니다.

신의왕후(神懿王后)의 신주 면은 '승인순성 신의왕후(承仁順聖神懿王后)'로 쓰여 있고, 축문과 책보에 모두 '태(太)' 자는 없습니다.

원경왕후(元敬王后)의 신주 면은 '원경왕후'로 쓰여 있고, 축문은 '창덕소열 원경왕후(彰德昭烈元敬王后)'로 쓰여 있는데, 역시 '태' 자는 없으며, 책보에는 또 '후덕(厚德)' 2자가 더 있습니다.

소헌왕후(昭憲王后)의 신주 면은 '소헌왕후' 만 쓰여 있고, 축문은 '선인제성 소헌왕후(宣仁齊聖昭憲王后)' 로 쓰여 있습니다.

소혜왕후(昭惠王后)의 신주 면은 '휘숙명의 소혜왕후(徽淑明懿昭惠王后)' 로 쓰여 있고, 축문도 이대로 쓰여 있는데, 《책보등록》과 《실록등초》 안에는 또 '인수자숙(仁粹慈淑)' 4자가 더 있습니다.

안순왕후(安順王后)의 신주 면은 '소휘제숙 안순왕후(昭徽齊淑安順王后)' 로 쓰여 있고, 축문도 이대로 쓰여 있는데, 《책보등록》과 《실록등초》 안에는 '인혜명의(仁惠明懿)' 4자가 더 있습니다.

공혜왕후(恭惠王后)의 축문은 '휘의신숙 공혜왕후(徽懿愼淑恭惠王后)' 로 쓰여 있는데, 《책보등록》을 조사해 본 결과 '신숙(愼淑)' 의 '숙(淑)' 자는 '숙(肅)' 자가 맞으니, 축문이 과연 잘못 쓰인 것입니다.

정현왕후(貞顯王后)의 신주 면은 '소의흠숙 정현왕후(昭懿欽淑貞顯王后)' 로 쓰여 있고, 축문도 이대로 쓰여 있는데, 《책보등록》과 《실록등초》 안에는 또 '자순(慈順)' 2자가 더 있습니다. '흠숙(欽淑)' 의 '숙(淑)' 자는 신주 면에 이미 '숙(淑)' 자로 쓰여 있으니, 이것은 차자에서 미처 살피지 못하고 아뢴 것입니다.

장경왕후(章敬王后)의 신주 면은 '장경왕후' 만 쓰여 있고, 축문은 '선소의숙 장경왕후(宣昭懿淑章敬王后)' 로 쓰여 있습니다.

인성왕후(仁聖王后)의 신주 면은 '효순공의 인성왕후(孝順恭懿仁聖王后)' 로 쓰여 있고, 축문도 이대로 쓰여 있는데, 책보와 실록에는 모두 '효순(孝順)' 2자가 없습니다.

인순왕후(仁順王后)의 신주 면은 '선열의성 인순왕후(宣烈懿聖仁順王后)' 로 쓰여 있고 축문도 이대로 쓰여 있는데, 책보와 실록에는[138] 모두 '선열(宣烈)' 2자가 없습니다.

이에 의거하여 자세히 참고해 보면, 열성께 가상한 호를 축문에는 쓰고 신주 면에는 쓰지 않은 경우는 있으나 신주 면에 쓰여 있는 것을 축문에서 줄여 쓴 경우는 없으며,[139] 줄여 쓴 것은 단지 '왕태후(王太后)' 의 '태(太)' 자뿐입니다. 차자에서 진달한 것은 단지 자신이 본, 베껴 쓴 실록에만 의거하여 말한 듯하니, 태묘 열성의 신주 면이 책보나 실록과 원래 이처럼 많은 차이가 있는 줄은 알지 못한 것입니다.

138 **책보와 실록에는** 대본에는 없는데, 《광해군일기》 1년 7월 7일조 예조가 올린 계사에 의거하여 누락된 부분을 보충하여 번역하였다. 해당 부분의 원문은 다음과 같다. "俱無孝順二字 仁順王后主面則書以宣烈懿聖仁順王后 祝文亦依此書之 而册寶實錄中"

139 **신주 면에……없으며** 대본은 '主面所書 減至於' 인데, 《광해군일기》 1년 7월 7일조 예조가 올린 계사에 의거하여 '未有主面所書減書於祝文者' 로 바로잡아 번역하였다.

대저 축문의 호칭은 혹 신주 면에 쓰인 것을 따르는데, 이것이 바로 통행되는 예법입니다. 신주를 쓸 때에도 당연히 책보와 차이가 없어야 합니다. 그러나 조종조에서 반드시 헤아려서 절충한 일이 있어 바로 이처럼 차이가 있는 것입니다. 여기에는 반드시 그 까닭이 있을 것이나 지금 억측하여 논하기는 어렵습니다. 축문 가운데 글자가 잘못 쓰인 것은 신주 면을 따라 고쳐 써야 하겠지만, 가감의 차이가 있는 부분에 이르러서는 만약 신주 면을 따른다면 축문의 호칭 가운데 가상(加上)한 호칭을 줄여 삭제해야 하고, 만약 가상한 호칭을 줄여 삭제하는 것을 중대하고 어렵게 여긴다면 신주 면과 차이 나는 것을 면할 수 없습니다. 신주 면을 따를 것인지, 축문의 호칭을 그대로 둘 것인지 양쪽 다 사안의 본질이 지극히 중대합니다. 해조에서 감히 정탈할 바가 아니니, 대신에게 논의하게 하여 처리하소서.

공정대왕(恭靖大王)과 정안왕후(定安王后)의 휘호가 다른 것에 대해서는 영녕전을 미처 봉심하지 못하였으니, 이번에 대신의 수의(收議)를 기다려 품지하여 정탈한 뒤에 다시 봉심하여 한꺼번에 시행하는 것이 어떻겠습니까? 신주 면, 책보, 축문, 실록 네 조항을 별단에 옮겨 적어 아룁니다."

하니, "아뢴 대로 하라."고 전교하였다. -《승정원일기》에 나온다.

○ **인조 임신년**(1632, 인조10) **3월 신해일**(14일)

홍문관에서 아뢰기를,

"예조의 계사로 '성묘(成廟)를 그대로 고조로 일컫는 것은 편치 않으니,[140] 유신으로 하여금 널리 전례(典禮)를 상고하여 타당한 것을 참작해서 계하받은 뒤에 다시 대신에게 물어 정탈하라.' 라고 명하셨습니다.

신들이 삼가 옛날 제도를 살펴보니, 왕은 오묘(五廟)를 세우는데, 영원히 체천하지 않는 태조(太祖)의 묘와 그 아래로 2소(昭)와 2목(穆)입니다. 만약 정상적인 도로 말한다면 고조, 증조, 조, 고 사친(四親)이 이에 해당합니다. 다만 제왕가(帝王家)의 통서를 전하는 것은 혹 정상적인 도를 벗어나는 경우가 있는 만큼 오직 보위를 계승하는 순서로 소목을 삼아야 합니다. 이 일에 대해서는 주자(朱子)가 지은 〈주묘소목도(周廟昭穆

140 **성묘를……않으니** 원종(元宗)으로 추존된 인조의 생부를 예묘(禰廟)로 삼을 경우, 선조가 조(祖), 인종과 명종이 증조(曾祖), 중종이 고조(高祖)가 되고, 성종은 5대조가 되므로 한 말이다.

圖)〉 및 《춘추호전(春秋胡傳)》에 자세히 보이므로 다시 다른 논의를 용납하는 것은 옳지 않은 듯합니다.

오늘날의 예(禮)로 말하자면 전하께서 선묘의 대통을 계승하여 숭은전(崇恩殿)[141]께서 소목에 들지 못하였으니, 성묘께서는 비록 5대조가 되시지만 오히려 2소와 2목 안에 있습니다. 따라서 종묘제도로 논하면 마땅히 고조묘(高祖廟)가 되어야 하나 오직 속호(屬號)는 그대로 고조라 칭할 수 없으니, 이것이 바로잡아야 한다는 논의가 있게 된 까닭입니다. 어떤 사람은 말하기를 '《좌전(左傳)》에서는 담자(郯子)가 소호(少昊)를 일컬어 고조라고 했고,[142] 《서경》 〈강왕지고(康王之誥)〉에서는 문왕(文王)과 무왕(武王)을 고조라고 하였으니, 조 이상은 모두 고조로 통칭할 수 있다. 성묘께서 비록 5대조가 되시지만 그대로 고조로 일컬어도 무방하다.' 라고 합니다. 다만 《서전》과 《좌전》에서 말한 것은 범칭으로서의 고조입니다. 이 범칭을 종묘 제사의 축사(祝辭)에 정해진 칭호로 삼는 것은 미안할 듯하니, 아마도 위로 열성조의 축사에 쓴 규례대로 속호를 쓰지 않는 것이 타당함만 못할 듯합니다. 신들은 견문이 고루하여 옛 예법에 널리 통달하지 못하니, 황공한 마음으로 감히 아룁니다."

하니, "알았다." 고 전교하였다. -《승정원일기》에 나온다.

○ 5월 무신일(11일)

예조에서 아뢰기를,

"신들이 삼가 태묘 열성의 신주 서식과 향실 축문의 머리글을 보니, 상당 부분 서로 같지 않았습니다. 예를 들면 목조(穆祖), 익조(翼祖), 도조(度祖), 환조(桓祖) 네 분 조상의 신주는 모두 1자 시호인데 축문은 4자로 되어 있고, 원경(元敬), 소헌(昭憲), 공혜(恭惠), 장경(章敬) 네 분 선후(先后)의 신주는 모두 2자 시호인데 축문은 모두 4자를 더하였습니다. 이는 필시 후대에 가상하여 높이는 예가 있었는데, 신주를 고쳐 쓰기가 어려워서 결국 차이가 있게 되었을 것입니다. 일이 비록 의심스럽기는 하나 경솔하게 논의하기가 참으로 어렵습니다. 신의(神懿)와 원경(元敬) 두 분의 신위는 태후(太后)로 썼고, 소헌(昭憲) 이하 각 위(位)의 신주는 모두 '태' 자를 쓰지 않았는데, 축문에 이르러서는 신의와 원경까지 아

141 **숭은전** 인조의 생부인 원종의 영정을 봉안한 곳으로, 여기에서는 원종을 말한다. 숭은전은 본래 1469년(예종1)에 세조의 영정을 봉안한 곳으로 1472년(성종3)에 봉선전(奉先殿)으로 전호(殿號)를 고쳤고, 1632년(인조10)에 원종의 별묘(別廟)를 남별전(南別殿)에 설치했다가 숭은전으로 전호를 고친 것이다.

142 **좌전에서는……했고** 대본은 '高祖' 인데, 《인조실록》 10년 3월 13일조 기록에 의거하여 '左傳郯子稱少昊爲高祖' 로 바로잡아 번역하였다.

울러 '태' 자를 일컫지 않았으니, 이것은 필시 후대에 미안함을 깨달아 고친 것일 터입니다. 축문에서 이미 '태' 자를 삭제하였고 보면 신주에 옛날에 칭했던 것을 그대로 남겨 두는 것은 맞지 않습니다. 그러나 오래된 일이라서 역시 경솔하게 논의할 수 없습니다.

그 가운데 축문 서식에 세 가지 의문이 있습니다. 태조부터 명묘(明廟)까지의 신주는 모두 '유명증시(有明贈諡)' 4자를 쓰고, 명나라 황제로부터 받은 시호가 위에, 묘호가 아래에 있으니, 이로써 군신 관계를 밝힌 것입니다. 그런데 축문은 '유명증시' 4자를 삭제하고, 묘호가 위에, 명나라 황제로부터 받은 시호가 아래에 있습니다. 이것이 첫 번째 의문입니다. 각 실의 왕후의 신주는 존시(尊諡)만 쓰고 성씨는 쓰지 않았으니, 이로써 귀천을 분별한 것입니다. 그런데 축문은 성씨를 함께 썼으니, 이것이 두 번째 의문입니다. 대수(代數)가 다한 열성에 대해서는 축문에 속호를 쓰지 않았으니, 이로써 친소(親疏)를 구별한 것입니다. 그런데 세실(世室)에 모신 사조(四祖)의 왕후의 축문에는 모두 조비(祖妣)로 일컬었으니, 이것이 세 번째 의문입니다.

의정된 축문 서식이 어느 시대에 나온 것인지는 모르겠으나 신들의 어리석은 견해로 논하건대, 대개 신주를 세우고 제사를 지내는 것이 보이지 않고 들리지 않는 가운데에서 신령을 구하기 위한 것이고 보면 축문으로 고하는 내용은 한결같이 신주에 쓰여 있는 것을 따른 뒤에야 비로소 신령의 감응을 기대할 수 있습니다. 그런데 지금 이처럼 뒤바뀌고 증감이 있는 데다 조비로 일컬은 것에 이르러서는 옛 예법에 근거도 없고 멀고 가까운 세대가 한데 뒤섞여 구분이 없으니, 조종조에서 제정한 예법이 아마도 이와 같지는 않을 듯합니다. 전쟁을 겪은 이후에 조종조의 전장(典章)이 흩어지고 분실되어 전하지 않자 향실(香室)의 충의(忠義)들이 열성의 신주 서식을 상고하지 않고 함부로 자기 생각으로 사사로이 써서 마침내 규례로 굳어진 것이 아니겠습니까? 만일 그렇다면 바로잡지 않으면 안 될 듯합니다.

그 가운데 가장 미안한 것은 선묘(宣廟)의 신주에 '유명증시' 4자를 쓰지 않고 바로 묘호를 명나라 황제로부터 받은 시호 위에 올린 점입니다. 이것은 열성의 성헌(成憲)에도 어긋나는 점이 있을 뿐만 아니라 선묘께서 지성으로 사대(事大)한 뜻도 아닙니다. 무신년(1608, 광해군 즉위) 초상 때에는 비록 간악한 자들이 점차 정사를 어지럽히는 과정에 있기는 했으나 선조(先朝)의 구신(舊臣)이 그래도 남아 있었으니, 반드시 이렇게까지 잘못되지는 않았을 것입니다. 아마도 병진년(1616)과 경신년(1620)에 두 차례 존호를 가상하고 신주를 고쳐 쓸 때에 간신이 권세를 부리면서 조종조의 성헌을 돌아보지 않고 제멋대로 고친 것이거나, 그렇지 않으면 아마도 처음 신주를 쓸 때에 태묘의 신주 서식을 상고하지 않고 다만 축문의 잘못된 규례에 의거하여 쓴 것인 듯도 합니다.

근래 조정의 폐습은 대소사를 다룰 때에 전혀 대조해 살피지 않고 잘못된 대로 놔둔 채 신경을 쓰지 않는 것입니다. 한 가지 일을 들어 밝혀 보겠습니다. 예를 들어 선묘의 신주는 '이모수유광휴연경(貽謨垂裕廣休延慶)' 8자가 '현문의무성예달효(顯文毅武聖睿達孝)' 8자 위에 있으나 축문은 위의 8자가 아래에 있고 아래의 8자가 위에 있습니다. 의인왕후(懿仁王后)의 신주는 '휘열명덕현숙장성(徽烈明德顯淑章聖)'이라고 쓰여 있는데 축문은 '장성휘열정헌명덕(章聖徽烈貞憲明德)'이라고 쓰여 있습니다. 착오의 심함이 한결같이 이런 지경이니, 이로써 미루어 보건대, 전항에서 든 세 가지 의심이 가는 예도 모두 향실의 와전에서 나온 듯합니다.

가만히 생각해 보건대, 왕의 예로는 종묘보다 중대한 것이 없으니, 만일 털끝만큼이라도 미진한 일이 있으면 충분히 강론하여 처리해야 합니다. 과거의 역사를 상고해 보더라도 서한(西漢)의 '종묘제도', 이당(李唐)의 '헌조(獻祖)와 의조(懿祖)에 대한 제례(祭禮)',[143] 조송(趙宋)의 '시조(始祖) 위차(位次)'는 100년이 지난 뒤에도 오히려 논의가 정해지지 않았습니다. 수많은 신하들이 모여 논의한 것이 한두 번이 아닌데, 어찌 어지럽게 고치기를 좋아하여 그런 것이겠습니까? 실로 종묘를 중시하는 뜻에서 나온 것입니다.

이번에 축문을 바로잡는 일은 애당초 대단한 일은 아닌데, 오랜 세월 전해 내려온 것이어서 마음대로 고치기 어려운 점이 있습니다. 그러나 선묘[144]의 신주가 잘못 쓰인 것에 이르러서는 고치지 않을 수 없는데, 사안의 본질이 실로 중대하다 보니 신들이 감히 마음대로 논의할 수 있

143 **헌조와……제례** 헌조와 의조는 당 고조(唐高祖)의 증조와 고조로, 추존된 선황제(宣皇帝)와 광황제(光皇帝)의 묘호이다. 조인 경황제(景皇帝)가 태조로 제1실에 모셔졌고 헌조와 의조는 조천되었는데, 협제(祫祭)를 지낼 때에는 자손이 되는 태조 아래에 모셔져 제사를 받게 되어 문제가 되었다. 이에 대해서는 한유(韓愈)의 〈체협의(禘祫議)〉와 한국문집총간 228집에 수록된 《녹문집(鹿門集)》 권21 〈한문공체협의설(韓文公禘祫議說)〉에 자세히 나온다.

144 **선묘** 대본은 '宗廟'인데, 《승정원일기》 인조 10년 5월 14일조 '예조 계사'에 의거하여 '宣廟'로 바로잡아 번역하였다.

145 **질종** 종묘의 제사를 관장하는 관직으로, 《서경》 〈순전(舜典)〉에서 유래된 말이다. 순 임금이 백이(伯夷)를 질종으로 삼아 삼례(三禮)를 맡도록 하였는데, 삼례는 천신(天神), 인귀(人鬼), 지기(地祇)에게 제사하는 예이다. 예조의 이칭으로 쓰인다.

는 일이 아닙니다. 그러나 직책이 질종(秩宗)[145]에 있는지라 이미 편치 않다는 것을 안 이상 감히 묵묵히 있을 수도 없습니다. 청컨대 역대의 규례에 따라 대신, 육경(六卿), 삼사(三司)의 장관, 관각(館閣)의 당상으로 하여금 빈청에 모여 공동으로 논의하되, 각자 소견을 진술하게 한 다음 타당한 것을 참작하여 시행하소서. 이 일은 실로 성왕이 조종(祖宗)을 높이고 공경하는 하나의 중대한 일입니다. 삼가 종묘와 영녕전의 각 신실의 신주 서식 및 향실 축문의 머리글을 별단에 써서 들이고, 성상의 재결을 기다립니다."

하니, "아뢴 대로 하라."고 전교하였다. -《승정원일기》에 나온다.

○ **계유년**(1633, 인조11) **8월 기축일**(30일)

예조 판서 홍서봉(洪瑞鳳)이 아뢰기를,

"신들이 삼가 전날 봉심한 뒤에 올린 계사 중에 종묘의 신주 서식과 축문에 대한 것을 가져다가 예전의 규례에 분명하게 근거가 있어서 감히 경솔하게 논의할 수 없는 것은 제외하고, 그 가운데 대단한 착오가 있어 고치지 않으면 안 되는 몇 가지 사항을 아래에 조목별로 열거하였습니다. 막중한 종묘의 전례를 신들이 억견으로 결단할 수 없으니, 공손히 성상의 재결을 기다립니다.

-아 래-

선조대왕의 신주 면이 '유명증시(有明贈諡)' 4자가 빠져 쓰여 있지 않은 데다 묘호가 위에 있고 명나라 황제로부터 받은 시호가 아래에 있어 열성의 신주 서식과 같지 않은 점입니다. 이것은 필시 초상 때 우주(虞主)를 쓰면서 열성의 신주 서식을 상고하지 않고 단지 향실의 축문에만 근거하여 썼기 때문이고, 그 후에 연주(練主)를 쓸 때에 다시 의심을 두지 않고 옛날에 쓴 것을 그대로 답습했기 때문일 것입니다. 이미 잘못된 것임을 안 이상 일체 열성의 신주 서식에 따라 쓰는 것이 옳을 듯합니다.

선조대왕께 두 차례 추상한 존호 16자 가운데 8자는 대행(大行)이실 때 올린 존시 위에 있고 8자는 존시 아래에 있는 점입니다. 삼가 열성께 대행일 때 올린 존시를 상고해 보니, 모두 하단에 있었습니다. 그렇기 때문에 모두 '모효대왕(某孝大王)'으로 일컬으니, 이것이 바로 예전의 서식입니다. 이것은 필시 '계통(啓統)' 등 8자는 첫 번째 추상할 때인 만큼 예전의 서식을 상고하여 대행이실 때 올린 존시 위에 올려서 썼으나, '이모(貽謨)' 등 8자는 두 번째 추상한 것인 만큼 예전의 서식을 다시 상고해 보지 않고 대행이실 때 올린 존시 아래에 연이어 쓴 것일 터이니, 그 근거 없음이 심합니다. 이른바 추상한 16자를 한결같이 선후로 올린 순서에 따라 쓰고, 대행이실 때 올린 존시를 열성의 예전 서식에 따라 하단에 써서 바로잡는다면, '유명증시소경 선조 정륜입극성덕홍렬지성대의격천희운 계통광헌응도융조이모수유광휴연경 현문의무성예달효대왕(有明贈諡昭敬宣祖正倫立極盛德洪烈至誠大義格天熙運啓統光憲凝道隆祚貽謨垂裕廣休延慶顯文毅武聖睿達孝大王)'[146]으로 써야 옳을 듯합니다.

의인왕후(懿仁王后)께 전후로 올린 존호 및 대행이실 때 올린 존시는 쓴 바가 더욱 뒤바뀌고 잘못되어 심히 근거할 데가 없는 점입니다. 일체 올린 선후의 순서에 따라 예전의 서식대로 바로잡는다면, '장성 휘열 정헌명덕현숙 의인왕후(章聖徽烈貞憲明德顯淑懿仁王后)'[147]로 써야 옳을 듯합니다.

축문에 '유명증시' 4자가 없으며, 묘호가 위에 있고 명나라 황제로부터 받은 시호가 아래에 있는 점입니다. 이것은 아마도 까닭이 있을 듯합니다. 삼가《오례의》의 〈입주식(立主式)〉과 〈축문식(祝文式)〉을 조사해 본 결과 신주와 축문이 차이가 없지 않은 데다 축문은 그야말로 계승한 왕이 축문으로 고하는 말이니, '유명증시'라는 4자를 쓰지 않더라도 흠될 바는 아닌 듯합니다. 이미 4자를 쓰지 않았고 보면 묘호가 위에 있고 명나라 황제로부터 받은 시호가 아래에 있는 것은 형세로 보아 혹 이와 같아야 할 듯도 하니, 예전부터 의정해 놓은 일이 아니겠습니까? 예전대로 그냥 쓰더라도 아마 잘못된 전례가 되지는 않을 듯합니다.

두 분 신위의 신주를 만일 바로잡아 고쳐 쓰게 되면 그전에 지워져 글자 모양을 제대로 이루지 못한 부분은 저절로 미진하게 되는 걱정[148]이 없어질 것입니다."

하니, "아뢴 대로 하라."고 전교하였다. -《승정원일기》에 나온다.

146 **유명……대왕** 존호 가운데 '정륜입극성덕홍렬(正倫立極盛德洪烈)'은 1590년(선조23)에, '지성대의격천희운(至誠大義格天熙運)'은 1604년에 각각 올린 존호이고, '계통광헌응도융조(啓統光憲凝道隆祚)'는 1616년(광해군8)에, '이모수유광휴연경(貽謨垂裕廣休延慶)'은 1620년에 각각 추상한 존호이며, '현문의무성예달효(顯文毅武聖睿達孝)'는 승하했을 때 올린 존호이다. 구분을 위해 올린 시기를 생시, 사후, 승하했을 때로 나누어 띄어 썼다.

147 **장성휘열 정헌명덕현숙 의인왕후** 의인왕후는 1600년에 승하하였다. '장성(章聖)'은 1590년에, '휘열(徽烈)'은 1604년에 올린 존호이고, '정헌명덕현숙(貞憲明德顯淑)'은 1610년, 1616년, 1621년에 각각 추상한 존호이며, '의인(懿仁)'은 승하했을 때 올린 시호이다. 이 역시 구분을 위해 시기별로 띄어 썼다.

148 **걱정** 대본은 '道'인데,《인조실록》10년 12월 16일조 기록에 의거하여 '患'으로 바로잡아 번역하였다.

○ **9월 병오일**(17일)

예조에서 아뢰기를,

"전교하셨습니다. 대신에게 논의한 결과 영의정 윤방(尹昉)은 '혼조(昏朝) 때 올린 존호는 사실 스스로 권위에 붙고 스스로 높이기 위해 행한 거사로, 간신이 속이고 더럽힌 죄에서 나오지 않은 것이 없습니다. 일찍이 반정했던 초기에, 소급해서 고치자는 논의가 있었습니다. 하루는 경연에 신이 마침 입시하여 이러한 의견을 자세하게 진달하였더니, 성상께서 지금에 와서 소급하여 고치는 것은 존호를 삭감하는 듯한 점이 있어 편치 않다고 하셨으므로 신은 감히 고집하여 청하지 못하고 물러났습니다. 지난날 신주를 고쳐 쓰는 일에 대해 의계(議啓)할 때에, 신은 외간에도 이러한 논의가 있다고 들었으나, 단지 대단히 뒤바뀐 곳에 대해서만 자세히 논의하고 다른 말은 언급하지 않았습니다. 지금 옥당에서 올린 차자를 보건대, 말이 엄격하고 의리가 올바르니, 정상적이지 않은 존호를 속히 삭제하여 한 시대의 이목을 새롭게 해야 할 것입니다. 그러나 이 일은 사안의 본질이 지극히 중대하고, 또 다음과 같이 몇 가지 처리할 절목이 있습니다. 첫째는 고치고 난 뒤에 전에 올렸던 옥책(玉冊)과 옥보(玉寶)를 그대로 둘 수는 없을 것 같다는 문제이고, 둘째는 의인왕후와 인목왕후의 휘호도 이와 견주어 삭제해야 할 것 같다는 문제이며, 셋째는 신주를 고쳐 쓸 때에 종묘에 고할 말입니다. 이러한 문제들을 반드시 충분하게 강구하여 참으로 의리에 합당하게 하고 난 뒤에야 비로소 시행할 수 있을 것입니다. 오직 해조에서 미리 여쭈어 정탈하는 데에 달렸습니다. 삼가 상께서 재결하소서.' 하였습니다.

좌의정 김류(金瑬)는 '옛날의 시호는 천도(天道)로 군부(君父)를 받들었을 뿐이니, 만약에 마음에 사사로운 욕심이 있어서 바르지 않은 시호를 가상하였다면 높이고자 했던 분을 더럽히고 마는 결과가 됩니다. 과거 혼조에 수많은 간흉들이 아첨을 부려 군주의 욕심을 이루어 주기 위해 선왕께 휘호를 가상하였는데, 이것은 천지에 드높고 그 어느 왕보다도 높은 선왕의 공렬로 하여금[149] 도리어 간신이 빌붙어 세상을 속이는 수단이 되게 한 것이니, 하늘에 닿을 죄를 오히려 말할 수 있겠습니까? 반정 초기부터 이미 바로잡자는 논의가 있었지만 사안이 중대한 관계로 여태

149 **하여금** 대본은 '抑'인데, 《인조실록》 11년 8월 30일조 기록에 의거하여 '使'로 바로잡아 번역하였다.

시행하지 못하였으니, 이 점이야말로 공론이 항상 통탄스럽게 여겨 왔던 것입니다. 삼가 살펴보건대, 한나라 헌제(獻帝) 때에는 효화제(孝和帝) 이하 사묘(四廟)의 호를 줄였고,[150] 당나라 현종(玄宗) 때에는 고조(高祖) 및 여러 황제와 황후의 시호를 두 번에 걸쳐 더 올렸는데,[151] 그 이후에 이부상서(吏部尙書) 안진경(顔眞卿)이 상언하기를, 「상원(上元) 연간에 정사가 황후의 손에 있었으므로 처음으로 조종의 시호를 더 올렸고,[152] 현종 말년에는 간신이 권력을 잡아 가상한 존호가 11자에 이르는 일이 있었습니다. 청컨대 중종 이상은 모두 처음의 시호를 따르고 예종 이하는 추가로 올린 시호를 모두 삭제하여 형식을 줄이고 본질을 높이며 명분을 바로잡고 근본을 도탑게 하소서.」 하였습니다. 그때 유학의 선비들은 모두 안진경의 논의를 따랐으나 유독 원참(袁傪)만은 능묘(陵廟)의 옥책(玉冊)과 목주(木主)를 모두 이미 새겨 놓았으므로 경솔히 고칠 수 없다고 주장하여 이 일이 결국 취소되었습니다. 그런데 주자(朱子)가 《강목(綱目)》을 편찬하면서 이 일을 특별히 써서 칭찬하였고, 선유가 풀이하기를 「이러한 논의가 있었던 것은 다행이나 끝내 줄이지 못하고 만 것은 안타깝다.」 하였습니다. 명신(名臣)의 의견이 이미 이와 같고 선유의 논의도 이미 정해졌으니, 과거에 올린 번독스러운 존호를 지금 당장 바로잡아 고치는 것은 그만둘 수 없을 듯합니다. 그러나 신의 어리석고 얕은 견해로 감히 가볍게 논의할 수 없으니, 삼가 상께서 재결하소서.' 하였습니다.

판중추부사(判中樞府事) 이정귀(李廷龜)는 '이 일은 모두 흉악한 신하가 속이고 더럽힌 죄에서 나온 것이어서 공론이 항상 통탄스럽게 여겨 왔던 것입니다. 일찍이 반정 초기에 경연에 참여한 신하가 바로잡아야 한다는 논의를 진즉 하였으나, 이미 올린 시호를 아무 까닭 없이 삭제하는 것도 편치 않은 일이기 때문에 취소되었습니다. 그러나 지금 신주를 고쳐 쓰게 된 날을 당하여 기회가 전과는 다르니, 사안의 경중을 참작하여 알맞게 처리하는 것도 무방할 듯합니다. 삼가 상께서 재결하소서.' 하였습니다.

판중추부사 정창연(鄭昌衍)과 판돈녕부사 김상용(金尙容)은 병으로 수의하지 못했습니다. 대신의 논의가 이와 같으니, 삼가 상께서 재결하소서."

하니, "아뢴 대로 하라." 고 전교하였다. —《승정원일기》에 나온다.

150 **한나라……줄였고** 사묘의 호란 화제(和帝)의 묘호 목종(穆宗), 안제(安帝)의 묘호 공종(恭宗), 순제(順帝)의 묘호 경종(敬宗), 환제(桓帝)의 묘호 위종(威宗)을 말한다. 이 네 황제는 공덕이 없으므로 종(宗)으로 일컫는 것이 옳지 않다 하여 동탁(董卓)과 채옹(蔡邕)의 건의로 삭제한 것을 말한다. 《후한서 권9 효헌제기》《후한서 지(志) 9 제사(祭祀) 하》

151 **당나라……올렸는데** 720년(당 현종8)에 위로 5대조인 고조, 태종, 고종, 중종, 예종에게 '대성(大聖)' 이라는 존호를 올리고, 태목황후(太穆皇后), 문덕황후(文德皇后), 칙천황후(則天皇后), 화사황후(和思皇后), 소성황후(昭成皇后)에게 '순성(順聖)' 이라는 존호를 올렸으며, 725년에 고조에게는 '신요대성대광효황제(神堯大聖大光孝皇帝)' 를, 태종에게는 '문무대성대광효황제(文武大聖大廣孝皇帝)' 를, 고종에게는 '천황대성대홍효황제(天皇大聖大弘孝皇帝)' 를, 중종에게는 '태화대성대소효황제(太和大聖大昭孝皇帝)' 를, 예종에게는 '현진대성대흥효황제(玄眞大聖大興孝皇帝)' 를 올린 것을 말한다. 《구당서 권9 현종 하》

152 **상원……올렸고** 상원은 당 고종(唐高宗)의 여덟 번째로 개원(改元)한 연호이다. 황후는 측천무후(則天武后)를 말하고, 조종은 고조와 태종을 말한다. 고조에게는 '대무황제(大武皇帝)' 를 '신요황제(神堯皇帝)' 로 고쳐 올렸고, 태종에게는 '문황제(文皇帝)' 를 '문무성황제(文武聖皇帝)' 로 고쳐 올린 것을 말한다. 《자치통감 권202 당기 18》《구당서 권1 본기 고조, 권3 본기 태종 하》

○ 9월 정미일(18일)

예조에서 아뢰기를,

"영상과 좌상에게 물으니, '의인왕후께 병진년(1616, 광해군8)에 추상한 존호인 명덕(明德) 2자와 신유년(1621)에 추상한 현숙(顯淑) 2자는 선조대왕께 병진년과 신유년에 추상한 존호와 함께 일체 삭제하여 바로잡고, 인목왕후는 병진년과 신유년에 원래 존숭한 일이 없었던 만큼 현재 행해지고 있는 존호는 모두 규례에 따라 올린 존호이니, 삭제할 사안이 없을 듯합니다. 그리고 대왕과 왕후의 옥책은 갑자년(1624, 인조2)의 변란[153] 때 조각조각 파손되어 글자를 거의 알아볼 수 없을 정도입니다. 겨우 거두어 모아 궤 안에 간직해 놓았는데, 이번에 옥보와 함께 알맞은 장소에 묻어 두는 것도 안 될 것은 없겠습니다. 신주를 고쳐 쓸 때에 종묘에 고유(告由)할 말은 다시 명백하게 짓는 것이 마땅하겠습니다.' 하였습니다. 감히 아룁니다."

하니, "아뢴 대로 하라."고 전교하였다. –《승정원일기》에 나온다.

153 **갑자년의 변란** 이괄(李适)의 난을 말한다.

부묘 祔廟

의주(儀註)를 첨부하였다.

○ 태종대왕 경인년(1410, 태종10) **7월 신묘일**(26일)

태조 강헌대왕(康獻大王)과 신의왕후(神懿王后)를 종묘 제5실에 부묘하였다. 제례 의식은 사시(四時)에 지내는 대향(大享)의 규례를 따르고, 팔음(八音)의 악기를 연주하였다. —실록에 나온다.

○ 세종대왕 신축년(1421, 세종3) **12월 정미일**(18일)

종묘에 섭행(攝行)으로 제사를 지냈다. 백관(百官)이 제사에 배석하였다. 황백고(皇伯考) 공정(恭靖) 온인순효 대왕(溫仁順孝大王)과 황백비(皇伯妣) 정안왕후(定安王后) 김씨(金氏)의 신주를 태묘(太廟)에 부묘하였다. —실록에 나온다.

○ 갑진년(1424, 세종6) **7월 을유일**(12일)

광효전(廣孝殿) —태종대왕의 혼전(魂殿)이다.—에 고유제(告由祭)를 행하였다. 고유제를 마치고, 상이 곤룡포와 면류관 차림을 하고 연(輦)을 탔다. 앞에서 뭇 신하들을 이끌고 종묘에 이르러 부묘하였다. 이어 추향대제(秋享大祭)를 행하였다. —실록에 나온다.

○ 문종대왕 임신년(1452, 문종2) **4월 갑술일**(10일)

세종대왕과 소헌왕후(昭憲王后)의 신주를 의식대로 종묘에 부묘하였다. —실록에 나온다.

○ 단종대왕 갑술년(1454, 단종2) **7월 을축일**(16일)

문종대왕과 현덕왕후(顯德王后)의 신주를 종묘에 부묘하였다. —실록에 나온다.

○ 성종대왕 경인년(1470, 성종1) **12월 기미일**(16일)

상이 종묘에 나아갔다. 축시(丑時)에 세조대왕의 신주를 받들어 태실(太室)에 올려 부묘하였다. 묘시(卯時)에 환궁하였다. —실록에 나온다.

○ **임진년**(1472, 성종3) **1월 기유일**(12일)

상이 종묘에 나아갔다. 축시에 환조(桓祖)의 신주와 의혜왕후(懿惠王后)의 신주를 받들어 영녕전에 부묘하고, 예종대왕과 장순왕후(章順王后)의 신주를 받들어 태실에 올려 부묘하였다. 향례(享禮)를 행하였다. -실록에 나온다.

○ **병신년**(1476, 성종7) **1월 을묘일**(10일)

상이 회간대왕(懷簡大王 덕종)의 신주를 받들어 태실에 올려 부묘하고, 춘향대제(春享大祭)를 행하였다. -실록에 나온다.

○ **을사년**(1485, 성종16) **5월 신유일**(12일)

상이 종묘에 나아가 정희왕후(貞熹王后 세조 비)의 신주를 올려 부묘하고, 친히 강신(降神)하기를 의식대로 하였다. 아울러 영녕전에 섭행으로 제향을 올렸다. -실록에 나온다.

○ **연산군 정사년**(1497, 연산군3) **2월 계미일**(11일)

왕이 종묘에 나아가 성종대왕과 공혜왕후(恭惠王后)의 신주를 종묘에 올려 부묘하고, 부묘제(祔廟祭)를 행하였다. -실록에 나온다.

○ **신유년**(1501, 연산군7) **2월 을사일**(22일)

예조에서 아뢰기를,

"안순왕후(安順王后 예종 계비)의 부묘제 때 친행(親行)으로 하는 것이 어떻겠습니까?"

하니, "친행으로 하겠다."고 전교하였다. -실록에 나온다.

○ **3월 신해일**(3일)

종묘에 나아가 부묘제를 행하고 환궁하였다. -실록에 나온다.

○ **병인년**(1506, 연산군12) **8월 경오일**(23일)

전교하였다.

"소혜왕후(昭惠王后 덕종 비)의 부묘를 이미 섭행으로 하도록 명하였으니, 백관은 진하(陳賀)하지 말라." -부묘한 날짜는 드러난 데가 없다.

○ 중종대왕 계유년(1513, 중종8)[154] **5월 계유일**(6일)

상이 종묘에 행차하여 부묘제를 행하였다. -현덕왕후(顯德王后 문종 비)의 부묘이다. 실록에 나온다.

○ 임진년(1532, 중종27) **10월**[155] **을유일**(11일)

상이 면복 차림으로 부묘 -정현왕후(貞顯王后 성종 계비)의 부묘이다.-의 예를 의식대로 거행하였다. 세자가 아헌(亞獻)을 하였다. -실록에 나온다.

○ 명종대왕 정미년(1547, 명종2) **1월 을축일**(12일)

중종대왕과 장경왕후(章敬王后)의 신주를 종묘에 부묘하고, 섭행으로 제사를 올렸다. -실록에 나온다.

○ 9월 을축일(17일)

인종대왕을 태묘에 부묘하는 제사를 섭행으로 행하였다. -실록에 나온다.

○ 정묘년(1567, 명종22) **6월 계사일**(10일)

상이 문덕전(文德殿) -문정왕후(文定王后 중종 계비)의 혼전이다.-에 나아가 숭문당(崇文堂)에서 재숙(齋宿)하였다. 갑오일(11일)에 상이 종묘에 나아가 재숙하였다. 을미일(12일)에 상이 부묘제를 친히 행하였다. -실록에 나온다.

○ 선조대왕 기사년(1569, 선조2) **8월 정사일**(16일)

축시에 상이 부묘제 -명종대왕의 부묘이다.-를 행하였다. -실록에 나온다.

○ 정축년(1577, 선조10) **3월 정유일**(10일)

인순왕후(仁順王后 명종 비)의 담제(禫祭)를 섭행으로 행하였다. 기해일(12일)에 태묘에 부묘하는 제사를 친행으로 행하였다. -실록에 나온다.

154 **계유년** 대본에는 없는데, 《중종실록》에 의거하여 보충하여 번역하였다.

155 **10월** 대본은 '九月'인데, 《중종실록》에 의거하여 '十月'로 바로잡아 번역하였다.

○ **경진년**(1580, 선조13) **1월 삭**(朔) **신축일**(1일)

인성왕후(仁聖王后 인종 비)의 신주를 태묘에 부묘하고, 상이 친히 제사를 올렸다. –실록에 나온다.

○ **광해군 경술년**(1610, 광해군2) **4월 병술일**(11일)

선조대왕과 의인왕후(懿仁王后)의 신주를 태묘에 부묘하였다. –하향대제(夏享大祭)를 겸행하였다. 《승정원일기》에 나온다.

○ **인조대왕 갑술년**(1634, 인조12) **윤8월 계사일**(10일)

인목왕후(仁穆王后 선조 계비)의 신주를 태묘에 부묘하였다. –《승정원일기》에 나온다.

○ **을해년**(1635, 인조13) **3월 경오일**(20일)

원종대왕과 인헌왕후(仁獻王后)의 신주를 태묘에 부묘하였다. –처음에는 11일로 날을 택하였으나 비가 내려 거행하지 못하였다. 다시 대계(臺啓)로 인하여 20일에 예를 행하였다. 《예조등록》에 나온다.

○ **효종대왕 신묘년**(1651, 효종2) **7월 임오일**(7일)

인조대왕과 인열왕후(仁烈王后)의 신주를 태묘에 부묘하였다. –추향대제를 겸행하였다. 《예조등록》에 나온다.

○ **현종대왕 신축년**(1661, 현종2) **7월 을묘일**(8일)

효종대왕의 신주를 태묘에 부묘하였다. –추향대제를 겸행하였다. 《예조등록》에 나온다.

○ **기유년**(1669, 현종10) **10월 삭**

신덕왕후(神德王后 태조 계비)의 신주를 태묘에 추가로 부묘하였다. –삭제(朔祭)를 겸행하였다. 《예조등록》에 나온다.

○ **숙종대왕 병진년**(1676, 숙종2) **4월 신유일**(9일)

인선왕후(仁宣王后 효종 비)의 신주를 태묘에 부묘하였다. -하향대제를 겸행하였다. 《예조등록》에 나온다.

○ **10월 갑자일**(15일)

현종대왕의 신주를 태묘에 부묘하였다. -동향대제(冬享大祭)를 겸행하였다. 《예조등록》에 나온다.

○ **병인년**(1686, 숙종12) **2월 갑오일**(10일)

명성왕후(明聖王后 현종 비)의 신주를 태묘에 부묘하였다. -《예조등록》에 나온다.

○ **경오년**(1690, 숙종16) **10월 정묘일**(10일)

장렬왕후(莊烈王后 인조 계비)의 신주를 태묘에 부묘하였다. -동향대제를 겸행하였다. 《예조등록》에 나온다.

○ **광해군 기유년**(1609, 광해군1) **12월 기미일**(12일)

예조에서 아뢰기를,

"《오례의》에 '부묘한 뒤 환궁할 때에는 의금부와 군기시에서 나례(儺禮)[156]를 올리고, 기로(耆老), 유생(儒生), 교방(教坊)이 각각 가요를 올리며, 거리에 결채(結綵)[157]하고, 궐문 밖 좌우에 채붕(綵棚)[158]을 설치한다.' 하였습니다. 채붕과 나례는 선조(先朝)에서 모두 정지하도록 명한 것이고, 지금의 재정으로도 결코 하기 어려운 것입니다. 교방은 현재 다시 설치하지 못한 상태이니 역시 논의할 수 없습니다. 기로와 유생의 가요 및 거리에 결채하는 등의 일은 선조에서도 모두 설행하였고, 대단하게 준비해야 폐단이 없을 듯하니, 이처럼 성대한 예를 치르는 때에 아마도 그만둘 수 없을 듯합니다. 예문(禮文)에 실려 있는 일이기에 감히 이렇게 우러러 여쭙니다."

하니, "윤허한다."고 전교하였다. -《승정원일기》에 나온다.

156 **나례** 섣달 그믐날 밤에 묵은 해의 악귀를 쫓는 의식의 하나이다. 국가에서 행하는 나례와 민간에서 행하는 나례가 《국역 연려실기술》 10집 별집 제12권 〈정교전고(政教典故) 속절의 잡희〉에 자세히 나와 있다.

157 **결채** 색실, 색헝겊, 색종이 등을 다리, 지붕, 문 위에 내걸어 장식하는 일로, 임금의 행차나 사신을 맞이할 때 하는 의식이다.

158 **채붕** 채색으로 단장한 장막으로, 이 역시 국가의 큰 행사나 사신을 맞이할 때 하는 의식이다. 막대한 비용이 들어 폐해가 심했다. 이에 대해서는 《국역 성호사설》 6집 제15권 〈인사문 채붕〉에 자세히 나온다.

○ **인조 갑술년**(1634, 인조12) **7월 을사일**(21일)

예조에서 아뢰었다.

"《오례의》의 〈부묘의(祔廟儀)〉에 '담제(禫祭) 이후 길제(吉祭)를 맞아 부묘한다.' 하였고, 주에 '길제는 곧 시향(時享)이다.' 하였습니다. 《오례의》는 국조 200년 동안 통행해 온 전례(典禮)이고, 부묘는 대단히 중요한 예절이니만큼 한결같이 조종의 정해진 제도를 따라야 합니다. 그렇기 때문에 인목왕후의 부묘를 《오례의》에 따라 동향대제에 행하는 것으로 이미 계하되었습니다.

그런데 논의하는 자들이 혹 말하기를, '국조의 전례에 시향을 기다리지 않고 부묘한 적이 있다.' 하는데, 신들은 견문이 고루하여 국조의 고사를 알 길이 없었고, 본 예조의 문적도 흩어져 없어져서 상고하여 근거할 만한 것이 없었습니다. 그러던 차에 해당 서리가 옛날 서적 중에서 베껴 쓴 책 하나를 찾았는데, 인종대왕의 담제가[159] 9월 정사일(9일)에 있었고 그달 을축일(17일)에 부묘제를 행하였으며, 문정왕후의 담제가 6월 정해일(4일)에 있었고 그달 을미일(12일)에 부묘제를 행하였다고 되어 있습니다. 이것은 모두 담제를 행한 달에 바로 부묘를 행한 것인데, 그달은 시향을 지내는 달이 아닌 만큼[160] 《오례의》와 맞지 않으니, 무슨 까닭으로 이와 같이 되었는지 알지 못하겠습니다.

경술년(1610, 광해군2)의 《부묘등록》[161]을 가져다 조사해 보니, 4월 11일에 부묘를 행하고 하향대제를 겸행하였다고 되어 있는데, 대제는 10일 전에 지내는 것이나 부묘를 겸하였기 때문에 10일 이후로 미뤄 행한 것이니, 이것은 《오례의》의 제도를 준행한 것입니다. 지금 《오례의》를 준용한다면 마땅히 전에 정한 날짜를 따라야 하고, 만약 문정왕후 부묘 때의 규례를 따른다면[162] 8월 안에 거행해야 합니다. 어떻게 해야 마땅할지 알지 못하겠습니다." -《승정원일기》에 나온다.

○ 상신(相臣) 이정귀가 아뢰었다.

"《예기》에 일컫기를, '길제(吉祭)를 지낸 뒤에 본래의 처소로 돌아온다.' 하였으니, 부묘례는 가까운 시일에 해야지 오래 지나서 하면 안 되는 것이 분명합니다. 이어 《오례의》의 글과 조종조에서 행한 전례를 살펴보니, 담

159 **인종대왕의 담제가** 대본에는 없는데, 《인조실록》 12년 7월 20일조 예조 계사에 의거하여 보충하여 번역하였다. 보충한 원문은 "仁宗大王禫祭 在"이다.

160 **그달은……만큼** 대본은 '時享之月' 인데, 《인조실록》 12년 7월 20일조 예조 계사에 의거하여 '此非時享之月'로 바로잡아 번역하였다.

161 **경술년의 《부묘등록》** 선조대왕과 의인왕후(懿仁王后)의 부묘를 말한다.

162 **마땅히……따른다면** 대본은 '當依前祔廟時例' 인데, 《인조실록》 12년 7월 20일조 예조 계사에 의거하여 적절히 보충하여 번역하였다. 이 부분의 원문은 "當依前定日 若依文定王后祔廟時例"이다.

제를 지낸 뒤에 부묘례를 행하는데, 길제를 만나면 그대로 이어서 행하고, 만나지 못하여 길제의 기일이 너무 멀면 별도로 날을 택하여 행하였으니, 손익을 참작한 알맞은 방법인 듯합니다. 지금 길제인 동향대제를 기다려 부묘례를 함께 행하려면 8월, 윤8월, 9월, 10월까지 4개월이나 오래 끌어야 합니다. 담제를 지낸 뒤에 신어(神御)를 그대로 혼궁(魂宮)에 머물게 하는 것은 정성 들여 신위를 모시는 도가 아닙니다. 신은 본래 예학(禮學)에 어두우니, 삼가 상께서 재결하소서." –이정귀의 문집에 나온다.

○ 효종 신묘년(1651, 효종2) **5월 을유일**(9일)

예조에서 아뢰기를,

"인조대왕과 인열왕후를 태묘에 부묘하는 예를 마치고 환궁한 뒤에 행하는 진하(陳賀)와 음복연(飮福宴)을 임시로 정지하라고 명하셨습니다. 성상께서 삼년상을 마쳐 복을 벗으시고 부묘례를 마치신 뒤에 뭇 신하들이 맑고 빛나는 용안을 우러러보면서 지극히 기쁜 마음을 펴는 것은 진실로 국가의 막중하고도 막대한 거조입니다. 가만히 들으니, 조종조에서 일찍이 정지한 적이 없었고, 음복연도 제사를 지내고 남은 것으로 소략하게 베푸는 것이라 풍성하게 준비하지는 못하나, 모두 빼놓을 수 없는 성대한 전례라고 합니다. 곡삭(告朔)의 예도 오히려 당연히 아까워하는데,[163] 하물며 이번에 종묘에 올려 협제(祫祭)를 지내고, 보위에 올라 조정에 임하시는 큰 경사를 어찌 지나치게 겸양만 하여 신민을 실망시키십니까? 신들의 직책이 예를 담당하고 있기에 구구한 소회를 감히 진달하지 않을 수 없습니다. 진하와 음복연을 모두 예문에 따라 시행하는 것이 어떻겠습니까?"

하니, "윤허하지 않는다."고 전교하였다. –《승정원일기》에 나온다.

○ 6월 계해일(18일)

주강(晝講)에 입시했을 때이다. 우승지 오정일(吳挺一)이 아뢰기를,

"신이 부묘할 때의 〈제향마련절목(祭享磨鍊節目)〉을 참고하여 조사해 본 결과 칠사(七祀)에 부묘의 사유를 고하는 글이 없었습니다. 신은 이것을 전혀 이해할 수 없었는데, 신이 마침 향실에서 《제문등록(祭文謄錄)》을

163 **곡삭의……아까워하는데** 곡삭의 예는 섣달에 천자로부터 받은, 이듬해 12개월의 월력을 사당에 보관해 두었다가 매월 초하룻날 꺼내어 시행하기 위해 사당에 고유(告由)하는 의식이다. 공자의 제자 자공(子貢)이 곡삭의 예를 치를 때 바치는 희생인 양을 없애려고 하자 공자가 "너는 그 양을 아까워하느냐? 나는 그 예를 아까워한다."라고 한 데서 나온 말이다.《논어 팔일》

보았더니, 을해년(1635, 인조13) 3월 11일 원종대왕 부묘 때 칠사의 고문(告文)에 '부묘의 의식이 이루어졌다〔躋祔儀成〕'는 등의 말이 있었습니다. 이것이 바로 사유를 고하는 글입니다. 지금은 이미 추향대제가 있으니, 제문 가운데에 부묘를 고하는 뜻을 첨부해 넣는 것이 마땅할 듯합니다. 해조로 하여금 정탈하여 거행하게 하는 것이 어떻겠습니까?"

하니, "아뢴 대로 하라."고 하였다. -《승정원일기》에 나온다.

부 의주[164]

164 **부 의주** 대본에는 제목이 없으나 '의주를 첨부하였다'는 원주에 의거하여 제목을 임의로 붙였다.

165 **〈길례〉** 《국조오례의》의 편명이다. 권1에 〈사시와 납일의 종묘 향사 의식〔四時及臘享宗廟儀〕〉이 실려 있다. 시향(時享)은 춘향(春享), 하향(夏享), 추향(秋享), 동향(冬享)이다.

시일(時日) -담제 이후에 길제를 맞아 행한다. 길제는 종묘의 시향(時享)이다. 시향은 〈길례(吉禮)〉[165]에 보인다.

종묘에 고한다. 하루 전에 종묘에 고한다. 찬품(饌品)과 행례(行禮)는 보통 때 고하는 의식과 같다.

고하는 의식을 마치면 재랑(齋郎) 등이 요여(腰轝)를 현재 신주가 있는 신실의 지게문〔戶〕 밖에 진설한다. -대왕의 요여는 서쪽에 두고 왕후의 요여는 동쪽에 둔다. 뒤에도 이와 같다.- 대축(大祝)과 궁위령(宮闈令)이 각각 신주궤(神主匱)를 받들어 -나갈 때에는 대왕의 신주가 먼저 나가고, 들어갈 때에는 왕후의 신주가 먼저 들어간다. 뒤에도 이와 같다.- 요여에 안치하고, 서쪽 협실의 감실로 받들어 옮긴다. 악장(幄帳) 등의 물건을 모두 옮겨 설치한다. 또 요여로 다음 신실 이하의 신주궤를 받들어 이대로 차례차례 감실로 이안(移安)하고, 옮겨 놓은 악장 등의 물건을 각각 본 신실로 옮겨 들여 놓는다. 새 신주를 봉안할 신실에 필요한 악장 등의 물건은 유사가 먼저 만들어 두었다가 부묘하는 날에 이르러 신실 안에 진설한다.

혼전에 고한다. 하루 전에 혼전에 고한다. 찬품과 행례는 삭망제(朔望祭)의 의식과 같다.

166 **〈길례 서례〉** 《국조오례의서례》 권1 〈길례〉를 말한다. 거가출궁조(車駕出宮條)가 실려 있다.

거가(車駕)가 궁을 나간다. -〈길례 서례(序例)〉[166]에 보인다. 이때는 다만 어가가 혼전의 외문 밖에 이르기에 앞서 시종신들이 말에서 내려 나뉘어 서서 몸을 굽히고,

어가가 지나가면 몸을 편다. 어가가 도착하면 좌통례(左通禮)가 나아가 연(輦) 앞에서 무릎 꿇고 앉아 연에서 내려 여(輿)를 타기를 계청한다. 전하가 연에서 내려 여를 타고 재전(齋殿)으로 들어가 원유관(遠遊冠)과 강사포(絳紗袍)를 벗는다. 산선(繖扇)과 시위는 보통 때의 의식과 같다. 종친 및 문무백관이 악차(幄次)에 나아가 조복(朝服)을 벗는다. 숙위(宿衛)는 보통 때와 같다.

동가(動駕)를 고한다.[167] 하루 전에 전설사(典設司)에서 전하의 악차를 혼전 중문(中門) 밖 동쪽 가까이에 서향으로 설치한다. 또 종묘에 악차를 보통 때와 같이 설치하고, 신주의 악좌(幄座)를 종묘 남문(南門) 밖 길 서쪽에 동향으로 설치한다. —상(牀)과 욕석(褥席)을 악좌 안에 설치한다. 왕후를 함께 부묘할 때에는 상과 욕석을 각각 설치한다.— 섭사복시 정(攝司僕寺正)이 여와 연을 올리고, 병조 정랑이 산선(繖扇), 의장(儀仗)과 시위(侍衛), 향정(香亭) 등을 혼전 외문(外門) 밖에 진설한다. 집례(執禮)가 전하의 욕위(褥位)를 혼전 동쪽 계단의 동남쪽에 서향으로 설치하고, 집사(執事)의 자리는 중문 안의 서쪽에 북향하여 동쪽을 상위로, 집례의 자리는 동쪽 계단 아래 서쪽 가까이에 서향으로 설치한다. 찬자(贊者)와 찬인(贊引)은 남쪽으로 조금 물러나 북쪽을 상위로 하여 선다. 종친 및 문무백관과 감찰의 자리는 외정(外庭)에 보통 때와 같이 설치한다. 문외위(門外位)를 설치하고, 집사들은 중문 밖 길 동쪽에 두 줄로 북향하여 서쪽을 상위로 하여 선다.

167 **동가를 고한다** 태묘에 부묘하기 위해 신주를 실은 여(轝)가 출발할 때 지내는 제사, 즉 고동가제(告動駕祭)를 지내는 것을 말한다.

당일 행사하기 전에 내시(內侍)는 신악(神幄)을 정돈한다. 전사관(典祀官)과 전사(殿司)는 각각 자기 소속을 거느리고 들어가서 축판(祝版)을 신위(神位) 오른쪽에 모셔 놓고, —점(坫)이 있다.— 향로(香爐), 향합(香合), 병촉(幷燭)을 신위 앞에 설치한 다음 예찬(禮饌)을 차리고, —《국조오례의서례》에 보인다.— 준(尊)을 지게문 밖 왼쪽에 설치한다. 잔(盞) 하나를 준소(尊所)에 놓아 둔다.

3각(刻) 전에 종친 및 문무백관이 조복(朝服)을 갖추어 입고 모두 바깥의 문외위로 나아간다. 1각 전에 집사들은 제복을 갖추어 입고 문외위로 나아간다. —손을 씻고 들어간다.— 집례가 찬자와 찬인을 거느리고 전의 뜰로 들어가서 두 줄로 북향하여 서쪽을 상위로 하여 서고, 네 번 절한 다음 자리로 나아간다. 찬인의 인도를 받아 감찰 및 전사관 이하가 들어가서 전의 뜰로 나아가 두 줄로 북향하여 서쪽을 상위로 하여 선다. 집례가 말하기를, "사배하시오." 하고, 찬자가 외치기를, "국궁(鞠躬), 사배(四拜), 흥(興), 평신(平身)" 하면, 감찰 및 전사관 이하가 몸을 굽혀 네 번 절하고 일어나 몸을 편다. 찬인의 인도를 받아 감찰 및 전사관 이하가 각각 자리로 나아간다. 인의(引儀)의 인도를 받아 종친 및 문무백관이 나뉘어 들어가 자리로 나아간다. 대축이 동쪽 계단으로 올라가 신위 앞에 나아가서 궤(几)를 열고 신주를 받들어 꺼내 신좌(神座)에 설치하고 백저건(白紵巾)으로 덮는다. -함께 부묘하는 왕후의 신주는 궁위령(宮闈令)이 신주를 설치하고 청저건(青紵巾)으로 덮는다.- 뒤쪽에 궤를 설치한다.

좌통례가 나아가 재전 앞에서 -만약 혼전이 궁궐 안이 아니면 하루 전에 출궁하되, 종묘의 시향 때 출궁하는 의식과 같게 한다.- 부복(俯伏)하여 꿇어앉아 중엄(中嚴)을 계청한다. 전사관과 전사가 찬을 올리기를 마치면 좌통례가 꿇어앉아 외판(外辦)을 아뢴다. 전하가 면복을 갖추어 입고 나온다. -관세(盥帨)하고 나온다.- 찬례의 인도로 전하가 들어가 자리에 나아간다. -근시(近侍)는 따라 들어가고, 산선 및 호위관은 문밖에서 멈춘다.- 집례가 말하기를, "사배하시오." 하고, 찬례가 부복하여 꿇어앉아 '몸을 굽혀 네 번 절하고 일어나 몸을 펼 것' 을 계청한다. 전하가 몸을 굽혀 네 번 절하고 일어나 몸을 편다. 종친 및 문무백관도 같다. -찬자가 역시 외친다. 무릇 집례의 말이 있으면 찬자가 모두 전하여 외치니, 뒤에도 이와 같다.

찬례의 인도로 전하가 동쪽 계단으로 올라가 준소에 나아가서 서향하여 선다. 근시 한 사람은 술을 따르고, 한 사람은 잔으로 술을 받는다. 찬례의 인도를 받아 전하가 들어가 신주 앞에 나아가 북향하여 선다. 찬례가 부복하여 꿇어앉아 '꿇어앉아 규(圭)를 꽂을 것' 을 계청한다. 전하가 꿇어앉아 규를 꽂는다. -만약 꽂기가 불편하면, 근시가 받아 든다.- 종친 및 문무백관이 꿇어앉는다. -찬자가 역시 외친다.- 근시 한 사람은 향합을 받들고 한 사람은 향로를 받들어 꿇어앉아 올린다. 찬례가 '세 번 향을 올릴 것' 을 계청한다. 근시가 향로를 안(案)에 올려놓는다. -향을 올릴 때에는 동쪽에서 서향하고, 향로를 올려놓을 때에는 서쪽에서 동향한다. 잔을 올리고 잔을 올려놓을 때에도 이에 준한다.– 근시가 잔을 꿇어앉아 올린다. 찬례가 '잔을 들어 잔을 올릴 것'을 계청한다. 잔을 근시에게 주어 신좌 앞에 올려놓는다. –왕후를 함께 부묘할 때에는 부잔(副盞)이 있다.– 찬례가 '규를 꺼내 들고 부복하였다가 일어나 조금 물러나서 북쪽을 향해 꿇어앉을 것'을 계청한다. 대축이 신위의 오른쪽으로 나아가 동쪽을 향해 꿇어앉아 축문을 읽는다. 읽기를 마치면, 찬례가 '부복하였다가 일어나 몸을 펼 것'을 계청한다. 전하가 부복하였다가 일어나 몸을 편다. 종친 및 문무백관도 같다. –찬자가 역시 외친다.– 찬례의 인도를 받아 전하가 지게문을 나와 내려가서 자리로 돌아간다.

집례가 말하기를, "사배하시오." 하고, 찬례가 부복하여 꿇어앉아 '몸을 굽혀 네 번 절하고 일어나 몸을 펼 것'을 계청한다. 전하가 몸을 굽혀 네 번 절하고 일어나 몸을 편다. 종친 및 문무백관도 같다. –찬자가 역시 외친다.– 찬례가 예가 끝났음을 아뢰고, 부복하였다가 일어난다. 전하를 인도하여 나가 중문 밖 악차로 나아가 어좌로 모신다. 산선과 시위는 보통 때의 의식과 같게 한다. 인의를 받아 종친 및 문무백관이 나뉘어 외문(外門) 밖으로 나가 좌우로 나뉘어 순서대로 선다. 찬인의 인도를 받아 감찰 및 전사관 이하가 모두 배위(拜位)로 돌아간다. 집례가 말하기를, "사배하시오." 하고, 찬자가 외치기를, "국궁, 사배, 흥, 평신" 하면, 감찰 및 전사관 이하가 몸을 굽혀 네 번 절하고 일어나 몸을 편다. 찬인의 인도를 받아 나간다. 집례가 찬자와 찬인을 거느리고 배위로 나아가서 네 번 절하고 나간다. 대축이 신주를 넣기를 의식대로 한다. 전사관이 자기 소속을 거느리고 예찬(禮饌)을 치운다. 대축이 축판(祝版)을 받들어 구덩이에 묻는다.

신주가 종묘(宗廟)로 나아간다. 고동가제(告動駕祭)가 끝나면, 섭사복시정이 요여(腰轝)를 지게문 밖에 올리고, –때에 임하여 욕석(褥席)을 설치한다.– 산선 및 요여를 뜰에 진설한다. 또 연(輦)을 중문 밖에 남향하여 올리고, 대가 노부(大駕鹵簿)를 그 앞에 의식대로 배열하여 세운다. –만약 왕후를 함께 부묘하면 여, 연, 의장을 각각 진설한다.– 종친 및 문무백관이 시립위(侍立位)로 나아간다. 섭좌통례(攝左通禮)가 들어가 신좌 앞에 나아가서 북쪽을 향해 부복하고 꿇어앉아 '신좌에서 내려 연을 타고 부묘할 것'을 계청한 다음 부복하였다가 일어나 물러난다. –만약 왕후를 함께 부묘하면 왕후의 신좌 앞에 나아가 계청하기를 똑같이 한다.

내시가 책(冊)과 보(寶)를 받들어 집사(執事)에게 주면, 집사가 요여에 안치한다. –책을 안치할 여는 동쪽에 있고, 보를 안치할 여는 서쪽에 있다.– 다음에 내시가 궤(几)를 받들어 여에 놓고, 대축이 신주궤를 받들어 궤앞에 안치한다. –만약 왕후를 함께 부묘하면 궁위령이 받들어 안치한다. 뒤에도 이와 같다.– 떠받들어 모시고 가운데 계단으로 내려온다. 산선과 시위는 보통 때의 의식과 같게 한다. 섭좌통례가 앞에서 인도하여 연 앞의 욕위 –때에 임하여 설치한다.–에 이르면, 섭좌통례가 부복하고 꿇어앉아 '여에서 내려 연을 탈 것'을 계청한다. –무릇 여와 연을 타고 내릴 때에는 섭좌통례가 모두 앞으로 나아가 부복하고 꿇어앉아 계청한다.– 대축이 신주궤를 받들어 연에 안치한다.

섭좌통례가 '출발할 것'을 계청한 다음 부복하였다가 일어난다. 신련(神輦)이 움직인다. 섭좌통례가 옆에서 인도하여 나간다. –만약 공신이 있으면, 공신의 위판을 안치한 요여는 거리 동쪽에 머물러 있다가 이때에 이르러 신련의 뒤를 따라 나간다.– 의장, 시위, 도종(導從)은 보통 때와 같게 한다. 고취(鼓吹)를 울리기 시작한다.

신련이 이르면 종친 및 문무백관이 몸을 굽히고, 지나가면 몸을 편다. 좌통례가 나아가 악차 앞에서 부복하고 꿇어앉아 '악차에서 나와 연을 탈 것'을 계청한다. 전하가 악차에서 나와 연을 탄다. 산선과 시위는 보통 때의 의식과 같게 한다. 어가가 이르면 종친 및 문무백관이 몸을 굽히고, 지나가면 몸을 편다. 이어 차례로 시위한다. 종묘 외문 밖에 이르면 향관(享官)들이 각각 조복(朝服)을 갖추어 입고, 알자(謁者)의 인도로 외문 밖 길 왼쪽에 남쪽을 상위로 하여 서서 몸을 굽혀 맞이하고, 지나가면 몸을 편다. 고취를 그치고 좌우로 나뉘어 서서 제향(祭享)이 끝나기를 기다렸다가 물러간다.

섭사복시 정이 요여를 신련 앞에 올린다. –때에 임하여 욕석을 설치한다.– 섭좌통례가 나아가 신련 앞에서 부복하고 꿇어앉아 '연에서 내려 여를 탈 것'을 계청한 다음 부복하였다가 일어난다. 대축이 신주궤를 받들어 여에 안치한다. 신여가 종묘 남문 밖 악차 앞에 이르면 섭좌통례가 부복하고 꿇어앉아 '여에서 내려 악차로 들어갈 것'을 계청한 다음 부복하였다가 일어난다. 대축이 신주궤를 받들어 악좌(幄座)에 안치한다. –왕후를 함께 부묘할 때에는 왕후의 신주를 왼쪽에 둔다.— 산선 및 의장은 모두 악차 앞에 좌우로 나누어 진열해 있다가 —공신의 요여는 종묘 남문 밖 남쪽 가까이에서 멈춰 북향하고 있다가 신주를 올려 부묘한 뒤에 집사가 위판을 받들어 서문으로 들어가 신위에 안치한다.— 제향이 끝나기를 기다려 물러간다. 처음에 어가가 외문 밖에 이르면 좌통례가 나아가 연 앞에서 부복하고 꿇어앉아 '연에서 내려 여를 탈 것'을 계청한다. 전하가 연에서 내려 여를 탄다. 좌통례와 우통례의 인도로 전하가 재궁(齋宮)으로 들어간다. 산선과 시위는 보통 때의 의식과 같게 한다. 부향(祔享)에 따르는 재계(齊戒), 소제(掃除), 준(尊)·이(彝)·주(酒)·예(醴)·점(坫)·작(爵)의 진설, 희생을 살펴 깨끗함을 고하는 일, 축판의 진서(進署), —부향(祔享)의 뜻을 겸하여 기술한다.— 악기의 진열은 모두 시향(時享)의 보통 의식과 같게 한다. 다만 신련이 종묘에 도착하기에 앞서 유사가 부알(祔謁)하는 욕위를 종묘 뜰 북쪽 가까이의 한가운데에 북향하여 설치한다. —만약 왕후를 함께 부묘하면 대왕의 욕위는 서쪽에 둔다.

새벽에 강신제를 지낸다. 부향하는 날 축시(丑時) 5각 전(前) —축시 5각 전은 바로 3경(更) 3점(點)이다. 행사는 축시 1각에 한다.—에 궁위령이 자기 소속을 거느리고 신실을 열어 신악(神幄)을 정돈하며, 대자리〔筵〕를 깔고 궤(几)를 설치한다. 전사관과 묘사(廟司)가 각각 자기 소속을 거느리고 들어가 찬구(饌具)에 담는다. 담기를 마치면 찬인의 인도를 받아 감찰이 조계(阼階)로 올라가 —여러 향관이 오르내릴 때에는 모두 조계를 이용한다.— 당의 위아래를 살펴 의식과 같지 않은 것이 있는가를 규찰한 다음 도로 나온다.

3각 전에 여러 향관 및 배향관(陪享官)이 각각 해당하는 의복을 입는다. —향관은 제복을 입고, 배향관은 조복을 입는다.— 집례가 찬자, 알자, 찬인을 거느리고 동문으로 들어가 먼저 계단 사이 헌현(軒懸)의 북쪽 배위(拜位)로 나아가 두 줄로 북향하여 서쪽을 상위로 하여 서서 사배한 다음 각자의 자리로 나아간다. 전악(典樂)이 공인(工人)과 문무(文舞)·무무(武舞)를 거느리고 들어가 자리로 나아간다. 인의의 인도를 받아 배향(陪享)하는 종친 및 문무백관이 나뉘어 들어가 자리로 나아간다. 알자와 찬인의 인도를 각각 받아 여러 향관이 모두 동문 밖 자리로 나아간다.

좌통례가 재궁 앞에 나아가 부복하고 꿇어앉아 '중엄'을 계청한다. 찬인의 인도를 받아 감찰, 전사관, 대축, 축사, 재랑, 묘사, 궁위령, 협률랑

(協律郎), 봉조관(奉俎官), 집준(執尊), 집뢰(執罍), 집비(執篚), 집멱(執冪) 및 칠사당(七祀堂)과 공신당의 축사(祝史)·재랑·집준·집뢰·집비·집멱이 들어가 헌현의 북쪽 배위로 나아가 두 줄로 북향하여 서쪽을 상위로 하여 선다. 자리 잡고 서면 집례가 "사배하시오." 하고, 찬자가 전하여 외친다. –보통 집례의 말이 있으면 찬자가 모두 전하여 외친다.– 감찰 및 전사관 이하가 모두 사배한 다음 찬인(贊引)의 인도를 받아 감찰 및 전사관이 자리로 나아간다. 찬인의 인도를 받아 여러 집사가 나아가 관세한 다음 각각 자리로 나아간다.

1각 전에 알자의 인도를 받은 아헌관(亞獻官)과 찬인의 인도를 받은 종헌관(終獻官), 진폐찬작관(進幣瓚爵官), 천조관(薦俎官), 전폐찬작관(奠幣瓚爵官) 및 칠사당과 공신당의 헌관이 들어가 자리로 나아간다. 찬인의 인도를 받아 묘사, 대축, 궁위령이 조계로 올라가 제1실에 나아가서 들어가 감실을 연다. 대축과 궁위령이 신주를 받들어 꺼내 신좌에 설치한다. –신악 안으로 나아가 궤(几) 뒤에서 신주궤를 열어 신좌에 설치한다. 선왕의 신주는 대축이 받들어 꺼내 백저건으로 덮고, 선후의 신주는 궁위령이 받들어 꺼내 청저건으로 덮는다. 서쪽을 상위로 한다.– 차례로 각 신실에 나아가 신주를 받들어 꺼내기를 모두 위의 의식과 같게 한다. 다 마치면 인도를 받아 내려가 자리로 돌아간다. 찬인의 인도를 받아 재랑이 작세위(爵洗位)에 나아가 찬(瓚)을 씻은 다음 찬의 물기를 닦고 작(爵)을 씻은 다음 작의 물기를 닦아 비(篚)에 담아서 받들어 태계(泰階)로 나아간다. 축사들이 각각 계단 위에서 맞이하여 받아 준소(尊所)의 받침〔坫〕 위에 둔다. –전(殿) 위에 있던 집사들은 각각 편의에 따라 계단을 내려와 서로 향하여 차례대로 섰다가 신여가 전에 오르기를 기다려 각각 계단 위의 자리로 돌아간다.

좌통례가 재궁 앞에 나아가 부복하고 꿇어앉아 '외판(外辦)'을 아뢴다. 전하가 면복을 갖추어 입고 나온다. 산선과 시위는 보통 때의 의식과 같게 한다. 예의사(禮儀使)의 인도로 전하가 동문 밖에 이르면 근시가 꿇어앉아 규를 올린다. 예의사가 부복하고 꿇어앉아 '규를 잡을 것'을 계청한다. 전하가 규를 잡는다. –산선, 의장, 호위는 문밖에서 멈춘다.– 상서원(尙瑞院)의 관원이 보(寶)를 받들어 소차(小次) 옆에 진설한다. 예의사의 인도를 받아 전하가 정문으로 들어가 –시위로서 들어갈 수 없는 자는 문밖에서 멈춘다.– 판위에 나아가서 서쪽을 향해 선다. –자리 잡고 설 때마다 예의사는 물러나 왼쪽에 부복한다.– 처음에 전하가 문으로 들어가기에 앞서 섭좌통례가 나아가 악좌 앞에서 부복하고 꿇어앉아 '악좌에서 내려 여에 올라 부알(祔謁)할 것'을 계청한 다음 부복하였다가 일어난다. 내시가 궤(几)를 받들어 여에 놓고, 대축이 신주궤를 받들어 궤의 뒤쪽에 안치한다. 안치하기를 마치면 집례가 –당 아래에 있는 집례이다.– 나가서 신여를 인도하여 문에 이른다. 산선 및 의장은 문밖의 좌우에 정지하여 도열한다. –시위하는 자들은 모두 물러간다.– 집사는 신여를 모시고 정문으로 들어가 부알위(祔謁位) 뒤의 욕석 위에 놓는다. –때에 임하여 설치한다.– 대축이 궤를 받들어 부알위의 남쪽 가까이에 안치한 다음 궤를 열어 신주를 받들어 꺼내 욕위에 안치한다. 안치하기를 마치면 섭좌통례가 욕위의 서쪽으로 나아가 북향하여 부복하고 꿇어앉아 아뢰어 일컫기를, "오늘 길한 때에 모호 대왕(某號大王)을 부알합니다." –만약 왕후를 함께 부묘하면 "모호 대왕과 모호 왕후(某號王后)를 부알합니다."라고 한다.–라고 한 다음 부복하였다 일어나 물러간다. 조금 있다가 섭좌통례가 욕위의 서쪽으로 나아가 동향하여 부복하고 꿇어앉아 '여에 올라 부향(祔享)할 것'을 계청한 다음 부복하였다가 일어나 물러서서 내려가 본래의 반열로 나아간다. 대축이 나아가 부복하고 꿇어앉아 신주를 받들어 여에 안치한다. –그 궤의 덮개도 여 위의 뒤쪽 가까이 둔다.– 신여가 올라가고 난 뒤에 –태계로 올라간다.– 대축의 인도를 받아 새 신실에 이르면 내시가 궤를 받들어 신좌에 놓고, 대축이 신주를 받들어 신좌에 안치한 다음 백저건으로 덮는다. –함께 부묘하는 왕후의 신주는 청저건으로 덮는다.– 묘사가 자기 소속을 거느리고 각각 고명(誥命) 및 책보를 받들고 들어가 안(案)에 놓고, 다음에 선개(扇蓋)를 받들어 좌우에 나누어 설치한다. 그 요여는 동쪽 계단으로 내려가 동문을 거쳐 나간다.

집례(執禮)가 말하기를, "예의사는 행사하기를 계청하시오." 하면, 예의사가 꿇어앉아 '유사가 삼가 갖추었음'을 아뢰고 행사하기를 청한다. 이로부터 나머지 강신(降神), 궤식(饋食), 아헌(亞獻), 종헌(終獻), 칠사당의 제사, 공신당의 제향, 음복(飮福), 망예(望瘞)는 모두 시향의 보통 의식과 같게 한다. 다만 새로 들어간 공신위(功臣位)는 교서(敎書)를 읽는다.

거가(車駕)가 환궁한다. –〈길례 서례〉에 보인다. 이때는 다만 의금부와 군기시에서 나례를 올리고, 기로(耆老)와 유생 및 교방(敎坊)에서 각각 가요를 올리며, 또 가요청(歌謠廳)과 거리에 결채하고, 궐문 밖 좌우에 채붕을 세운다.

환궁한 뒤에 하례를 받고 교서를 반포한다. -〈가례(嘉禮)〉[168]에 보인다. 이때는 다만 제도(諸道)에서 하전(賀箋)을 올린다.

음복연을 행한다. -〈가례〉에 보인다. 친연(親宴)을 정지할 경우에는 유사에게 명하여 향관들에게 잔치를 내려 준다.

168 **〈가례〉** 《국조오례의》의 편명이다. 권4에 〈하례하는 의식〔賀儀〕〉과 〈교서를 내리는 의식〔敎書頒降儀〕〉이 실려 있다.

세실世室

○ **성종 경인년**(1470, 성종1) **6월 신미일**(24일)

이에 앞서 예조에서 아뢰기를,

"세조를 태묘에 부묘하려고 합니다."

하니, 대왕대비 ─정희왕후(貞熹王后 세조 비)이다.─가 이르기를,

"공과 덕이 있는 왕은 체천하지 않는다. 종묘는 몇 실이며, 체천하는 제도는 어떠한가?"

하였다. 신숙주(申叔舟)가 아뢰기를,

"종묘는 7실입니다. 환조, 태조, 공정왕, 태종, 세종, 문종이 계시고, 지금 세조를 올려 부묘하면 7실을 채우게 됩니다. 뒤에 체천할 신주가 있으면 영녕전에 봉안해야 합니다."

하니, 대비가 "알았다."고 하였다. ─실록에 나온다.

○ **연산군 병진년**(1496, 연산군2) **12월 기묘일**(6일)

이에 앞서 김극뉴(金克忸), 이의무(李宜茂), 김일손(金馹孫), 한훈(韓訓), 이주(李胄) 등이 간원(諫院)에 재직하면서 의견을 올리기를,

"신들은 머리를 조아려 아룁니다. 한나라 경제(景帝) 원년에 승상 신도가(申屠嘉) 등이 상주하기를, '공은 고황제(高皇帝)보다 크신 분이 없으니 마땅히 제왕의 태조묘(太祖廟)가 되어야 하고, 덕은 문황제(文皇帝)보다 성대하신 분이 없으니 마땅히 제왕의 태종묘(太宗廟)가 되어야 합니다. 그리하여 천자가 대대로 제사를 올려야 합니다.' 하니, 윤허하였고, 선제(宣帝) 본시(本始) 원년에 유사가 효무제(孝武帝)를 추존하여 세종(世宗)으로 하고 천자가 대대로 제사 올리기를 청하니, 윤허하였습니다. 또 송나라 때 태상 경(太常卿) 성차중(盛次仲) 등이 아뢰기를, '인종(仁宗)과 신종(神宗)은 마땅히 높여 종묘에 모셔 하늘과 더불어 다함이 없게 해야 합니다.' 하자, 삼성(三省)에서 표문을 올려 외의(外議)에 부치기를 청하여 시행하였습니다. 이 몇 분의 임금은 당시에 모두 체천할 대수가 되지 않았는데도 한나라와 송나라의 신하는 옛 임금의 은택을 생

각하고 뒤를 이은 왕의 효성을 넓혀 이렇듯 미리 조천하지 않는 규례를 정하였으니, 바로 만세의 신자들이 당연히 본받아야 할 바입니다.

공손히 생각건대, 우리 태조와 태종의 공과 덕은 가장 높고, 세종의 덕은 한나라 문제의 공손하고 검소한 덕보다 더 훌륭하며, 세조의 공은 효무제(孝武帝)의 위엄이 사이(四夷)에 더해진 것보다 더 뛰어납니다. 그리고 우리 성종의 덕은 온 나라의 신민의 마음에 깊고도 두텁게 배어 승하하시던 날에 깊고 궁벽한 산골에서조차 달려와 슬퍼하고 사모하지 않은 자가 없었으니, 분명 송나라 인종과 같다 하겠습니다. 신들은 바라건대, 한나라와 송나라의 고사대로 예관에 공식적으로 맡겨서 신민의 선왕을 향한 한없는 슬픔을 위로하소서. 삼가 죽음을 무릅쓰고 생각대로[169] 아뢰니다."

169 **생각대로** 대본은 '隨議'인데, 《연산군일기》 1년 12월 30일조 기록에 의거하여 '隨意'로 바로잡아 번역하였다.

하니, 예조에 계하하였다. 예조에서 아뢰었다.

"성종의 위덕(威德)은 지극히 크시니, 과연 말한 바와 같이 정하여 조천하지 않는 신주로 삼아야 합니다. 그러나 삼가 살펴보건대, 주나라의 문왕과 무왕에 대한 조천하지 않는다는 논의는 성왕(成王)과 강왕(康王)의 시대에 정해진 것이 아닙니다. 효왕(孝王)과 의왕(懿王) 때에 이르러 문왕과 무왕이 조천할 대수가 되어서야 비로소 세실의 건립이 있었습니다. 지금 성종의 덕에 대해서는 자연 후세의 공론이 있을 것이니, 우선은 거행하지 마소서." —실록에 나온다.

○ **인조 갑술년**(1634, 인조12) **윤8월 갑신일**(1일)

우의정 오윤겸(吳允謙)이 차자를 올렸다.

"삼가 전날 신의 차자에 답하신 비답을 받아 보니, '조천에 대한 한 가지 사안 역시 논의할 것이 없다. 무슨 말인고 하니, 만약 4실을 칸수로 말한다면 4칸은 이미 찼으니, 성묘는 마땅히 체천해야 한다.'라고 하교하셨습니다. 신이 어리석고 미혹되어 비록 성상의 뜻이 어디에 있는지 분명하게 알지는 못하겠으나, 신의 망녕된 생각으로는 중종묘에서 선조묘까지 칸수로 말하면 4칸의 수를 다 채웠지만 우리 조정의 현행 종묘제도는 인종과 명종을 함께 1세로 삼고 있는 만큼 실은 비록 4실이나 세대는 사실 3대입니다. 따라서 반드시 1위가 새로 부묘된 뒤에야 4세의 수를 채우고 위로 5위가 조천에 해당되는 것입니다. 신이 조천하는 것에 대해 편치 않게 여기는 이유가 이에 있습니다.

성상의 비답에 또 이르시기를, '고조, 증조, 조, 예(禰)로 말하면 성종대왕은 오늘날 반드시 조천해야 한다. 내가 실로 그것이 옳은지는 모르겠으나 예를 들어 영원히 조천하지 않는 신위가 아닌데 그대로 종묘에 두는 것은 그래 무슨 예인가?' 하셨습니다. 삼가 성상의 뜻을 생각해 보건대, 성종대왕은 영원히 조천하지 않는 신위로 정해진 것이 아니며, 중종이 고조묘가 되고, 인종과 명종이 증조묘가 되고, 선조가 조묘가 되고, 원종이 예묘(禰廟)가 된다는 것입니까? 예묘의 논의에 대해서는 신은 항상 종통(宗統)을 중요하게 여겨 마땅히 변례(變禮)를 따라야 함을 옳게 여겼습니다. 그렇기 때문에 이전에도 여러 차례 어리석은 견해를 진달하였습니다만 받아들여지지는 못했습니다. 지금 감히 다시 이 부분을 진달하여 성총을 번거롭게 할 수는 없고, 성묘를 조천하지 않아야 하는 논의에 이르러서는 또한 할 말이 있습니다. 신은 지금 큰 병이 들고 늙어 혼미하여 수삼 년 전의 일을 자세히 기억하지는 못하나, 근년에 종묘에 고조가 둘이 되는 문제[170]에 대한 논의를 정부에 내리셨는데, 회계할 때에 신은 외람되이 수상의 자리에 있으면서 '우리 조정의 종묘제도는 성묘께서 비록 4대 안에 들지만 천륜의 속친(屬親)은 5대조가 됩니다. 따라서 축사(祝辭)를 세실의 열성조의 예대로 바로잡아야 합니다.' 라는 뜻으로 진계하여 시행하였습니다. 또 성묘를 세실로 하는 논의에 대해 여러 대신이 올린 의견은 비록 알지 못하나 신은 '성묘께서 태평성대의 다스림을 이룩하셨으니 깊은 사랑과 두터운 은택은 영원히 잊을 수 없다. 세실로 하는 논의에는 진실로 이론이 있을 수 없다.' 라고 생각합니다. 다만 신이 일찍이 의도가 있고 없고의 구분을 매우 엄격하게 변론하여 분석한 주자의 논의를 들은 적이 있는데, 만약 체천할 대수에 미치지 않은 4대에 대한 예를 오늘날 마침 거행한다면 장차 의도가 있어서 했다는 혐의를 면하지 못할 것이니, 조상을 높이는 지극한 정성에 미진함이 있게 될까 염려스럽습니다. 대단히 중대한 예를 감히 가볍게 논의하여 올릴 수 없습니다.……" ―《승정원일기》에 나온다.

170 **종묘에……문제** 인조가 반정하여 할아버지인 선조를 이어 즉위한 것이므로 종통으로 따지면 선조가 아버지 대가 되고 따라서 성종이 고조부 대가 되지만, 속친(屬親)으로 따지면 중종이 고조부이다. 인조의 생부인 원종을 종묘에 부묘하는 문제를 두고 종통을 중히 여겨 부묘를 반대하는 신하들에게 중종도 고조가 되고 성종도 고조가 되는 문제를 논의하도록 한 것이다.

○ **을해년**(1635, 인조13) **1월 무인일**(27일)

빈청(賓廳)에서 아뢰기를,

"신들이 삼가 전기(傳記)를 고찰하건대, 왕은 사친(四親)의 사당을 세우니, 고조, 증조, 조, 예의 사당이고, 여기에 영원히 조천하지 않는 시조의 사당을 합해 오묘(五廟)가 됩니다. 그리고 또 대수가 다하여 조천에 해당하지만 진실로 훌륭한 공과 덕이 있는 왕이면 높여서 역시 영원히 조천하지 않습니다. 그러므로 한나라의 효무제(孝武帝)와 효선제(孝宣帝)는 모두 대수가 다하여 조천해야할 시기에 즈음해 뭇 신하들에게 논의하게 하여 모두 높여 세실로 삼았으니, 이것이 참고할 만한 고사입니다.

성종대왕께서는 30년간 재위하시며 몸소 태평성대를 이룩하셨으니, 제도와 문물은 아름답고 성대하여 기술할 만하고 깊은 사랑과 넓은 은택은 사람의 살과 뼈에 젖어들어 100년이 지난 뒤에도 그 은덕을 기림이 줄지 않고 있으니, 유흠(劉歆)이 말한 '덕택이 두터운 자는 영향이 깊고 멀어 자손이 복을 얻는다.'는 경우라 하겠습니다. 이에 영원히 조천하지 않는 신위로 받들어 세실에 모신 열성과 함께 나란히 짝하여 아름답고 거룩하게 하는 것이 진실로 마음에도 형식에도 들어맞을 것입니다. 뭇사람들의 논의가 다 이와 같기에 감히 아뢰니다."

하니, "아뢴 대로 하라."고 전교하였다. -《승정원일기》에 나온다.

○ **3월 갑인일**(4일)

완성군(完城君) 최명길(崔鳴吉)이 차자를 올리기를,

"삼가 아룁니다. 세실의 제도란 조종의 공덕을 높이 받들어 후세에 영원히 전하기 위한 것이니, 구차하게 해서는 안 됩니다. 신이 삼가 한나라의 역사를 살펴보았는데, 경제(景帝)가 문제(文帝)를 칭송하여 이르기를, '비방을 없애고 육형(肉刑)을 제거하였으며, 장로에게 상을 내리고 아비 없는 자식과 자식 없는 노인을 거두어 보살폈으며, 죄인의 죄를 그 처자에게 연좌하지 않고 죄 없는 사람을 처형하지 않았다.'라고 하고는 이에 높여 태종으로 삼고 소덕무(昭德舞)를 연주하였으며, 선제(宣帝)가 무제(武帝)를 칭송하여 이르기를, '인의를 행하고 복종하지 않는 자를 토벌하였으며, 태학(太學)을 세우고 교사(郊祀)를 정비하였으며,

정삭(正朔)을 제정하고 음률을 조정하였다.' 라고 하고는 이에 높여 세종으로 삼고 성덕문시오행무(盛德文始五行舞)를 연주하였으니, 이것은 참고할 만한 미더운 역사입니다.

오직 우리 성종대왕의 성대한 덕과 위대한 업적이 비사(祕史)에 실려 있는 것은 비록 볼 수가 없으나 우선 항간의 옛 노인들이 서로 전하는 것으로 말하면, 세조대왕께서 나라를 다시 빛내 기업을 튼튼히 하신 공로는 창업과 같으나 인심은 오히려 안정되지 않았고, 예종께서는 재위하신 기간이 길지 않아 정치와 교화가 드러나지 않았습니다. 성묘에 이르러서 효도와 우애를 돈독히 행하고 신하들을 예우하였으며, 직언을 수용하고 인재를 양성하였으며, 개가(改嫁)를 금지하고 이단을 배척하였습니다. 그리하여 재위한 수십 년 동안에 백성들이 저마다 뜻을 이루어 풍속이 순박하고 두터워졌으니, 100년이 지난 지금까지도 태평성대를 말하는 자는 반드시 성묘를 일컫습니다.《경국대전》과《국조오례의》같은 서적에 이르러서는 비록 시작은 전대에서 하였지만 성묘에 이르러 비로소 완성되었으니, 이른바 '아버지가 시작하고 아들이 이어서 마친다〔父作子述〕' 는 것이라 하겠습니다. 대개 공으로는 태조, 태종, 세조보다 더 큰 분이 없고 덕으로는 세종보다 더 성대한 분이 없으나 연대가 너무 멀어서 들을 수도 볼 수도 없고, 이제 그 제도와 문물이 볼만하고 유풍과 은택이 사라지지 않아 지금까지 사람들이 칭송하여 마지않는 분으로는 오직 성묘가 있을 뿐이니, 오늘날 잊지 못해하는 심정으로 당시 신민의 마음을 상상할 수 있습니다.

근년에 세실을 논의할 때만 해도 사람들이 혹 열성께서 미처 하지 않은 일이라는 것으로 의심하였는데, 국사(國史)를 상고해 본 뒤에 비로소 당초에 이미 정론(定論)이 있었다는 것을 알았습니다. 공론이 있고 인정이 똑같은 점은 어찌 고금의 차이가 있겠습니까? 성묘께서 갑인년(1494)에 승하하셨는데, 간원의 세실 논의는 을묘년(1495)에 있었습니다. 이 논의를 한 자들은 모두 성화(聖化)에 흠뻑 젖은 성묘의 구신(舊臣)으로, 칭술(稱述)한 것은 모두 직접 보고 들은 것에서 나온 것인 데다가 김일손(金馹孫)과 이주(李胄) 같은 이에 이르러서는 문장과 학식이 한 시대에 우뚝 뛰어나 오늘날까지도 사림(士林)의 칭송과 부러움을 받고 있으니, 그들의 말은 참으로 영원한 공론이 될 만합니다. 그 당시에 예관(禮官)이 주나라의 문왕과 무왕의 세실에 대한 고사를 인용하면서 반드시 대수가 다할 때까지 보류해 두고자 했던 것은, 아마도 당시 사류(士類)의 인정을 받지 못할까 염려해서인 듯하였는데, 몇 년 되지 않아 사화(士禍)가 크게 일어나 한 시대의 명사들이 모조리 처형되고 유배되었습니다. 이 두 신하는 명성이 더욱 중하였기 때문에 화를 더 참혹하게 당해 그 말이 결국은 당시에 시행되지 못하고 말았으니, 이것은 참으로 천고에 남을 한이라 하겠습니다.

신이 삼가 생각건대, 조종의 공덕이 아무리 기술할 만한 것이 있다고 해도 반드시 훌륭한 후왕을 둔 뒤에야 그 공덕이 제대로 선양될 수 있습니다. 예를 들면 문제의 세실은 경제 때에 이루어졌고, 무제의 세실은 선제 때에 시작되었으며, 선제의 세실은 광무제 때에 결정되었는데, 이것은 예나 지금이나 서로 전하여 미담으로 여기는 것입니다. 지금 우리 성묘의 세실 논의가 연산군 때에 저지를 당하였다가 성상의 조정에서 펼쳐지게 된 것은 광무제가 효선제를 추존한 것과 천년을 격해 부절 맞추듯 꼭 같습니다. 어찌 아름다운 일이 아니겠습니까?

신은 삼가 조정에서 종묘에 고하고 교서를 반포하는 거사가 있을 것이라고 들었습니다. 어제 유신이 지은 축문을 구해서 보았는데, 몇 구절의 문자로 상당히 소략하여 한스러웠습니다. 대개 해조의 계목(啓目)에서 전례만을 따라 하나의 축문으로 각 실에 통용하고자 하였기 때문에 그 내용이 부득불 이렇게 된 듯합니다. 그러나 국가에서 오늘날 결정한 이 일은 바로 밝은 시대의 성대한 예전(禮典)인 만큼 신명(神明)께 우러러 고하는 글은 이치상 상세함을 다하여야 합니다. 어찌 대충대충 규례만을 따라 보통 때 고하는 축문과 똑같게 할 수 있겠습니까? 신의 어리석은 생각으로는, 각 실에 으레 고하는 것 외에 제5실에는 별도로 축문을 짓되, 높이 제사를 받들게 된 사유를 자세히 서술하여 성조(聖祖)께 고하고 사책에 써 두어, 한 시대의 높여 받드는 정성을 다하는 한편, 만고에 전해 줄 바탕을 마련하는 것이 인정으로 보나 예의로 보나 아주 마땅할 듯합니다.

만약 혹시라도 고유하는 기한이 이미 닥쳐서 주선할 겨를이 없다면 비록 하루나 이틀 정도 날짜를 조금 미루더라도 방해될 것은 없을 듯합니다. 종묘에 관계된 큰일인 데다 이미 생각하고 있는 바가 있어 감히 진달하지 않을 수 없습니다. 바라건대 예관으로 하여금 다시 논의하여 시행하게 하소서."

하니, 예조에 계하하였다. 예조에서 아뢰기를,

"삼가 완성군 최명길의 차자를 보니, 운운하였습니다. 신들이 이에 의거하여 자세히 헤아려 보았는데, 차자의 논의가 지극히 확실합니다. 당초 신의 조에서 절목을 강론하여 정할 때에는 이미 취하여 원용할 예가 없었고, 규례를 새로 만들기에도 어려움이 있었습니다. 그리하여 단지 종묘에 고하고 교서를 반포하는 등의 항목만 대신에게 논의하여 정탈하기를 청하였고, 대신의 수의(收議)가 결정이 되어 정해진 뒤에 예문관으로 하여금 사유를 갖추어 제문을 찬술하게 할 것을 청하였는데, 말뜻이 소략하고 분명하지 못하여 사신(詞臣)으로 하여금 단지 보통 때 하던 대로 각 실에 공통으로 고하는 글만 지어 올리게 하고 제5실에 별도로 짓는 것은 하지 못하고 말았습니다. 그리하여 오늘날 성대한 예전의 영원히 높여 받드는 뜻으로 하여금 매몰되어 선양되지 않게 하였으니, 이것은 실로 신의 조에서 사목(事目)을 명백하게 적지 않은 잘못입니다. 최명길이 차자에서 진달한 대로 각 실에 으레 고하는 제문은 이전 그대로 시행하고, 제5실에 별도로 찬술하는 것은 구절 수의 다소에 구애하지 않고 성대한 덕과 크나큰 공을 갖추어 서술하며, 높이 받드는 정성을 다 열거하여 후세에 영원히 전하는 실제가 되도록 하는 것이 진실로 마음이나 형식에 합당할 것입니다. 감히 아룁니다."

하니, "아뢴 대로 하라."고 전교하였다. -《승정원일기》에 나온다.

○ 숙종 병진년(1676, 숙종2) 6월 기묘일(28일)

예조에서 아뢰기를,

"본 예조의 계사에 '국상(國喪)을 치르고 3년이 지나 부묘할 때에는 으레 조천하는 예가 있습니다. 부묘할 시기를 앞두고 조천해야 할 신위를 위로 거슬러 계산해 본 결과 선조대왕이 조천할 신위에 해당되었습니다. 그러나 선조대왕은 나라의 기업을 다시 넓히신 분으로 영원히 조천하지 않는 신위가 되어야 마땅합니다. 이 문제는 국가의 막중하고도 막대한 사안인 만큼 해조에서 감히 근거 없이 판단하여 결정할 바가 아닙니다. 대신에게 논의하게 하여 정탈하는 것이 어떻겠습니까?' 하였는데, '윤허한다.' 고 전교하셨습니다.

대신에게 논의한 결과 좌의정 권대운(權大運)은 '선조대왕께서는 나라의 기업을 중흥하셨으니, 참으로 영원히 조천하지 않는 신위가 되는 것은 당연합니다. 해조의 계사 이외에 달리 논의할 것이 없습니다. 그러나 수상(首相)[171]이 이미 명을 기다리고 있는 중이라 하여 의견을 올리지 않았고 보면 신이 다른 사람의 공격과 배척을 받아 위축되어 엎드려 있으면서 처벌을 기다리고 있기는 마찬가지입니다. 감히 먼저 나서서 당돌하게 헌의할 수 없습니다.' 하였습니다. 우의정 허목(許穆)은 '선조대왕께서는 나라의 기업을 중흥하셨으니, 당연히 영원히 조천하지 않는 신위가 되어야 합니다. 해조의 계사 이외에 다시 별다른 의견은 없습니다. 삼가 상께서 재결하소서.' 하였습니다. 영중추부사 정치화(鄭致和)와 행 판중추부사 정지화(鄭知和)의 의견은 우의정의 의견과 같습니다. 영의정 허적은 '죄를 지어 명을 기다리고 있는 중이어서 감히 헌의할 수 없습니다.' 하였습니다. 대신의 의견이 이와 같으니, 상께서 재결하시는 것이 어떻겠습니까?"

하니, 전교하였다.

"선조대왕의 중흥하신 공렬이야말로 만세토록 조천하지 않을 신위이니, 참으로 조천하는 것은 옳지 않다. 게다가 종묘에 제11실이 공실(空室)로 있으니, 앞으로 행할 부묘를 제11실에 봉안한다면 굳이 융통성 없이 규례만을 고수하면서 조천에 대한 논의를 할 필요가 없다. 이렇게 거행하는 것이 좋겠다." -《예조등록》에 나온다.

171 **수상** 영의정 허적(許積)이다. 《숙종실록》 2년 6월 21일조에서 24일까지의 기록을 보면 대사헌 윤휴(尹鑴)의 상소로 인해 권대운(權大運)과 허적이 인피한 사실이 나온다.

○ 계해년(1683, 숙종9) 2월 계사일(21일)

영중추부사 송시열(宋時烈)이 차자를 올려 아뢰었다.

"삼가 아룁니다. 《서경》에 이르기를, '하늘이 순서를 정하여 법을 두셨으니,[172] 우리 오전(五典)을 바로잡아 다섯 가지 예를 도탑게 하라.' 하였으니, 요 임금과 순 임금으로부터 주공(周公)에 이르기까지 서로 전수하

172 **법을 두셨으니** 대본은 '五典'인데, 《서경》 〈고요모(皐陶謨)〉에 의거하여 '有典'으로 바로잡아 번역하였다.

여 닦아 밝힌 것이 모두 이 다섯 가지 윤리 아님이 없습니다. 주자(朱子)가 또 그 설을 추론(推論)하여 밝혀서 말하기를, '하늘은 높고 땅은 낮으며, 사람은 그 중간에 위치하고 있다. 하늘의 도는 음양(陰陽)에서 벗어나지 않고 땅의 도는 강유(剛柔)에서 벗어나지 않으니, 이는 곧 인(仁)과 의(義)를 버리고서는 사람의 도를 세울 길이 없다는 것이다. 그러나 인은 부자간의 인보다 더 큰 것이 없고 의는 군신간의 의보다 더 큰 것이 없으니, 이것을 삼강(三綱)의 요체요, 오상(五常)의 근본이라고 한다. 인륜은 천리(天理) 중에서도 지극한 것이니 천지 사이에서는 어디로든 피할 데가 없다.' 하였습니다. 아, 주자의 이 설은 이 세상 어디에 세워도 어긋나지 않고 백세(百世) 뒤 성인이 나기를 기다려 물어보아도 의혹되지 않을 진리라고 할 수 있을 것입니다. 그러나 《서경》에서 말한 오전은 저절로 순서가 정해질 수 없는 것이며, 주자가 말한 인도는 저절로 세워질 수 없는 것입니다. 그러므로 하늘이 또 반드시 순서를 정하고 인도를 세울 사람을 탄생시켜 이러한 큰 책임을 맡기니, 요 임금과 순 임금 이하 여러 성인이 이러한 분들이고, 그 아래로는 주자(周子), 정자(程子), 장자(張子), 주자 등 여러 훌륭한 현인들이 모두 그러한 사람들입니다.

하늘이 바다 한 귀퉁이의 우리나라를 어여삐 여겨 기자(箕子)가 동쪽으로 와서 홍범(洪範)의 도로 팔조(八條)의 가르침을 펼쳤습니다. 그리하여 동이(東夷)의 습속이 변화되어 중화(中華)의 문물이 되면서 우리나라는 동주(東周)가 되었고, 우리 조선에 와서는 성왕(聖王)이 서로 계승하여 공렬이 높고 빛났으니, 예악의 제작이 성주(成周)와 비견될 만큼 높기로는 또한 세종대왕만큼 성대한 적이 없었습니다. 불행하게도 선묘께서 중흥을 이루신 뒤에 계승한 왕이 능히 임무를 감당하지 못하여 간신들이 흉악한 짓을 자행하였으며 사람의 본성을 해치고 백성을 고통에 빠뜨려 종묘사직이 매우 위태로웠는데, 인조대왕께서 하늘의 명에 응하고 사람의 뜻을 따라 혼란을 다스려 정상을 회복하셨으니, 이분은 상(商)나라의 탕왕(湯王)이나 주나라의 무왕(武王)과 그 우열을 가리기 어렵습니다. 그 나머지 열성으로서 공과 덕이 있어 영원히 잊을 수 없는 경우에는 삼종(三宗)과 나란히 모두 영원히 조천하지 않는 세실이 되었으니, 아, 참으로 이

론을 제기할 것이 없습니다.

마침 나라의 운명이 중간에 막히는 때를 당해 병자년(1636, 인조14)과 정축년(1637)의 호란(胡亂)을 만나 천지가 뒤집히고 의리가 꽉 막혀 인도(人道)가 금수(禽獸)와 같게 되다 보니, 수천 리 우리 강산 전체가 너나 없이 혼란 속으로 빠져들어 장차 구제할 길이 없는 상황이 되었습니다. 이때 오직 훌륭하신 우리 효종대왕께서는 최고 성인의 자질로 왕이 되는 운수를 당하여 규모가 광대하고 계책이 원대하셨으니, 나라를 신중하게 지킬 뿐만이 아니었습니다. 일찍이 이르시기를, '나는 진실로 인의의 도로써 천리를 밝히고 인심을 바로잡아 우리 오전(五典)을 신칙할 뿐이요, 성패와 화복은 내가 미리 내다볼 수 있는 바가 아니다." 하셨으니, 그 뜻이 우뚝하여 맑은 하늘의 빛나는 해와 완전히 같았습니다. 그러므로 고(故) 문정공(文正公) 김상헌(金尙憲)은 강상(綱常)을 자임하여 그 이름이 중국과 오랑캐에 알려졌으면서도 향촌에 은거하여 태산과 북두처럼 세상 사람들의 추앙을 받았으며, 문경공(文敬公) 김집(金集)은 집안 대대로 전해 온 정학(正學)을 이어받아 도를 강론하고 덕을 기르면서도 굳게 은거하여 유유자적 욕심 없이 도 자체를 즐겼으나 대체로 모두 선뜻 부름에 응하여 왕조(王朝)를 보익함으로써 원대한 계책을 협찬하였습니다. 그 밖의 은사(隱士)들도 서로 이어 수없이 대궐 아래로 모여들었고, 벙어리, 귀머거리, 절름발이, 앉은뱅이와 같은 불구의 사람도 또한 백배의 기운을 더 냈으니, 당시의 기상을 역시 알 수가 있습니다.

일찍이 대신 이경여(李敬輿)의 상소에 대한 비답에 '마음속에는 지극한 아픔이 있는데 힘은 다하고 계책은 궁하구나.' 라고 한 말이 있고, 또 일찍이 만수전(萬壽殿)의 터를 닦는 날 친히 봉심(奉審)한다 칭탁하시고 홀로 말을 나눌 만한 신하들과 당폐(堂陛)를 벗어나 비밀히 얘기하시면서 성상의 뜻을 둔 바를 분명하게 보이셨습니다. 비록 뭇 신하들 사이에서 능히 성상의 마음을 담당하여 성상의 뜻에 수응하는 사람이 없어 끝내 공업(功業)을 훌륭하게 이루지 못하고 말았으나 성상의 수명이 더 연장되었더라면 그 뜻이 뜻으로 그치지만은 않았을 것이 분명합니다. 아, 하늘이 인자하지 않아 갑자기 승하하셨으니, 지금도 그때를 생각하면 누군들 낙심하여 가슴을 치면서 이 세상을 위해 통탄해하지 않겠습니까? 그러나 이와 같이 된 까닭은 인의의 도로써 천리를 밝히고 인심을 바로잡아 하늘이 순서를 정한 오전(五典)을 돈독히 한 것이라고 말하는 데에 불과할 뿐입니다. 그러므로 우리 현종대왕께서 친히 무언의 큰 뜻을 이어받아 그 뜻과 사업을 드러내자는 생각으로 이에 김상헌과 김집을 묘정에 배향하였으니, 대개 해와 별처럼 밝고 분명하였습니다.

아, 요 임금과 순 임금으로부터 탕 임금과 무왕에 이르고, 탕 임금과 무왕으로부터 주공(周公)과 공자에 이르고, 그리고 정자와 주자에 이르기까지 대훈(大訓)을 세워 만세에 전하려 했던 것이 우리 효종대왕이 아니었으면 모두 쓸데없는 헛말이 되고 말았을 것입니다. 지금 우리나라 사람들이 모두 군신, 부자, 부부, 형제, 사우(師友)의 도를 아는 것이 누구의 공이겠습니까? 그런데도 형세에 눌려 사람들이 감히 드러내 놓고 칭송하지 못하였습니다. 그러므로 그 완벽하고 원대한 계획을 사람들이 혹 다 알지는 못하나 오직 인심은 속이기 어려운 것이어서 자연히 감동되었던 것입니다. 그러므로 혈기 있는 사람이라면 누구나 높이고 친애하는 마음이 절로 천지를 높이고 부모를 친애하는 것과 같았습니다. 지극한 정성과 순수한 행실이 먼 후세에 모범이 될 만하다는 점에 이르러서는 지금 사람들이 훤히 듣고 보았으며 국사(國史)에 드러나 있어서 일일이 말하자면 너무 많아서 다 들 수도 없습니다. 이 때문에 승하하시던 날에는 깊고 궁벽한 산골에서도 슬피 울부짖으며 달려오지 않은 이가 없었고, 국상 행렬이 나설 때에 이르러서는 남녀노소가 모두 파도처럼 길을 다투어 달려 나와 산과 들을 가득 메우고 마치 부모의 상(喪)을 당한 것처럼 통곡하였으니, 이것이 누가 시켜서 그런 것이겠습니까? 저절로 그런 것이라고 말할 따름입니다.

옛날에 공자가 《춘추(春秋)》를 지어 시행은 없이 포폄만 가한 글로 왕법(王法)을 후세에 전했는데, 맹자(孟子)가 마침내 공자의 공을 우(禹) 임금이 홍수를 다스린 공과 무왕이 이적(夷狄)을 아우른 공과 주공이 맹수를 몰아낸 공의 대열에 나란히 넣어 일치(一治)의 수(數)에 해당시켰으니, 이것은 진실로 난신적자(亂臣賊子)를 두렵게 한 공과 주나라 왕실을 높이고 이적을 물리친 공이 위의 세 분 성인이 시행한 일보다 뒤지지 않았기 때문이었습니다. 지금 우리 효종대왕은 그 덕을 논하자면 이미 그르게 논할 만한 것이 없고 그 공을 거론하자면 인의의 도를 세워 천리가 밝혀지고 인심이 바르게 되었으며 하늘이 정한 질서가 바로잡혀 오전이 돈독하게 되었으니, 깊이 각인시키고 밝게 드러내어 천지의 법을 정한 것이 어찌 《춘추》보다 못하겠습니까? 이것이 마땅히 추숭하여 높여서 덕의 아름다움을 형용하고 종묘 의식을 더 융숭하게 하여 영원히 조천하지 않는 세실로 삼아야 하는 이유입니다. 그리하여 한 시대의 이목을 새롭게 해서 인의(仁義)가 항상 행해지고 천리(天理)가 항상 밝아지며 인심이 항상 바르게 되어 마침내 오전이 항상 돈독하게 되는 데에 이른다면 후대의 성군(聖君)에 있어 비록 금방 그 뜻과 사업을 이루리라 보장하지는 못하더라도 또한 중음(重陰)의 맨 아래에서 양덕(陽德)이 밝게 드러나 끝내 반드시 7일 만에 회복됨이 있게 할 수 있을 것입니다.[173] 그렇다면 국가의 형편이 안정되고 나라의 운명이 장구하게 되는 것이 어찌 여기에서 시작되지 않겠습니까?

옛날에 한나라 경제(景帝)가 즉위한 원년에 승상 신도가(申屠嘉)가 진언하기를, '공은 고황제(高皇帝)보다 크신 분이 없으니 마땅히 제왕의 태조묘(太祖廟)가 되어야 하고, 덕은 효문황제(孝文皇帝)보다 성대하신 분이 없으니 마땅히 제왕의 태종묘(太宗廟)가 되어야 합니다.' 하였습니다. 하물며 우리 효종대왕의 덕은 진실로 효문황제와 비교할 정도가 아닐뿐더러 하늘이 정한 질서를 보존시킨 공으로 말할 것 같으면 또한 어찌 고황제가 천하를 평정한 것에 비할 뿐이겠습니까?

아, 《대학(大學)》〈전3장(傳三章)〉에 이르기를, '성대한 덕과 지극한 선(善)을 백성이 잊지 못한다.' 하였고, 《서경》에 이르기를, '칠세(七世)의 묘(廟)에서 덕(德)을 살펴볼 수 있다.' 하였습니다. 대저 영원히 조천하지 않는 예가 아예 없다면 그만이거니와 있다고 한다면 우리 효묘가 아니고 그 누가 되겠습니까? 신은 효묘께서 승하하신 뒤에 바로 선대왕(先大王 현종(顯宗))께 이 문제를 청하고자 하였으나 사안의 본질이 중대하여 감히 경솔하게 논의할 수 없었으므로 그대로 두고 머뭇거리다가 지금에 이른 것입니다. 지금은 늙고 쇠약한 병이 깊어서 머지않아 관 속에 들 몸인데 만약 끝내 말하지 않고 죽는다면 망극한 죄를 짓게 되어 황하수로도 씻어내기 어렵게 될 것이고, 마침 현명하신 성상께서 큰 뜻을 분발

173 **중음의……것입니다** 《주역》〈복괘(復卦)〉를 인용하여, 소장(消長)이 반복하는 원리에 따라 언젠가는 효종의 뜻과 사업이 이루어질 것이라는 말이다. 복괘는 곤상(坤上) 진하(震下)로 이루어진 괘이다. 중음의 맨 아래에서 양덕(陽德)이 드러난다는 말은 상괘와 하괘가 모두 음획(陰劃)인 가운데 맨 아래의 한 획이 양획(陽劃)인 것을 말한다. '七日'은 '七月'로 보기도 하고 '七變'으로 보기도 하는데, 순양(純陽)의 건괘(乾卦)인 4월에서 음획이 하나인 구괘(姤卦)의 5월, 음획이 둘인 둔괘(遯卦)의 6월, 음획이 셋인 비괘(否卦)의 7월, 음획이 넷인 관괘(觀卦)의 8월, 음획이 다섯인 박괘(剝卦)의 9월, 순음(純陰)의 곤괘(坤卦)인 10월이 되었다가 7개월 만인 11월 동지(冬至)에 양획 하나가 생기는 복괘가 되는 과정을 표현한 것이다.

하여 유현(儒賢)을 불러 함께 정치를 논하고 문답하시는 것이 춘추대의에서 벗어나지 않는 때를 만났으므로 감히 만번 죽음을 무릅쓰고 피눈물을 닦으며 말을 올립니다. 삼가 바라건대 전하께서는 대신 이하로부터 아래로 관학(館學)의 장보(章甫)에 이르기까지 하문하시어 만약 한 사람이라도 신의 말이 망령되다고 하는 이가 있다면 신은 전하를 기만한 죄를 받을 것이니, 비록 자애로우신 성상께서 참작하여 용서하신다 해도 신은 또한 감히 받들 수 없을 것입니다. 신은 간절히 바라는 마음을 견딜 수 없어 삼가 죽음을 무릅쓰고 아룁니다."

○ 같은 달 을미일(23일)

빈청에서 모여 논의하고 올린 계사에 대해 전교하였다.

"효종대왕의 성스러운 덕과 신령스런 공은 천고에 높이 뛰어났으니, 높여서 세실로 삼아 대대로 영원히 조천하지 않는 것이 실로 오늘날 대왕을 추모하는 임금과 신하의 지극한 소원에 합치될 것이다. 예관으로 하여금 속히 거행하게 하라." —《예조등록》에 나온다.

○ 같은 달 병신일(24일)

예조에서 아뢰기를,

"효종대왕을 높여 세실로 삼은 뒤에 종묘에 고하고 교서를 반포하는 일이 변례(變禮)에 해당되니 대신에게 논의하여 정탈해야 한다는 내용의 초기에 대해 아뢴 대로 하라고 전교하셨습니다.

대신에게 논의한 결과 영의정 김수항(金壽恒), 행 판중추부사 김수흥(金壽興), 행 판중추부사 정지화(鄭知和), 좌의정 민정중(閔鼎重), 행 지중추부사 이상진(李尙眞)은 '옛날부터 공과 덕이 있는 제왕을 영원히 조천하지 않는 신위로 정할 때에 반드시 조천할 시기를 당해 정했던 것은 아닙니다. 영부사 송시열의 상소에서 인용한 한나라 경제 때에 고황제와 문황제를 추존하여 태조와 태종으로 삼은 것 외에도 예를 들면 무제를 높여 세실로 삼은 것은 한나라 선제(宣帝) 때에 있었고, 송나라 신종(神宗)을 세실로 정한 것은 휘종 때에 있었으니, 이것은 모두 상고하여 알 수 있는 일입니다. 이미 조천하지 않는 신위로 정한 이상 반드시 해야 할 일이 있으니, 헛말로 제도를 정해서는 안 됩니다. 시험 삼아 한나라 왕조에서 이미 행한 일로 말해 본다면 종묘 음악을 제정하여 천하에 선포하고 군현(郡縣)과 제후국에 태묘를 세우게 하였으니, 이것이 모두 그러한 일입니다.

지금 우리 효종대왕을 높여 조천하지 않는 신위로 삼는 것에 대해 이미 명이 내렸고, 추숭하는 전례에 대해 달리 논의할 것이 없는데, 종묘에 고하고 교서를 반포하는 예를 만약 빠뜨리고 행하지 않는다면 무엇으로 신민의 높이 받들고자 하는 정성을 드러내 찬양하겠습니까? 신의 어리석은 견해로는 굳이 늦추어 다른 날을 기다릴 필요가 없을 듯합니다. 그러나 막중하고도 성대한 예에 대해 배움도 없고 지식도 얕은 사람이 감히 단정할 수 없으니, 삼가 상께서 재결하소서.' 하였습니다.

영중추부사 송시열은 병으로 수의하지 못했고, 우의정 김석주(金錫胄)는 사신으로 나갔습니다. 대신의 뜻이 이와 같으니, 상께서 재결하시는 것이 어떻겠습니까?"

하니, 전교하였다.

"옛날의 예에서 찾아보아도 굳이 늦추어 다른 날을 기다릴 필요가 없다. 그러므로 어제 수의에 대한 비답에서 속히 거행하라고 했으니, 대개 이 때문이었다. 대신의 뜻이 이와 같으니 전에 하교한 대로 즉시 날을 잡아 거행하는 것이 좋겠다." —《예조등록》에 나온다.

○ 같은 달 임인일(30일)

형조 판서 김덕원(金德遠)이 상소하기를,

"삼가 아뢰니다. 삼가 우리 효종대왕을 높여 세실로 삼아 영원히 대대로 조천하지 않는 것에 대한 논의는 서로 입을 맞추지 않고도 모두 일치되어 이미 종묘에 고하는 날을 잡았으니, 신민의 추모하는 정성을 조금이나마 펼 수 있게 되었습니다. 그러나 또 생각건대, 우리 인조대왕께서는 혼란을 다스려 바른 데로 돌이키셨으니, 그 공은 나라를 새로 일으킨 창업과 같습니다. 따라서 마땅히 조천하지 않는 묘로 삼아야 한다는 것은 조천할 시기가 되기를 기다리지 않더라도 알 수가 있습니다. 만약 훗날 응당 행할 일이라 하여 종묘에 고하는 예를 유독 오늘날 나란히 행하지 않는다면, 선후의 순서를 잃었다는 의견이 없지 않을 것이고, 또 대신이 한나라 조정의 태조와 태종을 같은 시기에 추존한 일을 인용한 뜻에도 위배됨이 있을 듯합니다. 삼가 바라건대 성명께서는 대신에게 문의하여 처리하소서. 막중하고도 성대한 예는 신이 감히 망녕되게 논의할 바가 아닙니다만 이미 생각한 바가 있어 진달하지 않을 수 없었습니다. 분수를 넘어 외람된 행동에 대한 처벌을 신이 어찌 피하겠습니까?"

하니, 답하기를,

"상소를 보고 잘 알았다. 인묘를 세실로 삼는 일은 마땅히 예관으로 하여금 즉시 대신과 유신에게 물어 품처하게 할 것이니, 경은 마음 편히 사직하지 말고 몸조리한 다음 직무를 살피도록 하라."

하였다. 이 일에 의거하여 예조에서 계목을 올렸다.

"계하된 문건은 첨부하였습니다. 대신 및 유신에게 논의한 결과 영의정 김수항, 행 판중추부사 김수흥·정지화, 좌의정 민정중, 행 지중추부사 이상진은 '인조대왕께서 하늘의 뜻에 응하고 사람의 마음을 따라 혼란을 다스려 바른 데로 돌이키셨으니, 공렬의 위대함과 뛰어남은 나라를 창업한 군주에 뒤지지 않습니다. 묘호에 조(祖)를 일컬은 것은 진실로 여기에서 나왔으니, 미리 논의하여 정하지 않더라도 조천하지 않는 신위가 되는 것은 당연한 일입니다. 다만 한나라 왕조에서 태조와 태종을 추존한 사례로 논하면, 이번 효종대왕을 높여 세실로 삼는 날을 당해 종묘에 고하는 예를 병행하는 것이 또한 근거가 있는 듯합니다. 오직 성상께서 널리 자문하여 살펴 처리하시기에 달려 있습니다. 삼가 상께서 재결하소서.' 하였습니다.

이조 참판 박세채(朴世采)는 '조종조의 세실을 미리 고하는 예에 대해서는 자세히 알 수 없으나 기왕 효종대왕의 뛰어난 공덕을 높여 세실로 받드는 일을 종묘에 고하게 된 이상 인조대왕께서 혼란을 다스려 중흥을 이룩하신 공은 마땅히 조천하지 않는 묘가 되어야 하는데, 유독 거행하지 않는다면 아마도 흡족하지 못한 감이 있을 듯합니다. 이 상소에서 인용한 한나라 왕조의 태조와 태종을 추존한 의리에 의하여 고하는 예를 병행하는 것이 근거가 없지는 않습니다만 어리석은 신이 감히 질정(質正)하여 말할 수 없습니다. 삼가 상께서 재결하소서.' 하였습니다.

전 참의 이상(李翔)은 '신이 종전에 의견을 올릴 때에는 위명(威命)에 몰려 감히 말을 마치지 못하였습니다. 그러나 오히려 부끄럽고 송구하여 몸 둘 곳이 없는 듯합니다. 하물며 이번에 인조대왕의 세실 논의는 영의정 김수항이 논한 것에 이미 명백하게 갖추어져 있어 다시 할 만한 말이 없으니, 신같이 어두운 사람이 또한 어찌 한 마디인들 그 사이에 쓸데없이 붙일 수 있겠습니까? 삼가 상께서 재결하소서.' 하였습니다.

영중추부사 송시열은 병으로 수의하지 못했습니다. 우의정 김석주는 사신으로 나갔고, 전 참의 윤증(尹拯)은 지방에 있어서 수의하지 못했습니다. 대신과 유신의 뜻이 이와 같으니, 상께서 재결하시는 것이 어떻겠습니까?"

즉시 송 영부사(宋領府事 송시열)에게 수의하여 아뢰라고 계하하였다.

예조에서 계목을 올리기를,

"판하(判下)하신 문건은 첨부하였습니다. 영중추부사 송시열에게 논의한 결과 '신은 병이 오래도록 낫지 않아 정신이 혼미하다 보니 일상적으로 수응하는 일에 대해서도 오히려 실수를 하곤 합니다. 더구나 이러한 종묘의 대례는 더욱 감히 논의할 수 없습니다. 그런데 외람되게도 성상께서 다시 사람을 보내 신에게 물으시는 은혜를 입었으니, 더욱 황공하여 감히 다시 병을 이유로 사양할 수가 없습니다. 중신(重臣)이 올린 상소의 원본 및 대신과 유신의 의견을 나름대로 살펴보았는데, 약속하지 않고도 모두의 의견이 똑같아 진실로 밝은 성왕을 기려 드러내려는 신하의 의리에 합치되고, 또 선왕의 뜻을 따라 효를 이루려는 성상의 도에 부합합니다. 그러니 신이 이에 대해 어찌 감히 다시 다른 말을 하겠습니까? 삼가 상께서 재결하소서.' 하였습니다. 영부사의 뜻이 이와 같으니, 상께서 재결하시는 것이 어떻겠습니까?"

하니, 계하하였다.

"인조대왕께서 혼란을 다스려 중흥을 이룩하신 공렬이야말로 조천하지 않는 신위가 되는 것이 마땅하다. 그렇다면 꼭 조천할 시기가 되어야 하는 것은 아니니, 종묘에 고하는 예를 병행하는 것이 참으로 합당할 것이다. 해조로 하여금 이대로 거행하게 하라." —《예조등록》에 나온다.

○ **세종대왕 신축년**(1421, 세종3) **11월 병인일**(7일)

예조에서 아뢰기를,

"영녕전이 완공되었으니, 목조(穆祖)의 신주를 받들어 옮기소서."

하니, 그대로 따랐다. 12월[174] 경자일(11일)에 예조에서 아뢰기를,

"목조를 영녕전으로 이안(移安)한 뒤에 지내는 안신제(安神祭)는 대향(大享)의 규례대로 하소서."

하니, 그대로 따랐다. —실록에 나온다.

○ **광해군 경술년**(1610, 광해군2) **2월 무신일**(12일)

예조에서 아뢰기를,

"전날 예조의 계사에 '부묘할 때에는 마땅히 체천하는 예가 있습니다. 묘당으로 하여금 강정(講定)하게 한 뒤에 시행하소서.' 라고 한 것에 대해 윤허하셨습니다. 어제 빈청에 회좌했을 때에 대신에게 논의한 결과 해조에서 상례에 따라 거행하는 것이 마땅하다고 하였습니다. 신들이 삼가 예문을 상고해 보니, 제후는 5묘로 2소와 2목에 태조를 아울러 5묘가 되고, 형제가 계승하여 즉위하면 1세로 삼는 것에 대해 이미 선유의 정론이 있었습니다. 그러므로 우리나라 왕가의 법도 형제는 소목을 함께 하여 하나의 신위를 공유하는 것으로 《오례의》〈종묘도설(宗廟圖說)〉 안에 실려 있습니다.

지금 조천할 때를 당해 위로 거슬러 올라가면 선종대왕, 인종·명종 양묘, 중종대왕, 성종대왕 및 태조대왕이 5실이 되고, 예종과 덕종 두 신위가 조천할 신위에 해당합니다. 다만 조천하는 신주는 영녕전 동협실에 들어가야 하는데, 동협실은 3칸뿐입니다. 공정대왕과 문종대왕 양실을 제외하면 남는 것은 1실뿐이니, 이 점이 자못 염려스럽습니다. 서협실이 비록 비어 있으나 영녕전의 오른쪽에 있고, 또 이것은 이안청(移安廳)으로 비워 놓고 사용하지 않는 것입니다. 신들의 생각으로는 이미 협실이라고 한 이상 동쪽이든 서쪽이든 모두 정전(正殿)의 아래가 되니,

174 **12월** 대본에는 없는데, 날짜의 간지와 《세종실록》 3년 12월 11일조 기록에 의거하여 보충하여 번역하였다.

서쪽을 상위로 여기는 것은 타당하지 않을 듯합니다. 지금 공정대왕과 문종대왕 양위를 서협실에 모시고 덕종과 예종 두 신위를 동협실에 옮겨 모신다면 아마도 무방할 듯합니다. 그러나 사안이 중대하니, 모두 대신에게 논의하여 정탈하는 것이 어떻겠습니까?"

하니, "윤허한다."고 전교하였다. -《승정원일기》에 나온다.

○ 4월

예조 판서 이정귀(李廷龜)가 아뢰었다.

"신들이 삼가 예문을 상고해 보니, 제후는 5묘로 2소와 2목에 태조를 아울러 5묘가 되고, 형제가 계승하여 즉위하면 1세로 삼는 것에 대해 이미 선유의 정론이 있었습니다. 그러므로 우리나라 왕가의 법도 형제는 소목을 함께하여 하나의 신위를 공유하는 것으로 《오례의》 〈종묘도설〉 안에 실려 있습니다. 지금 마땅히 이에 의거하여 조천해야 하는데, 위로 거슬러 올라가면 소경대왕(昭敬大王 선조), 인종·명종 양묘, 공희대왕(恭僖大王 중종), 강정대왕(康靖大王 성종) 및 강헌대왕(康獻大王 태조)이 5실이 되고, 양도(襄悼 예종)와 회간(懷簡 덕종) 두 신위는 조천해야 합니다. 다만 조천하는 신주는 영녕전 동협실에 들어가야 하는데, 동협실은 3칸뿐입니다. 공정대왕(恭靖大王 정종)과 공순대왕(恭順大王 문종) 양실을 제외하고 나면 남는 것은 1실뿐이니, 이 점이 자못 염려스럽습니다. 서협실이 비록 비어 있기는 하나 영녕전의 오른쪽에 있고, 또 이것은 이안청으로 비워 두고 사용하지 않는 것입니다. 신들의 생각으로는 이미 협실이라고 한 이상 동쪽이든 서쪽이든 모두 정전의 아래가 되니, 서쪽을 상위로 여기는 것은 타당하지 않을 듯합니다. 지금 공정과 공순 양위를 서협실에 모시고 회간과 양도 두 신위를 동협실에 옮겨 모시면 아마도 무방할 듯합니다. 다만 조천하는 신주를 협실에 모셔 두는 것은 바로 옛날 예법으로 이미 모셔 둔다고 일컬은 이상 부묘하여 들이는 것과는 차이가 있고, 협실은 또 정전의 안과는 다르니, 조천하는 신주에 부알(祔謁)의 예를 두는 것은 옳지 않습니다. 대신에게 논의하여 정탈한 뒤에 시행하는 것이 어떻겠습니까?" -《승정원일기》에 나온다.

○ **현종 신축년**(1661, 현종2) **7월**

예조에서 아뢰기를,

"삼가 지평 최유지(崔攸之)의 상소를 보니, '인종대왕의 성대한 덕이 세실의 흠향을 받지 못하는 것은 높이 받들고자 하는 신민의 뜻에 서운한 감이 없지 않습니다. 간곡히 진달합니다.' 하였습니다. 인묘의 깊은 사랑과 두터운 은택이 극진하지 않은 것은 아니나 예법과 제도에는 한계가 있습니다. 이번에 거행하는 조천은 대개 소목의 순서상 당연하기 때문입니다. 대신(臺臣)의 뜻이 실상 우연한 것은 아니지만 막중한 조천의 예를 단지 하룻밤 앞두고 신의 조에서 감히 경솔하게 논의할 수 없습니다. 속히 대신에게 논의하게 하여 정탈하는 것이 어떻겠습니까?"

하니, "아뢴 대로 하라."고 전교하였다. 예조에서 아뢰기를,

"대신에게 논의한 결과 영중추부사 이경석(李景奭), 좌의정 심지원(沈之源), 우의정 원두표(元斗杓)는 '인종대왕의 인자함은 실상이 있고 알려져 사람들에게 영향을 준 바가 깊습니다. 아, 어찌 감히 잊을 수 있겠습니까? 지평 최유지의 말이 좋지 않은 것은 아니지만, 막중한 예에는 이미 제한이 있다고 말한 이상 막중한 거사를 경솔하게 논의하기는 어렵습니다. 삼가 상께서 재결하소서.' 하였습니다.

영의정 정태화(鄭太和)와 행 판중추부사 정유성(鄭維城)은 '종묘의 세실 봉사는 반드시 평소에 먼저 강정함이 있어야 합니다. 조천에 임박하여 비로소 논의하는 법은 없습니다. 인종대왕의 어진 덕이야 지극합니다만, 이에 앞서 세실로 삼아야 한다는 논의가 전혀 없었습니다. 지난번 판중추부사 송시열의 상소 중에도 「신묘년(1631, 효종2) 인묘를 부묘할 때에 인종대왕을 먼저 조천해야 한다.」는 말이 있었고 보면 이미 정해진 막중한 예를 어찌 고묘제(告廟祭)를 행할 시각이 이미 임박한 뒤에 와서 다시 논의할 수 있겠습니까? 지평 최유지가 상소에 진달한 내용은 어리석은 신의 생각으로는 시행할 수 없다고 여깁니다. 삼가 상께서 재결하소서.' 하였습니다."

하니, 전교하였다.

"영의정과 판중추부사의 의견대로 시행하라." -《예조등록》에 나온다.

부 의주

그날 재랑(齋郎) —묘사(廟司)이다.—이 조천에 해당하는 대왕의 신실 지게문 밖에 여(輿)를 올리고, —대왕의 여는 서쪽에 두고, 왕후의 여는 동쪽에 둔다.— 보여(寶輿)는 문밖에 진설한다. 궁위령과 집사는 각각 보(寶)를 받들어 각각 여에 안치한다. 대축과 궁위령은 각각 궤(几)를 받들어 각각 여에 안치한다. —나갈 때에는 대왕의 신주가 먼저 나가고, 들어갈 때에는 왕후의 신주가 먼저 들어간다.— 대축이 대왕의 신주궤(神主几)를 받들어 궤 앞에 안치한다. 궁위령이 왕후의 신주궤를 받들어 궤 앞에 안치한다. 선개(扇蓋)와 시위는 보통 의식과 같게 한다. —보여가 차례로 앞서 간다.— 섭통례가 이것으로 앞에서 인도하여 정문 —남문이다.—을 거쳐 나간다. 의장과 시위가 인도하고 따르는 것은 보통 의식과 같게 한다. —고취가 앞에서 인도한다.— 백관이 동서로 나뉘어 순서대로 서서 몸을 굽혔다가 지나가면 몸을 편다. 그런 다음 그대로 시위가 된다. 신여가 영녕전 남문 —신문(神門)이다.—에 도착하면 섭통례가 앞에서 정문으로 인도한다. —백관 및 의장과 시위는 남문 밖에서 멈춘다.— 신여가 지게문 밖에 도착하면 대축과 궁위령이 각각 궤를 받들고 들어가 신좌에 안치한다. 궁위령이 각각 왕후의 신주궤를 받들고 들어가 신좌에 안치한 다음 청저건으로 덮는다. 대축이 각각 대왕의 신주궤를 받들고 들어가 신좌에 안치한 다음 백저건으로 덮는다. 궁위령과 집사가 각각 보를 받들고 들어가 안(案)에 안치한다. 재랑이 자기 소속을 거느리고 각각 선개를 받들어 각각 좌우에 설치한다. 여가 동문을 거쳐 나간 다음 백관이 물러나 나간다.